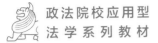政法院校应用型法学系列教材

劳动法学

（第五版）

张志京 ◎主编

复旦大学出版社

本书编写人员

主　编　张志京

副主编　孔　林

撰稿人（以撰写章节先后为序）

　　　　张志京　孔　林　王宵兰

编著说明(第五版)

《劳动法学》作为高等院校法学专业的教材用书,全面系统介绍了劳动法学基本原理、劳动实体法律制度和劳动程序法律制度,文字简练,体例清晰,内容丰富。

《劳动法学》第五版对第1—12章内容进行了全面细致的修订,重新撰写第13—15章,对附录及参考书目进行了更新,积极反映劳动立法的最新变化,注重介绍劳动法律的实际应用,力求呈现学界的研究成果。为拓展读者视野,提供纵深阅读内容,在使用二维码设置"法规解读"和"案例阅读"栏目基础上,在全书各章中又增设"知识拓展"栏目,知识容量和编写形式进一步丰富,提高了教材的实效性、实践性和可读性。

本版各章内容,作者分工如下:

张志京:第一、二、七、八、九章

孔　林:第三、四、五、六、十、十一、十二章

王宵兰:第十三、十四、十五章

在本版修订过程中,孔林副主编和张炼编辑付出了积极的努力。同时,本版教材参考了劳动法学界与实务领域已有的成果,在此一并感谢!

本教材从第一版出版截至目前,力图与劳动法的不断完善保持同步。由于我们水平有限,本版教材依然可能存在错误和缺漏,欢迎广大读者提出宝贵意见和建议。在此,也特别感谢读者多年以来的大力支持!

张志京

2020年5月10日

编著说明(第四版)

《劳动法学》作为高等院校法学专业的教材用书,全面系统介绍了劳动法学基本原理、劳动实体法律制度和劳动程序法律制度,文字简练,体例清晰,内容丰富。

《劳动法学》自2006年面世十余年来一直致力于及时呈现劳动立法的最新变化,注重介绍劳动法律的实施细则和实际应用,积极反映劳动法学界的研究成果。为此,已编著印制三版。本教材第四版遵循上述原则,对全书十五章及附录逐一进行了全面的修改更新。为给读者提供纵深的阅读,特别使用二维码在每章增设了"法规解读"和"案例阅读"栏目,在保持教材原有篇幅的前提下,扩展了教材的知识容量,提高了教材的实用性和实践性。

修订本版各章内容(含"法规解读"和"案例阅读")分工如下:

张志京:第一、二、七、八、九章

孔　林:第三、四、五、六、十、十一、十二章

伊晓婷:第十三、十四、十五章

在本版修订过程中,孔林副主编不厌繁复细致认真,张炼编辑修改建议富有创意。同时本版教材参考了劳动法学界与实务领域已有的成果,在此一并感谢!

由于作者水平的局限,本版内容及形式上的不当之处在所难免,还望新老读者不吝指正。

张志京
2017年1月16日

编著说明(第三版)

自2006年本教材第一版出版以来,随着国家政治经济改革的深入,劳动立法呈现出日益繁荣的态势。《中华人民共和国劳动合同法》《中华人民共和国劳动争议调解仲裁法》《中华人民共和国就业促进法》《中华人民共和国社会保险法》等系列重要劳动法典陆续颁布实施,对我国劳动法制建设的进步起到了巨大的推动作用。

本教材第三版根据立法的最新变化,结合法学界的研究成果,在内容上逐章进行了修订更新,力求在扼要介绍劳动法学基本原理的基础上,全面反映现行的劳动实体法律制度和劳动程序法律制度。

修订本版各章的分工如下:

张志京:第一、二、七、八、九章

孔　林:第三、四、五、六、十、十一、十二章

伊晓婷:第十三、十四、十五章

本版内容的不当之处,敬请新老读者批评指正。

张志京
2013年10月

编著说明(第二版)

在建设和谐社会的进程中,劳动法制作为和谐社会的基石,日益受到社会各界的重视,立法步伐呈现加快之势。2007年全国人大常委会出台了备受瞩目的两部新法《中华人民共和国劳动合同法》《中华人民共和国就业促进法》,这对于保护劳动者合法权益,建立稳定的劳动关系意义重大,是我国劳动法制建设的又一里程碑。

本教材为及时反映劳动立法的最新变化,在第四章劳动合同、第六章劳动就业和职业培训部分,对新法做了充分的介绍;其他章节内容结合国务院最新颁布的劳动法规作了若干调整;对即将颁布的劳动立法草案,教材中也有相关提示。

上述内容如有不当之处,敬请读者批评指正。

张志京
2008年1月

编著说明(第一版)

《劳动法学》为高等法学院校的教材用书。本书语言简明、体例清晰,系统介绍劳动法学的基本理论,全面阐述劳动实体和劳动程序法律制度,反映劳动法学界的研究成果和劳动法制的最新进展。

本书由张志京主编,孔林副主编,全书由主编、副主编负责统稿。各章撰稿人分别为:

张志京(上海电视大学):第一、二章

孔　林(同济大学):第三、四、五、六章

高　艳(扬州大学):第七、八、九章

李路根(安徽师范大学):第十、十一、十二章

伊晓婷(上海电视大学):第十三、十四、十五章

孔林副主编在全书统稿中做了大量工作,复旦大学出版社李峰编辑提出了宝贵的修改意见,他们为本书的顺利出版付出了辛勤努力。同时,本书在编写过程中参考了劳动法学界已有的研究成果,在此一并感谢。

由于作者水平的局限,更由于劳动法学理论的探讨无止境,劳动法制的改革尚待深入,本书不当之处在所难免,祈望读者给予批评指正。

张志京

2005 年 10 月

目　　录

第一章　劳动法概述 ·· 1
　第一节　劳动法的调整对象 ·· 1
　第二节　劳动法的体系与地位 ·· 5
　第三节　劳动法的基本原则 ··· 10
　本章小结 ··· 14

第二章　劳动法的历史发展 ·· 16
　第一节　劳动法的产生 ··· 16
　第二节　中国劳动立法 ··· 20
　第三节　国际劳动立法 ··· 24
　本章小结 ··· 28

第三章　劳动法律关系 ·· 30
　第一节　劳动法律关系概述 ··· 30
　第二节　劳动法律关系的构成要素 ··································· 32
　第三节　劳动法律关系的运行 ······································· 39
　第四节　劳动附随法律关系 ··· 40
　本章小结 ··· 42

第四章　劳动合同 ·· 44
　第一节　劳动合同概述 ··· 44
　第二节　劳动合同的订立 ··· 46
　第三节　劳动合同的效力 ··· 52
　第四节　劳动合同的履行、变更和延长 ································ 54
　第五节　劳动合同的解除和终止 ····································· 56
　第六节　非典型劳动合同 ··· 61
　第七节　违反劳动合同的责任 ······································· 65
　本章小结 ··· 66

第五章　集体合同 ·· 71
　第一节　集体合同概述 ··· 71
　第二节　集体合同的签订 ··· 76

第三节　集体合同的内容和效力 ··· 80
　　　第四节　集体合同的履行、变更、解除和终止 ······························· 82
　　　本章小结 ··· 83

第六章　劳动就业和职业培训 ··· 85
　　　第一节　劳动就业制度 ·· 85
　　　第二节　职业培训制度 ·· 93
　　　本章小结 ··· 98

第七章　工资 ·· 100
　　　第一节　工资概述 ··· 100
　　　第二节　最低工资制度 ·· 104
　　　第三节　特殊情况下的工资支付 ··· 109
　　　第四节　工资保障制度 ·· 111
　　　本章小结 ·· 115

第八章　工作时间和休息休假 ·· 117
　　　第一节　工作时间和休息休假概述 ·· 117
　　　第二节　工作时间和休息休假的种类 ··· 119
　　　第三节　加班加点制度 ·· 126
　　　本章小结 ·· 127

第九章　劳动安全卫生 ·· 130
　　　第一节　劳动安全卫生概述 ·· 130
　　　第二节　安全技术规程与劳动卫生规程 ·· 134
　　　第三节　劳动安全卫生管理制度 ·· 138
　　　本章小结 ·· 146

第十章　女职工和未成年工特殊保护 ··· 148
　　　第一节　女职工和未成年工特殊保护概述 ····································· 148
　　　第二节　女职工特殊保护 ··· 150
　　　第三节　未成年工特殊保护 ·· 154
　　　本章小结 ·· 156

第十一章　社会保险 ·· 158
　　　第一节　社会保险制度概述 ·· 158
　　　第二节　基本养老保险 ·· 165
　　　第三节　失业保险 ··· 170
　　　第四节　基本医疗保险 ·· 173

第五节　工伤保险 ······ 176
　　第六节　生育保险 ······ 180
　　第七节　职工福利 ······ 182
　　本章小结 ······ 185

第十二章　职业纪律 ······ 189
　　第一节　职业纪律概述 ······ 189
　　第二节　职业纪律的制定和实施 ······ 193
　　本章小结 ······ 198

第十三章　工会与职工民主管理 ······ 200
　　第一节　工会 ······ 200
　　第二节　职工民主管理 ······ 205
　　本章小结 ······ 207

第十四章　劳动法律关系的程序保护 ······ 209
　　第一节　劳动法的监督检查 ······ 209
　　第二节　劳动争议处理机制 ······ 215
　　本章小结 ······ 222

第十五章　违反劳动法的责任 ······ 225
　　第一节　违反劳动法责任的概述 ······ 225
　　第二节　用人单位违反劳动法的责任 ······ 226
　　第三节　劳动者违反劳动法的责任 ······ 230
　　第四节　其他部门和人员违反劳动法的责任 ······ 233
　　本章小结 ······ 233

附录 ······ 235
　　中华人民共和国劳动法 ······ 235
　　中华人民共和国劳动合同法 ······ 244
　　中华人民共和国劳动争议调解仲裁法 ······ 254

主要参考书目和相关网站 ······ 259

第一章
劳动法概述

学习目的和要求

通过本章的学习,了解劳动法的地位和体系、劳动法的渊源、劳动法与其他相关法律部门的区别;理解劳动法的基本原则和劳动法的性质;掌握劳动法的概念、劳动法的调整对象、劳动关系的特征以及劳动法的适用范围;熟悉我国劳动立法关于劳动法调整对象、劳动法适用范围等方面的规定。

第一节 劳动法的调整对象

一、劳动法的概念

作为我国现行法律体系的一个独立法律部门,一般认为,劳动法是调整劳动关系以及劳动附随关系的法律规范的总称。

对"劳动法"一词可作狭义和广义两种理解:狭义上的劳动法也称为形式意义上的劳动法,指由国家最高权力机关颁布的关于调整劳动关系以及劳动附随关系的综合性法律,即法典式的劳动法。1994年7月5日全国人民代表大会常务委员会第八次会议通过,1995年1月1日开始实施的《中华人民共和国劳动法》(以下简称《劳动法》)即人们通常理解的狭义上的劳动法。

广义上的劳动法也称为实质意义上的劳动法,是指所有调整劳动关系以及劳动附随关系的法律规范的总和。它不仅包括狭义的劳动法,还包括其他各种规范性文件中调整上述关系的所有法律规范,即法典式的劳动法之外,还有全国人民代表大会制定和颁布的宪法和基本法律中的相关规定,全国人民代表大会常务委员会制定和颁布的基本法律以外的其他法律中的相关规定,国务院颁布的行政法规,劳动和社会保障部颁布的部门规章,地方性劳动法规,等等。

劳动法学中的劳动法,通常是指广义上的劳动法,本书也是采用广义劳动法的概念。

二、劳动法的调整对象

法律是社会关系的调整者,不同的社会关系是划分法律部门的重要依据。根据劳动法的概念,劳动法的调整对象是劳动关系以及劳动附随关系。其中,劳动关系是劳动法的主要调整对象。

(一)劳动关系

1. 劳动关系的概念

劳动是人们创造物质财富和精神财富的有意识、有目的的活动。劳动对于人类有着非同寻常的意义,它使猿变成了人,并使人类生存繁衍、不断进化。马克思说:"任何一个民族,如果停止劳动,不用说一年,就是几个星期,也要灭亡,这是每一个小孩都知道的。"①

在劳动过程中人与人之间发生的社会关系,称为劳动关系。这种劳动关系可以分为两种:一种是劳动者在劳动过程中与其他劳动者的关系;另一种是劳动者与劳动力使用者(或称所在单位)之间的关系。劳动法调整的劳动关系仅限于后一种。因为劳动关系产生的前提是劳动力的所有权和使用权发生了分离,即劳动者把自己享有的劳动力的使用权让渡给用人单位,由单位在劳动过程中管理和支配,由此双方形成劳动关系,进而受劳动法的调整和规范。所以,劳动法中的劳动关系,是指劳动者与劳动力使用者在实现劳动过程中彼此之间发生的一种社会关系。也称之为狭义的劳动关系。

2. 劳动关系的多种称谓

劳动关系也被称为"劳资关系""劳雇关系""劳使关系"。不同的称谓反映了不同的价值观念。我国台湾学者黄越钦认为:劳资关系含有对立意味,因为劳方与资方的界限分明,其所展开的关系自然包含一致性与冲突性在内;劳动关系是以劳动为中心所展开,着重在劳动力、劳动者为本位的思考;劳雇关系以雇佣的法律关系为基础,重点在权利义务之结构;劳使关系则已将所有的价值意味予以排除,只剩下技术性意涵②。

大陆学者一般只使用"劳动关系"的概念,意在强调这种关系既包括公有制也包括私有制,以区别于"劳资关系"③。

3. 劳动关系的特征

(1) 劳动关系是劳动力所有者和劳动力使用者之间的社会关系

马克思说:"不论生产的社会形式如何,劳动者和生产资料始终是生产的因素。"④劳动关系的双方当事人分别体现了马克思所说的两个生产要素。劳动关系的一方,劳动者作为劳动力的所有者和提供者,并非同自有的或直接支配的生产资料相结合,而是与劳动力使用者提供的生产资料相结合;劳动关系的另一方,劳动力的使用者即用人单位,在劳动关系中则作为生产资料的支配者和劳动力的需求者出现。

因此,劳动关系发生在特定身份的当事人之间,要求劳动力与生产资料分属于不同的当事人。即,一方是拥有劳动力的劳动者,而另一方是需要使用劳动力的生产资料的所有

---

① 《马克思恩格斯选集》第4卷,第368页。
② 黄越钦:《劳动法新论》,中国政法大学出版社2003年版,第19页。
③ 董保华:《劳动法论》,世界图书出版公司1999年版,第37页。
④ 《马克思恩格斯全集》第24卷,第44页。

者、经营者或管理者(用人单位)。

劳动者的主体资格,应当是年龄16周岁以上、具有劳动能力的公民;关于用人单位的主体资格,《劳动法》第2条和《劳动合同法》第2条都规定,在中华人民共和国境内的企业、个体经济组织、民办非企业单位等组织,以及建立劳动合同关系的国家机关、事业组织、社会团体享有雇佣劳动者的权利,具有用人单位的主体资格。

(2) 劳动关系是与劳动过程密切联系的社会关系

劳动过程就是劳动力和生产资料在劳动组织内相结合的生产过程。要使生产资料与劳动力相结合,就要求劳动力的所有和使用分离,并由劳动者在一定程度上放弃其作为劳动力使用者、支配者的地位。而生产资料的经营管理者则又须成为劳动力的支配者、使用者——生产资料的所有者或经营者,在成为用人单位后,安排劳动者在劳动组织内与生产资料相结合①,劳动者的劳动力被使用之后,其所提供的活劳动则构成用人单位生产过程中的一个部分或环节。

在上述劳动力和生产资料相结合的生产过程中,劳动者与用人单位发生的社会关系才是劳动法调整的对象。

(3) 劳动关系是主体双方管理与被管理的社会关系

劳动关系一经建立,劳动者的劳动力归劳动力使用者即用人单位支配。劳动关系中的劳动者就成为另一方用人单位的成员,需要遵守用人单位的内部劳动规章制度。遵守单位的内部劳动规则是劳动者的义务,制定劳动规则是用人单位的权利。劳动力使用者和劳动者之间便建立起一种以指挥和服从为特征的管理关系,这种管理关系又是一种隶属关系。

劳动关系的特征,可以将劳动法调整的劳动关系,和其他法律调整的与劳动有关的社会关系区分开来。如劳务关系,虽然与劳动关系仅一字之差,但劳务关系双方无须具备劳动关系的主体资格,也不存在管理与被管理的关系,更不是直接在劳动过程中提供活劳动。因此,劳务关系由民法调整,遵循"平等自愿,等价有偿"的原则。

案例阅读1-1

4. 劳动关系的种类

依照不同的标准,劳动关系可以有多种分类。如,按照所有制的不同,可以分为国有劳动关系、非国有劳动关系;按照劳动者人数,可以分为个别劳动关系、集体劳动关系;按照劳动关系的特征,可以分为典型性劳动关系、非典型性劳动关系,等等。

(二) 劳动附随关系

劳动关系是劳动法调整的主要对象,但劳动关系并不是孤立的,而是处于极其广泛的社会联系中。劳动附随关系,其本身并不是劳动关系,但与劳动关系有着直接或间接的联系。它们有的是发生劳动关系的必要前提,有的是劳动关系的直接后果,还有的是伴随劳动关系附带发生的社会关系。因此,劳动附随关系也应该纳入劳动法的调整范围。劳动附随关系,一般包括以下几种:

1. 劳动行政管理方面的关系

劳动行政管理方面的关系,主要是指劳动行政主管部门与用人单位或劳动者或就业服务机构之间因就业、培训、工伤鉴定等问题而发生的关系,这种关系具有行政关系的特点。

---

① 董保华:《劳动法论》,世界图书出版公司1999年版,第46页。

如,用人单位在招收录用劳动者时应遵守法律,服从劳动行政主管部门的管理;作为"科教兴国"战略的重要环节,劳动行政主管部门与劳动者会在职业培训方面发生相应的管理关系。

2. 劳动服务方面的关系

劳动服务机构,由于提供相应的劳动服务,一方面要接受劳动行政主管部门的行政管理,形成劳动行政管理方面的关系;另一方面,与接受其服务的劳动者和用人单位分别形成劳动服务关系,因而位于劳动附随关系之列。

3. 社会保险方面的某些关系

社会保险方面的某些关系,主要是指劳动者与用人单位以及社会保险机构之间发生的关系。社会保险中的某些关系如养老保险,是在劳动关系结束之后出现的,劳动者此时已经脱离劳动过程,但因为是劳动关系直接引起的,是劳动关系的直接后果,所以属于劳动附随关系。

4. 调处劳动争议方面的关系

调处劳动争议方面的关系,主要是指劳动争议处理机构在处理劳动争议时与用人单位、劳动者之间发生的关系。如劳动争议仲裁委员会与劳动争议双方当事人之间非诉讼性质的关系,显然不是劳动关系,但却是为协调劳动关系而产生的。

5. 工会因履行职责与用人单位发生的关系

工会因履行职责与用人单位发生的关系,主要是指为维护劳动者合法权益与用人单位之间发生的关系,如集体合同关系,再如工会在劳动法监督检查过程中与用人单位发生的关系,等等。

案例阅读 1-2

6. 相关国家机关监督劳动法执行的关系

相关国家机关监督劳动法执行的关系,主要是指依法享有监督检查权的机构,包括劳动行政主管部门及其他有关行政机关,在监督劳动法实施情况时与用人单位之间发生的关系。

三、劳动法的适用范围

劳动法的适用范围,也称为劳动法的效力范围,是指劳动法的空间适用范围、时间适用范围以及对人的适用范围。

(一)劳动法的空间适用范围

劳动法的空间适用范围即劳动法适用的地域范围。劳动法适用的地域范围,取决于劳动法律规范文件的制定机关。全国人民代表大会及其常务委员会颁布的劳动法律、国务院发布的劳动行政法规等,适用于我国全部领域;地方性立法机关制定的劳动法规,适用于当地人民政府行政管辖区域之内,但不得与全国性法规相冲突;民族自治地方人民代表大会制定的劳动自治条例和单行条例,只适用于该民族自治地方;港、澳、台地区的劳动立法适用于港、澳、台地区。

(二)劳动法的时间适用范围

劳动法的时间适用范围即劳动法的时间效力,是指劳动法生效时间和失效时间。关于劳动法的生效,一般有两种方式:一种是自公布之日起生效,另一种是公布后并不立即生效,而是规定一个实施日期,自实施时间到来之时开始生效。《中华人民共和国劳动法》即属第二种情形,于1994年7月5日公布,1995年1月1日起实施。

劳动法的失效,一般也有两种方式:一种是法律本身规定终止生效的特定时间或特定条件出现时自然失效;另一种是在新颁布的法律规范文件中明文指出旧法律规范文件失效。

(三)劳动法对人的适用范围

劳动法对人的适用范围即劳动法对人的效力。《劳动法》第2条规定:"在中华人民共和国境内的企业、个体经济组织(以下统称用人单位)和与之形成劳动关系的劳动者,适用本法","国家机关、事业组织、社会团体和与之建立劳动合同关系的劳动者,依照本法执行"。《劳动合同法》第2条规定:"中华人民共和国境内的企业、个体经济组织、民办非企业单位等组织(以下称用人单位)与劳动者建立劳动关系,订立、履行、变更、解除或者终止劳动合同,适用本法";"国家机关、事业单位、社会团体和与其建立劳动关系的劳动者,订立、履行、变更、解除或者终止劳动合同,依照本法执行"。据此,用人单位主要是指企业、个体经济组织、民办非企业单位等组织,事业单位、国家机关、社会团体与劳动者建立劳动合同关系的,也可称为"用人单位"。相应地,只有在这六种用人单位管理下从事劳动并获取相应报酬的自然人,才可以成为《劳动法》意义上的"劳动者"。

劳动法对人的适用范围可以概括为:劳动法适用于基于订立劳动合同而形成劳动关系的劳动者与用人单位。鉴于立法的局限,我国目前相当部分主体间的劳动关系不在劳动法的调整范围之内。如,国家机关与公务员之间的劳动关系,主要由《中华人民共和国公务员法》和国家的人事政策来调整。随着我国劳动法律制度的发展和完善,劳动法对人的适用范围将逐步扩大。

第二节 劳动法的体系与地位

一、劳动法的体系

劳动法体系,是指构成劳动法律部门的各类法律规范的统一整体。劳动法体系的形成取决于劳动法的调整对象,与劳动法所调整的社会关系是一一对应的。

劳动法体系结构如下:

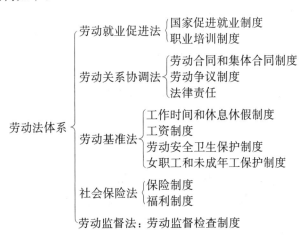

二、劳动法的渊源

劳动法的渊源,是指一定的国家机关依照法定职权和程序制定或认可的具有不同效力等级的劳动法律的表现形式。

如果说劳动法体系是劳动法律制度的内部结构,劳动法渊源则是劳动法律制度的外部表现,两者是内容与形式的关系。在我国大陆,劳动法的渊源主要是以宪法为核心的各种制定法。我国香港、澳门、台湾地区,还会涉及判例法。具体而言,当代中国大陆劳动法的渊源有如下表现形式:

1. 宪法

宪法是每一个民主国家的最根本的法律渊源,其法律地位和效力是最高的。作为国家的根本法,《中华人民共和国宪法》第 42 条规定公民有劳动的权利和义务,国家对就业前的公民进行必要的劳动就业训练;第 43 条规定劳动者有休息的权利;第 44 条规定了退休制度;第 45 条规定了社会保险制度及对特殊困难群体的保护;第 48 条规定国家保护妇女的权利和利益,实行男女同工同酬;第 53 条规定了公民遵守劳动纪律的义务,等等。

2. 法律

法律是指全国人大及其常委会制定的规范性文件。法律的地位和效力仅次于宪法,如《中华人民共和国劳动法》《中华人民共和国工会法》《中华人民共和国矿山安全法》《中华人民共和国劳动合同法》《中华人民共和国就业促进法》《中华人民共和国劳动争议调解仲裁法》《中华人民共和国社会保险法》,等等。

3. 行政法规

行政法规是指作为国家最高行政机关的国务院所制定的规范性文件,其法律地位和效力仅次于宪法和法律,如《女职工劳动保护规定》《失业保险条例》《中华人民共和国劳动合同法实施条例》《保障农民工工资支付条例》,等等。

4. 地方性法规、民族自治地方法规、经济特区的规范性文件

这三类都是由地方国家机关制定的规范性文件。地方性法规,是由一定的地方国家权力机关,根据本区域的具体情况和实际需要,依法制定的在本行政区域内具有法律效力的规范性文件,如《上海市劳动合同条例》,等等。

5. 规章

规章是行政性法律规范文件,根据制定机关不同可分为部门规章和地方政府规章。

部门规章是指国务院组成部门及直属机构在其职权范围内制定的规范性文件。如人力资源和社会保障部颁发的《企业劳动争议协商调解规定》《关于执行〈工伤保险条例〉若干问题的意见》,等等。

地方政府规章是指省、自治区、直辖市人民政府及省、自治区、直辖市人民政府所在地的市、经济特区所在地的市和经国务院批准的较大的市的人民政府,依照法定程序制定的规范性文件。

6. 特别行政区的法律

宪法规定,在特别行政区内的制度按照具体情况由全国人民代表大会依法律规定。特别行政区实行不同于全国其他地区的经济、政治、法律制度,在立法权限和法律形式上有其特殊性。

7. 国际条约和国际惯例

国际条约是指我国作为国际法主体同外国缔结的双边、多边协议和其他具有条约、协定性质的文件,如《就业政策公约》《反对一切形式歧视妇女公约》,等等。

国际惯例是指以国际法院等各种国际裁决机构的判例所体现或确认的国际法规则,和国际交往中形成的共同遵守的不成文的习惯。如在涉外劳动关系上,可参考相关国际惯例。

三、劳动法是独立的法律部门

劳动法以劳动关系为主要调整对象,以劳动者和用人单位为特定主体,以促进就业、职业培训、劳动合同和集体合同、工作时间和休息休假、工资、劳动安全卫生、女职工和未成年工保护、社会保险、劳动争议、法律责任等为独立的内容体系,不能为其他法律部门所涵盖和取代。因此,劳动法是我国现行法律体系中一个独立的法律部门。

(一)劳动法与其他法律部门的区别

1. 劳动法与民法

(1)调整的对象不同

民法的调整对象是平等主体之间的人身关系和财产关系;劳动法的调整对象是劳动者与用人单位之间的劳动关系以及劳动附随关系。

(2)法律关系的主体不同

民事法律关系的主体双方可以是自然人、法人、经济组织,也可以一方是自然人,另一方是法人或者经济组织;劳动法律关系的主体必须一方是劳动者,另一方是劳动力使用者(用人单位)。

(3)适用的原则不同

民法适用的主要原则是平等自愿、等价有偿;而劳动法则以维护劳动者合法权益为主要原则。

2. 劳动法与经济法

(1)调整的对象不同

经济法调整的对象是国家协调本国经济运行过程中所发生的经济关系,包括企业组织管理关系、市场管理关系、宏观调控关系以及社会保障关系。劳动法的调整对象则是劳动者与用人单位之间的劳动关系以及劳动附随关系。

(2)法律关系的主体不同

经济法律关系的主体包括国家机关、企业和其他社会组织、企业内部组织和有关人员、公民及个体工商户和农村承包经营户。劳动法律关系的主体特定为劳动者和劳动力使用者(用人单位)。

(3)适用的原则不同

经济法适用的主要原则有协调经济原则、效率公平原则、利益兼顾原则等。劳动法的主要原则是维护劳动者合法权益。

3. 劳动法与行政法

(1)调整的对象不同

行政法调整的对象是国家行政机关在实施国家行政管理过程中发生的行政关系。劳动法的调整对象则是劳动者在用人单位参加劳动过程中产生的劳动关系以及劳动附随关系。

(2) 法律关系的主体不同

行政法律关系的主体广泛，可以是国家行政机关之间，也可以是国家行政机关与企业、事业组织、社会团体、个体经济组织之间，还可以是国家行政机关与公民之间，无论其中哪一种情形，行政法律关系的主体一方必定是国家行政机关。劳动法律关系的主体则非常明确，就是劳动者和用人单位。

(3) 适用的原则不同

行政法以依法行政、行政合理、行政公开为基本原则，劳动法则以维护劳动者合法权益为主要原则。

(二) 劳动法的性质

1. 社会法的由来

劳动法作为一个独立的法律部门，是社会法的组成部分。社会法被看作是与公法、私法并列的第三大法域。

公法与私法两大法域的划分，源于古罗马著名法学家乌尔比安。他认为，公法是有关国家稳定，保护公共利益的法律；私法涉及个人的福利，是保护私人利益的法律。公法的原则是"公法的规范不得由私人间的协议而变更"，其规范是命令性的、强制性的，属于无条件的义务；私法的原则为"协议就是法律"，以"自治""任意"为特点。大陆法系国家继承了公法与私法的划分原则。

乌 尔 比 安

乌尔比安(约公元170—228年)，古罗马著名五大法学家之一，曾任最高裁判官、国务会议主席，公元228年在军人叛变中被杀害。主要著作有《论萨宾派》51篇和《法令集》81篇。东罗马帝国皇帝查士丁尼于公元533年底颁布施行的《学说汇纂》中，约三分之一的内容引自乌尔比安的著作。乌尔比安精通罗马法律，在法学上首创"公法"和"私法"的体系，提出了法是"神事和人事的知识，正义和非正义的科学""善良和公正的艺术"的经典论述，主张保护奴隶主私有财产制，对后世资产阶级法学具有重大影响。

19世纪末到20世纪初，资本主义进入到垄断时期，社会经济组织形态发生变化，新兴产业出现，生产的社会化程度越来越高。强调法律社会效益的社会法学派开始形成，个人的所有权思想逐渐被社会的所有权思想所取代，私人利益受到公共利益的限制而形成社会利益。在此基础上，国家管理趋向专业化和科学化，行政权力日渐扩张，行政行为介入私法领域，国家开始通过立法对经济活动进行干预和调节。

因此，原来主要适用任意性规范的部分领域逐渐适用强制性规范，形成公法与私法的交错重叠。公法与私法的中间领域,便构成了社会法的内容。所谓社会法是国家为保障社会福利和国民经济正常发展,通过加强对社会生活干预而产生的一种立法①。可见,社会法以维护社会利益为根本目的,涉及劳动法、社会保障法、环境保护法等多个法律部门。

2. 社会法的特点

(1) 社会法的调整对象

社会法以"形式上平等实质上不平等"的社会关系为调整对象。在市场经济中,竞争不可避免,而优胜劣汰必然产生弱势群体。如果没有公权力介入对弱者利益予以保护,社会关系中的群体就会强者越强、弱者越弱,社会关系的失衡加剧最终将导致严重的社会问题。从社会公平和稳定的角度需要有一套不同于公法与私法的法律规则,社会法正是充当了这一角色。因为公法调整的是"形式上不平等实质上也不平等"的社会关系,如行政主体和行政相对人之间的行政关系;私法调整的是"形式上平等实质上也平等"的社会关系,如民事合同关系。而"在社会法领域中,我们看到的满眼都是劳动者、消费者、环境污染受害者、妇女、老人、未成年人、残疾人这样的弱势群体"②。所以说,社会法弥补了公法与私法的不足,并在很大程度上减少了社会不稳定因素。

(2) 社会法的调整原则

社会法以"倾斜立法保护弱者"为调整原则。以调整"形式上平等实质上不平等"的社会关系为己任,借助国家公权力维护社会利益的社会法,为追求"实质正义",对权利主体实行倾斜保护而不是私法意义的平等保护。社会法中的相关法律规定,基于承认主体之间不平等的现实,给予劣势的主体一方以特别的保护。表面上看,法律对双方实行了不平等的差别待遇,一方享有较多的权利,承担较少的义务;另一方承担较多的义务,享有较少的权利,但是这种立法上的不平等正是针对社会关系本身存在的不平等而采取的矫正措施,即通过公权力的介入,适度限制强势一方主体的权利以保障弱势一方主体的权利,使社会法律关系实现相对的平等或平衡。

(3) 社会法的调整方法

社会法以"法定限制约定,团体约定限制个体约定"为调整方法。与社会法的调整对象和调整原则相配套,社会法融合了公法的"法定"调整方式和私法的"约定"调整方式,形成了多元的调整方法,即法定内容限制约定内容、团体约定限制个体约定。有法律的硬性标准,又有当事人的自由协商。

3. 劳动法是社会法的组成部分

劳动法属于社会法,兼有公法与私法的性质,是两者融合的产物。其社会法属性的若干表现列举如下:

(1) 劳动法的根本目的

劳动法以保护劳动者的合法权益为第一要义。劳动者权益本质上是一种个人利益,但是对处于弱势的劳动者不给予倾斜保护,形式上的平等会造成实质上的不公,甚至破坏整个经济秩序,影响社会公共利益。因此,对每个劳动者个体利益的保护便具有了社会意

---

① 董保华:《劳动法论》,世界图书出版公司1999年版,第10页。
② 董保华:《社会法原论》,中国政法大学出版社2001年版,第144页。

义,劳动法通过对劳动者权益的全面维护进而维护社会利益,体现了以社会为本位的基本立场。

(2) 劳动法的主体

作为劳动法主体的劳动者与用人单位之间在维护各自的经济利益过程中双方地位是平等的,但同时劳动者隶属于用人单位,他们之间又存在着管理和被管理的关系。与私法主体的平等及公法主体管理与服从的关系不同,劳动法律关系主体双方具有表面平等而实质上不平等的特性。劳动法基于承认两者之间不平等的现实,给予劣势的劳动者以特别的保护。

(3) 劳动法的调整方法

劳动法首先以劳动基准给予劳动者普遍的、最低层次的保护,以集体合同方式提升劳动者群体适用的劳动标准和福利,以劳动合同方式规范个别的劳动关系①。即劳动法调整的主要方式就是通过法定内容来限制约定内容,同时法律又在一定范围内允许当事人自由协商。这种融合了公、私法特征的调整手段,在劳动法中有突出表现。比如劳动者和用人单位都必须严格遵守劳动法关于最低工资的规定,不得约定低于最低工资标准的劳动报酬,但是在最低工资标准之上,双方又享有自由协商劳动报酬的权利,法律对此不加干涉。

(4) 劳动法的归责原则

劳动法的责任条款较多地规定用人单位的义务,违反劳动法责任的归责原则便凸显这一特点。劳动法的归责原则,除过错责任原则、公平责任原则之外,还有无过错责任原则。多数情况下,依据过错责任原则追究违法行为人的法律责任;但在违反劳动法应受到民事制裁的责任承担中,法律特别规定对用人单位劳动安全卫生事故等特殊问题采用无过错责任原则,如用人单位对工伤和职业病的民事赔偿即是如此。

第三节 劳动法的基本原则

一、劳动法基本原则的概念

劳动法基本原则,是指主导整个劳动法体系,集中体现劳动法的本质和基本精神,调整劳动关系以及劳动附随关系所应遵循的基本准则。

宪法作为国家的根本大法和治国安邦的总章程,是确定劳动法基本原则的首要依据。从《宪法》总纲及第35、42、43、44、45、46、48、53条的规定中可以知道,现行宪法确立劳动法基本原则的依据主要包括两方面:一是关于国家政治经济制度的规定,如实行社会主义市场经济等;二是关于调整劳动关系的规定,如公民享有劳动权利、按劳分配、职工民主管理权、劳动就业方针、男女同工同酬、社会保障、职业教育、遵守劳动纪律等。劳动法基本原则根据宪法原则而确定,参照劳动法律实践,是劳动法区别于其他部门法所具有的特征。

---

① 许明月主编:《劳动法学》,重庆大学出版社2003年版,第25页。

劳动法基本原则是全部劳动法律规范的基本出发点,应该具有概括性、普遍性、权威性和稳定性。

二、劳动法基本原则的作用

(1) 劳动法基本原则作为劳动法基本理念和基本精神的体现,对劳动立法具有指导作用,有助于劳动法律法规的立、改、废,使各种劳动关系及时得到调整,促进劳动法制的统一和协调。

(2) 劳动法的基本原则蕴含着劳动法律制度的统一价值,因而有助于理解和解释劳动法,修正劳动法律制度之间的矛盾,指导劳动法律规范的具体实施。

(3) 劳动法的基本原则以其精神实质可以弥补劳动法律与现实生活之间存在的立法空档,解决实践中出现的缺乏明文规定的劳动法律问题。

三、劳动法基本原则的内容

关于劳动法基本原则的内容,理论界看法不一,学者们可谓见仁见智。比如,关怀主编的高等学校法学统编教材《劳动法学》[①]认为,我国劳动法的基本原则应该是:

(1) 公民有劳动的权利和义务的原则。

(2) 改进劳动组织,不断提高劳动生产率的原则。

(3) 各尽所能,按劳分配的原则;在发展生产的基础上,提高劳动报酬和福利待遇的原则。

(4) 劳动者享有休息和劳动保护的权利的原则。

(5) 劳动者有组织工会和民主参与权利的原则。

(6) 在劳动方面男女平等、民族平等的原则。

(7) 劳动者享受职业培训的权利和义务的原则。

(8) 劳动者有遵守劳动纪律的义务的原则。

(9) 劳动者享有物质帮助的权利的原则。

(10) 提请处理劳动争议的权利的原则。

贾俊玲主编的教育部人才培养模式改革和开放教育试点法学教材《劳动法学》[②]认为,我国劳动法的基本原则应该是:

(1) 劳动权利义务相统一原则。

(2) 保护劳动者合法权益原则。

(3) 劳动法主体利益平衡原则。

根据劳动法基本原则这一概念的应有之义,结合各种观点,我们认为劳动法基本原则主要有保护劳动者合法权益原则和三方性原则。

(一) 保护劳动者合法权益原则

1. 保护劳动者合法权益原则的概念

保护劳动者合法权益原则是劳动法的首要原则,它是劳动法的主旨,也是劳动法区别

---
① 关怀主编:《劳动法学》,法律出版社 1996 年版。
② 参见贾俊玲主编:《劳动法学》,中央广播电视大学出版社 2003 年版。

于其他法律部门的本质特征。在签订劳动合同和履行劳动合同的过程中,用人单位居主导地位,劳动者相对弱势,因此保护劳动者合法权益原则实际上是保护弱者原则。为防止用人单位恃强凌弱,使劳动关系双方求得实质上的公平,国家必须通过立法来保护劳动者的合法权益,对劳动者的弱者地位予以补救,从而在用人单位和劳动者之间达成新的平衡关系,以维护劳动者的正当权益。劳动法具有这种倾斜保护的特质。

2. 保护劳动者合法权益原则的内容

(1) 劳动者合法权益的内容

我国《宪法》和《劳动法》规定的劳动者的合法权益主要有:劳动权、劳动报酬权、休息休假权、劳动安全卫生保护权、物质帮助权、依法组织和参加工会权、民主管理权、职业技能培训权、享受社会保险和福利权、提请劳动争议处理权等。

(2) 劳动者合法权益应得到全面和平等的保护

劳动者的上述合法权益,在劳动过程的任何环节都应该得到全面和平等的保护。

所谓全面的保护,是指对劳动者的合法权益进行全方位的保护。无论法定权益还是约定权益(约定权益以不损害劳动者合法权益为前提),无论是人身权益还是财产权益,都应该得到保护。

所谓平等的保护,是指不同民族、种族、性别、年龄、文化程度、财产状况、宗教信仰、职业、劳动关系性质的劳动者,其劳动法律地位一律平等,合法权益一律平等地受我国劳动法保护,禁止任何歧视。

这种平等保护并不排斥对特定劳动者群体如未成年工、女职工等的特殊保护,而且劳动法特别强调性别平等和特殊保护。我国《宪法》明确规定:中华人民共和国妇女在政治、经济、社会和家庭生活的各方面享有同男子平等的权利,国家保护妇女的权利和利益,实行男女同工同酬。我国参加的《经济、社会及文化权利国际公约》规定:本公约缔约各国承担保证男子和妇女在本公约所载一切经济、社会及文化权利方面有平等的权利。劳动法贯彻宪法的规定,体现公约的精神,对女职工权益如经期、孕期、产期、哺乳期给予了特殊保护,并且禁止就业歧视。未成年工也是劳动法重点保护的对象,其特定权益如禁忌劳动范围、健康检查制度等得到了劳动法的专门规范。

3. 保护劳动者合法权益的实现方法

保护劳动者合法权益,采用基准与合同相结合的社会法的调整方法。劳动基准给予劳动者普遍的、最低层次的保护;劳动合同则规范个别的劳动关系,确认劳动者个体的劳动权益;集体合同则用以提升劳动者群体适用的劳动标准和福利。

(二) 三方性原则

1. 三方性原则的概念

三方性原则是指政府、工会组织、企业组织代表(应包括各种所有制形式、各种经济形式的组织代表)三方共同参与劳动关系的协调。

三方性原则是西方国家在"二战"后为缓解劳资对抗,防止社会矛盾激化而用来稳定和协调劳动关系的措施之一,具体是指在劳动标准的确定和劳动关系的处理上由政府、雇主和劳工代表在平等的基础上协商解决,体现了个别协商与集体协商的结合、自由协商与国家协商的结合。这一原则是由国际劳工组织确立的。国际劳工组织本身就是个三方协调机构,它于1976年通过的《三方协商以促进实施国际劳工标准公约》和《三方协商以促进实施国际劳工标准公约建议书》,1990年9月7日被全国人大常委会批准,这是我国实行"三方性原则"的法律依据。我国劳动法律法规的条文中,也蕴含了一定条件下各级劳动行政部门会同同级工会和企业代表建立劳动关系三方协商机制的规定。例如,最低工资标准的确定、劳动争议仲裁委员会的组成等,都以三方性原则为指导。

三方协商委员会

20世纪90年代以来,三方协商机制的实施已成为世界性的趋势。在欧洲,普遍建有国家一级的三方协商委员会,对劳工立法、劳资关系等问题提出大量意见,在社会政策的制定中占有重要位置。在亚洲,如日本也建有从中央到地方的劳动委员会制度,实施三方协商机制。北美国家作为三方协商机制的策源地,在法律保障和社会基础方面更是领先一步。

2. 三方性原则的内容

目前我国劳动立法中的三方性原则不够完善。基于劳动法的社会法性质以及与世界劳动立法接轨的需要,我们应把三方性原则应用于立法、守法、执法、司法等调整劳动关系的各个方面。具体而言,三方性原则应包括如下内容。

(1) 在劳动立法中体现三方性原则

在制定重要的劳动法律法规时,应由政府、工会和企业组织代表共同参与。工会代表劳动者利益,站在劳动者一方的立场,提出劳动者的需要程度;企业代表站在企业立场,提出企业最大承受力的可能程度;政府站在宏观高度立场,居于主导地位,听取工会和企业组织的意见,采纳其合理建议。这样,劳动立法的内容将更切合实际,更具有可执行性。三方对劳动关系的协调首先就是通过劳动立法来实现的。

(2) 在劳动关系建立中体现三方性原则

在劳动者和用人单位双方签订劳动合同时,政府通过劳动基准法对合同的条款内容进行一定的限制,如最低劳动报酬、工作时间等,合同条款不得违反此类强制性规定。工会则负有帮助指导劳动者与用人单位签订劳动合同的职责。

(3) 在劳动关系运行中体现三方性原则

第一,集体合同的签订。

进行集体协商、签订集体合同同样要体现三方性原则。集体合同的签订必须由工会或职工代表与用人单位在劳动行政部门的指导下进行。集体合同的内容要符合劳动基准法关于工资、工时、劳动安全卫生保障等方面的规定,集体合同确定后还必须交由劳动行政部门审核通过方能生效。

第二,突发性事件和重大劳动争议的解决。

劳动过程中出现突发性事件和重大劳动争议时也应通过三方协调,平息事态,使矛盾和争议得到妥善解决。

第三,劳动法的监督执行。

劳动行政部门通过劳动监察和劳动仲裁等方式监督企业劳动法的执行,工会对企业劳动法的执行也有监督之责。同样,工会代表和企业代表有权监督行政部门的劳动执法行为。

本 章 小 结

1. 狭义的劳动法,是指由国家最高权力机关颁布的关于调整劳动关系以及劳动附随关系的综合性法律,即法典式的劳动法。广义的劳动法,是指所有调整劳动关系以及劳动附随关系的法律规范的总和,它不仅包括狭义的劳动法,还包括其他各种规范性文件中调整上述关系的法律规范。

2. 劳动法的调整对象是劳动关系以及劳动附随关系。其中,劳动关系作为劳动法的主要调整对象,是指劳动者与劳动力使用者在实现劳动过程中彼此之间发生的一种社会关系。劳动法的另一调整对象是劳动附随关系,一般包括劳动行政管理方面的关系、劳动服务方面的关系、社会保险方面的某些关系、调处劳动争议方面的关系、工会因履行职责与用人单位发生的关系、相关国家机关监督劳动法执行的关系。

3. 劳动关系特征为:劳动关系是劳动力所有者和劳动力使用者之间的社会关系,劳动关系是与劳动过程密切联系的社会关系,劳动关系是主体双方管理与被管理的社会关系。

4. 劳动法的适用范围,也称作劳动法的效力范围,是指劳动法的空间适用范围、时间适用范围以及对人的适用范围。

5. 劳动法体系,是指构成劳动法律部门的各类法律规范的统一整体,包括劳动就业促进法、劳动关系协调法、劳动基准法、社会保险法、劳动监督法。

6. 劳动法的渊源,是指一定的国家机关依照法定职权和程序制定或认可的具有不同效力等级的劳动法律的表现形式。具体包括:宪法、法律、行政法规、地方性法规、民族自治地方法规、经济特区的规范性文件、规章、特别行政区的法律、国际条约和国际惯例。

7. 劳动法是独立的法律部门,与民法、经济法、行政法相区别,具有社会法的性质。

8. 劳动法的基本原则,是指主导整个劳动法体系,集中体现劳动法的本质和基本精神,调整劳动关系以及劳动附随关系所应遵循的基本准则,主要有保护劳动者合法权益原则和三方性原则。

关键词

劳动法 劳动法的调整对象 劳动关系 劳动法的适用范围 劳动法体系 劳动法渊源 劳动法基本原则

思考题

1. 劳动关系的特征是什么?
2. 劳动法的适用范围如何?

3. 劳动法与其他法律部门的关系是怎样的?
4. 劳动法的社会法属性的表现是什么?
5. 劳动法基本原则的内容有哪些?

案例分析

1. 甲公司请乙建筑公司承包装修本公司办公楼。在装修过程中,装修公司一名工人不慎从四楼脚手架上跌落到地面,造成多处骨折。治愈后,经当地劳动鉴定机构鉴定为劳动能力完全丧失。在处理该起事故过程中,建筑公司领导认为,这名工人是在甲公司所在地为甲公司工作时发生的工伤事故,所以,甲公司应承担主要责任。

请问:

(1) 乙建筑公司的说法是否正确?

(2) 为什么?

2. 宏博健身器材公司为将新开发的健身产品推向市场,通过登广告寻找到赵某作为推销其产品的合作者。双方约定,赵某每推销一件产品,提成 10%。后因宏博健身器材公司欠付赵某的提成 5 万元,协商不成赵某便诉至法院。但法院认为该案属于劳动争议,应先向劳动争议仲裁委员会申请仲裁。

请问:

(1) 法院的做法是否正确?

(2) 为什么?

参考答案

1. (1) 不正确。

(2) 劳动关系是指劳动者与劳动力使用者在实现劳动过程中彼此之间发生的一种社会关系。本案中的受伤者是乙建筑公司的职工,与使用劳动力的乙建筑公司之间存在劳动关系,是劳动关系的主体双方。依照劳动法的规定,劳动者发生工伤事故,应当由劳动者所在的用人单位按照工伤保险待遇的具体办法妥善处理。

"甲公司所在地"作为建筑工程所在地,只是受伤者劳动的地点,受伤者与甲公司没有法律关系。所以,甲公司对工伤事故不负法律责任。基于人道的考虑,甲公司可以给予受伤者少量的补偿。

2. (1) 法院的做法不正确。

(2) 劳动关系是指劳动者与劳动力使用者(即用人单位)在实现劳动过程中彼此之间发生的一种社会关系。赵某与宏博健身器材公司所签订的是一份销售协议,内容仅涉及产品销售及其提成问题,双方不存在管理与被管理的关系,与劳动过程无关。所以,赵某与公司构成劳务关系,不是劳动关系。因劳务关系产生的争议依法应由人民法院受理。

第二章 劳动法的历史发展

> **学习目的和要求**
>
> 通过本章的学习,了解劳动法的产生和中国劳动立法的发展过程、国际劳工组织的机构;掌握劳动法的产生原因和特点、国际劳动立法的概念以及国际劳工组织的宗旨、任务、原则;理解中国劳动法制建设的成就与不足、国际劳动立法的发展。

第一节 劳动法的产生

一、劳动法产生的历程

（一）劳工法规

雇佣劳动是资本主义生产方式赖以存在的基础。从15世纪末开始,西欧封建制度逐渐瓦解,在封建社会母体内资本主义萌芽也开始孕育成长。从资本主义萌芽发展为资本主义生产方式,经历了资本的原始积累过程。原始资本积累的内容就是"一方面使社会的生活资料和生产资料转化为资本,另一方面使直接生产者转化为雇佣工人"①。为强迫被剥夺土地的农民到工场中做工,与资本家建立雇佣关系,新兴资产阶级和资产阶级化的封建贵族借助国家暴力,颁布了一系列血腥残暴的"劳工法规"。

劳工法规主要有两方面的内容:一是保证资本主义手工工场中劳动力的来源,如1547年英国法律规定:拒绝劳动的人,如被告发为游惰者,就判为告发人的奴隶;奴隶逃亡14天,就判为死刑②。二是强迫雇佣劳动者接受延长工时、限制最高工资等极其苛刻的劳动条件。

因此,所谓劳工法规,"自始就是为了剥削工人,并且在进行中总是直接和工人居于敌对地位的关于工资雇佣劳动的立法"③。

---

① 《马克思恩格斯全集》第23卷,第783页。
② 《马克思恩格斯全集》第23卷,第804页。
③ 马克思:《资本论》第1卷,人民出版社1963年版,第814页。

（二）工厂法

工厂法，亦称"工场法"，即资本主义国家关于雇佣劳动的立法，规定工厂内部的劳动时间、劳动纪律、劳动保护、工资福利、集体合同、实施义务教育以及企业主对在生产中致残工人的物质责任、劳动保险等。

一般认为，世界上最早的工厂法是英国议会1802年通过的《学徒健康和道德法》。该法规定：禁止纺织厂雇佣9岁以下的学徒，童工每天工作不得超过12小时，而且限于清晨6时至晚间9时之间，禁止做夜工。但这一规定只适用于从救济院出来的贫苦儿童。该法案于1819年修正后，禁止雇佣9岁以下的儿童从事工厂劳动，16岁以下童工每日的最长工作时间为12小时。但修正案仅仅适用于纺织业，其他行业依然可以大量雇佣童工。1833年英国议会又通过了《工厂法草案》，进一步限制童工的年龄，将禁止雇佣童工的范围扩大到其他行业，并将限制工作时间的规定扩大适用于女工。1847年英国《十时间法》规定，13岁至18岁的童工以及女工的日工作时间不得超过10小时。以此为标志，工厂法逐渐适用于英国的一切大工业[①]。

其后，资本主义各国相继制定工厂法。瑞士和法国分别于1877年和1892年制定《工厂法》。十月革命前的俄国于1882年颁布《雇佣童工、童工劳动时间和工厂检察机构法》，1897年颁布《劳动日法》等。日本于1911年制定《工场法》，并在1916年正式实施。美国在19世纪只有各州通过的本州的工厂法。如，1836年马萨诸塞州通过了一项童工法，规定15岁以下童工的雇佣条件以及童工教育问题。该州还于1843年和1879年分别颁布法律，就限制童工工作时间以及限制女工工作时间和女工的工资等问题作了规定。1848年加利福尼亚州也颁布了一项法律，禁止9种工厂使用12岁以下的儿童。到20世纪30年代，联邦政府制定了工厂法，即1935年的《国家劳工关系法》。

此外，英国于1871年公布了世界上第一个工会法；德国在1883年公布了世界上第一个劳动者保险法；新西兰于1894年最早建立起对最低工资的裁判制度之后，澳大利亚于1896年颁布了世界上最早的最低工资法令；比利时于1900年制定了世界上第一个劳动合同法。

虽然这些国家的工厂立法情况不尽相同，但是这些工厂法都是为了遏制资本家对工人无限制的剥削而制定的，一定程度上改善了劳动者恶劣的劳动条件。

（三）劳动法

进入20世纪，资本主义进入垄断时期，劳资纠纷变得越来越突出，一些国家陆续制定劳动法。法国率先于1910年着手编纂劳动法典，到1927年完成。十月革命后的苏维埃政府于1918年公布了世界上第一部内容完整的劳动法典《苏俄劳动法典》，并于1922年颁布了《苏维埃劳动法典》。

劳动法典综合包括工厂法和民法中调整雇佣关系的规范，工会、集体合同以及劳资纠纷等问题也都纳入其调整范围，劳动法典内容不断丰富，逐渐脱离民法而发展成为一个完整的法律体系。它的出现标志着劳动法作为独立部门法地位的确立。第二次世界大战后，制定劳动法的情况更为普遍，原先工厂法的内容已为劳动法所取代。

此后，一些资本主义国家还制定了调整劳动关系的标准法和其他单行法规，例如美国

---

① http://www.fsrtvu.net/student/kcdx/laodongfa/daoxiu1.htm.

于 1938 年、1947 年分别制定了公平劳动标准法和劳工管理关系法,日本于 1946 年、1947 年先后颁布了劳动关系调整法和劳动标准法等。

《公平劳动标准法》

《公平劳动标准法》是 1938 年美国罗斯福政府时期,国会通过的改善劳资关系的法律。自颁布以来曾经作了多次的重大修正。这项关于有关工人工资与工时的法案,支持雇员通过集体谈判商定工资水平,目的是消除"对维持工人健康、效率和福利所必需的最低生活水平有害的劳动条件。"

二、劳动法产生的原因

（一）工人阶级长期斗争的产物

18 世纪中叶以后,工人阶级为了争取自身的基本生存条件,不断自发地与资产阶级抗争,劳资关系日渐紧张,双方的阶级斗争也逐渐演变为集体斗争的形式。许多国家的劳动法规都是在工人阶级的斗争压力之下产生的,如美国的《公平劳工标准法》《社会保障法》等。

（二）国家对劳资关系进行干预的结果

19 世纪到 20 世纪的资本主义自由竞争时期,采取"雇佣自由"原则,国家对劳雇关系不加任何干预。随着近代机器大工业的兴起和扩张,劳动者相对于资本家的弱势地位暴露无遗。资本家利用雇佣关系中当事人地位实际上的不平等,实行残酷剥削,以致破坏了劳动力的生产和再生产,使劳动力面临枯竭的可能。同时,随着工业化程度的提高,产品质量也有了更高的要求,客观上需要具备一定的劳动条件。

劳资关系本身的不平等需要国家公共权力进行干预。因为,"在当事人处于不平等的地位时,不能够真正地说,他们之间的协议是他们意志自由交流的结果。在这种情况下,处于劣势的一方会受到极大的压制,就像真的受到了强迫一样。为了维护这种平等,社会可以进行干预"①。出于资产阶级整体利益和长远利益的考虑,国家从颁布某些改善劳工条件的法规入手,逐步介入劳动关系,平衡劳资双方利益,以稳定社会经济秩序。"基于不平等而促进平等",是劳动法的初衷和追求目标。

（三）对民法的超越

对如何保护和救济处于弱者地位的劳动者,进一步协调劳动关系,以平等主体之间的人身、财产关系为调整对象的传统民法措施乏力。要实现对劳动者的法律保护,必须冲破民法理念和制度框架的束缚,寻求公共权力的积极介入。这种努力的结果导致大量以限制工时、确保最低工资和职业安全为基本内容的劳动立法的出现。劳动立法逐渐脱离民法而独立发展是 19 世纪法律发展的重要内容。劳动法的独立发展突出表现在：公共力量（国家）和社会力量（工会）在平衡劳资双方力量上的作用日益合法化并得以强化。可以说,劳动法根植于

---

① ［美］伯纳德·施瓦茨：《美国法律史》,中国政法大学出版社 1990 年版,第 64 页。

民法,又超越了民法。就其通过立法确立劳动权利义务基准并求助于团体力量以实现契约双方力量平衡的努力而言,劳动法是对民法调整劳动契约关系功能不足的一种弥补①。

三、劳动法的特点

(一)初期劳动法的特点

1. 适用范围

初期劳动立法的适用范围很小,相当一部分的劳动立法仅适用于大的工厂或者某一行业,尚未普遍适用,如上文提到的1848年加利福尼亚州颁布的禁止9种工厂使用12岁以下儿童的法律。

2. 法律内容

综合各国情况,最初的劳动立法大多是从改善女工、未成年工的劳动条件开始,如英国1802年通过的《学徒健康和道德法》规定,童工每天工作不得超过12小时,禁止纺织厂雇佣9岁以下的学徒。后又通过《工厂法草案》将限制工作时间的规定扩大适用于女工。女工和未成年工特殊的身体结构和生理特点,在机器化大生产、在恶劣的劳动环境中尤显柔弱,更易受到伤害。国家颁布改善女工、未成年工劳动条件的立法,是国家责任使然,而且得到社会各界的支持。

3. 法律责任

虽然早期劳动立法规定了若干劳动条件的标准,如限制工时,但缺乏监督条款和责任条款。违反者的法律责任、受侵害者的救济途径、监督检查机构,都没有具体规定。

(二)现代劳动法的特点②

1. 法典式劳动法成为许多国家调整劳动关系的基本法律

各国劳动法的名称不同,内容各有侧重,但普遍颁布了适合本国特点的形式多样的劳动法。鉴于劳动法调整对象涉及群体的广泛性,有的国家还将劳动法视为"第二宪法"。

2. 劳动法适用范围不断扩大

现行劳动法已从最开始只适用于个别大工厂,发展为适用于各行业、各经济部门。只要存在劳动关系,就适用劳动法予以调整。

3. 劳动法已成为完整而系统的法律体系

劳动立法体系日趋完整而系统,基本涵盖了调整劳动关系的方方面面,包括劳动合同、集体合同、工资报酬、工时休假、职业安全卫生、女职工和未成年工特殊保护、劳动争议、劳动监督检查等。

4. 确认劳动法的责任条款和劳动纠纷处理机构

各国劳动法明确了劳动关系双方主体违反劳动法律法规的法律责任。在归责原则上,以过错责任为主,兼有无过错责任原则,还辅之以公平责任原则。为及时处理劳动纠纷,各国设立了专门机构,如劳动仲裁机构、劳动法院、劳动法庭等。

5. 规定各项最低劳动标准

为切实维护劳动者合法权益,劳动基准法成为各国劳动法的重要组成部分。如最低

---

① http://www.legal-history.net/02/articleshow.asp?c_class=5&id=708&c_page=1.
② 参见贾俊玲主编:《劳动法学》,中央广播电视大学出版社2003年版,第8—10页。

工资标准、最高工时标准、劳动安全卫生标准、最低就业年龄等都是法律的强制性要求，劳动关系当事人尤其是用人单位必须严格执行。

6. 国际劳动立法对各国劳动立法影响加深

国际劳工组织制定通过的国际劳工公约和建议书涉及劳动条件、劳动标准，对各国的劳动立法有重要的参照作用。随着全球经济一体化趋势的发展，国际劳动立法对各国劳动立法的影响将会越来越大。

第二节　中国劳动立法

一、中华民国时期的劳动立法

中国最早的工厂法是中华民国时期广州政府于1922年2月24日公布的《工会条例》，该条例修订后于1924年10月1日由孙中山以大元帅名义重新公布，这是我国第一个承认工会和保障工会权利的法规。全文共计21条，其中规定：劳动者有组织工会的权利，工会与雇主团体立于对等之地位，工会有权与雇主缔结团体契约，工会在其范围内有言论、出版、办理教育事业之自由，工会得根据会员多数之决议宣布罢工。

北京政府农商部则于1923年3月29日制定公布了《暂行工厂通则》，该通则共28条，规定了工人年龄、工资、休息、储蓄、工人疾病救助及伤亡抚恤、工厂设备等内容，这是我国第一个正式颁布的劳动立法。此外，北京政府还颁布了《矿工待遇条例》《煤矿爆发预防规则》等法令。

国民政府定都南京后，又相继制定了《工会法》《工会施行法》《工厂法》《劳资争议处理法》《团体协约法》《劳动契约法》《最低工资法》《工人出国条例》等劳动法律，规范了相应的劳动权利和劳动义务，形成了比较系统全面的劳工法体系。

二、新中国成立前中国共产党领导下的劳动立法

（一）中国劳动组合书记部领导的劳动立法运动

中国共产党成立伊始就格外关注劳工问题。为维护劳工权益，于1922年成立了领导工人运动的总机关——中国劳动组合书记部。至新中国成立前夕，劳动组合书记部共召开过6次全国劳动大会，历次大会都以改善劳工条件为宗旨，并发起劳动立法运动，公布《关于开展劳动立法运动的通告》，拟定了《劳动立法原则》和《劳动法案大纲》等劳动立法文件。其中，《劳动立法原则》提出了保障政治自由、改良经济生活、参加劳动管理和劳动补习教育的4项立法原则。《劳动法案大纲》则承认了劳动者集会结社、同盟罢工、缔结团体契约、国际联合、星期日休息、每日工作8小时、最低工资保障、社会保险和受教育等19项权利。

（二）革命根据地的劳动立法

在革命根据地内，中国共产党在不同历史时期根据形势的需要，提出了不同的劳动方针。工农民主革命时期为"实行8小时工作制、增加工资、失业救济与社会保险"；抗战时期为"依靠工人阶级，团结资本家共同抗日"；解放战争时期为"公私兼顾，劳资两利"。人民民主政权据此制定了一系列的劳动法规，主要有1931年颁布、1933年修改的《中华苏维埃共和国劳动法》，1941年公布、1944年修改的《晋冀鲁豫边区劳工保护暂行条例》，

1942年的《陕甘宁边区劳动保护条例(草案)》,1948年的《关于中国职工运动当前任务的决议》《中华全国总工会章程》等,其基本内容如下。

1. 废除剥削工人的制度

《中华苏维埃共和国劳动法》明确规定:"严格禁止所谓工头、包工员、买办或任何私人的代理处的各种契约、劳动包工制、包工头等。"

2. 维护工人的合法权益

根据地各时期的劳动法规都规定了工人的劳动时间、最低劳动报酬标准、女工和青工及童工的特殊利益,严禁使用14岁以下童工,实行劳动保护和社会保险制度,男女同工同酬。工农民主革命时期,由于受"左"倾路线影响,规定了过高的劳动条件和劳动待遇,造成实施的困难。抗战时期得到纠正,劳动法规的内容比较切合实际,如实行8—10小时工作制,私营企业职工工作时间每日不超过12小时,等等。

3. 规定劳动合同和集体合同

劳动合同的缔结以双方自愿为原则,期满后任何一方均有权宣告解除合同。工会有权代表工人与公营工厂厂方或资方通过协议订立集体合同。

4. 确认工会组织的地位

根据地劳动法规确认工人有组织工会的权利,工会组织的主要任务是保护一切雇佣劳动者的利益,努力设法改变工人的经济文化条件。在工会享有向政府提议颁布各种劳动法令、代表工人与企业签订集体合同等权利的同时,有义务教育工人遵守劳动纪律。

5. 合理调处劳资争议

不同时期的劳动法规对劳资争议的处理程序有细微差别,基本的做法是:劳资双方发生纠纷,可由双方通过协商的方法和平解决;协商不成,可由人民政府的有关机构调解或仲裁,不服仲裁裁决的一方或双方可向人民法院起诉,由人民法院依法判决。

三、中华人民共和国的劳动立法

(一) 1949年到1966年期间的劳动立法

新中国成立后,党和国家非常重视劳动立法工作。《中国人民政治协商会议共同纲领》(以下简称《共同纲领》)对劳动问题做出了多项原则性规定,包括结社、工作时间、最低工资、劳动保险等内容。1954年颁布的《宪法》对劳动关系的调整原则作了进一步的明确,规定公民享有劳动权、休息权、物质帮助权等,劳动者有遵守劳动纪律的义务。

根据《共同纲领》和《宪法》的有关规定,国家进行了一系列的劳动立法。20世纪50年代先后公布了工会法、劳动保险条例、劳动保护三大规程(《工厂安全生产规程》《建筑安装工程安全技术规程》和《工人职员伤亡事故报告规程》),还包括其他如劳动纪律方面的《国营企业内部劳动规则纲要》、工资方面的《关于工资改革的规定》、就业安置方面的《救济失业工人暂行办法》及《复员建设军人安置暂行办法》等一系列劳动法规,使劳动关系得到较为全面的调整,劳动立法有了长足的发展。

(二) 1966年到1976年期间的劳动立法

"文化大革命"时期,我国劳动立法工作停顿,进入低谷时期。

(三) 1976年到1994年期间的劳动立法

党的十一届三中全会做出了加强社会主义法制的重要决定,1982年通过的新宪法对劳动者享有的劳动权、休息权、接受教育权、物质帮助权等进行了全面规定,为劳动立法提供了重要而直接的依据,我国劳动立法得到恢复并进入到了快速发展的阶段。

在劳动就业方面,1986年国务院发布《国营企业招用工人暂行规定》,1990年劳动部发布《职业介绍暂行规定》,1992年劳动部发布《境外就业服务机构管理规定》,等等。

在实行劳动合同制方面,1983年劳动人事部发布《关于积极试行劳动合同制的通知》,1986年国务院发布《国营企业实行劳动合同制暂行规定》,等等。

在工资方面,1985年国务院发布《关于国营企业工资改革问题的通知》,1993年五部委联合发布《国有企业工资总额同经济效益挂钩规定》。同一年度,劳动部发布《关于加强企业工资总额宏观调控的意见》和《企业最低工资规定》,等等。

在劳动安全与卫生方面,1982年国务院发布《矿山安全条例》,1987年国务院发布《中华人民共和国尘肺病防治条例》,1991年国务院发布《企业职工伤亡事故报告和处理规定》,1992年全国人大常委会颁布《中华人民共和国矿山安全法》,等等。

在女职工和未成年工特殊保护方面,1987年国务院发布《女职工劳动保护规定》。同年,劳动人事部发布《关于禁止招用童工的通知》。此后,劳动部、国家教委、农业部、国家工商总局、全国总工会联合发布《关于严禁使用童工的通知》,等等。

在社会保险方面,1991年国务院发布《关于企业职工养老保险改革的决定》,1993年国务院发布《国有企业职工待业保险规定》,等等。

在劳动纪律方面,1982年国务院颁布《企业职工奖惩条例》,1983年劳动人事部发出《关于〈企业职工奖惩条例〉若干问题的解答意见》,1986年国务院发布《国营企业辞退违纪职工暂行规定》,等等。

在劳动争议处理方面,1987年国务院发布《国营企业劳动争议处理暂行规定》,1993年国务院发布《中华人民共和国企业劳动争议处理条例》。

(四) 1994年以来的劳动立法

1.《中华人民共和国劳动法》及其配套法规

在总结以往劳动立法经验教训的基础上,新中国第一部系统全面保障劳动者权益、调整劳动关系的法律《中华人民共和国劳动法》(以下简称《劳动法》),于1994年7月5日由第八届全国人大常委会通过,并于1995年1月1日开始实施,共计13章107条。作为我国的一项基本法律,《劳动法》的颁布,是中国劳动法制建设的重大进展,它将宪法中有关劳动的规定具体化、明确化,同时又为制定具体劳动法律规范文件提供了依据,是建立公平公正符合市场经济要求的劳动力市场的重要法律保障。

《劳动法》颁布后,当时的劳动人事部(现已并入人力资源和社会保障部)陆续颁布了一系列的劳动单行法规,如《违反和解除劳动合同的经济补偿办法》《违反〈劳动法〉有关劳动合同规定的赔偿办法》《企业女职工生育保险试行办法》《集体合同规定》等;国务院也制定和颁布了相关的劳动法律文件,如《关于建立统一的企业职工基本养老保险制度的决定》《关于建立城镇职工基本医疗保险制度的决定》《失业保险条例》《工伤保险条例》等。总之,以《劳动法》为核心的具有中国特色的劳动法律体系已经形成并在积极发展之中。

2.《中华人民共和国工会法》

《中华人民共和国工会法》由第七届全国人民代表大会于1992年4月3日通过,并于当日颁布实施,共计6章42条。这部工会法保障了工会工作的顺利进行,维护了广大职工的合法利益,但也存在着与社会主义市场经济不相适应的情况。经过数年的酝酿,2001年10月27日第九届全国人大常委会通过了44条的《中华人民共和国工会法》修正案。

3.《中华人民共和国职业病防治法》

《中华人民共和国职业病防治法》由第九届全国人大常委会于2001年10月27日通过并公布,自2002年5月1日起实施,共计7章79条。2011年、2016年全国人大常委会对该法进行了两次修正,修正后的法律共计7章88条。这部立法对我国职业病防治事业产生了积极影响。

4.《中华人民共和国安全生产法》

《中华人民共和国安全生产法》由第九届全国人大常委会于2002年6月29日通过并公布,自2002年11月1日起实施,共计7章97条。2009年、2014年全国人大常委会对该法进行了两次修正,修正后的法律共计7章114条。其规定的原则和制度是安全生产顺利进行的必要前提,也是劳动者在职业劳动中人身安全的基本保障。

5.《中华人民共和国劳动合同法》

2007年6月29日,《中华人民共和国劳动合同法》(以下简称《劳动合同法》)由第十届全国人大常委会审议通过,并由中华人民共和国国家主席颁布,自2008年1月1日起施行,共计8章98条。《劳动合同法》有针对性地解决现行劳动合同制度中存在的主要问题,促进劳动者的就业稳定,并根据实际需要增加了维护用人单位合法权益的内容。它的制定是尊重劳动、保护劳动者、完善劳动保障法律体系的重要举措,更是构建社会主义和谐社会的重要内容。这是自《劳动法》颁布实施以来,我国劳动法制建设中的又一个里程碑。2012年12月28日第十一届全国人大常委会通过了"关于修改《中华人民共和国劳动合同法》的决定",修改后的《中华人民共和国劳动合同法》于2013年7月1日起施行。

法规解读2-1

6.《中华人民共和国就业促进法》

2007年8月30日,《中华人民共和国就业促进法》由第十届全国人大常委会审议通过,并由中华人民共和国国家主席颁布,自2008年1月1日起实施,共计9章69条。《就业促进法》为我国实施积极的就业政策提供了法律保障,进一步完善了我国劳动保障法律体系,对于促进劳动者就业、构建社会主义和谐社会,具有重要而深远的意义。

7.《中华人民共和国劳动争议调解仲裁法》

2007年12月29日,《中华人民共和国劳动争议调解仲裁法》(以下简称《劳动争议调解仲裁法》)由第七届全国人大常委会审议通过,并由中华人民共和国国家主席颁布,自2008年5月1日起实施,共计4章54条。《劳动争议调解仲裁法》是公正及时解决劳动争议、保护当事人合法权益的重要法律保障。

8.《中华人民共和国社会保险法》

2010年10月28日,《中华人民共和国社会保险法》(以下简称《社会保险法》)由第十一届全国人大常委会审议通过,并由中华人民共和国国家主席颁布,自2011年7月1日起实施,共计12章98条。《社会保险法》对于建立覆盖城乡居民的社会保障体系,切实维护劳动者参加社会保险并享受社会保险待遇的合法权益,促进社会公平,具有非常重要的意义。

法规解读2-2

中华人民共和国成立70多年来,尤其是党的十一届三中全会以来,经过不懈的努力,中国劳动法制建设取得了令人瞩目的成绩,形成了以《劳动法》为核心,附带多个配套法律法规和规章的完整的劳动法律体系,建立了包括最低工资、工作时间、休息休假、安全卫生等内容的劳动基准法。大力推行、普遍实施劳动合同与集体合同制度，使劳动关系的建立和调整有了具体的遵循标准。伴随着社会保障机制的完善，法定的多层次的社会统筹与个人账户相结合的社会保险制度不断得到发展，养老、失业、医疗、生育、工伤五大保险日益成为劳动者不可或缺的安全网。解决劳动争议的机构和程序也逐渐为劳动者和用人单位所熟知。总之，现行劳动立法在规范劳动力市场、调整劳动关系、维护用人单位和劳动者尤其是劳动者合法权益方面做出了积极的贡献，具有重大意义。

随着社会的不断发展，改革开放程度的加深，我国劳动关系日趋多元化、复杂化，与以往相比发生了显著变化。劳动立法在某些方面明显滞后于现实；劳动司法尚有诸多难点，不利于劳动者合法权益的保障，不利于劳动关系的和谐稳定，均有待于劳动法制建设的进一步完善。

第三节　国际劳动立法

一、国际劳动立法概述

（一）国际劳动立法的概念

国际劳动立法有广义和狭义之分，狭义的国际劳动立法，一般主要是指国际劳工组织制定颁布的劳动法律文件，包括国际劳工组织的章程、国际劳工公约、国际劳工建议书。广义的劳动立法，是指联合国或区域性的公约和协定以及国与国之间双边协定中，涉及劳动法律问题的法律文件的总和。前者如《经济社会和文化权利国际公约》《世界人权宣言》，后者如两国之间有关社会保障方面的协约，等等。

（二）国际劳动立法的开端

1. 国际劳动立法思想

19 世纪上半叶，产业革命推动西欧各国经济迅速发展，进入大工业生产时期，国际贸易日趋繁荣，竞争加剧。与此同时，各国工人运动也是高潮迭起。一些社会活动家、企业家、社会改良主义者如李格兰、欧文等人主张，为缓解劳资冲突、改善劳工条件、加强贸易竞争能力，需要各国在劳动问题上采取统一的国际行动，进行国际间的约束。19 世纪下半叶，国际劳动立法思想逐渐为社会各界包括劳工组织、社会团体，乃至部分国家和政府所接受，为制定国际劳工标准奠定了基础。

2. 国际劳动立法的产生

在国际劳动立法思想的影响下，1900 年 3 月，德国政府在柏林召开了有 15 个国家参加的国际劳工会议。会议讨论了星期日休息、童工最低年龄等问题。虽然未取得实际效果，但毕竟是历史上第一次由政府派代表讨论劳工问题的国际会议。

柏林会议后，同年在巴黎成立了国际劳动法协会。协会是由赞成国际劳工立法的社会活动家、工人领袖等组成的非官方组织。协会的一项重要宗旨就是提倡制定关于劳动状况的公约。在该组织的推动下，1906 年在瑞士召开了有 15 个国家参加的会议。会议讨论通过了国际劳动法协会提交的《关于禁止工厂女工夜间工作公约》和《关于禁止火柴制造中使用白（黄）磷公约》草案。这是世界上最早的国际劳工公约。1913 年 9 月，国际劳动法协会又起草了《关于女工童工工作时间公约》和《关于禁止童工夜间工作时间公约》草案,因第一次世界大战爆发,未能召开会议讨论通过。

二、国际劳工组织

（一）国际劳工组织的产生及发展

第一次世界大战结束后,1919年初巴黎和平会议的预备会上,成立了一个由15人组成的委员会,专门讨论国际劳工问题。该委员会拟订了《国际劳工组织章程草案》和一个包括9项原则的宣言,同年提交和会讨论通过。这一文件被编入《凡尔赛和平条约》第13篇,即《国际劳动宪章》。以此为依据,国际劳工组织(International Labour Organization,简称ILO)于1919年6月正式成立。

法规解读2-3

国际劳工组织在1919年到1939年期间是国际联盟的附属机构,1940年到1945年第二次世界大战期间国际联盟解体,国际劳工组织作为一个独立的组织继续存在。第二次世界大战之后,国际劳工组织成为联合国负责劳工事务的专门机构,是联合国机构中历史最悠久、地位十分重要的一个机构,也是联合国中唯一具有三方(政府、雇主和工人)代表性结构的机构,其总部设在瑞士的日内瓦。

国际劳工组织经过百余年的发展变化,工作和活动范围不断扩大,成员国日益增多,到2015年已有185个成员国。

国际劳工组织获得诺贝尔和平奖

国际劳工组织获得1969年诺贝尔和平奖。获奖理由是,通过保障社会正义为增进国家间兄弟情谊做了最大努力。

诺贝尔委员会在其颁奖典礼致辞中说道:"国际劳工组织通过认真不懈的努力,成功引进改革,消除了许多国家,尤其是欧洲国家中最为明目张胆的不公正现象。通过调控收入和革新社会福利政策,国际劳工组织在平衡这些国家间的贫富差距方面起到了它的作用。"

委员会还提到:"国际劳工组织日内瓦总部的奠基石下有一份文件,上面写道,'如果祈望和平,就应匡扶正义'。"

（二）国际劳工组织的机构

国际劳工组织是普遍的、官方的国际组织,其主要机构是国际劳工大会、理事会和国际劳工局。此外,其地区会议和产业委员会、专家委员会也是重要的辅助机构。

1. 国际劳工大会

国际劳工大会是国际劳工组织的最高权力机关,在正常情况下,每年6月在瑞士日内瓦召开一次大会,由各成员国派代表团参加,每个代表团由政府、雇主、工人三方代表和若干顾问组成。

2. 理事会

理事会是国际劳工组织的执行机构,由国际劳工大会选举产生,每3年选举一次,现有56名理事组成(政府理事28名,雇主和工人理事各14名)。包括中国在内的常任政府理事为10名,其余的18名政府理事由政府代表在大会上选出的国家委派,雇主和工人理事分别由雇主组和工人组在国际劳工大会选出。

3. 国际劳工局

国际劳工局是国际劳工组织的常设工作机构,是国际劳工大会、理事会和其他会议的秘书处,受理事会管理。

(三)国际劳工组织的宗旨、组织原则及任务

1. 国际劳工组织的宗旨

国际劳工组织的宗旨是:通过劳工立法和开展合作来改善劳工情况,增进劳资双方共同福利,确立社会正义,维护世界和平。

2. 组织原则

国际劳工组织不同于其他国际组织的特点之一,是组织上的三方性原则,即在国际劳工各种组织和会议上,各国代表团必须由政府、雇主、劳工三方代表组成,参与讨论并进行表决。

3. 任务

国际劳工组织的主要任务就是制定和通过国际劳工公约和国际劳工建议书。国际劳工公约和国际劳工建议书是国际劳工组织的立法形式,通常将两者合称为"国际劳工标准"。

国际劳工公约和国际劳工建议书,作为国际劳工大会通过的法律文件,基本上是同时产生。即通过某一个问题的公约时,也通过一个这一问题的建议书。两者的区别在于:公约是关于某一问题的基本原则和主要规定,而建议书则是关于这一问题的具体和补充规定;公约经会员国正式批准后即应遵守和实施,建议书则无需会员国的批准,仅作为其立法的参考。

(四)中国与国际劳工组织的关系

中国1919年参加国际劳工组织,是国际劳工组织的创始会员国。1944年又成为国际劳工组织的常任理事国。新中国成立后一度与国际劳工组织没有任何关系,1971年中华人民共和国恢复在联合国的席位,台湾当局退出国际劳工组织,1983年我国政府正式派出代表团参加第69届国际劳工大会,才恢复了在国际劳工组织的活动。

国际劳工组织与中国劳动立法

国际劳工组织在1919年第一届国际劳工大会会议期间成立了一个特别委员会,专门讨论中国及几个特殊国家的劳动问题。该委员会曾向中华民国北京政府建议制定工厂法保护工人权益的政策,并要求北京政府提交有关问题的报告,北京政府接受建议,并于1923年3月颁布了《暂行工厂通则》,这是中国劳动立法的开端。20世纪90年代,《中华人民共和国劳动法》在起草过程中,也借鉴了国际劳动公约和

建议书的有关规定,如限制最低就业年龄,制定最低工资办法,反对就业歧视,实行每周两天休息制度等。

1984年5月30日中国政府决定对旧中国所批准的14个公约予以承认,宣布新中国成立后台湾当局以中国名义批准的23个公约无效。我国重新承认旧中国批准的14个公约是:
(1)《确定准许儿童在海上工作的最低年龄公约》(1920年)
(2)《农业工人的集会结社权公约》(1921年)
(3)《工业企业中实行每周休息公约》(1921年)
(4)《确定准许使用未成年人为扒炭工或司炉工的最低年龄公约》(1921年)
(5)《在海上工作的儿童及未成年人的强制体格检查公约》(1921年)
(6)《本国工人与外国工人关于事故赔偿的同等待遇公约》(1925年)
(7)《海员协议条款公约》(1926年)
(8)《海员遣返公约》(1926年)
(9)《制订最低工资确定办法公约》(1928年)
(10)《航运的重大包裹标明重量公约》(1929年)
(11)《船舶装卸工人伤害防护公约》(1932年)
(12)《各种矿场井下劳动使用妇女公约》(1935年)
(13)《确定准许使用儿童于工业工作的最低年龄公约》(1937年)
(14)《对前28届国际劳工大会制定各公约统一修正公约》(1946年)

1983年中华人民共和国恢复国际劳工组织的活动以来,新批准的国际劳工公约有12个,它们是:
(1)(残疾人)《职业康复和就业公约》(1988年批准)
(2)《对男女工人同等价值的工作付予同等报酬公约》(1990年批准)
(3)《三方协商促进履行国际劳工标准公约》(1990年批准)
(4)《作业场所安全使用化学品公约》(1995年批准)
(5)《就业政策公约》(1997年批准)
(6)《准予就业最低年龄公约》(1999年批准)
(7)《劳动行政管理公约》(2002年批准)
(8)《建筑业安全卫生公约》(2002年批准)
(9)《禁止和立即行动消除最恶劣形式的童工劳动公约》(2002年批准)
(10)《消除就业和职业歧视公约》(2006年批准)
(11)《职业安全和卫生及工作环境公约》(2007年批准)
(12)《海事劳工公约》(2015年批准)

作为国际劳工组织的常任理事国,中国将积极参与国际劳动立法活动,并以此促进国内劳动法制建设。

三、国际劳动立法的发展

国际劳工组织于1919年在华盛顿召开第一届国际劳工大会,会议制定了6个国际劳工公约和 6 个国际劳工建议书。"二战"期间,国际劳工组织制定了一批劳工公约和建议书。1944 年 6 月在美国费城召开第 26 届劳工大会,通过了著名的《关于国际劳工组织的目标和宗旨的宣言》(《费城宣言》)及其 10 项原则。至今,国际劳工组织已通过 180 余个公约和 190 余个建议书。

国际劳工组织制定公约和建议书的主要依据,最初是 1919 年通过的《国际劳动宪章》,第二次世界大战后主要依据是《费城宣言》。《费城宣言》重申了国际劳工组织的基本原则,主要包括:劳动者不是商品;言论自由和结社自由是不断进步的必要条件;任何地方的贫困对一切地方的繁荣都构成威胁;反对贫困的斗争需要各国在国内以坚持不懈的精力进行,还需要国际社会作持续一致的努力。《费城宣言》还规定了该组织所要达到的 10 项目标为:

(1) 充分就业和提高生活标准。

(2) 使工人受雇于他们得以最充分地发挥技能和成就,并得以为共同福利做出最大贡献的职业。

(3) 作为达到上述目的的手段,在一切有关者有充分保证的情况下,提供训练和包括易地就业和易地居住在内的迁徙和调动劳动力的方便。

(4) 关于工资、收入、工时和其他工作条件的政策,其拟订应能保证将进步的成果公平地分配给一切人。

(5) 切实承认集体谈判的权利和在不断提高生产率的情况下劳资双方的合作,以及工人和雇主制定与实施社会经济措施方面的合作。

(6) 扩大社会保障措施,以便使所有需要此种保护的人得到基本收入,并提供完备的医疗。

(7) 充分地保护各业工人的生命和健康。

(8) 提供儿童福利和产妇保护。

(9) 提供充分的营养、住宅和文化娱乐设施。

(10) 保证教育和职业机会均等。

在《国际劳动宪章》和上述十大目标指引下,国际劳工组织制定和通过的公约及建议书内容日渐丰富,基本囊括了有关劳工问题的各个方面,大体可分为 10 类①:基本政策,民主权利,就业与失业,工作时间与休息时间,女工、未成年工,职业安全与卫生,工资,社会保障,职业培训,其他。

总之,在经贸全球化、资本及劳动力要素跨国流动日益频繁的今天,国际劳工标准问题将会受到更加广泛的关注。

本 章 小 结

1. 20 世纪初劳动法逐渐脱离民法而发展成为一个完整的法律体系。劳动法典的出现,标志着劳动法作为独立部门法地位的确立。之前经历了劳工法规、工厂立法的发展

---

① 任扶善:《世界劳动立法》,中国劳动出版社 1991 年版。

过程。

2. 劳动法产生的主要原因有三个：工人阶级长期斗争的产物，国家对于劳资关系进行干预的结果，对民法的超越。

3. 初期劳动法的特点：适用范围很小，内容主要涉及女工和未成年工的劳动条件，缺乏法律责任条款。

4. 现代劳动法的特点：法典式劳动法成为许多国家调整劳动关系的基本法律，劳动法适用范围不断扩大，劳动法已成为完整而系统的法律体系，确认劳动法的责任条款和劳动纠纷处理机构，规定各项最低劳动标准，国际劳动立法对各国劳动立法影响加深。

5. 中国劳动立法经历了中华民国、革命根据地、中华人民共和国三个历史阶段。新中国的劳动立法取得了伟大的成绩，但也存在诸多的不足。

6. 狭义的国际劳动立法，一般主要是指国际劳工组织制定颁布的劳动法律文件，包括国际劳工组织的章程、国际劳工公约、国际劳工建议书。

7. 国际劳工组织是普遍的、官方的国际组织，其主要机构是国际劳工大会、理事会和国际劳工局。国际劳工组织的主要任务就是制定和通过国际劳工公约和国际劳工建议书。国际劳工公约和国际劳工建议书是国际劳工组织的立法形式，通常将两者合称为"国际劳工标准"。

8. 中国是国际劳工组织的创始会员国和常任理事国。新中国成立后1983年正式派出代表团参加第69届国际劳工大会，恢复在国际劳工组织的活动。截至目前，我国共批准了26个国际劳工公约。

关键词

劳工法规　工厂立法　国际劳动立法　国际劳工标准　三方性原则　国际劳工组织的宗旨

思考题

1. 劳动法产生的原因是什么？
2. 初期劳动法和现代劳动法的特点分别是什么？
3. 我国劳动法制建设的成就如何？还存在哪些不足？
4. 国际劳工组织的机构、任务是什么？

第三章 劳动法律关系

> **学习目的和要求**
> 通过本章的学习,了解劳动法律关系的概念、特征、分类以及当事人的基本权利和义务;掌握劳动法律关系的构成要素、运行以及与之密切关联的制度;理解劳动法律关系的基本理论及劳动附随法律关系的概念、特征和种类;熟悉相关法律、法规和规章。

第一节 劳动法律关系概述

一、劳动法律关系的概念

(一)劳动法律关系的定义

劳动法律关系是法律关系中的一种,指劳动关系的当事人双方基于劳动法律规范,在实现劳动过程中形成的具有权利、义务内容的社会关系。劳动法律关系是劳动法基础理论的重要组成部分。

(二)劳动法律关系与劳动关系

劳动法律关系与劳动关系是两个不同的概念,两者既有区别又有联系。

1. 两者之间的区别

(1)劳动法律关系是思想意志关系,属于社会的上层建筑;劳动关系则属于社会的经济基础。(2)劳动法律关系是劳动法调整劳动关系的结果;劳动关系则是劳动法调整的对象。(3)劳动法律关系具有法律效果;劳动关系不具有法律效果。(4)劳动法律关系属于形式范畴;劳动关系属于内容范畴。

2. 两者的联系

当劳动法律规范介入劳动关系后便以法律语言对劳动关系进行评价和重新表达,其结果是在语义上构建了一个全新的、以劳权为本位的权利义务关系模型。因此,劳动关系是劳动法律关系赖以形成和存在的基础;而劳动法律关系则是劳动关系的外在表现形式。

之所以要在法律语境中对劳动关系进行重塑,并使之演化为一种具有法律约束力的权利义务关系模型,其目的只有一个,就是将劳动关系纳入法律锻造的秩序化轨道,以便尽可能地在安全、稳定、公正、有效的基础上运行。从法理上看,劳动关系一经法律调整就外化为法律上的权利、义务关系,虽然其反映的内容仍是劳动关系,但此时的劳动关系已经演变为具有法律约束力的劳动关系,即劳动法律关系。反之,如若劳动关系未经法律调整就不会对当事人发生具有法律约束力的效果。

(三)事实劳动关系

由上述内容可以得知,当事人之间建立的劳动关系如果与劳动法的规定不一致或相背离就无法形成劳动法律关系,亦即无法在当事人之间产生具有法律约束力的权利和义务。这种劳动关系在现实生活中时常可以见到,例如当事人未签订书面合同,或者虽然签订了书面合同但却因为欠缺其他有效条件而不能生效。学理上通常将这种情况称为事实劳动关系。由于现实生活中劳动者处于明显的弱势地位,劳动关系产生这类瑕疵的责任几乎都可归咎于劳动力的使用者,以及劳动给付和劳动报酬在事实上无法返还等原因,对事实劳动关系的处理就不能简单模仿同类民事关系的处理方式。按照有关规定,劳动关系双方未签订书面合同的,只要能够证明当事人之间确实存在劳动关系,该劳动关系作为一种事实契约关系仍可以产生一定的法律效果。具体而言,这种法律效果表现为其中劳动者的应得权益仍受到保护,并且该事实劳动关系应尽可能修补为劳动法律关系的完满状态。

法规解读 3-1

案例阅读 3-1

案例阅读 3-2

二、劳动法律关系的特征

(一)劳动法律关系的当事人具有特定性

这种特定性有两方面内容:首先,双方当事人一方总是劳动力的提供者,另一方总是劳动力的使用者;其次,劳动力的提供者只能由自然人构成,而劳动力的使用者可以是自然人、法人组织或其他经营组织。

(二)当事人双方既存在平等关系也存在隶属关系

所谓平等关系主要体现在劳动法律关系的缔结过程中,因为在市场化的条件下,当事人是通过订立劳动合同的方式建立劳动法律关系的。而劳动合同只能是法律地位平等的缔约人意思自治的产物。然而劳动合同不同于一般民事合同,具体表现为劳动合同的履行过程中,劳动者作为用人单位的所属成员必须服从和接受用人单位的指挥与管理,由此形成隶属关系。

(三)劳动法律关系是财产法律关系和人身法律关系的双层组合

劳动法律关系为劳动力资源有偿转让提供了恰当的形式,是一种以财产给付为内容的债权债务关系。但是由于劳动力的使用具有人身不可分离之性质,在劳动力的给付过程中劳动力的使用方不可避免地在一定程度上支配劳动者的人身,这样就使劳动法律关系同时具备了人身关系之特点。

(四)劳动法律关系的调整方式具有多元性

法律关系的调整方式因不同性质的法律关系而存在不同的类别,主要有刑事制裁、行政制裁、民事制裁等,并经由不同的程序而实现。通常情况下某种类别的法律关系只适用属性相同的调整方式,例如行政法律关系的调整方式一般只能是行政制裁。然而劳动法律关系的调整方式却存在多元混合特点,其实现途径包括企业劳动争议调解、劳动争议仲裁、劳动行政监察、劳动争议诉讼。

三、劳动法律关系的分类

(一)按法律关系不同的权利、义务内容,劳动法律关系可以分为财产权法律关系和人身权法律关系

劳动法调整的劳动关系都是经由劳动合同建立的,是一种在自愿基础上的劳动力资源交易关系。由此可见,劳动合同关系实为财产权法律关系之体现。然而,由于劳动力资源具有人身不可分离之特点,用人单位在使用劳动力的过程中不可避免地需对劳动者的人身进行一定程度的支配,这种人身支配关系在劳动保护法的调整下即形成劳动法上的人身权法律关系。人身权关系在民事法律关系中是一种绝对权法律关系,其权利主体为特定主体,而义务主体则为不特定的社会公众。但在劳动法律关系中,人身权关系主要体现为相对权法律关系,其权利主体和义务主体都是特定人,具有明显的相对性。

(二)按主体中劳动者一方是单个还是团体,劳动法律关系可以分为个别劳动法律关系和集体劳动法律关系

劳动者个人与用人单位之间通过劳动合同建立的法律关系即为个别劳动法律关系。由工会代表劳动者群体与用人单位经由集体协商签订集体合同所建立的法律关系是集体劳动法律关系。

(三)按法律关系中诸要素内容是否表现为典型形态,劳动法律关系可以分为常态劳动法律关系和非常态劳动法律关系

法律关系中诸要素内容呈现为典型形态的是常态劳动法律关系。在通常情况下,大多数劳动法律关系都是常态劳动法律关系。但也有部分劳动法律关系,其中部分要素内容表现为非典型性,例如非全日制劳动法律关系、劳务派遣法律关系等。这些要素内容异常的法律关系即为非常态劳动法律关系①。

(四)按劳动法律关系的主体是否具有涉外因素,劳动法律关系可以分为国内劳动法律关系和涉外劳动法律关系

劳动法律关系中的当事人双方均为中国人的是国内劳动法律关系。如果当事人一方是中国人,另一方是外国人,或双方均为外国人的则是涉外劳动法律关系。

第二节 劳动法律关系的构成要素

劳动法律关系的构成要素系指劳动法律关系得以成立应具备的必要条件。劳动法律关系由主体、内容和客体三个要素构成,三者必须同时具备,缺一不可。若要素发生变化,则具体的劳动法律关系亦随之发生变更。

---

① 参见《雇佣关系的范围》,国际劳工大会 2000 年第 91 届会议报告(五),日内瓦国际劳工局出版 ISSN-0255-3449,2003 年版。

一、劳动法律关系的主体

劳动法律关系的主体是指参加劳动法律关系,并享有权利和承担义务的当事人。具体而言,就是指劳动者和用人单位。

（一）劳动者

1. 劳动者的概念

劳动者是我国劳动法中的正式称谓,此外某些规范性文件有时也称为职工、员工、雇员、雇工等。劳动者是指具备劳动资格并参加劳动法律关系取得权利和承担义务的自然人。这一概念排除了那些虽然具备劳动资格但尚未参加劳动关系的自然人,也不包括那些具备劳动资格并参加了劳动法调整范围外的劳动关系的自然人。

劳动者的范围

劳动法律关系意义上的劳动者并不泛指一切就业人员,而是只涉及被劳动法划入其保护范围的劳动者。划入的部分除了各类企业、个体经济组织中的雇员,还包括凡是通过劳动合同或聘用合同与国家机关、事业单位、社会团体建立劳动关系的劳动者,以及在以上单位或组织中虽然没有签订劳动合同但符合签订劳动合同的条件,并事实上提供了受雇劳动的劳动者。劳动者中有一类人员情况比较特殊,即企业的中、高级经营管理人员,俗称高管。这些人大多是劳动力市场中的宠儿,而非普通劳动者那样处于需要劳动法特殊保护的弱势地位。这些人往往具有双重身份,对企业而言他们是受雇者,对其他劳动者而言他们又是管理者,代表用人单位行使管理权。作为雇员,这些人按有关规定可以加入工会,但作为管理者,他们却经常代表用人单位的意志和利益与代表劳动者利益的工会进行集体谈判。可想而知,由这类身份和利益关系模糊的当事人参与的集体谈判,劳动者一方的利益能否确保就很有疑问了。这也是劳动立法进一步改革需要面对和解决的问题。

2. 劳动者的资格

劳动者的资格就是劳动权利能力和劳动行为能力。实际上我国劳动法律规范中并未出现权利能力和行为能力以及与之类似的概念,因而这是劳动法理论借鉴其他法律关系理论,尤其是民事法律关系理论后的一种学理上的概括。我国大多数劳动法学者认为劳动资格是一种不同于民事资格的独立法律资格;而民法理论界则通常将民事资格分为一般与特殊两种,劳动资格与婚姻资格几乎无一例外地被民法学者归入特殊的民事资格范围。

（1）劳动权利能力

劳动权利能力是指自然人享有劳动权利和承担劳动义务的资格。具备劳动权利能力意味着自然人取得了劳动法上的主体资格,其效果是能够参加劳动法律关系,行使相应的权利和承担相应的义务。不过,具备劳动权利能力只是为自然人成为劳动者提供了可能性。这种可能性如果要向现实性转化,还取决于劳动者的意愿以及实现意愿的行为。

与民事权利能力不同,自然人的劳动权利能力并非始于出生终于死亡。根据《劳动法》的规定,我国公民的最低就业年龄是16周岁。但《劳动法》同时又规定,文艺、体育和特种工艺单位在遵守国家有关规定的前提下可以招用未满16周岁的未成年人。因此在通常情况下,劳动权利能力于自然人16周岁时产生,但特殊情况下符合特别规定的可早于16周岁产生。劳动权利能力何时终止,理论界的看法有较大分歧。我们认为,由于我国实行强制退休制度,因而劳动权利能力在办理了退休手续退出劳动法律关系时终止。这就是说在通常情况下,劳动权利能力的终止时间是法定退休年龄。如果劳动者在特殊情况下依法早于或晚于法定退休年龄办理退休手续的,则劳动权利能力于该劳动者实际办理退休手续时终止。公民在退休后如果继续从事有偿社会劳动,由此形成的劳动关系不属于劳动法调整范围内的劳动关系,应当视其为民事劳务关系,而非劳动法律关系。

劳动权利能力应当具有平等性,不应该由于种族、肤色、性别、宗教、血统或社会出身等原因而有所区别。平等性也可称为非歧视性,这不仅是市场经济的要求,也是现代社会的通例和标志。现阶段我国由于城乡之间、不同地区之间经济发展的不平衡,劳动力市场的多元分割,劳动者的劳动素质参差不齐等原因,还只能做到相对平等。

(2) 劳动行为能力

劳动行为能力是指自然人能以自己的行为享有劳动权利和承担劳动义务的资格。劳动法虽然没有就劳动行为能力直接做出规定,但根据最高人民法院的司法解释,年满16周岁以上不满18周岁,参加工作并且能以自己的劳动收入为主要生活来源的公民视为完全民事行为能力人。由此可见,具备完全民事行为能力是取得劳动行为能力的前提,同时也间接地为劳动行为能力的取得设立了标准。不过需注意的是,民事行为能力中的"行为"属于表意行为,而劳动行为能力中的"行为"则可以是表意行为,也可以是非表意行为。所以民事行为能力主要指当事人的意思能力,取决于当事人精神是否健全,与肢体是否健康没有什么关系。而后者却是判断自然人劳动行为能力状况的重要因素之一。例如,一位精神健全的劳动者因工伤导致肢体残疾,完全丧失劳动能力,并因此而丧失了劳动行为能力,但由于其意思能力未受影响,所以仍是个完全民事行为能力人。

劳动行为能力如何产生又如何消灭,劳动法学界以"统一性"理论为通说,即认为劳动权利能力与劳动行为能力同时取得、同时消灭[①]。考虑到年满16周岁的自然人中,在退休前由于健康原因而欠缺劳动行为能力者毕竟是少数,"统一性"说在通常情况下可以成立。但在特定条件下也可能因为智能或肢体残障而出现不"统一"的例外。例如,作为"非表意行为"的劳动行为由于健康原因而暂时出现障碍,并不发生劳动权利能力的丧失,却可能影响劳动行为能力之有无或完满程度。

劳动行为能力与自然人的劳动能力并不是同一个概念,但劳动能力的状况对劳动行为能力却能产生很大的影响。例如,完全丧失劳动能力会导致劳动行为能力的消灭;部分丧失劳动能力则导致劳动行为能力残缺。

---

① 关怀主编:《劳动法》,中国人民大学出版社2001年版,第80页。

(二)用人单位

1. 用人单位的含义

用人单位也可称为雇佣单位、用工单位、雇佣人,是指具有用人资格,使用职工并向其支付工资的单位(范围包括各类企业、个体工商户、机关、事业单位、社会团体)。

2. 用人单位的资格

用人单位的资格是该单位能否参加劳动法律关系的前提条件。用人单位的资格由劳动法加以规定,包括劳动权利能力和劳动行为能力两方面。与劳动者的劳动资格相比,虽然用人权利能力和行为能力也是同时产生、同时消灭,但与劳动者的劳动资格不同的是,用人权利能力却可以与用人行为能力相分离。

(1)用人权利能力

用人权利能力是指用人单位依法能够享有用人权利和承担用人义务的资格。用人权利能力因不同的情况而有所区别。制约用人权利能力的因素主要有职工的编制和招工指标、职工录用条件、工资总额的控制、特殊社会责任的要求等。

(2)用人行为能力

用人行为能力是指用人单位能够以自己的行为行使用人权利和承担用人义务的资格。单位的用人权利能力没有完全和不完全之分,其行使在一定程度上受物质、技术和组织等条件的制约。但是,以下几个方面需要加以明确:

第一,用人单位行使用人权利和承担用人义务的行为只能通过其管理机关及其管理人员代表单位实施(即单位行政)。管理人员大多具有单位行政和职工双重身份,故以单位行政的身份实施单位的用人行为,不应当影响其作为本单位的雇员而依法享有权利和承担义务。

第二,用人单位对其管理人员的越权用人行为产生的法律后果应当承担责任。

第三,实行承包或租赁经营的企业,其承包人或租赁人所实施的用人行为由企业对上述用人行为承担连带责任。

二、劳动法律关系的内容

(一)劳动法律关系内容的概念和特征

1. 劳动法律关系内容的概念

劳动法律关系的内容是指劳动法律关系的主体在劳动过程中享有的权利和承担的义务。劳动法律关系在法理上具有双务性质,因而在劳动法律关系中,双方当事人既是权利主体又是义务主体。

2. 劳动法律关系内容的特征

(1)劳动法律关系中的权利和义务,是由劳动者和用人单位双方意思表示一致通过劳动合同来约定的内容。因此,不能将劳动者在劳动法律关系中的权利与《宪法》第42条规定的公民的劳动权利混为一谈。

(2)由于劳动者群体的弱势地位和劳动法所表达的劳动者权利本位趋向,当事人通过劳动合同约定权利和义务的自由度受到劳动法较大的干预和限制。

(3)劳动者权利的行使和义务的履行因劳动法律关系基于人身信任关系而具有严格的人身性质,即只能由劳动者本人受领和给付,不能由他人替代实现。

(4)劳动法律关系终止后,某些权利、义务可能仍旧存续一段时间。

(5) 劳动法律关系中的某些权利、义务可能延及当事人以外的第三人。

(6) 劳动者的权益可以约定高于法定标准,但不得约定低于法定标准。

(二) 劳动法律关系主体的主要权利和义务

1. 劳动者的权利

(1) 劳动报酬权

劳动报酬是劳动者按约定给付劳务活动后用人单位应偿付的对价。劳动报酬在通常情况下是劳动者及其供养家属的主要生活来源,有时甚至是唯一的生活来源。因而维护劳动者的报酬权不仅意味着对劳动者基本人权的保障,还关系到社会的和谐与安定。劳动报酬权可以具体表现为劳动报酬的受领权与支配权、最低工资取得权、足额报酬请求权、按时支付请求权以及同工同酬请求权等内容。

(2) 休息休假权

休息休假的主要功能在于使劳动者在提供了劳动活动后能够恢复消耗的体能和消除疲劳,以便精力充沛地投入以后的工作。同时劳动者还可以利用休息休假时间进行学习和接受培训。此外,劳动者作为公民社会中的一员,有权参加和参与社会、经济与政治活动,这也需要在休息休假时间中实现。然而在自然时间中,工作时间与休息时间处于此消彼长的状态,所以限制工作时间和规定法定的休息休假时间,以保障劳动者休息休假权是劳动立法的主要任务,也是我国劳动法的重要内容。

(3) 职业安全卫生保护权

职业安全卫生保护权是指劳动者在劳动过程中有权获得生命安全和身体健康方面的保障。任何工作场所尤其是产业部门的工作场所,因不同环境和条件的限制都存有一定的职业危险。劳动法律关系中劳动给付的人身属性使劳动者往往单方面处在职业危险之下,所以职业安全是劳动者权利中的重要内容。保障职业安全,对劳动者而言不仅意味着一种工作中的权利,更由于生命与健康是一切权利的基础而成为人类社会普遍认同的基本权利。职业安全卫生保护权除了一般情况下的保护内容外,还包括针对女职工和未成年职工的特殊保护内容。

(4) 职业培训机会获得权

职业培训是指以提高劳动技能和职业技术知识为目的而对劳动者进行业务知识的教育和操作技能的训练。在产业科技水平不断升级而要求提升职业技能水平的前提下,职业培训机会获得权是劳动者实现就业权不可或缺的途径。职业培训权不仅成为就业权的补充和具体化,也是劳动者全面提高自身素养、实现自我价值的重要手段。

(5) 结社权

此处的结社权特指劳动者依法参加和组织工会的权利。工会是劳动者群体的组织,劳动者组建工会的目的在于利用团体的力量在劳动关系中与资本的力量抗衡,以维护自身的合法权益。因而,劳动法意义上的结社权与宪法意义上的结社权不完全相同。劳动者的结社权并不具有政治权利的性质,劳动者参加工会组织总是发生于具体的工作单位和工作过程。在市场化和雇佣关系的条件下,工会组织在用人单位中的主要活动已在很大程度上实现了契约化,成为劳动者群体性私力救济的一个主要工具。

(6) 民主管理参与权

企业的经营管理活动关系到企业各方的利益,如果完全将劳动者排除在外将不利于维护其合法权益。为此《劳动法》第8条规定："劳动者依照法律规定,通过职工大会、职工代表大会或者其他形式,参与民主管理或者就保护劳动者合法权益与用人单位进行平等协商。"《公司法》第18条第2、3款也规定：公司依照宪法和有关法律的规定,通过职工代表大会或者其他形式,实行民主管理。公司研究决定改制以及经营方面的重大问题、制定重要的规章制度时,应当听取公司工会的意见,并通过职工代表大会或者其他形式听取职工的意见和建议。

(7) 社会保险享受权

社会保险享受权是指劳动者因伤、病、残、死亡或因年老、失业等原因暂时或永久失去劳动能力或劳动机会的情况下,其本人或家属能从社会获得物质帮助的权利。每个劳动者都会或多或少地先后遭遇社会保险制度中规定的风险事由。享受社会保险待遇的保障效果,使劳动者摆脱对风险的忧虑,有利于劳动者全身心地投入工作。享受社会保险待遇的前提条件是劳动者的工作经历,所以享受社会保险是对劳动的另一种偿付形式,也是劳动者权利的重要组成部分。

(8) 提请劳动争议处理权

提请劳动争议处理权,是指劳动法律关系的当事人之间发生争议时,劳动者能够通过一定途径将该争议提交有关机关处理的权利。具体形式包括申请调解、仲裁和提起诉讼。法理上劳动者的权利有原权利和救济权之分。提请劳动争议处理权属于救济权,其作用在于当原权利受损而引发劳动争议时,劳动者能够以此作为工具修复被损害的原权利,使之恢复至原初状态。因而救济权及其行使对劳动者维护自身的合法权益具有不可替代的重要意义。

需要指出的是,劳动法律关系中劳动者的权利并不包括所有劳动法规范中列举的一切劳动权利,《宪法》第42条中规定的公民的劳动权利就是其中一例。我们认为,首先,宪法中公民的劳动权利实际上是公民的就业权,是全体公民享有的公法上的权利,其所对应的义务应当是政府的促进就业责任；而劳动法律关系中劳动者的权利是当事人通过劳动合同自己设立的,属于私法上的权利,所对应的是对方当事人的义务。其次,宪法上的劳动权利的主体是全体公民；而劳动法律关系中劳动者权利的主体是作为劳动合同当事人之一的劳动者,只是部分公民。再次,宪法上的劳动权利和义务共同指向的对象是广义的劳动,即一切有偿劳动和无偿劳动(例如专职家庭主妇的家务劳动)；劳动法律关系中作为权利和义务共同指向的对象只能是有偿的社会劳动。最后,参加劳动活动在宪法中既是公民的权利又是公民的义务；而劳动活动在劳动法律关系中则是劳动者的给付义务。

2. 劳动者的主要义务

(1) 完成劳动任务

完成劳动任务是指劳动者依照合同的约定和法律规定向用人单位为劳动给付的活动。完成劳动任务与支付劳动报酬是一种对价关系,是劳动者受领劳动报酬的交换,因此是劳动者应履行的主要义务。不过,当事人之间的人身信任关系决定了劳动者只能亲自履行完成劳动任务的义务,非对方当事人同意不得擅自替换。

(2) 遵守劳动纪律和规章制度

劳动者在劳动过程中必须遵守用人单位的劳动规则和纪律,服从其指挥和调度。劳动者的这项义务源于以下理由：其一,现代化、社会化的生产过程是在严密的组织化和高度的秩序化条件下才能安全、正常地运行和产生相应的效益；其二,劳动纪律和规章制度是在用人单位的主持下制定的,反映了用人单位在配置生产要素和组织生产活动中居于主导地位和支配地位,而劳动者在生产活动中则处于被支配地位。不过,劳动纪律和规章制度不能与现行法律的强制性规定相冲突；用人单位也不能滥用制定权侵害劳动者的合法权益。

（3）提高职业技能和操作水平

对劳动者而言,通过职业培训和其他方式提高职业技能和操作水平不仅是一项权利,也是一项义务。由于科学技术的飞速发展及其对生产经营过程的影响,职业技能的生命周期越来越短,这就迫使劳动者需要不断提高和更新劳动技能,否则就难以胜任工作,无法完成工作任务。

3. 用人单位的主要权利

（1）劳动给付受领权

劳动给付受领权即用人单位有权要求劳动者按劳动合同的约定完成劳动任务。

（2）劳动管理权

用人单位有权要求劳动者遵守本单位的劳动纪律和规章制度,服从指挥和调度；有权按照规章制度对劳动者实施奖励和处罚；有权要求劳动者接受职业培训和教育,提高劳动技能和操作水平。

（3）劳动报酬分配权

用人单位有权制定工资和奖金的分配方案,有权根据本单位的考核体系确定工资等级标准和晋升方案,但行使该项权利不得对抗法律的强制性规定（如最低工资标准）,也不得以此拒绝工会的集体协商要求。

4. 用人单位的主要义务

在劳动法律关系中,用人单位的主要义务对应于劳动者的主要权利。可简单概括为：支付劳动报酬、提供约定的劳动条件、提供符合法定标准的安全卫生条件、依法和依劳动合同的约定安排劳动者休息休假、提供必要的职业培训机会、依法缴纳社会保险费用、不干涉劳动者组建工会、不抵制集体协商等。

三、劳动法律关系的客体

劳动法律关系的客体是指劳动权利和劳动义务共同指向的对象。关于何为劳动法律关系的客体,劳动法学界有不同的看法,大致可归为以下几种观点：

其一,劳动力论,即认为客体是劳动力；

其二,劳动行为论,即认为客体是劳动行为或劳动活动（也就是劳动力的使用）；

其三,劳动行为因素及从属因素论,即认为劳动行为是基本客体,劳动条件是从属客体,两者共同构成了劳动法律关系的客体；

其四,劳动行为和劳动利益合一论,即认为客体是行为要素与利益要素的统一,亦即体现物质利益的行为。

我们认为,劳动法律关系的客体应由劳动行为要素和表现为劳动力、劳动报酬等的物质利益要素构成,是诸客体要素的合一。单个的客体要素只能称为标的,不能称为客体。

第三节 劳动法律关系的运行

一、劳动法律事实的概念和类型

（一）劳动法律事实的概念

劳动法律事实是指能够引起劳动法律关系发生、变更、终止的客观情况。劳动法律关系并不会因为仅仅存在劳动法律规范就出现发生、变更和终止的效果，而是基于一定事实因素的介入。劳动法律事实正是这样的因素。劳动法律事实并不是任何事实，而是被法律或法理确认的，能够引起劳动法律关系发生、变更和终止的事实。

（二）劳动法律事实的类型

1. 事件

事件是指人的意志以外的能引起劳动法律关系发生、变更和终止的客观情况，包括自然现象（例如自然灾害等）、人身现象（例如疾病、伤残、死亡等）、社会现象（例如骚乱、起义、战争等）。

2. 行为

行为是指能够引起劳动法律关系发生、变更、终止的人的有意识的活动。根据性质的不同，行为还可以分为劳动法律行为、无效的劳动行为、仲裁行为、司法行为。

（1）劳动法律行为

劳动法律行为是指当事人以意思表示为基本要素的旨在设立、变更、终止劳动法律关系的合法行为。劳动法律行为有双方的劳动法律行为和单方的劳动法律行为之分。双方当事人意思表示一致才能产生法律效果的是双方的劳动法律行为，例如订立劳动合同、协议变更或解除劳动合同。仅凭一方当事人的意思表示就能产生法律效果的是单方的劳动法律行为，例如劳动者或用人单位依法单方面解除劳动合同。

（2）无效的劳动行为

无效的劳动行为是指当事人的行为虽具备劳动法律行为的外形，但因欠缺有效条件而确定不发生行为人所期待的法律效果的行为，例如违反法律、行政法规的劳动合同，采取欺诈、威胁等手段订立的劳动合同。无效的劳动行为在性质上属于不法行为。

（3）仲裁行为

劳动法上的仲裁行为是指劳动争议仲裁机构通过裁决处理劳动纠纷的行为。劳动争议仲裁机构的裁决具有强制执行的效力，有可能在当事人之间产生法律效果，因而劳动争议仲裁机构的裁决可以成为劳动法律事实。

（4）司法行为

劳动法意义上的司法行为是指人民法院通过判决和裁定处理劳动纠纷的行为。已生效的法院判决和裁定能够确定、影响或改变劳动纠纷的原、被告双方的劳动关系，因而也是一种劳动法律事实。

二、劳动法律关系的运行

劳动法律关系的运行是指劳动法律关系因劳动法律事实的介入而引起发生、变更或终止效果的一种动态的过程。

（一）劳动法律关系的发生

劳动法律关系的发生是指劳动者与用人单位依法签订劳动合同从而在当事人之间产生权利、义务效果的情况。能够引起劳动法律关系发生的法律事实只能是双方的劳动法律行为，即双方意思表示一致的合法行为。单方的劳动法律行为、其他主体的合法行为和不法行为均不能引起劳动法律关系发生的效果。

（二）劳动法律关系的变更

劳动法律关系的变更是指劳动法律关系在主体不变的情况下，其内容与客体因法律事实的出现而发生改变的状况。能够引起劳动法律关系变更的法律事实主要是指双方的劳动法律行为，具体表现为当事人通过协商一致改变原来约定的合同内容（事件也可能成为变更的原因之一，但如何变更须由双方协商决定）。在特定条件下，当事人单方的法律行为依法也能产生变更劳动法律关系的效果。必须注意的是，如果因法律事实引起劳动法律关系主体的改变则不属于劳动法律关系的变更，而是劳动合同的转让。

（三）劳动法律关系的终止

劳动法律关系的终止是指劳动法律关系因法律事实的出现而归于消灭。可以引起劳动法律关系终止的法律事实既包括各种行为，也包括各种事件。

第四节　劳动附随法律关系

一、劳动附随法律关系的含义与特征

（一）劳动附随法律关系的含义

所谓劳动附随法律关系是指有关当事人之间以实现或协调劳动关系为目的而形成的权利、义务关系。劳动附随法律关系是相关法律调整与劳动关系有密切联系的其他一切社会关系，即劳动附随关系的结果。以"附随"一词概括这类社会关系与劳动关系的密切相关性乃我国已故法学家史尚宽先生于民国时期首创①。

（二）劳动附随法律关系的特征

（1）劳动附随法律关系的主体既包括劳动者和用人单位，也包括与劳动关系当事人密切相关的其他人。后者也可统称为劳动关系相关人。须注意的是，劳动附随法律关系的主体中必定有一方是劳动关系相关人，也可能双方都是劳动关系相关人。

（2）劳动附随法律关系的内容体现了权利、义务组合关系与权力、义务组合关系的结合。其中，平等主体之间发生的劳动附随法律关系是权利、义务关系；而不平等主体之间发生的劳动附随法律关系则属于权力、义务关系。

（3）劳动附随法律关系的客体表现为管理活动与服务活动的结合。所谓管理活动是指具有劳动管理职能的主体为实现或协调劳动关系而依法从事的活动。所谓服务活动主要指劳动力市场中具备法定资格的主体根据劳动关系当事人的要求提供的服务行为。

---

① 参见史尚宽：《劳动法原论》，上海世界书局1934年版，第1页。

(4) 劳动附随法律关系本身并不具有劳动关系的内容,但却围绕着劳动关系展开,以实现劳动关系或协调劳动关系为目标。不具备上述目标,劳动附随法律关系便失去了存在的理由。因此,劳动附随法律关系具有依附性和从属性。

二、劳动附随法律关系的主要类型

(一)劳动行政法律关系

劳动行政法律关系是指劳动行政机关在依法履行管理活动中与被管理者之间形成的、以行使权力和服从义务为内容的社会关系。在劳动行政法律关系的主体中,有权行使管理职能的主体是政府机构体系中专司劳动行政管理之职的机关,我国现阶段称为人力资源和社会保障部(厅、局),可简称为劳动行政机关。被管理主体主要指用人单位和在劳动力市场中提供各种服务的主体。

劳动行政法律关系的管理主体在管理关系中处于支配地位,被管理的相对人则处于被支配地位。双方的地位及权力、义务都不对等。例如管理主体一方拥有管理权、强制权、制裁权等权力;相对人则必须履行服从管理的义务,即使对管理行为有不同看法,也只有申辩、异议、救济请求等防卫性权利。

(二)劳动服务法律关系

劳动服务法律关系,是指劳动力市场中的各类服务机构为协调劳动关系而向劳动者和用人单位提供服务时与服务对象之间发生的权利、义务关系。劳动服务机构一般是非营利的,也可以是营利性的。主体资格一般须经劳动行政部门确认,其业务范围只限于劳动行政部门所许可或批准的服务项目。

劳动服务法律关系中服务的提供方主要有:

(1)劳动就业服务机构,主要指公共就业服务机构、职业中介机构等,其职能是为劳动者实现就业提供服务。

(2)职业培训服务机构,指提供职业培训服务以满足劳动力供需双方要求的机构。主要包括职业培训的各种实体和职业技能鉴定机构。

(3)劳动保护服务机构,即为实现劳动安全与卫生而提供服务的机构,包括劳动保护检验检测、劳动保护技术设计、劳动保护设备用品专项经营、劳动保护工程专项施工、劳动保护科研和职业病防治等机构。

(4)社会保险服务机构,即从事社会保险业务的经办和提供相关服务的机构。主要有社会保险经办机构、劳动能力鉴定机构、医疗机构等。

由于劳动力配置的市场化取向,提供劳动力市场中介服务的主体与服务需求主体双方完全处于平等地位,双方是一种建立在自愿基础上的合同关系,因此双方的权利、义务也是对等的。

(三)工会法律关系

工会法律关系是指劳动者因参加工会组织而与工会组织发生的权利、义务关系,以及工会组织为维护劳动者的合法权益代表劳动者与用人单位发生的权利、义务关系。此处的工会特指作为工会法律关系主体的基层单位工会组织。

工会法律关系由工会成员内部组织关系和工会团体外部活动关系构成双重法律关系。除了各种劳动法律规范外,《工会法》是调整工会法律关系的重要依据。工会法律关系虽然建立在自愿基础上,但只是其外部关系的当事人处于平等地位,而其内部关系中,工会成员与工会组织的地位具有非对等性。

工会法律关系的运行客观上对劳动关系的实现或协调会产生积极的影响,其主要职能和目标是维护劳动者的合法权益。

(四)劳动监督法律关系

劳动监督法律关系是指依法负有劳动监督职责的主体在对用人单位执行劳动法律、法规的情况实施监督的过程中与用人单位之间形成的权利、义务关系。

根据《劳动法》第十一章的规定,劳动监督法律关系的被监督主体专指用人单位,监督主体则分为政府行政监督机构和社会监督主体两大类。其中,行政监督机构又可分为隶属于劳动行政部门的劳动监察机构和其他行政部门(例如工商、卫生、安全生产管理等机关);社会监督主体主要指各级工会组织。此外,任何组织和个人对于违反劳动法律、法规的行为都有权检举和控告。

劳动监督法律关系因监督主体的不同而分为行政监督法律关系和社会监督法律关系两类。前者属于行政法律关系的性质,具有强制性效果,是一种刚性监督;后者则不具备强制性手段和效果,属于柔性监督。

本 章 小 结

1. 劳动法律关系是指劳动关系的当事人双方基于劳动法律规范,在实现劳动过程中形成的具有权利、义务内容的社会关系。

2. 劳动法律关系的特征是财产法律关系和人身法律关系的双层组合;当事人具有特定性;双方既存在平等关系也存在隶属关系;调整方式具有多元性。

3. 当事人之间建立的劳动关系如果与劳动法的规定不一致或相背离就无法形成劳动法律关系,学理上通常将这种情况称为事实劳动关系。只要能够证明当事人之间确实存在劳动关系,该劳动关系作为一种事实契约关系便可以产生法律效果。

4. 劳动法律关系由主体、内容和客体三个要素构成。劳动法律关系的主体是指参加劳动法律关系,并享有权利和承担义务的劳动者和用人单位。劳动法律关系的内容是指劳动法律关系的主体在劳动过程中享有的权利和承担的义务。劳动法律关系的客体是指劳动权利和劳动义务共同指向的对象,即劳动法律关系的标的。

5. 劳动法律事实是指能够引起劳动法律关系发生、变更、终止的客观情况。法律事实分为事件和行为两大类。劳动法律关系的发生只能由合法行为引起;而变更和消灭则不限于此,可由任何类型的法律事实引起。

6. 劳动附随法律关系主要由劳动行政法律关系、劳动服务法律关系、工会法律关系和劳动监督法律关系构成。

关键词

劳动法律关系 事实劳动关系 劳动权利能力 劳动行为能力 用人权利能力
用人行为能力 劳动法律关系的主体、内容、客体 劳动法律事实 劳动附随法律关系

思考题

1. 劳动法律关系的特征是什么?
2. 劳动法律关系与劳动关系的区别和联系表现在哪些方面?
3. 劳动法律关系构成要素的基本内容是什么?
4. 劳动者与用人单位有哪些主要权利和义务?
5. 劳动法律事实有哪几种类型?
6. 劳动附随法律关系的基本范围如何划分?

案例分析

重庆科慧隆动物药业有限公司是一家有限责任公司,于2010年9月8日依法取得营业执照。同日,科慧隆公司法定代表人曾佑全将该公司新筹建中的厂房维修工程承包给自然人刘祥太,双方签订了厂房维修承包协议。厂房维修工程完工后,科慧隆公司与刘祥太口头约定,由刘祥太帮助组织人员到公司厂区从事平整场地和其他杂务工作,工资标准为每人每天70元,由科慧隆公司与刘祥太统一结算后,再由刘祥太转付给其他杂务工。2010年10月19日,朱学高由刘祥太介绍到科慧隆公司从事杂务工作。2010年12月26日,朱学高在平整场地时受伤。因医疗费赔偿请求事宜,朱学高要求确认与科慧隆公司之间存在劳动关系,公司则认为自己未与朱学高签订劳动合同,朱系刘祥太的雇员,否认与朱学高之间存在劳动关系。(资料来源:中国司法案例网)

请问:

(1) 朱学高与科慧隆公司之间是否存在劳动关系?
(2) 为什么?

参考答案

(1) 朱学高与科慧隆公司之间存在事实劳动关系。

(2) 科慧隆公司否认与朱学高建立了劳动关系的论据不成立,理由如下:

第一,虽然朱学高系由刘祥太安排来公司工作,但由于刘祥太不具备劳动法上的用人权利能力,没有用人资格,所以朱学高不可能成为刘祥太的雇员。同时,公司虽然将部分维修工程承包给刘祥太,并委托其在承包工程结束后继续负责平整场地等后续工作,但是按有关规定,不具备用工主体资格的承包人招用的劳动者应当由具备用工主体资格的发包方承担用工主体责任。

第二,从表面看,朱学高在刘祥太的管理下工作,劳动报酬由刘祥太直接支付,但这二人事实上都是在科慧隆公司的管理下工作,朱学高的劳动报酬的实际支付人是科慧隆公司而非刘祥太。况且公司与朱学高也都符合法定的劳动关系主体资格,虽然双方没有签订书面的劳动合同,但是按有关规定,双方之间仍然存在事实劳动关系。

法规解读 3-2

第四章 劳动合同

学习目的和要求

通过本章的学习,了解劳动合同的概念、特征和形式,理解劳动合同的内容、效力与订立程序。在此基础上重点掌握劳动合同的履行、变更、终止与解除,熟悉与劳动合同相关的法律、法规、规章。

第一节 劳动合同概述

一、劳动合同的概念和特征

(一)劳动合同的概念

劳动合同也称劳工契约,是劳动者与用人单位建立劳动关系、明确双方权利和义务的协议。从立法的角度看最早的劳动合同出现在《法国民法典》中,被称为劳动力租赁契约①。以后劳工契约多以雇佣合同的名义进入各国的民事立法。自从劳动法作为一个独立的法律部门以来,劳动合同逐渐从雇佣合同中分化出来并得到进一步发展。劳动合同是劳动者获得就业机会,实现劳动权利的主要手段;是确立个别劳动关系的重要法律形式;也是劳动立法调整劳动关系的基本框架和途径。

我国的经济体制改革要求劳动力资源配置符合市场经济的要求,推行劳动合同制度正是实现劳动力资源市场化的关键步骤。20世纪90年代中期颁布的《中华人民共和国劳动法》奠定了我国劳动合同制度的基础。2007年6月29日通过的《中华人民共和国劳动合同法》标志着经过十几年的探索,我国的劳动合同制度逐步成熟。

(二)劳动合同的特征

根据合同法理论对合同法律属性类别的归属,劳动合同具有以下特征:

---

① 《拿破仑法典》,商务印书馆1981年版,第239页。

（1）劳动合同是诺成合同。合同当事人双方意思表示一致，合同即告成立。

（2）劳动合同是双务合同。合同当事人双方在劳动关系中既享有权利又承担义务。

（3）劳动合同是有偿合同。合同当事人任何一方取得权利都必须偿付一定的代价。

（4）劳动合同是继续性合同。它指劳动合同所建立的劳动权利、义务关系通常处于持续存在状态，非瞬间或短时即告终止。

（5）劳动合同是附合性合同。由于劳动者的弱势地位，劳动合同的文本一般由用人单位事先置备。劳动者大多只能附合其中预先设置的条件，否则很难获得工作机会。

（6）劳动合同具有特定的人身性质。劳动合同是人身要素具有独特效用的合同类型，维系合同双方的基础是特定的人身信任关系。通常情况下合同中的劳动给付义务只能由具有特定身份的劳动者亲自履行，劳动者不能随意寻找他人替代或代理。

二、劳动合同与劳务合同的区别

劳务合同是提供劳务的民事合同的统称，也称提供服务的合同。指一方向对方提供特定的劳务行为，对方给付报酬的协议。例如：运输、保管、仓储、演出、委托、居间、行纪等形式。从表面上看，劳动合同与劳务合同极为相似。两者都以劳务活动为给付标的；两者都具有人身属性，通常须由劳务提供者亲自履行。在这个意义上也可以将劳动合同视为广义的"提供劳务"的合同之一。但劳动合同还具备某些自身所固有的特殊性，因而能产生许多不同于劳务合同的法律效果。两者的异质性表现为以下几个方面：

（1）劳动合同中的劳动者只能是自然人；劳务合同中的劳务提供者既可以是自然人也可以是法人或其他组织。

（2）劳动合同中的劳动者与用人单位之间存在人事隶属关系，劳动者作为用人单位的所属成员在劳动过程中须接受用人单位的支配和管理；劳务合同中的劳务提供方与劳务接受方只存在单纯的合同关系，不存在人事隶属关系。

（3）劳动合同中的劳动者只需提供劳动活动，无须提供劳动资料；劳务合同中的劳务提供方则须自备劳动资料。

（4）劳动合同中劳动报酬的确定不能与法律或集体合同基于保护劳动者利益所作的限制性规定相抵触；劳务合同中劳务报酬则根据市场供求关系任意确定（如有限制性规定，也是基于保护劳务接受者——消费者的利益）。

（5）劳动合同的期限以定期或不定期形式为常态，以完成一定工作任务为期限的形式为例外；劳务合同多以劳务目的之实现为期限。

（6）劳动合同中劳动者在工作中的人身安全风险由作为对方当事人的用人单位承担；劳务合同中劳务提供者的人身安全风险则由劳务提供者自行承担。

（7）在劳动合同中作为劳动受领者的用人单位有义务依法向劳动者提供社会保险和福利；劳务合同中的劳务接受方不承担向劳务提供方提供社会保险和福利的责任。

（8）劳动合同主要受劳动法调整；劳务合同只受民、商法调整。

第二节　劳动合同的订立

一、劳动合同的订立原则

根据我国《劳动法》第17条第1款和《劳动合同法》第3条第1款的有关规定，订立劳动合同应当遵循以下基本原则：

（一）平等自愿原则

平等自愿是合同关系的共同基础。劳动合同也是合同，具备合同的内在属性。平等自愿原则意味着劳动合同当事人双方在订约时具有同等的法律地位，都有权按自己的意愿选择合同伙伴和合同条件，他人不得强迫与干涉。然而在现实生活中，由于劳资双方悬殊的经济地位，法律意义上的平等地位和意思自治在很大程度上流于形式。有鉴于此，劳动立法在法定劳动标准的确立、特别劳权的设置、集体协商制度的推行等方面做出许多向劳动者倾斜的安排，以确保平等自愿原则的名副其实。

（二）协商一致的原则

协商一致是指合同当事人双方通过协商的方式达成一致意见。合同是双方当事人意思表示一致的结果，是在平等自愿的基础上充分表达各自的看法，并就合同内容取得一致意见后达成的协议。因而协商一致也是劳动合同的重要属性。协商一致意味着任何一方都不能将自己的意愿强加给对方。现实生活中，劳动合同的附合、格式化倾向比较普遍。这很容易形成隐性的意思强迫。因此，订立劳动合同时贯彻协商一致原则不能仅仅满足于形式化和表面化效果，应当对被遮蔽和伪装的意思强迫保持足够的警惕。

（三）合法原则

合法原则是指劳动合同的订立，无论在形式、内容或是程序上都不能违反法律、法规的强制性规定。合同固然是个人通过自由意志追逐私益的工具，但这种利益追逐不能破坏整个社会利益生态，否则就会引发公权力的法律干预。例如，劳动合同必须依法采取书面形式，合同中劳动报酬、劳动条件等内容的商定不能违反法律关于最低工资、工作时间、休息休假、安全保障、社会保险等规定。合法原则意味着任何个人都不能以他们的自愿为由改变法律，它是判断劳动合同是否有效的准则。

（四）公平原则

公平原则要求劳动合同当事人双方公正地设置权利和义务、合理分配风险和负担，给付与对待给付在价值上基本平衡。尤其在合同中占优势地位的劳动力购买方，不得利用优势地位迫使对方接受不合理、不公正的劳动条件和待遇。将公平原则作为合同当事人的行为准则，可以防止一方当事人滥用权利，有利于保护双方当事人的合法权益，维护当事人之间的利益平衡。

（五）诚实信用原则

诚实信用原为社会生活中的道德规范，后来成为法律原则。《劳动合同法》将其列为订约原则的目的在于反对恶意的、非正当的和不道德的行为。根据诚实信用原则的要求，当事人订立合同时不得采用欺诈、胁迫、乘人之危等手段;用人单位招用劳动者时,应当如实告知工作内容、工作条件、工作地点、职业危害、安全生产状况、劳动报酬等劳动者要求了解的一切情况;用人单位了解劳动者与劳动合同直接相关的基本情况时,劳动者也应当如实说明。

二、劳动合同的订立程序

(一)基本含义

劳动合同的订立程序是指当事人双方通过协商,就合同的内容达成合意的动态过程。与订立合同的一般过程相同,劳动合同的订立过程中双方的协商也可以分解为要约和承诺两个基本步骤。但是劳动合同的订立在进入正式协商阶段之前往往还有一个准备阶段,这一准备过程甚至比协商合同内容本身更为重要。双方当事人在准备阶段先进行初步接触,目的是了解对方的情况,然后根据所掌握的信息来决定是否与对方进入正式协商阶段。所谓劳动力市场的双向选择主要发生在准备阶段。当然,由于生产要素市场中资本是比劳动力更为稀缺的资源,资本所有者与劳动力所有者的双向选择权实际上并不对称。

(二)选择签约当事人的一般过程

在准备阶段中当事人可以通过各种方式获取对方的信息,以便确定满意的协商对象。最常见的方法是当面交谈,也可以通过笔试加深了解。某些单位需要大规模招收员工时,一般会在相关媒体上发布招聘广告,然后对报名的应聘者进行全面、综合考核,经过对考核结果进行筛选后确定符合条件的应聘者并向其发放录用通知书。录用通知书是一种单方的法律行为,表明招聘方愿意与应聘方通过订立劳动合同建立劳动关系。其效果是使被录用方获得与录用方签订劳动合同的权利。但录用通知书并不是劳动合同,被录用者完全可以放弃自己所获得的权利,这种弃权同样属于单方的法律行为。

(三)协商与合意

如果被录用者按约定的时间到用人单位报到,双方当事人即进入正式协商劳动合同内容的阶段。在这个阶段,双方仍有可能因协商发生分歧,达不成协议。有时候双方经过初步接触彼此都很满意,但此时建立劳动关系的时机还不成熟,双方可能会选择先签一份协议,在其中约定待时机成熟后正式签订劳动合同。这种协议在法理上称作预约合同,按预约而签订的劳动合同则称为本合同。如果双方就劳动合同的内容经协商达成合意,并于书面文本上进行签署,劳动合同即告成立。

三、劳动合同的形式

劳动合同的形式是指当事人双方因意思表示一致而缔结劳动合同的具体表现形式。根据我国《劳动法》的规定,劳动合同应当以书面形式订立。为了既方便又强化当事人签订书面合同,《劳动合同法》进一步规定:"已建立劳动关系,未同时订立书面劳动合同的,应当自用工之日起一个月内订立书面劳动合同。""用人单位自用工之日起超过一个月不满一年未与劳动者订立书面劳动合同的,应当向劳动者每月支付二倍的工资。"可见我国劳动合同在通常情况下属于要式合同。之所以如此规定是因为书面形式明确、具体,当事人在履行过程中不易发生争议,也便于有关部门监督和认定,有利于保护劳动者的合法权

案例阅读 4-1

案例阅读 4-2

益。但是法定的书面形式也存在一定的负面效应。首先,它排除了当事人对合同形式的自由选择,其适用不够灵活和便利;其次,依照法理推论,要式合同一旦在形式上出现瑕疵,合同的有效性就会受到质疑,将影响对已经发生的劳动给付的认可。因此有的国家如英国、法国、德国、日本、新加坡等均未将劳动合同设定为要式合同①。根据《劳动合同法》第 69 条第 1 款的规定,我国只是在非全日制用工的条件下才允许当事人以口头协议的方式订立劳动合同。

四、劳动合同的内容

劳动合同的内容即劳动合同的条款,可分为法定必备条款和任意约定条款两类。

(一)法定必备条款

劳动合同的法定必备条款是指法律要求劳动合同必须具备的合同条款。换言之,如果劳动合同中法定必备条款的内容不完整,该劳动合同便无法生效。相信立法者如此安排的初衷是为了规范合同关系,以利于保护劳动者的合法权益。但合同毕竟是当事人意思自治的产物。过度干预在实践过程中将很难行得通。事实上,劳动合同必备条款不全,但不影响主要权利义务履行的,有关部门都视之为有效成立的合同。《劳动合同法》对《劳动法》规定的法定必备条款进行了若干调整,分别增加和删减了部分条款。调整后的法定必备条款包括以下几个方面:

1. 用人单位的名称、住所和法定代表人或者主要负责人
2. 劳动者的姓名、住址和居民身份证或者其他有效身份证件号码
3. 合同期限

根据《劳动法》及《劳动合同法》的相关规定,劳动合同可按照不同的期限分为 3 种类型:(1)固定期限的劳动合同,指用人单位与劳动者约定合同终止时间的劳动合同。(2)无固定期限的劳动合同,指用人单位与劳动者约定没有终止时间的劳动合同。须注意的是,劳动合同未确定终止时间与计划经济年代终身聘用的固定工制并不是一回事。只要符合法定的解除条件,没有终止时间的劳动合同照样可以解除。(3)以完成一定的工作为期限的劳动合同,指用人单位与劳动者约定以某项工作的完成为合同期限的劳动合同。

从普通劳动者的就业保障角度看,不定期劳动合同相对于定期劳动合同显然对就业者更为有利。许多国家和地区在立法中将其作为常规性的劳动合同,或将其地位置于定期合同之上。例如,德国、法国及我国台湾均规定,只要工作性质是持续性的,就应当签不定期劳动合同。只有临时性、短期性、季节性及特定性的工作才能签定期劳动合同,并规定最长不能超过 18 个月。此外,有的国家如瑞士、德国规定,定期劳动合同期满后当事人继续履行合同的,即自动转为不定期合同。德国还规定,定期劳动合同如第二次续订,就必须订立不定期劳动合同。

我国《劳动法》对固定期限劳动合同的期限长短以及续订次数均未作出限制,这在很大程度上导致了劳动合同的短期化现象。《劳动法》规定:劳动者在同一用人单位连续工作满 10 年以上,当事人双方同意续延劳动合同的,如劳动者提出订立无固定期限的劳动

---

① 参见王益英主编:《外国劳动法和社会保障法》,中国人民大学出版社 2001 年版。

合同,就应当订立无固定期限的劳动合同。但是事实上用人单位可以轻易地规避这一规定,因而很难对合同短期化趋势形成制约。有鉴于此,《劳动合同法》作出了有利于劳动者的重新安排。根据《劳动合同法》第 14 条的规定,劳动者提出或者同意续订、订立劳动合同的,除劳动者提出订立固定期限劳动合同外,应当订立无固定期限劳动合同的条件是:(1) 劳动者在该用人单位连续工作满 10 年;(2) 用人单位初次实行劳动合同制度或者国有企业改制重新订立劳动合同时,劳动者在该用人单位连续工作满 10 年且距法定退休年龄不足 10 年;(3) 连续订立二次固定期限劳动合同,且劳动者没有本法第 39 条规定的过错和第 40 条第一项、第二项规定的不能胜任工作的情形时,续订劳动合同。

为了强化用人单位遵守上述订立无固定期限劳动合同的法定准则,《劳动合同法》同时规定:"用人单位违反本法规定不与劳动者订立无固定期限劳动合同的,自应当订立无固定期限劳动合同之日起向劳动者每月支付二倍的工资。"

此外,用人单位自用工之日起满一年不与劳动者订立书面劳动合同的,视为用人单位与劳动者已订立无固定期限的劳动合同。

4. 工作内容和工作地点

工作内容即劳动岗位与工作任务方面的条款。工作内容是劳动者履行劳动给付义务的主要条款。工作内容包括劳动者在劳动合同有效期内所从事的工种、工作岗位,以及在工作过程中或工作岗位上应当达到的数量、质量或应当完成的任务,是劳动给付义务的具体化。工作地点是劳动者给付劳动的场所,是劳动合同的履行地。工作地点的状况是劳动者选择用人单位时需要考虑的重要因素。

5. 工作时间和休息休假

工作时间是劳动者用以完成工作任务的时间。根据不同的工作性质和特点,工作时间的适用可以分为标准工时、不定时工时、综合计算工时、非全日制工时等多种类型。休息休假是劳动者在工作时间之外可以自由支配的时间,是劳动者依法享有的一项重要的社会权利。工作时间和休息休假条款与工作任务、劳动报酬、健康保障、福利待遇等事项有直接的关联,是劳动合同不可缺少的内容。

6. 劳动报酬

劳动报酬是指关于劳动报酬的形式、构成、标准等方面的条款。劳动报酬是劳动者履行劳动义务后应享有的主要权利,也是用人单位的一项主要义务。劳动关系双方在约定劳动报酬时,不得违反法律、法规关于工资支付形式、支付期限等保障性规定;也不得与当地政府颁布的最低工资标准和集体合同中有关工资标准的内容相抵触。

7. 社会保险

社会保险是国家为了使劳动者在职业生涯中免受年老、疾病、伤害、失业、生育等因素的不利影响而实施的保障措施。社会保险制度的实施具有强制性,当事人不得在劳动合同中刻意规避或随意改变。《劳动合同法》将社会保险设为劳动合同的必备条款意在强化对劳动者的保障。

8. 劳动保护、劳动条件和职业危害防护

劳动保护与劳动条件是指用人单位应当向劳动者提供有关劳动者生命安全与健康的保障,以及为劳动者完成生产任务而提供必要条件方面的条款。职业危害防护则是《劳动合同法》添加的内容,要求用人单位必须在劳动合同中如实告之工作中可能产生的职业病危害及其后果,以及相应的防护措施和待遇。以上内容均是对用人单位设定单方面义务的条款。

9. 法律、法规规定应当纳入劳动合同的其他事项

这意味着已经颁布并仍然生效的以及将来颁布的法律、行政法规和地方性法规中如果还规定其他必须出现在劳动合同中的事项,这些事项也应当是劳动合同的法定必备条款。

(二)任意约定条款

任意约定条款是指在法定必备条款之外,可以由双方当事人自愿协商并约定的合同条款。劳动合同中经常出现的任意约定条款有以下几种。

1. 试用期条款

案例阅读4-3

试用期是指用人单位和劳动者为了相互了解、相互选择而约定的考查期。试用期届满后,双方都满意的,被试用者即成为用人单位的正式职工。劳动合同的当事人双方虽然可以自由决定是否约定试用期,然而一旦选择约定试用期就必须遵守以下规定:

(1)试用期包含在劳动合同期限内。劳动合同仅约定试用期的,试用期不成立,该期限为劳动合同期限。

(2)同一用人单位与同一劳动者只能约定一次试用期,以完成一定工作任务为期限的劳动合同或者劳动合同期限不满3个月的,不得约定试用期。

(3)劳动合同期限3个月以上不满1年的,试用期不得超过1个月;劳动合同期限1年以上不满3年的,试用期不得超过2个月;3年以上固定期限和无固定期限的劳动合同,试用期不得超过6个月。

(4)试用期的法律后果是,当事人双方可以在试用期内立即解除劳动合同。劳动者行使该项权利时无须说明理由;而用人单位在试用期解除劳动合同则须证明劳动者不符合录用条件或存在法律允许试用期解除劳动合同的其他条件,并且应当向劳动者说明理由。

2. 服务期条款

服务期条款是指双方当事人约定,由用人单位出资培训或提供其他特殊待遇的劳动者,必须为该单位服务满约定的年限,中途不得辞职的合同条款。约定服务期的目的在于避免因劳动者提前辞职导致用人单位为提高劳动者的素质而追加的投资遭受损失。

用人单位约定劳动者履行服务期义务的法定先决条件是该单位在培训或其他方面为该劳动者提供了特殊待遇,否则就是对劳动者的法定自由辞职权的不恰当限制。

如果约定的服务期长于劳动合同期限或者超过劳动合同尚未履行期限的,当事人可以相应变更劳动合同期限。当事人未变更劳动合同期限,劳动合同期满由用人单位终止合同的,用人单位不得追索劳动者服务期的赔偿责任。劳动合同期满用人单位要求劳动者继续履行服务期的,劳动者应当履行;劳动者违反服务期约定的,应当承担相应的违约责任。

根据公平的原则,《劳动合同法》还特别规定:违反服务期约定应当支付的违约金数额不得超过用人单位提供的培训费用。用人单位要求劳动者支付的违约金不得超过服务期尚未履行部分所应分摊的培训费用。用人单位与劳动者约定服务期的,不影响按照正常的工资调整机制提高劳动者在服务期期间的劳动报酬。

3. 保密条款

保密条款是指劳动者对用人单位的商业秘密和与知识产权相关的保密事项负有保密义务的合同条款。所谓商业秘密是指不为公众所知悉,能为权利人带来经济利益,具有实用性并由权利人采取保密措施的技术、经营信息(如产品、方法、配方、工艺、通信、客户情报、财务状况、经营管理方法等)。从雇佣关系的角度看,各国法律都要求雇员对雇主负有忠诚的义务,保密便是由此派生出的义务之一。泄露他人的商业秘密有可能是出于不正当竞争的动机,因此对商业秘密的保护也是《反不正当竞争法》的重要内容之一。在劳动合同中约定保密义务,有以下一些问题需要注意。

(1) 保密义务人的范围

保密义务人的范围是指哪些人能够成为保密义务主体。雇员对企业商业秘密的了解与否和了解程度取决于雇员在企业中的地位、职务及所承担的责任。通常情况下职位越高的雇员知悉商业秘密的机会越多。因此,有的国家在立法上限定了保密义务人的范围,如规定承担保密义务的雇员的职位须达到一定级别或其工资须达到一定数额之等级。由于我国在立法上未做类似的区分,企业在适用上存在保密义务人泛化的趋势。

(2) 保密义务的失效

一般而言,保密义务的期限取决于商业秘密保密状态的持续时间。换言之,如果该商业秘密进入了公知状态,则约定的保密义务自动失效。但这一解除保密义务的效果必须符合以下条件,即该商业秘密进入公知状态不能是可以归责于保密义务人的事由。

(3) 保密义务人辞职的提前通知和脱密措施

这是指用人单位与负有保密义务的员工在劳动合同中约定,如果该员工提出辞职时应在约定的期限内提前通知用人单位。在此期间,用人单位可采取将该员工调离原工作场所或岗位等相应的措施,使之脱离与本单位商业秘密的接触状态。目前,北京、上海、江苏、浙江等地方性劳动法规都允许当事人在劳动合同中就保密义务人的辞职约定不超过6个月的提前通知期和采取脱密措施。

4. 竞业限制条款

竞业限制也称竞业禁止、竞业避止。竞业限制条款是指劳动合同当事人约定限制或禁止雇员从事或参与从事与用人单位同业竞争的活动的合同条款。换言之,劳动者应当依照约定在本单位工作期间或离开用人单位后的一定期限内不得自营、为他人经营或与他人合伙经营与原单位有竞争的业务(包括生产同类产品、提供同类服务或从事其他同类业务)。竞业限制条款一般包括竞业限制的具体范围、竞业限制的期限、补偿费的数额及支付方法、违约责任等内容。

竞业限制的目的在于保护用人单位商业秘密。用人单位中的行政管理、科技及其他相关人员由于工作关系或多或少地掌握单位的商业秘密,如果不加限制地允许这些员工与本单位进行同业竞争活动,肯定会对用人单位的业务产生消极影响,有悖于公平竞争的市场法则。竞业限制的实施也可能对员工离开原单位后的再就业形成一定障碍,因此为了平衡双方利益,当事人在合同中约定竞业限制时应当遵守以下规则:

法规解读 4-1

(1) 竞业限制的人员限于用人单位的高级管理人员、高级技术人员和其他负有保密义务的人员。

(2) 在解除或者终止劳动合同后,负有竞业限制义务的人员到与本单位生产或者经

案例阅读4-4

营同类产品、从事同类业务的有竞争关系的其他用人单位,或者自己开业生产或者经营同类产品、从事同类业务的竞业限制期限,不得超过二年。

(3)劳动者按合同的约定在解除或终止劳动合同后履行竞业限制义务的,用人单位应当在竞业限制期限内按月给予劳动者经济补偿。

(4)约定劳动者违反竞业限制义务的违约金或赔偿金应当合理,应考虑违约责任承担者的实际承受能力。

(5)如果与竞业限制内容相关的技术秘密已为公众所知悉,或者已不能为本单位带来经济利益或竞争优势,不具有实用性;或负有竞业限制义务的人员有足够证据证明该单位未执行国家有关科技人员的政策,受到显失公平待遇以及本单位违反竞业限制条款,不支付或者无正当理由拖欠补偿费的,竞业限制条款自行终止[①]。

5. 关于"保证金"条款

所谓"保证金条款"是指当事人双方约定,劳动者必须向用人单位缴纳一定数额的货币或财物,如果劳动者违反有关约定的义务,则不予归还的条款。很显然,这是用人单位滥用自己的优势地位强加给劳动者的权利义务极不对称的条款,往往成为某些雇主借机侵夺雇员财物的手段。原劳动部《关于贯彻执行〈中华人民共和国劳动法〉若干问题的意见》第24条的规定:用人单位在与劳动者订立劳动合同时,不得以任何形式向劳动者收取定金、保证金(物)或抵押金(物)。《劳动合同法》在延续了"保证金"条款不法性的基础上进一步规定:"用人单位违反本法规定,以担保或者其他名义向劳动者收取财物的,由劳动行政部门责令限期退还劳动者本人,并以每人五百元以上二千元以下的标准处以罚款;给劳动者造成损害的,应当承担赔偿责任。"

然而,确有部分雇主在劳动合同中加入"保证金条款"是缘于对某些雇员道德风险的防范(例如携单位的款、物潜逃,终止劳动关系后拒不归还所保管的物品和工具等情况)。因此立法部门也应当关注雇主承受的雇佣风险问题,以便在制度设置上提供能够趋利避害的新机制,尽可能兼顾双方当事人的财产安全要求。

6. 违约责任条款

违约责任条款是指当事人双方约定违反劳动合同的一方应承担一定法律后果的合同条款。《劳动合同法》对违约责任作了两项不同于《劳动法》的调整。首先,违约责任已不再是劳动合同的必备条款。其次,劳动者可以任意约定用人单位的违约责任,而用人单位约定劳动者的违约责任仅限于劳动者违反服务期条款和保密及竞业限制条款。

第三节 劳动合同的效力

一、劳动合同的成立与生效

(一)劳动合同的成立

劳动合同的成立是指劳动合同的缔约双方当事人因意思表示一致而达成协议的客观

---

① 关于加强科技人员流动中技术秘密管理的若干意见(国科发字[1997]317号)。

事实。劳动合同成立的基本要件是双方意思表示一致。如果当事人约定了成立的特殊要件,则劳动合同于该要件具备时成立。绝大多数劳动合同的成立与生效是同时发生的。也有一些劳动合同成立后因某种原因推迟生效或无法生效。可见劳动合同的成立并不能等同于劳动合同的生效。

（二）劳动合同的生效

劳动合同的生效是指依法成立的劳动合同,从成立之日起或约定生效之日起对当事人双方产生法律约束力。按照现行立法对劳动合同的规制,劳动合同的有效应符合下列条件：

(1) 合同的主体必须合法(具备法定的劳动权利能力和劳动行为能力)。

(2) 合同的内容和形式以及订立合同的程序必须合法。

(3) 当事人的意思表示必须真实(须出自本人意愿,表示的内容与内心意愿应当一致)。

二、无效的劳动合同

无效的劳动合同是指劳动合同缺乏有效条件而对当事人全部或部分不产生约束力。

（一）劳动合同无效的原因

按照《劳动法》和《劳动合同法》的有关规定,以下劳动合同为无效劳动合同：

(1) 以欺诈、胁迫的手段或者乘人之危,使对方在违背真实意思的情况下订立或者变更的劳动合同。

(2) 用人单位在劳动合同中免除自己的法定责任、排除劳动者的权利。

(3) 劳动合同违反法律、行政法规的强制性规定。

(4) 劳动合同与依法签订的集体合同相抵触。

（二）劳动合同的无效程度

依据不同的法律效果,劳动合同的无效存在全部无效和部分无效两种情况。

1. 劳动合同的全部无效

劳动合同的全部无效是指劳动合同因欠缺有效条件导致所形成的劳动关系不能产生法律效力。全部无效的劳动合同可以由两方面的原因引起：(1) 劳动合同的全部条款均为无效条款；(2) 劳动合同中只有部分条款的内容是无效条款,但却因此阻碍了其他有效部分继续对当事人产生约束力(例如,劳动者不具备法定的劳动资格)。

2. 劳动合同的部分无效

劳动合同的部分无效是指劳动合同中虽然部分条款欠缺有效条件或缺失部分法定必备条款,但不影响劳动合同中有效条款的效力,因而所确立的劳动关系仍可存续,只是其中的无效部分对当事人不产生约束力的状况。

（三）劳动合同无效的确认

无效劳动合同的确认机关是劳动争议仲裁委员会和人民法院。根据现行体制,仲裁委员会的无效确认在先；不服仲裁裁决而向人民法院起诉的,才发生人民法院的无效确认。与普通民商事合同不同的是,《劳动法》以及《劳动合同法》均未设立劳动合同因相对无效而由当事人选择撤销或选择变更的制度。

（四）劳动合同无效的法律后果

所谓劳动合同无效的法律后果是指对已被确认无效的劳动合同进行依法处置,以维护劳动法调整的劳动秩序,保护劳动者的合法权益。劳动合同的无效应追溯自劳动合同成立之时,即从订立的时候起就不发生法律约束力。劳动合同无效的法律后果有以下几方面。

1. 依法确认和保护劳动者的权益

劳动给付的标的是无法还原的劳动行为。劳动合同一旦被宣布无效,双方此前已发生的对待给付不可能也不必恢复至合同关系开始时的状态。如果劳动者已经履行了劳动给付,而用人单位尚未履行相对给付,则应从保护事实劳动关系中劳动者合法权益的角度出发作出安排。为此,《劳动合同法》第28条规定:"劳动合同被确认无效,劳动者已付出劳动的,用人单位应当向劳动者支付劳动报酬。劳动报酬的数额,参照本单位相同或者相近岗位劳动者的劳动报酬确定。"

2. 取消全部无效的劳动合同

取消全部无效的劳动合同是指对全部无效的劳动合同应停止其继续履行,并予以废止。须注意的是,此处出现的"取消"或"废止"不能用"撤销"替代。法理上无效合同的撤销权特指合同当事人的一种选择权,只适用于相对无效的合同,即可撤销的合同。现行的劳动立法未设置合同撤销制度,因此使用"撤销"来指称劳动合同全部无效的法律后果很容易引起误解和混乱。

3. 修改部分无效的劳动合同

部分无效的劳动合同中的有效部分仍可单独产生法律约束力,因而只需对无效的部分予以修改或删除,无须从整体上取消合同。

4. 赔偿损失

赔偿损失是指对合同无效有过错的当事人一方有责任赔偿因此而给对方造成的损失。《劳动法》第97条规定:"由于用人单位的原因订立的无效合同,对劳动者造成损害的,应当承担赔偿责任。"可见,针对用人单位的原因导致合同无效,《劳动法》确立的是用人单位单方赔偿责任原则。但《劳动合同法》第86条规定:"劳动合同依照本法第二十六条规定被确认无效,给对方造成损害的,有过错的一方应当承担赔偿责任。"这一规定修改了《劳动法》的赔偿原则,显然是出于平衡劳动关系双方当事人的责任的考虑而作的安排。

第四节　劳动合同的履行、变更和延长

一、劳动合同的履行

劳动合同的履行是指劳动合同的当事人双方按照劳动合同的约定履行各自应承担的义务的行为。

（一）劳动合同的履行原则

1. 亲自履行原则

亲自履行原则也称实际履行原则,是指合同的当事人双方必须以自己的行为履行各自义务,不得由他人代替。在劳动合同中,劳动者的履行因具有人身性质而不允许替代;而用人单位不存在人身不可分离的问题,故具有可替代性,但必须在合同中事先约定。

2. 全面履行原则

全面履行原则是指合同的当事人双方必须履行合同的所有条款规定的全部义务,否则构成违约。

3. 协作履行原则

协作履行原则是指合同双方当事人应当在对方履行合同义务时给予协助和配合。劳动关系比其他法律关系更强调当事人之间的合作,因为劳动合同是一种配合性极强的权利、义务关系,同时劳动合同也是一种持续性的合作关系,这种配合协调关系一旦受损,合同各方的履行便难以为继。

(二) 劳动合同的中止履行

劳动合同的中止履行是指劳动合同因发生法定事由暂时停止履行,待引起该事由的障碍消除后继续履行的制度。按照有关行政法规、地方性立法的规定,劳动合同可以因以下事由中止履行:

(1) 经双方当事人协商一致。
(2) 劳动者因涉嫌违法犯罪被限制人身自由。
(3) 劳动者暂时无法履行劳动合同的义务,但仍有继续履行的条件和可能。
(4) 发生不可抗力致使合同暂时不能履行。
(5) 劳动者应征入伍或者履行国家规定的其他法定义务。
(6) 法律、法规规定或者劳动合同约定的其他中止情形。

劳动合同中止期间,劳动关系保留。中止履行的情形消失,仍具备继续履行劳动合同条件的,应当继续履行;不具备继续履行劳动合同条件的,劳动合同终止。当事人继续履行劳动合同的,劳动合同中止的时间不计入劳动合同期限。

二、劳动合同的变更

劳动合同的变更是指劳动合同双方当事人因发生变更事由而对已经生效的劳动合同内容进行修改或补充的法律行为。

(一) 劳动合同变更的基本要求

劳动合同的变更应当自劳动合同生效后到终止前的期间进行;需要变更的合同条款不能是法律禁止变更的内容,变更后的合同条款不能与法律的强制性规定和集体合同规定的标准相抵触。

按《劳动法》和《劳动合同法》的有关规定,无论因何种事由引起劳动合同的变更,都必须经双方当事人在平等自愿的基础上通过协商一致达成协议才能生效。换言之,劳动合同的变更与劳动合同的订立一样都是双方法律行为,单方面擅自变更劳动合同的行为不发生法律效力。

(二) 劳动合同的变更事由

劳动合同的变更事由也即劳动合同的变更原因,包括以下两方面。

1. 客观方面的事由

客观方面的事由主要指客观情况发生了劳动合同订立时未曾预料到的重大变化,使得按照原来的约定继续履行合同变得不可能或无必要,例如,政策法规的修改,国民经济的重大调整,发生社会动荡或自然灾害事件,企业因经营发生困难而调整经营项目、转产、机构重组,劳动者因伤、病、残、技能低下等原因而无法胜任原来的岗位等。

2. 主观方面的事由

主观方面的事由指当事人因为主观意愿向对方提出变更协商,例如,劳动者要求加薪、晋升,要求改善工作条件和环境;用人单位提出改换工作岗位、增加工作任务等。

(三)劳动合同的变更结果

劳动合同变更协商的结果有两种可能,即达成一致或达不成一致。如果当事人双方无法就变更事由达成一致意见,也有两种可能的结果:(1)继续履行劳动合同;(2)解除劳动合同。须注意的是:用人单位变更名称、法定代表人、主要负责人或者投资人等事项,不影响劳动合同的履行;用人单位发生合并或者分立等情况,原劳动合同继续有效,劳动合同应由承继权利和义务的用人单位继续履行。变更后的劳动合同文本由用人单位和劳动者各执一份。

三、劳动合同的延长

(一)劳动合同延长的含义和特征

劳动合同的延长亦即劳动合同的续订,是指双方当事人协议延长即将届满的劳动合同有效期的行为。劳动合同的续订具有以下特征:

(1)续订是在合同双方当事人已明确的前提下发生的。

(2)续订是原劳动关系的延续,而非重新确立新的劳动关系。

(3)续订的合同以原合同为基础,续延后的权利、义务与原合同的权利、义务相同或相类似,因此不必也不能对劳动者再适用试用期。

(二)劳动合同续订的要求

(1)劳动合同的续订与首次订立一样适用平等、自愿和协商一致的原则。当事人双方就续订达成合意后应当形成书面文本,并在文本上签署。如果双方约定了其他生效程序的,续订的劳动合同于履行该程序后生效。

(2)有固定期限的劳动合同期满后,因用人单位方面的原因未办理终止或续订手续而形成事实劳动关系的,视为续订劳动合同。用人单位应及时与劳动者协商合同期限,办理续订手续。由此给劳动者造成损失的,该用人单位应当依法承担赔偿责任。

(3)劳动者在同一用人单位连续工作满10年以上,原劳动合同期满,当事人双方同意续延劳动合同的,劳动者提出订立无固定期限的劳动合同,用人单位应当与其订立无固定期限劳动合同。

(4)在国务院劳动行政主管部门确定的有害身体健康的工种、岗位招用的农民工,劳动合同的期限最多不能超过8年,以保障劳动者的身体健康。

第五节 劳动合同的解除和终止

一、劳动合同解除的含义与特征

(一)劳动合同解除的含义

合同的解除在法理上本应当属于合同终止的类型之一,然而根据我国《劳动法》和《劳动合同法》的体例,劳动合同的解除并不包含在劳动合同的终止范围之内,而是一项单列的制度。劳动合同的解除是指劳动合同订立后,于合同效力的存续期间,当事人凭自己的意愿作出意思表示使合同效力提前归于消灭的行为。

(二) 劳动合同解除的特征

(1) 劳动合同的解除属于合同关系的提前消灭,此时合同期限尚未届满,双方当事人的主体资格也未丧失。

(2) 劳动合同的解除是根据当事人的意愿而产生的合同关系的终止,不属于当然终止和被强行终止。

(3) 劳动合同的解除是一种法律行为,既可以表现为单方的法律行为,也可以表现为双方的法律行为。

二、劳动合同解除的条件

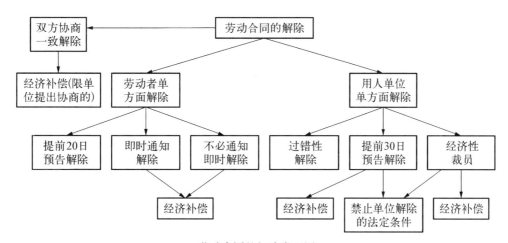

劳动合同的解除类型图

(一) 双方协议解除劳动合同

双方协议解除劳动合同指劳动合同的当事人双方在自愿的基础上通过协商一致的方式提前终结劳动合同效力的行为。

(二) 劳动者单方面解除劳动合同

劳动者单方面解除劳动合同指劳动者依照法定的条件和程序通过自己的意思表示单方面提前终结劳动合同效力的行为。根据《劳动合同法》第 37 条和第 38 条的规定,劳动者单方面解除劳动合同有以下 3 种情况。

1. 提前预告后解除

它指劳动者不需要提供任何理由,只需提前通知用人单位即可辞职。按规定劳动者提前 30 日以书面形式通知用人单位,或在试用期内提前 3 日通知用人单位,可以解除劳动合同。

2. 即时通知即时解除

它指劳动者可以随时告知用人单位解除劳动合同。法律给予劳动者行使该项合同解除权的前提是用人单位发生了侵害劳动者合法权益的过错行为。劳动者行使该项权利须符合以下条件:

(1) 用人单位未按照劳动合同的约定提供劳动保护或者劳动条件。

(2) 用人单位未及时足额支付劳动报酬。

(3) 用人单位未依法为劳动者缴纳社会保险费。

(4) 用人单位的规章制度违反法律、法规的规定,损害劳动者权益。

(5) 用人单位以欺诈、胁迫的手段或者乘人之危,使劳动者在违背真实意思的情况下订立或者变更劳动合同,致使劳动合同无效。

(6) 法律、行政法规规定劳动者可以解除劳动合同的其他情形。

3. 不必通知即时解除

它指劳动者不需要告知用人单位便可立即解除劳动合同。这是《劳动合同法》基于用人单位发生严重侵害劳动者的人身自由和人身安全时,为了更有效地保护劳动者的人身权利而设置的特别规定。该规定的适用仅限于以下两种情况:

(1) 用人单位以暴力、威胁或者非法限制人身自由的手段强迫劳动者劳动。

(2) 用人单位违章指挥、强令冒险作业危及劳动者的人身安全。

(三) 用人单位单方面解除劳动合同

它指用人单位依照法定的条件和程序作出意思表示,单方面提前终结劳动合同效力的行为。用人单位单方面解除劳动合同可以分为以下几类:

1. 过失性解除

过失性解除也称即时辞退、过失性辞退,即用人单位由于劳动者的过错可以不必提前预告而立即解除劳动合同。按照《劳动合同法》第 39 条的规定,过失性解除的适用应当符合以下条件:

(1) 劳动者在试用期内被证明不符合录用条件。

(2) 劳动者严重违反用人单位的规章制度。

(3) 劳动者严重失职、营私舞弊,给用人单位的利益造成重大损害。

(4) 劳动者同时与其他用人单位建立劳动关系,对完成本单位的工作任务造成严重影响,或者经用人单位提出,拒不改正。

(5) 劳动者以欺诈、胁迫的手段或者乘人之危,使用人单位在违背真实意思的情况下订立或者变更劳动合同,致使劳动合同无效。

(6) 劳动者被依法追究刑事责任。

2. 预告性解除

预告性解除也称为非过失性辞退,指用人单位提前 30 天以书面形式通知劳动者或者额外支付劳动者一个月工资后才能解除劳动合同。按照《劳动合同法》第 40 条的规定,预告性解除适用以下 3 种情况:

(1) 劳动者患病或者非因工负伤,在规定的医疗期满后不能从事原工作,也不能从事由用人单位另行安排的工作。

(2) 劳动者不能胜任工作,经过培训或者调整工作岗位,仍不能胜任工作。

(3) 劳动合同订立时所依据的客观情况发生重大变化,致使劳动合同无法履行,经用人单位与劳动者协商,未能就变更劳动合同内容达成协议。

案例阅读 4-5

3. 经济性裁员

经济性裁员是指企业为了克服经营困难而成批辞退富余人员的行为。经济性裁员也属于广义上的非过失性辞退。裁员是用人单位克服经营困难扭转不利局面的一种常规性措施,但裁员同时会对被裁劳动者的切身利益带来不利影响。为了平衡用人单位与被裁劳动者的合法权益,《劳动合同法》第41条对用人单位裁减人员作了以下限制:

(1) 用人单位可以裁员的法定原因。

依照企业破产法规定进行重整;生产经营发生严重困难;企业转产、重大技术革新或者经营方式调整,经变更劳动合同后,仍需裁减人员;其他因劳动合同订立时所依据的客观经济情况发生重大变化,致使劳动合同无法履行的情形。

(2) 用人单位符合上述条件之一,确需裁减人员的法定程序。

用人单位应当提前30日向工会或者全体职工说明情况并听取工会或者职工的意见,裁减人员方案经向劳动行政部门报告后,方可以裁减人员。

(3) 用人单位裁员必须达到法定的裁减人数。

用人单位需要裁减的人员在20人以上或者裁减不足20人但占企业职工总数10%以上的,才能够裁减人员。换言之,用人单位需要裁减的人员不足20人并且占企业职工总数不足10%,就不符合《劳动合同法》所规定的经济性裁员条件,不能依据裁员的规定解除劳动合同,只能适用《劳动合同法》关于单个解除劳动合同的规定。

(4) 用人单位裁减人员时应履行以下两项社会责任。

第一,应当优先留用与本单位订立较长期限的固定期限劳动合同的人员;与本单位订立无固定期限劳动合同的人员;家庭无其他就业人员,有需要扶养的老人或者未成年人的人员。

第二,用人单位从裁减人员之日起6个月内重新招用人员的,应当通知被裁减的人员,并在同等条件下优先招用被裁减的人员。

三、禁止用人单位解除劳动合同的规定

出于维护劳动者在特殊状况下的权益,防止用人单位滥用权利,法律对用人单位单方面行使劳动合同解除权还作了若干必要的限制,即规定用人单位在适用《劳动合同法》第40条、第41条时,对符合以下条件的劳动者不得与之解除劳动合同:

(1) 从事接触职业病危害作业的劳动者未进行离岗前职业健康检查,或者疑似职业病病人在诊断或者医学观察期间。

(2) 在本单位患职业病或者因工负伤并被确认丧失或者部分丧失劳动能力。

(3) 患病或者非因工负伤,在规定的医疗期内。

(4) 女职工在孕期、产期、哺乳期。

(5) 在本单位连续工作满15年,且距法定退休年龄不足5年。

(6) 法律、行政法规规定的其他情形(例如集体协商的职工方代表,在其履行协商代表职责期间除个人严重过失外不得解除其劳动合同)。

四、劳动合同的终止

劳动合同的终止是指劳动合同因一定法律事实的出现而终结,其后果表现为劳动者与用人单位之间的权利义务归于消灭。劳动合同的终止在法理上有广义和狭义之分:狭义的终止是指劳动合同依法或依约定的条件自行消灭,故狭义的终止不包括合同的解除;

广义的终止则包括合同的解除。《劳动法》与《劳动合同法》所指的终止是狭义的合同终止,由以下几类法定事由引起:

(1) 劳动合同期限届满。

(2) 劳动者开始依法享受基本养老保险待遇。

(3) 劳动者死亡,或者被人民法院宣告死亡或者宣告失踪。

(4) 用人单位被依法宣告破产。

(5) 用人单位被吊销营业执照、责令关闭、撤销或者用人单位决定提前解散。

(6) 法律、行政法规规定的其他情形。

五、劳动合同解除和终止的法律后果

劳动合同解除和终止的法律后果是指劳动合同所确立的权利义务关系消灭的同时,对双方当事人发生附随义务的效力①。

(一) 对用人单位的效力

1. 支付经济补偿金

经济补偿金也称遣散费、资遣费等,是劳动关系终结时用人单位向劳动者支付的一笔劳动报酬以外的经费。按照不同的发生原因,经济补偿金还可以有法定和约定之分。理论界对经济补偿金的属性有不同解释,主要分为劳动贡献回馈说、过渡期失业补助说、雇主违约责任说等观点②。从我国现行立法的设计思路看,我国经济补偿金的属性综合了以上各种观点。《劳动合同法》在延续经济补偿金既有制度的基础上作出了若干新安排。

根据《劳动合同法》的有关规定,用人单位应当向劳动者支付经济补偿金的范围包括以下情况:

(1) 劳动者因用人单位的过错即时解除劳动合同。

(2) 由用人单位向劳动者提出解除劳动合同的建议并与劳动者协商一致解除劳动合同。

(3) 用人单位提前预告解除劳动合同。

(4) 用人单位实施经济性裁员。

(5) 除用人单位维持或者提高劳动合同约定条件续订劳动合同,劳动者不同意续订的情形外,因劳动合同期满而终止的固定期限的劳动合同。

(6) 因用人单位被依法宣告破产、吊销营业执照、责令关闭、撤销或者用人单位决定提前解散而终止劳动合同。

(7) 法律、行政法规规定的其他情形。

经济补偿按劳动者在本单位工作的年限,每满一年支付一个月工资的标准向劳动者支付。满6个月以上不满一年的,按一年计算;不满6个月的,向劳动者支付半个月工资的经济补偿。所谓"一个月工资"是按劳动者在劳动合同解除或终止前12个月的月平均工资计算。如果劳动者月工资高于用人单位所在直辖市、设区的市级人民政府公布的本地区上年度职工月平均工资3倍,经济补偿的标准按该地区职工月平均工资3倍的数额

---

① 参见王全兴:《劳动法》,法律出版社1997年版,第184页。

② 参见信春鹰主编:《中华人民共和国劳动法释义》,法律出版社2007年版,第173—174页。

支付,并且向其支付经济补偿的年限最高不超过12年。

此外,《劳动合同法》还规定:如果用人单位逾期未按本法规定支付经济补偿,除全额补发应发的经济补偿外,还须按照应付金额50%以上100%以下的标准向劳动者加付赔偿金。如果用人单位违反本法规定解除或者终止劳动合同,应当依照规定的经济补偿标准的二倍向劳动者支付赔偿金。

2. 支付医疗补助费

由于劳动者患病或非因工负伤,经劳动鉴定委员会确认不能从事原工作也不能从事用人单位另行安排的工作而解除劳动合同的,除按上述规定支付经济补偿外,还应发给劳动者不低于6个月工资的医疗补助费;如果患重病还应再增加不低于50%的部分;如果患绝症再增加的部分应不低于100%。

案例阅读4-6

3. 在竞业限制期限内按月给予劳动者经济补偿
4. 向社会保险经办机构缴足应缴的社会保险费用
5. 办理退工手续并出具劳动关系终止证明

(二)对劳动者的效力

(1) 结束并移交有关事务及移交所保管的物品。
(2) 按照劳动合同的约定继续履行保守商业秘密的义务。
(3) 按照劳动合同的约定继续履行竞业限制义务。

如果劳动者违反法律规定解除劳动合同、违反约定的保密义务或者竞业限制义务,给用人单位造成损失的,应当承担赔偿责任。

第六节 非典型劳动合同

一、非典型劳动关系概说

所谓非典型劳动合同或者非正规劳动合同等称谓并不是一个正式的法律概念,而是学理上的一种概括,是指非典型劳动就业关系的当事人之间就双方在劳动过程中的权利义务达成的协议。非典型劳动合同与常规劳动合同的最大区别在于其特殊的劳动用工形态,主要包括派遣劳动、非全日制劳动、自雇劳动、以互联网平台经济为特色的新型网络化劳动。非典型工作形态的主要特征表现为:(1)人身隶属性的疏离,即雇主对雇员在劳动关系中的人身支配性被分解或淡化;(2)工作时间安排灵活多样,非典型劳动在工作时间的安排上以非全时化、零散化、弹性化等时间形态为主;(3)工作任务及完成方式的非正规性,非典型劳动多适用于间断的、短期的、临时的、辅助性的、非持续性的劳动任务,以及与之相适应的更为灵活、自主、独立的劳动给付方式。

非典型劳动关系的产生主要有两个原因:

(1) 经济全球化导致竞争空前激烈,不断变换的消费需求使市场的不确定性进一步加剧。企业为了应对国内外竞争上的压力和瞬息万变的市场环境,纷纷选择更为灵活多变的"弹性化"劳动用工模式,以提升工作效率。

(2) 由于各国劳工立法对劳工权益的保护,企业已经很难在传统的雇佣形态中寻找到降低用工成本的空间。非典型劳动形态作为一类"体制外"的人力资源管理制度创新,能够绕过劳工立法设置的各种劳权保护规定,满足企业节约人力资源费用的目的。

互联网＋业态的劳动给付

互联网平台经济的迅猛发展几乎颠覆了整个旧商业模式。互联网通过与传统行业深度融合(互联网＋),不仅更新、重构了企业的经营业态,还创生出一系列与传统就业不同的劳动(服务)给付方式,如网约车服务、网约订餐配送和食品食材配送服务、快递服务、网络主播、网络演艺,以及随着互联网＋业态不断更新迭代而出现的种种前所未见的劳动服务类型。与传统劳动服务相比,经由互联网平台提供的劳动服务经常表现为:网络平台的经营者与劳务提供者之间的人身支配和控制更加疏离,工作场所不固定,工作时间更灵活,劳动指标考核依赖客户打分或第三方网评机制,雇佣属性和形式比较隐蔽,与民事劳务关系混杂或近似等。显然,这些现象和特征对正确识别当事人之间真实的法律关系造成了不小的障碍,继而对准确适用劳动法,有效地保护劳动者合法权益产生了较大的干扰。毫无疑问,这也是对劳动立法如何在新用工时代迎接新挑战,实现其劳权保护的宗旨和目标,提出了新课题。

二、劳务派遣用工

(一)劳务派遣的概念与特征

劳务派遣也称劳动派遣、人力派遣、劳动力租赁,是指劳务派遣单位与被派遣劳动者在劳动合同中约定由被派遣劳动者向用工单位给付劳动的劳动关系。劳务派遣与传统的劳动关系有明显的不同,其主要特征表现为:

(1)劳务派遣关系的当事人由派遣单位、被派遣劳动者和用工单位三方构成。

(2)派遣劳工与派遣单位之间形成劳动合同关系。

(3)派遣单位与用工单位之间形成民事合同关系。

(4)派遣劳工须向用工单位履行劳动给付义务,并在用工单位指挥监督下工作。

劳务派遣最早产生于欧美国家,20世纪90年代末传入我国,现已在大、中城市内被广泛采用。由于劳务派遣将用人关系从雇佣关系中分离,故被国际劳工组织称为"三角"雇佣关系。劳务派遣方式在满足雇主灵活用工的同时,也产生了一系列诸如雇主与劳动使用人责任不明、雇主中间剥削、派遣劳工与非派遣劳工的差别待遇、派遣劳工工作不稳定等不利于劳动者的问题。因此,有关劳务派遣的立法主要是在派遣单位的资质、派遣劳动的适用范围、派遣单位与用工单位的责任、派遣劳动者的待遇和权利等方面进行规制。

(二)劳务派遣的适用范围

劳动合同用工是我国企业的基本用工形态。劳务派遣用工因其非典型、非常规特质,适合成为基本用工形态的补充形式,只能依法在临时性、辅助性或者替代性的工作岗位上实施,不得随意扩大其适用范围。

根据《劳动合同法》第 66 条和《劳务派遣暂行规定》第 3 条第 2 款的解释,临时性工作岗位是指存续时间不超过 6 个月的岗位;辅助性工作岗位是指为主营业务岗位提供服务的非主营业务岗位;替代性工作岗位是指用工单位的劳动者因脱产学习、休假等原因无法工作的一定期间内,可以由其他劳动者替代工作的岗位。

(三)派遣单位的资格

劳务派遣单位作为劳动合同的用人单位一方,应当具备相应的行为能力和责任能力。根据《劳动合同法》以及《劳务派遣行政许可实施办法》的有关规定,经营劳务派遣业务应当具备下列条件:(1)注册资本不得少于人民币 200 万元,(2)有与开展业务相适应的固定的经营场所和设施,(3)有符合法律、行政法规规定的劳务派遣管理制度,(4)法律、行政法规规定的其他条件。除此而外,经营劳务派遣业务,应当向劳动行政部门依法申请行政许可。劳动行政部门按法定的条件和程序对申请进行审查,经审查合格的,颁发有效期 3 年的《劳务派遣经营许可证》(有效期届满时需要延续劳务派遣业务的应当提出延续行政许可申请)。劳务派遣申请经许可的,才能依法办理相应的公司登记。未经许可,任何单位和个人不得经营劳务派遣业务。

(四)派遣单位的义务

劳务派遣单位依法应当履行的主要义务如下:

(1)向被派遣劳动者告知《劳动合同法》第 8 条的规定事项、应遵守的规章制度以及劳务派遣协议的内容。

(2)对被派遣劳动者进行上岗知识、安全教育培训。

(3)按照法律的有关规定与被派遣劳动者订立二年以上的固定期限劳动合同。

(4)按照法律规定和劳务派遣协议的约定,向被派遣劳动者支付劳动报酬和相关待遇。

(5)按照法律规定和劳务派遣协议的约定,为被派遣劳动者缴纳社会保险费,并办理社会保险相关手续。

(6)督促用工单位依法为被派遣劳动者提供劳动保护和劳动安全卫生条件。

(7)依法出具解除或者终止劳动合同的证明。

(8)协助处理被派遣劳动者与用工单位的纠纷。

(9)不得向被派遣劳动者收取费用,不得克扣用工单位按照劳务派遣协议支付给被派遣劳动者的劳动报酬。

如果劳务派遣单位违反上述规定不履行法定的义务,除了由劳动行政部门和其他有关主管部门依法处置外,给被派遣劳动者造成损害的,劳务派遣单位与用工单位承担连带赔偿责任。

(五)用工单位的义务

用工单位应当依法履行以下义务:

(1)执行国家劳动标准,提供相应的劳动条件和劳动保护。

(2)告知被派遣劳动者的工作要求和劳动报酬。

(3)支付加班费、绩效奖金,提供与工作岗位相关的福利待遇。

(4)对在岗被派遣劳动者进行工作岗位所必需的培训。

(5)连续用工的,实行正常的工资调整机制。

(6) 不得将被派遣劳动者再派遣到其他用人单位,也不得设立劳务派遣单位向本单位或者所属单位派遣劳动者。

(7) 不得向被派遣劳动者收取费用。

(8) 应当根据工作岗位的实际需要与劳务派遣单位确定派遣期限,不得将连续用工期限分割订立数个短期劳务派遣协议。

(六) 劳动者的权利

被派遣劳动者享有的权利如下:

(1) 享有与用工单位的劳动者同工同酬的权利,用工单位应当按照同工同酬原则,对被派遣劳动者与本单位同类岗位的劳动者实行相同的劳动报酬分配办法。用工单位无同类岗位劳动者的,参照用工单位所在地相同或者相近岗位劳动者的劳动报酬确定。

(2) 劳务派遣单位跨地区派遣劳动者的,被派遣劳动者享有的劳动报酬和劳动条件,按照用工单位所在地的标准执行。

(3) 被派遣劳动者有权在劳务派遣单位或者用工单位依法参加或者组织工会,维护自身的合法权益。

(七) 关于解除和终止合同的规定

首先,被派遣劳动者可以依照《劳动合同法》第 36 条与劳动派遣单位协商一致解除劳动合同;被派遣劳动者也可以依照《劳动合同法》第 38 条的规定单方面即时与劳务派遣单位解除劳动合同。其次,被派遣劳动者有《劳动合同法》第 39 条规定的过错情形和第 40 条第一项、第二项规定的不能胜任工作的情形时,用工单位可以将劳动者退回劳务派遣单位,劳务派遣单位依法可以与劳动者解除劳动合同。用工单位有《劳动合同法》第 40 条第三项规定的情势变更情形、第 41 条规定的裁员情形,以及被依法宣告破产、吊销营业执照、责令关闭、撤销、决定提前解散或经营期限届满不再继续经营,或者劳务派遣协议期满终止等情形的,可以将被派遣劳动者退回劳务派遣单位(属于《劳动合同法》第 42 条规定情形的按《劳务派遣暂行规定》第 13 条的规定处理)。劳务派遣单位在劳动者退回后的无工作期间应当按照不低于所在地人民政府规定的最低工资标准向其按月支付报酬。再次,劳务派遣单位重新派遣时维持或提高劳动合同约定条件,劳动者不同意的,劳务派遣单位可以解除劳动合同;如果重新派遣时降低劳动合同约定条件,劳动者不同意的,劳务派遣单位不得解除劳动合同,但劳动者提出解除合同的情况除外。此外,劳务派遣单位被依法宣告破产、吊销营业执照、责令关闭、撤销、决定提前解散或者经营期限届满不再继续经营的,劳动合同终止,用工单位应当与劳务派遣单位协商妥善安置被派遣劳动者。

劳务派遣单位因《劳动合同法》第 46 条的情形,或者未能就重新派遣与劳动者达成约定条件而解除劳动合同,或者被依法宣告破产、吊销营业执照、责令关闭、撤销、决定提前解散或经营期限届满不再继续经营,导致劳动合同终止的,应当依法向被派遣劳动者支付经济补偿。

法规解读 4-2

三、非全日制用工

(一) 非全日制用工的概念及特征

非全日制用工是指以小时计酬为主,劳动者在同一用人单位一般平均每日工作时间不超过 4 小时,每周工作时间累计不超过 24 小时的用工形式。非全日制用工具有以下特征:

(1)非全日制工作时间以小时为单位;(2)劳动者可以与一个以上的用人单位建立劳动关系;(3)对合同的形式、内容和解除条件的约定较为灵活自由。

(二)非全日制劳动合同的订立与终止

从事非全日制用工的劳动者可以与一个或者一个以上用人单位订立劳动合同;但是,后订立的劳动合同不得影响先订立的劳动合同的履行。双方当事人不得约定试用期,但可以订立口头协议。非全日制用工双方当事人任何一方都可以随时通知对方终止用工。终止用工时用人单位不向劳动者支付经济补偿。

(三)非全日制用工劳动报酬的支付

非全日制用工小时计酬标准不得低于用人单位所在地人民政府规定的最低小时工资标准。非全日制用工劳动报酬结算支付周期最长不得超过15日。

第七节 违反劳动合同的责任

一、违反劳动合同责任的基本概念

违反劳动合同的责任也可简称为违约责任,是指劳动合同的当事人不履行合同义务或者履行义务不符合合同约定或法律规定时,应当受到的法律制裁。

二、违约责任的分类

1. 根据违约责任发生的不同时间的分类

根据违约责任发生的不同时间,违约责任可以分为缔约过失责任、合同期限内的违约责任和合同终止后的违约责任。

(1)缔约过失责任是指当事人在缔约阶段违反诚信义务给对方造成损失时应承担的法律后果。在缔约过失责任中,责任人违反的是先合同义务,也即处于缔约过程中的诚信义务,而非合同给付义务。缔约过失制度保护的是当事人的信赖利益,而非合同的履行利益。例如,某民用爆破器材生产企业未按规定取得安全生产许可,但在招工时却隐瞒了实情,结果被有关部门查处,导致劳动合同无法履行,使劳动者遭受损失。该企业应当对劳动者的损失承担赔偿责任。从《劳动法》第97条、《劳动合同法》第86条规定的关于劳动合同无效的责任方应当赔偿给对方造成的损失的内容看,其中以欺诈的手段订立劳动合同导致合同无效的赔偿责任在性质上应属于缔约过失责任。

(2)合同期限内的违约责任就是通常意义上的违约责任,即合同生效后到终止前的期间内当事人因未按合同的约定履行合同义务应承担的责任。

(3)合同终止后的违约责任是指当事人未按合同的约定履行后合同义务时应承担的责任。所谓后合同义务是指当事人约定应在合同关系终止后履行的义务。例如,劳动合同关系终止后劳动者按约定应履行的保密义务、竞业限制义务等均属于后合同义务。

2. 根据违约责任产生的依据的分类

按照违约责任产生的依据,违约责任可以分为法定的违约责任和约定的违约责任。

(1)法定的违约责任,即法律明确规定当事人违反合同约定应承担的责任。主要有:

违约金、赔偿金、继续履行、补救措施等违约责任的形式以及适用方法,承担违约责任的归责原则、免责事由等内容。

(2) 约定的违约责任是指当事人通过劳动合同约定的违约责任。例如,违反约定的事项应按约定支付违约金、赔偿金以及违约金、赔偿金的数额和支付方式等。

3. 根据不同的责任主体的分类

按不同的责任主体,违约责任还可以分为用人单位的违约责任和劳动者的违约责任。《劳动法》第十二章、《劳动合同法》第七章以此标准分别进行了具体列举。

三、我国劳动立法中违约责任制度的主要特征

我国劳动立法(尤其是《劳动合同法》)对于劳动合同的违约责任设置与民商法中关于合同违约责任的规定有很大区别。这是因为劳动合同为典型的由用人单位预制的格式合同,劳动者在劳动合同订立过程中的实际谈判能力非常有限,事实上很难通过自由协商途径为自己的合同利益提供保障。而能够扭转这种态势的集体谈判机制目前又尚不够完善。为了平衡劳资关系,有效补足劳动者意思自治能力的不足,劳动立法中的许多制度都具有劳权倾斜保护取向。违约责任反映倾斜保护取向的主要特征表现为:

案例阅读 4-7

1. 以行政责任为主要法律保护手段

在劳动立法中,法律责任的重心是政府干预型的行政责任和法条直接列举型的侵权责任。只有少数违约责任条款夹杂在行政责任和侵权责任条款之间。这一立法特征的好处在于立法者可以通过法律条文的系统列举替代单个劳动者难以进行的意思表达,并借助公权力所具有的较强执行力弥补私法自治对劳动者群体的失灵。这在人力资源市场强弱分明的情形下,更有利于保护劳动者。

2. 限制用人单位约定劳动者承担违约责任的范围

《劳动合同法》第 25 条规定:除了第 22 条关于服务期条款以及第 23 条关于保密和竞业限制条款规定的情形外,用人单位不得与劳动者约定由劳动者承担违约金。反之,《劳动合同法》未就劳动者约定用人单位承担违约责任的情形加以限制。《劳动合同法》的这一规定使用人单位滥用优势地位不公平分配合同责任的现象能够得到有效的遏止,也为此前由于立法的不明确和不统一而在这个问题上引发的"任意说"和"限制说"争议画上了句号。

本 章 小 结

1. 劳动合同是劳动者与用人单位之间确立劳动关系,明确双方权利义务的协议。劳动合同与民事合同中的劳务合同在主体、当事人的相互关联性、报酬给付、合同期限、人身安全风险的承担、法律依据等方面存在差别。

2. 劳动合同是在当事人地位平等的基础上通过协商一致达成的协议。正式协商之前的确定缔约当事人阶段在签约程序中有着特殊的意义。

3. 劳动合同应当以书面的形式订立。劳动合同的内容分为法定必备条款和可自由选择的约定条款,两者不能违反法律的强制性规定,否则该内容不发生法律效力。劳动合

同的内容部分无效时有效的部分应继续履行。劳动合同未采取书面的形式或劳动合同的内容全部无效的,当事人之间的劳动关系为事实劳动关系,劳动法仍然保护事实劳动关系中劳动者的合法权益。

4. 非典型劳动合同与常规劳动合同的最大区别在于其特殊的劳动用工形态,主要包括派遣劳动、非全日制劳动、自雇劳动、电传或网络条件下的家内劳动等方式。

5. 劳动合同因当事人的意愿提前终结的称为劳动合同的解除,劳动合同因当事人意愿以外的原因终结的称为劳动合同的终止。劳动合同的解除分双方协商一致的解除和单方解除两种类型。为了有效地保护劳动者的合法权益,劳动法对用人单位单方面解除劳动合同设置了更多的限制性条件。

6. 除非是因为劳动者的过错或者劳动者自己的原因,解除劳动合同或者劳动合同因届期、破产、被吊销营业执照、被责令关闭、被撤销、提前解散而终止时,用人单位应当依法给予劳动者经济补偿。

关键词

劳动合同　劳动合同的期限　劳动合同的订立　试用期　竞业禁止　劳动合同的成立与生效　劳动合同的履行　劳动合同的变更与终止　劳动合同的续订　劳动合同的解除

思考题

1. 劳动合同的特征是什么?
2. 劳动合同的基本内容有哪些?
3. 劳动合同的订立程序是怎样的?
4. 劳务派遣与非全日制用工关系的特征分别是什么?
5. 劳动合同的解除条件是什么?
6. 劳动合同解除及终止后对劳动者经济补偿的条件是怎样的?

案例分析

1. A 公司与其员工订立劳动合同时均约定:"员工每月工作业绩综合评分须达到 70 分为合格,但如果连续四个月的评分处于该部门最后两位的,将实行末位淘汰,公司可按照实际情况与其解除或终止劳动合同。"小李和小王都在 A 公司销售部门从事销售工作。2013 年 3 月至 6 月的四个月中,小李的每月综合评分为 84 分,小王的每月综合评分为 87 分。尽管都超过合格标准,两人的排名连续四个月却始终位居最后两位。2013 年 7 月 7 日,公司通知小李提前终止劳动合同,通知小王转岗到公司人力资源部工作。两个月后,公司以不能胜任工作为由解除了与小王的劳动合同。

请问:

(1) A 公司能否提前终止与小李的劳动合同? 为什么?

(2) A 公司能否解除与小王的劳动合同? 为什么?

2. 某公司有员工 100 名,因生产经营发生严重困难需要裁员 18 名。公司总经理在确定被裁人员名单的次日向全体员工公布了名单,并要求被裁人员尽快与公司办理劳动关系终止手续。当地工会组织闻讯后立即与该公司交涉,要求公司履行《劳动合同法》规定的裁员时的法定程序。被裁员工吴某虽然进公司只有3个月,但由于半年前才分娩,也要求公司优先留用自己。公司则认为:本次裁员数量不大,依法可以不执行相关程序,况且公司还未成立工会;吴某是新员工,不属于法定的裁员时应当优先留用的人员。请根据《劳动合同法》的有关规定回答:

(1) 公司的做法是否正确?

(2) 为什么?

3. 2016年4月,某房地产公司在其招聘广告上提出了工资福利待遇较为优厚的招聘条件,承诺销售岗位的业绩提成将按照3%的比例发放。小王受此条件吸引,前去应聘,并顺利入职该公司。入职后不久双方签了劳动合同。合同载明,销售提成比例是房产实际销售额的1.3%,按季度计发。小王没仔细看就在合同上签了字。其后小王发现,2016年第3季度的销售提成发放,单位是按1.3%结算自己该季度的销售额提成,而不是应聘广告中的3%,于是向单位提出交涉,要求按招聘广告承诺的销售额3%计发提成工资,双方协商未果。小王随即以恶意拖欠工资为由,提出解除劳动合同,并于2016年向当地劳动争议仲裁机构提起仲裁申请,要求单位补发提成工资的差额。(资料来源:2018年7月18日《劳动报》)

请问:

(1) 该房地产公司的招聘广告属于何种法律性质?

(2) 小王在仲裁中提出的请求能否实现?为什么?

4. 2017年12月27日,王志杰与上海温石文化传媒有限公司签订了一份名为"超短小纯杰"的合作协议。内容主要是:该公司注册"超短小纯杰"自媒体,由双方共同经营;产生的收益双方按约定比例分成;合同期前三个月王志杰若对该自媒体提供全职管理,公司将每月支付5 000元管理费,若提供非全职管理公司可不支付管理费。与此同时,双方还口头约定由公司替王志杰办理社会保险和公积金缴费,但费用全部由王志杰自己负担。2018年4月,双方发生争议。同年5月2日,王志杰向仲裁机构申请仲裁,以公司未支付劳动报酬等为由提出解除劳动合同,并要求公司支付实际未支付的每月5 000元报酬、未签劳动合同应支付的双倍工资差额、解除劳动合同的经济补偿等。公司则否认与王志杰之间存在劳动关系,要求驳回对方的请求。(资料来源:苏州市高新区人民法院网)

请问:

(1) 在当事人未签订劳动合同的情况下如何判定是否存在劳动关系?

(2) 本案当事人之间是否存在劳动关系?为什么?

5. 原告李先生于2016年5月29日加入被告北京同城必应科技有限公司担任闪送员。入职后原告先在手机上下载闪送App,经过注册审核后前往被告办公场所接受考试。考试通过并领取被告发放的工牌后,李先生开始从事闪送服务工作。李先生无底薪,劳动报酬按接单的件数一单一结算。公司对李先生无工作量要求、无在线时间要求,但对每单配送时间有具体规定,如果超时或者发生货损要罚款。公司还规定,快递员不得同时为其他平台提供服务。2016年7月24日,李先生在业务活动中因发生交通事故受伤。李先生认为自己应当享受工伤保险待遇,但公司否认与李先生之间存在劳动关系。李先生随即向劳动争议仲裁委员申请仲裁,要求确认劳动关系。劳动争议仲裁委员会认定李先生与公司之间属于居间合同关系而非劳动关系,驳回了李先生的请求。李先生不服,向法院提起诉讼。(资料来源:北京市海淀区人民法院微信公众号)

请问:

(1)什么是居间合同?有哪些特征?

(2)本案当事人之间是否属于居间合同关系?为什么?

参考答案

1.(1)A公司不能提前终止与小李的劳动合同。因为劳动合同的终止应当符合法定的合同终止条件,《劳动合同法》第44条对劳动合同终止条件专门做了列举式规定,而末位淘汰并不在其中。同时,《劳动合同法实施条例》第13条规定:用人单位与劳动者不得在《劳动合同法》第44条规定的合同终止条件之外约定其他的劳动合同终止条件。所以A公司终止与小李的劳动合同欠缺法律依据,应当认定无效。

(2)A公司不能解除与小王的劳动合同。首先,《劳动合同法》对用人单位单方面解除劳动合同的条件和程序做了严格的限定,不允许当事人以合同约定的方式加以改变。末位淘汰并不是用人单位能够单方面解除劳动合同的法定条件。其次,《劳动合同法》虽然规定了"不能胜任工作"是用人单位单方面解除劳动合同的条件之一,但末位淘汰并不能等同于不能胜任工作。事实上本案当事人小王(包括小李)虽然业绩考评排名末位,但其综合评分高于规定的合格标准,足以证明其能够胜任工作。故仅以小王排名末位认定其不能胜任工作并不成立。

2.(1)公司的做法不正确。

(2)理由如下:

第一,《劳动合同法》第41条第1款规定,用人单位裁员必须履行的法定程序为:"用人单位提前三十日向工会或者向全体职工说明情况,听取工会或者职工的意见后,裁减人员方案经向劳动行政部门报告,可以裁减人员。"同时本条还规定了"需要裁减人员二十人以上或者裁减不足二十人但占企业职工总数百分之十以上"为符合裁员条件的法定最低人数。所以,裁减人员只要达到这一人数标准都应当履行规定的程序。本案中,公司需要裁员的人数虽不足20人,但却占该单位职工总数的百分之十以上,仍然符合裁员时必须履行上述程序的条件。

第二,该公司没有成立工会并不能免除裁员时应当履行法定程序的义务。用人单位依法应当向全体职工说明情况并听取职工的意见。因此公司不履行裁员的法定程序的理由不能成立。

第三,吴某虽然不属于《劳动合同法》第41条第2款规定的裁员时应当优先留用人员的范围。但根据《劳动合同法》第42条的有关规定,女职工在孕期、产期、哺乳期,只要没有《劳动合同法》第39条列举的过错,用人单位就不得以裁员为理由解除其劳动合同。吴某的情况完全符合这一规定的条件,公司不能将她列入裁员范围。

3.(1)劳动合同的签订也与其他合同一样,须经过要约和承诺这一必经程序。然而就广告而言,无论招聘广告还是其他商业广告,通常被认定属于要约邀请,而不是要约本身。要约邀请虽然与要约的外形有些相似,但其实质是邀请他人提出要约,两者之间还是存在明显的不同之处。首先,要约都是向特定人发出,而要约邀请针对的是不特定的公众;其次,要约内容必须包含订立合同的主要条件,要约邀请则无此要求;最后,要约有希望与对方签订合同的意思表示,要约邀请则是希望他人向自己提出要约。

(2) 招聘广告属于要约邀请,而非要约,故对发出人不具有要约才具有的法律约束力。况且本案双方当事人其后通过要约和承诺正式签订了劳动合同,理应按照合同的约定履行各自的义务。所以小王请求用人单位按招聘广告的条件计发销售提成将不会获得支持。

4. (1) 根据原劳动和社会保障部于 2005 年发布的《关于确立劳动关系有关事项的通知》的相关规定,在未订立劳动合同的情况下,以下情况能够作为证明当事人之间存在劳动关系的依据:当事人存在订立劳动合同的意思表示,劳动者人身受用人单位的支配、遵守用人单位的规章制度、接受用人单位的管理、从事用人单位安排的工作,用人单位向劳动者支付劳动报酬、为劳动者缴纳各项社会保险费等事项的凭证和记录等。

(2) 本案当事人之间不存在劳动关系。首先,双方缔约使用的名称是合作协议,并且看不出双方有订立劳动合同的意思;其次,协议中关于收益分成的约定不是底薪加提成的劳动报酬,而是合伙经营的收益分配;再次,公司在社保费缴纳关系中只是向王志杰提供了挂靠式代缴服务,费用实际上全部由王志杰自己负担,因而不能认定该代缴行为是劳动关系中用人单位履行社保缴费义务。由此可见,本案当事人之间不存在劳动关系。

5. (1) 根据《合同法》第 424 条的规定:居间合同是居间人向委托人报告订立合同的机会或者提供订立合同的媒介服务,委托人支付报酬的合同。居间合同有以下特征:a 居间合同的标的是介绍订约的劳务;b 居间人在委托人与第三人订立的合同中既非当事人,亦非任何一方的代理人,而是中间人;c 居间合同是有偿合同,但居间人只有在居间产生有效结果时才可请求报酬给付。

(2) 本案原、被告之间不是居间合同关系,而是劳动关系。首先,李先生的工作从表面看似乎比较独立,但他接受平台公司的培训、从平台公司领受工作任务、接受平台公司的监督和管理、从平台公司获得劳动报酬。这些特征符合劳动关系要求的从属性。其次,平台公司不是居于客户与配送员之间的中间人,而是向客户提供闪送服务的货物运送人。李先生工作时佩戴公司发的工牌,表明他是在执行平台公司的业务,为公司工作,是公司的雇员。最后,李先生只能接受平台公司的业务安排,不能为其他平台提供服务,表明他提供服务不具有独立性。因此不符合成立居间合同的条件。

第五章 集体合同

学习目的和要求

通过本章的学习,了解集体合同的特点、作用以及集体合同的效力、履行、变更与解除;掌握集体合同的基本含义、集体合同与劳动合同的区别、集体协商达成集体合同的基本过程;理解政府介入协商过程的原因、时机和意义;熟悉包括《工会法》在内的集体合同制度的相关法律、法规和规章。

第一节 集体合同概述

一、集体合同的概念与特征

(一) 集体合同的概念

集体合同也称集体协议或团体协约,指工会或职工代表与用人单位(雇主)或其组织之间就职工的劳动报酬、各种劳动条件和社会保险、福利待遇等事项达成的书面协议。

集体合同的概念已清楚地表明,集体合同的主要目的是通过集体协商达成协议,以规范与平衡个别劳动关系。集体合同制度是在个别劳动关系发展至一定阶段时产生的,是弥补个别劳动关系法律调整机制的缺陷,以均衡之目的重构劳动关系的重要法律工具。在西方主要的市场经济国家中,集体合同的地位和重要性甚至超过劳动合同制度,成为劳动法调整劳动关系的核心①。由于国际劳工组织在规范集体合同制度方面的努力②,集体合同制度已经成为现代各国劳工立法之必备内容。

(二) 集体合同的特征

集体合同作为一种独特的合同类型除了具备合同的一般特点外,还具有个性特征。根据我国《劳动法》《集体合同规定》等有关法律、法规和规章,这些特征主要包括以下几

---

① 程延园:《集体谈判制度研究》,中国人民大学出版社2004年版,第1页。
② 1949年第98号《集体权利和集体谈判权利公约》、1951年第91号《集体协议建议书》、1981年第154号《促进集体谈判公约》和第163号同名建议书等。

方面：

1. 集体合同的主体具有固定性

集体合同缔约当事人的地位是法律确定的，并且是固定不变的。在我国，由于实行的是一元化的工会体制，因而与用人单位缔约的工会组织的地位是特定的、无法替代和不可选择的，除非该单位尚未成立工会组织。我国不存在西方国家多元化工会体制下才发生的主体适格性判断程序。

2. 集体合同必须采取书面形式

集体合同应当以书面协议的形式订立，否则不能发生法律效力。

3. 集体合同须符合特定的成立与生效条件

集体协商达成的合同条款草案必须经职工代表大会讨论通过，由集体合同缔约当事人签字后方可成立。然后，报请集体合同审查机关依法审查批准后才能生效。

4. 集体合同当事人的自由缔约意愿受到较多限制

按传统合同法的"契约自由"原则，当事人能够自由决定是否订合同、与谁订合同、订什么内容的合同。然而集体合同却是例外，其缔约人不但无法选择缔约相对人，而且还负有必须接受协商请求的义务。换言之，当事人无正当理由不得拒绝对方提出的协商要求，否则就要承担相应的法律责任。

二、集体合同与劳动合同的区别

集体合同与劳动合同都是调整劳动关系的法律工具，不过集体合同并不是劳动合同的另一种形式，而是完全独立的合同品种。两者的主要区别如下：

（一）合同主体

集体合同的当事人双方，一方是用人单位，另一方是工会或职工代表，当然也可以是上级工会和用人单位团体。劳动合同的主体一方是用人单位，另一方是劳动者。必须注意的是，工会在集体合同中的地位比较特殊，工会是集体合同的一方当事人而非代理人，劳动者则是当事人一方的成员（工会是以劳动者为其会员的团体，是会员制性质的人合组织）。由此看来劳动者既是用人单位的所属成员，又是本单位工会组织的成员。因而劳动者的身份在集体合同中有点奇特，有人将其称为当事人一方的成员，也有人称之为集体合同的关系人。然而劳动者却是集体合同的效力与利益的真正承受者。

（二）合同内容

集体合同的内容分为两个方面：其一是劳动标准，用以规范该集体合同效力覆盖范围内的个别劳动关系；其二是作为整体的劳动者与用人单位之间的权利、义务。而劳动合同的内容只涉及个别劳动者与用人单位之间的权利、义务。

（三）订立程序

签订集体合同的程序依次为：双方当事人经协商形成合同草案，由职代会或全体职工讨论并通过草案，双方首席代表在通过的草案文本上签字盖章，最后报劳动保障行政部门审查、备案。签订劳动合同只需双方意思表示一致，并在合同文本上签署后即可。

（四）合同效力

集体合同的效力高于集体劳动关系范围内的个别劳动合同，对全体劳动者产生约束力。劳动合同的效力不能与集体合同相对抗，只对个别劳动者产生约束力。

（五）合同期限

集体合同都是定期合同，而且期限相对较短。在我国，集体合同在通常情况下的最长期限和最短期限由法律直接规定。劳动合同则可以是定期合同，也可以是不定期合同；定期劳动合同的期限可以由当事人自由商定。

（六）合同解除

在一般情况下集体合同因期限届满而终止效力，如遇特殊情况也可以通过当事人双方协议解除合同而提前终止效力。但是在我国，集体合同的解除只能采取协议解除的方式，不允许一方当事人单方面解除。劳动合同的解除可以是双方协议解除，也可以是仅凭一方当事人的意愿解除。

三、集体合同的分类

（一）综合性集体合同与专项集体合同

这是以集体合同的内容为标准的划分方式。凡是当事人之间就劳动报酬、工作时间、休息休假、劳动安全卫生、职业培训、保险福利等一揽子事项达成的协议，均为综合性集体合同；如果当事人双方仅就集体协商的某项内容达成协议的则是专项集体合同。

（二）基层单位集体合同与高层次集体合同

从集体合同缔约主体的角度看，由企业或实行企业化管理的事业单位与本单位工会组织就集体协商内容达成的协议是基层单位集体合同；由用人单位组织（或雇主组织）、产业组织、区域性工商业组织与同级工会或工会联合会之间就集体协商的事项达成的行业性集体合同、区域性集体合同即为高层次集体合同。

《集体合同规定》并没有明确认可高层次集体协商主体，理论界就我国是否允许高层次集体合同问题，一直存在不同看法。劳动与社会保障部、中华全国总工会、中国企业联合会及中国企业家联合会曾经于2004年8月30日联合发布的《关于贯彻实施〈集体合同规定〉的通知》中呼吁要在总结经验的基础上，积极探索区域性、行业性集体协商。地方法规中《北京市集体合同条例》《江苏省集体合同条例》等则率先对区域性、行业性集体合同予以认可。在此基础上，《劳动合同法》第53条规定："在县级以下区域内，建筑业、采矿业、餐饮服务业等行业可以由工会与企业方面代表订立行业性集体合同，或者订立区域性集体合同。"该条虽然正式确认了高层次集体合同的合法性，但却在地域范围和行业种类上作出了值得商榷的限制。

（三）纲领性集体合同和补充性集体合同

从集体合同的内容看，内容上仅作原则性、概括性规定的是纲领性集体合同；在纲领性协议的基础上达成的，以具体的细节化的条款为内容的协议则为补充性集体合同。一般而言，高层次集体合同多采用纲领性集体合同的形式；而基层单位多采用补充性集体合同的形式，并且与纲领性、原则性协议相辅相成，形成多层次集体合同架构模式。

四、集体合同的作用

劳动关系可分为个别劳动关系和集体劳动关系，分别由劳动合同制度和集体合同制度加以调整。劳动力市场是个买方市场，劳动者的弱势地位以及对资本的依附性使之无法在劳动力市场中与雇主抗衡。劳动合同制度对此也显得苍白无力。集体合同制度之所以为大多数国家所采纳并逐渐主导了西方的劳资关系,是因为其在协调劳资关系、保护劳动者利益方面具有劳动法规和劳动合同无法替代的作用和功效。其作用主要表现在以下几个方面:

(一)有利于提高劳动者一方的"谈判"地位与能力

由于工会的介入,单个劳动者被整合为有组织的劳动者群体,并以群体的名义和力量与劳动力的使用者展开集体谈判。这在很大程度上改变了单个劳动者与雇主谈判时的弱势地位,强化了劳动者在谈判时的"出牌"分量,为个别劳动关系的当事人双方能以相对公平的条件签订劳动合同提供了保障。

(二)有利于实现法定劳动标准的保护效用并弥补其过于纲领化之缺陷

设立劳动标准是劳动立法的一项重要职能。但这些标准多为劳工权益的保护性标准,而且只能是适用于较大区域范围内的宏观性质的统一标准,无法具体到个别企业(单位)的个别项目和内容,所以大多只能以最低标准的形式加以规定。事实上,立法者的意图并非希望雇主给予雇员的待遇只停留在法定最低标准上。然而,在个别劳动关系完全向有利于雇主方面倾斜的态势下,立法者对于雇员能否获得高于最低标准的待遇无能为力。更麻烦的是,许多精明的雇主往往利用这种立法的天然缺陷,凭借资本对劳工的优势而将雇员的各种待遇全都"合法"地压在最低标准线上。这样一来,法定最低标准不仅起不到保护劳工权益的作用,反而成为雇主"合法"剥夺的诱因和依据。最可能摆脱这一窘境的有效方法,就是利用团体优势以集体谈判的方式在法定标准以上协商确立劳工待遇。

(三)有利于防止不正当竞争及规范市场秩序

集体合同能够超越个别劳动关系的限制而形成一般劳动条件,实现对个别劳动合同中雇主滥用其优势地位的约束。这在区域性、行业性等高层次集体合同中的表现尤为明显。这类集体合同中的一般劳动条件不仅能大范围地保护劳工权益,还能使劳动力的市场价格更具透明度、稳定性和可预见性,从而在法定标准的基础上进一步调控劳动力成本,有效避免"劳动力价格倾销"等恶性劳动力价格竞争行为或事件对市场秩序的干扰和破坏。

(四)有利于减少和避免当事人双方的矛盾冲突

当事人之间发生冲突亦即发生劳动纠纷。就我国现行的纠纷类别以及不断攀升的纠纷数量来看,个别劳动合同对此几乎起不到任何遏制作用。而集体合同制度较为发达的国家的经验早已证明,集体合同比之个别劳动合同更少发生争议。这或许是因为雇主一旦违反集体合同就将承担巨大的违约成本所致。这在客观上起到了减少和避免双方发生冲突的机会。

劳 工 三 权

集体劳动关系中的"劳工三权"是劳动者集体权的核心。劳工三权也称劳动三权,是团结权、集体交涉权、集体争议权三项权能的统称。团结权,也称自由结社权,指劳动者享有自愿组织、建立或参加工会的权利。集体交涉权,也称集体谈判权,指劳动者享有通过工会或其他劳工团体与雇主就劳动条件、劳动报酬、职工福利等方面进行交涉举行谈判的权利。集体争议权,也称罢工权,指劳动者与雇主发生争议时,依法享有举行集体抗议行动和罢工的权利。国际劳工组织的相关公约及配套建议书和联合国《经济、社会和文化权利公约》是劳工三权的主要依据和法律基础。

五、我国集体合同制度的现状

现阶段我国集体合同制度的运行情况并不令人满意,表现为集体协商机制在绝大部分企业中要么严重缺失,要么形同虚设;许多用人单位签订集体合同很大程度上是为了应付上级工会或政府有关部门的检查,并不真正关心合同的履行;此外,已签订的集体合同还存在严重的形式主义,合同文本的内容千篇一律、毫无个性,多为对相关法律、法规条文的照搬照抄。究其原因不外乎以下几方面:

(一)对集体合同不够重视

我国现行劳动法律制度似乎更关注对个别劳动关系的运作与保护,片面地将劳动合同当作劳动力资源市场化配置的主要甚至是唯一途径,将劳动关系契约化简单地等同于签订劳动合同,因而有意无意地使集体合同边缘化。某些国有企业的经营者甚至认为集体协商只适用于劳资关系对立的雇佣关系,对国有企业不适用。这些都大大影响了集体合同制度的创建与健康发展。

(二)工会体制存在缺陷

工会尤其是基层工会组织在推动集体协商达成协议的过程中起着主导作用。集体合同制度的诸多问题或多或少与作为劳动者一方缔约人的工会组织的懈怠和不作为有关。而之所以会发生懈怠和不作为则是工会体制的缺陷所致。

首先,基层工会组织作为职工方的协商谈判代表应具有起码的独立性,但实际上基层工会并不是独立的社会组织,其在活动场所与活动经费上对用人单位有极大的依赖。这就使得基层工会在协商谈判中顾虑重重,难以发挥其应有的作用。其次,根据《工会法》第3条的规定,中国境内的企事业单位和机关中,只要是以工资收入为主要生活来源的人就可以成为工会会员。按照这一标准,企业中的中、高级管理人员也是工薪阶层,当然可以加入工会组织。但是这些人在利益格局分化的今天实际上已成为一个相对独立的利益群体。他们在非公企业中既是雇员,又充当雇主利益的代表。当雇主与雇员之间发生冲突时,他们自身的利益将决定他们的立场,不会因为工会会员的身份而有所改变。在国有企业中则由于分配体制的改革,管理层与普通职工的利益关系甚至直接对立。

此外,国有企业中的工会主席多身兼管理机构内的职务,这种特殊的双重身份在集体协商谈判中显然使他们处于十分尴尬的地位,因而选择走过场或应付差事就不足为奇了。

(三)劳动者认识上的欠缺

由于制度转型和信息闭塞等原因,广大的非熟练工人或蓝领职工往往把劳动合同当作契约化劳动关系的唯一形态,对集体谈判和集体合同制度的作用还缺乏必要的认识。与此同时,部分白领和所谓金领职工因其职场上相对于蓝领职工的就业优势,多对集体合同采取漠不关心的态度。

（四）集体合同方面的立法的滞后

例如，《劳动法》第33条关于用人单位是否签订集体合同时使用"可以"而非"应当"，这在客观上给单位提供了拒绝签订集体合同的合法依据。再如，《全民所有制工业企业法》《集体所有制工业企业法》《中外合资经营企业法》都规定了企业有工资分配或决定等权利，而这正是集体谈判的重要内容。这样的规定同样给企业提供了拒绝谈判的合法性。

第二节　集体合同的签订

一、集体合同的订约主体

集体合同的订约主体也称为集体合同签约人或缔约人，实际上就是集体合同的订约当事人，包括劳动者方订约人和用人单位方订约人。

（一）劳动者方签约人

各国法律通常都认定工会组织为劳动者方的签约当事人。但由于各国的工会组织体系模式有所不同，存在以下区别：其一，采用一元化模式的国家，各级工会组织都具有集体合同签约当事人的资格；其二，采用多元化模式的国家因允许自由组织工会，不同的工会组织会产生竞争，通常情况下只允许其会员人数占优或达到一定比例的工会才有资格成为集体合同的签约当事人。在此情况下，是否具备当事人资格须由政府机关依法认定。

我国的工会体系属于一元化模式，故原则上以基层工会为主。按不同条件，各级工会都有可能成为签约当事人；如果用人单位未建立工会组织，则由上级工会指导劳动者推举代表担任签约当事人。

须注意的是，工会组织是签约当事人而非代理人。其理由在于工会是以单位的全体职工为会员的组织，而非其他外在的独立于全体职工的组织。

（二）用人单位方签约人

从各国的立法看，用人单位方签约人既可以是用人单位（雇主）本身，也包括用人单位（雇主）的团体或组织，如各种行业协会、雇主联合会或行业的上级主管部门等。但无论何种团体或组织，其地位应与作为对方当事人的工会组织对等。

按我国的有关规定，跨省市的大型企业或集团公司，具备企业法人资格的，其法定代表人可以委托所属下一级企业或子公司的负责人与工会签订集体合同，但只能委托一级，不能层层委托。

二、集体合同的订约原则

进行集体协商，签订综合内容的集体合同或专项内容的集体合同，应当遵循下列原则：

（一）合法原则

合法原则是指缔约主体应当遵守法律、法规、规章及国家有关规定的程序、形式和内容签订集体合同。不可否认，集体合同作为一种合同与其他类型的合同一样应当以自愿为基础，贯彻当事人意思自治的精神。意思自治并不是任意妄为，不能与法律的强制性规定相悖,否则当事人不仅无法实现其意思所追求的目的,还可能为此承担非其所期待的后果。

（二）相互尊重、平等协商原则

相互尊重、平等协商原则是指集体协商的当事人双方应当尊重彼此的人格和对等的谈判地位,通过协商达成协议。根据这一原则,在协商过程中任何一方当事人都不得利用经济上的强势或社会身份的优越以大欺小、以强凌弱。

（三）诚实守信、公平合作原则

诚实守信、公平合作原则是指当事人在缔约过程中应当恪守诺言,相互信任,以善意与公正的方式与对方协商,以包容与合作的态度寻求一致的目标。诚信与公平的原则体现了道德规范的法律化,是立法者通过劳动法赋予劳动关系的理想境界。

（四）兼顾双方合法权益原则

兼顾双方合法权益原则是指缔约主体在协商过程中应当采取互谅互让的精神进行利益分配,以实现双方都能满意的双赢结果。这就要求当事人必须充分理解对方的意见和需求,不能只顾企业的发展而忽视劳动者的利益,也不能只强调劳动者的利益而不顾企业的困难。

（五）不得采取过激行为原则

不得采取过激行为原则是指缔约当事人或当事人团体应将对方视为社会伙伴,以和平对话的方式进行协商谈判。禁止用威胁的方式或激烈的对抗手段强迫对方接受本方意见,并以此实现本方的目的。

三、集体合同的订约程序

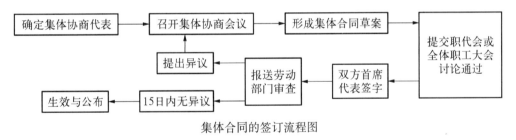

集体合同的签订流程图

（一）集体协商程序

集体协商也称集体谈判,指集体合同的缔约当事人双方为签订集体合同而进行的谈判活动。集体协商对当事人而言既是一项权利,又是一项义务。集体协商的任何一方均可就签订集体合同以及相关事宜,以书面形式向对方提出进行集体协商的要求,另一方应当在收到该协商要求之日起 20 日内以书面形式给予回应,无正当理由不得拒绝。集体协商程序主要有以下两个环节：

1. 确定协商代表

集体协商代表简称协商代表,是指按照法定程序产生并有权代表本方利益进行集体协商的人员。双方的代表人数应当对等,每方至少 3 人,并各确定 1 名首席代表。双方代表的产生办法如下：

（1）职工一方协商代表的产生

职工一方代表由本单位工会选派。未建立工会的,由上级工会指导本单位职工民主推荐,并经本单位半数以上职工同意。职工一方的首席代表由本单位工会主席担任。工会主席可以书面委托其他协商代表代理首席代表。工会主席空缺的,首席代表由工会主要负责人担任。未建立工会的,职工一方的首席代表从协商代表中民主推举产生。

职工一方协商代表在其履行协商代表职责期间,用人单位无正当理由不得调整其工作岗位。劳动合同期满的,该劳动合同期限自动延长至完成履行协商代表职责之时。除非劳动者出现下列3种情况之一:严重违反劳动纪律或用人单位依法制定的规章制度;严重失职、营私舞弊,对用人单位利益造成重大损害;被依法追究刑事责任。否则,用人单位不得与其解除劳动合同。

(2) 用人单位一方协商代表的产生

用人单位一方的协商代表由用人单位法定代表人指派,首席代表由单位法定代表人担任或由其书面委托的其他管理人员担任。

此外,双方首席代表可以书面委托本单位以外的专业人员作为本方协商代表。但委托人数不得超过本方代表的三分之一,并且首席代表不得由非本单位人员代理。

2. 举行集体协商会议

协商代表在正式协商前应当进行诸如收集资料、听取意见、熟悉相关的法律规范、拟订和起草协商议题等方面的必要准备工作。集体协商会议由双方首席代表轮流主持。首先宣布议程和会议纪律;接着由双方首席代表提出各自主张,一方首席代表提出协商的具体内容和要求后,另一方首席代表应对此做出回应。然后双方就商谈事项发表各自意见,展开充分讨论。最后由双方首席代表归纳意见。如果意见达成一致,应当形成合同草案,由双方首席代表签字。此时的签字在法理上称为草签,并不意味着集体合同已经成立,只是证明该草案文本上记述的内容是当事人协商一致后的真实意思表示。

在协商中,协商代表应当维护本单位正常的生产秩序和工作秩序。任何一方不得有过激举动,不得采取威胁、收买、欺骗等行为。此外,协商代表有义务保守在集体协商过程中知悉的用人单位的商业秘密。

集体协商未达成一致意见或出现事先未预料到的问题时,经双方同意可以暂时中止协商。中止期限以及下次谈判的具体时间、地点、内容由双方共同商定。

(二) 集体合同草案的讨论通过

经双方代表协商一致,并由双方首席代表签字的集体合同草案应当提交职工代表大会或者全体职工讨论。职工代表大会或全体职工讨论集体合同草案时应当有 2/3 以上职工代表或者职工出席,而且必须经过全体职工代表半数以上或者全体职工半数以上同意,该集体合同草案方可通过。讨论通过后的集体合同草案由集体协商双方首席代表正式签字。

(三) 集体合同的审查与生效

根据合同分类的原理,集体合同无疑属于要式合同。法律不仅明确规定集体合同应采取书面形式,还专门设置了一个颇为严格的审查程序作为其生效条件。

1. 审查机构及管辖范围

集体合同的审查实行属地管辖的原则,具体管辖范围由省级劳动保障行政部门规定。中央管辖的企业以及跨省、自治区、直辖市的用人单位的集体合同应当报送劳动保障部或劳动保障部指定的省级劳动保障行政部门。

2. 报送期限

集体合同签订后,应当自双方首席代表签字之日起10日内,由用人单位一方将文本一式三份报送劳动保障行政部门审查。后者对前者报送的集体合同应当办理登记手续。

3. 审查的内容

审查的事项主要有三项:(1)集体协商双方的主体资格是否符合法律、法规和规章的规定;(2)集体协商程序是否违反法律、法规和规章的规定;(3)合同的内容是否与国家规定相抵触。

4. 审查意见书与审查期限

劳动保障行政部门审查后如果对集体合同有异议,须制作《审查意见书》,并且应当自收到文本之日起15日内将《审查意见书》加盖审查部门印章后送达双方协商代表。《审查意见书》中最主要的记载内容是审查部门做出的审查意见。审查意见中提出的异议事项实际上就是集体合同的主体、内容或程序等方面存在着的与法律、法规和规章的强制性规定相违背之处。集体合同当事人必须对所提出的异议事项加以修正,否则集体合同就无法生效。

用人单位与本单位职工对劳动保障行政部门提出异议的事项进行讨论协商后,应当重新签订集体合同,然后按照前述的报送程序再次报送劳动保障行政部门审查。

5. 集体合同的生效

劳动行政部门自收到集体合同文本之日起15日内未提出异议的,该集体合同即行生效。生效的集体合同应当自生效之日起由双方协商代表及时以适当的形式向本方全体人员公布。

(四)集体协商争议的协调处理

集体协商的目的是在劳动者和劳动力使用者之间平衡与协调劳动过程中产生的利益关系。由于协商双方各自的利益存在差异和对立,协商中的矛盾与冲突不可避免,因而协商不可能一帆风顺。如果在协商过程中发生争议,双方当事人态度强硬、互不相让,就可能使协商陷入僵局,继而导致谈判破裂,甚至引发更为激烈的对抗事件,给社会安定带来消极影响。集体协商争议的协调处理机制正是为了预防和克服这种消极影响,使集体协商重新恢复善意、诚意、谅解等良性状态而设立的一种制度。

集体协商争议的协调处理是指政府有关部门在集体协商发生争议且双方不能通过协商自行解决时,参与集体合同的协商程序,从而对争议双方进行协调,促使双方达成协议的活动。按照有关规定,协调处理程序的主要内容如下:

1. 提出申请和受理申请

集体协商过程中发生争议,双方当事人不能协商解决的,当事人一方或双方可以用书面的形式向劳动保障行政部门提出协调处理申请,后者应及时受理申请。通常情况下,协调处理程序都是由当事人提出申请而引发的。但是在特殊情况下,劳动保障行政部门认为有必要时,也可以在当事人未提出申请的情况下主动介入集体协商争议,进行协调处理。

2. 协调处理的管辖

集体协商争议处理实行属地管辖,具体管辖范围由省级劳动保障行政部门规定。中央管辖的企业以及跨省、自治区、直辖市用人单位因集体协商发生的争议,由劳动保障部指定的省级劳动保障行政部门组织同级工会和企业组织等三方面的人员协调处理,必要时,劳动保障部也可以组织有关方面协调处理。

3. 协调处理活动的具体环节

(1) 受理协调处理申请;(2) 调查了解争议的情况;(3) 研究与制定协调处理争议的方案;(4) 制作《协调处理协议书》。

4.《协调处理协议书》的内容和效力

《协调处理协议书》应当载明协调处理申请、争议的事实和协调结果。双方当事人就某些协商事项不能达成一致的,应将继续协商的有关事项予以载明。《协调处理协议书》由集体协商争议协调处理人员和争议双方首席代表签字盖章后生效。争议双方均应遵守生效后的《协调处理协议书》。

5. 协调处理的期限

协调处理集体协商争议,应当自受理协调处理申请之日起 30 日内结束协调处理工作。期满未结束的,可以适当延长协调期限,但延长期不得超过 15 日。

第三节　集体合同的内容和效力

一、集体合同的内容

集体合同的内容也就是集体合同的条款。我国《劳动法》第 33 条对此只作了概括的描述,原劳动部于 1994 年 12 月 5 日颁布的《集体合同规定》则列出了 11 项必备条款。2004 年 1 月 20 日劳动与社会保障部重新颁布了《集体合同规定》,将合同内容扩展至 15 项条款,并对其中的部分条款内容作了进一步细化。根据新规定的精神,这些被列举的集体合同条款已不再是必备条款,而是供当事人在集体协商中参考和选择的任意性条款。这 15 项内容是:(1) 劳动报酬,(2) 工作时间,(3) 休息休假,(4) 劳动安全与卫生,(5) 补充保险和福利,(6) 女职工和未成年工特殊保护,(7) 职业技能培训,(8) 劳动合同管理,(9) 奖惩,(10) 裁员,(11) 集体合同期限,(12) 变更、解除集体合同的程序,(13) 履行集体合同发生争议时的协商处理办法,(14) 违反集体合同的责任,(15) 双方认为应当协商的其他内容。

从功能上看,集体合同的内容可以分为以下几种类型:

(一) 标准性条款

标准性条款也称规范性条款,指表现为规范性标准,旨在对劳动者与用人单位签订劳动合同加以约束和限制的集体合同条款,包括劳动报酬、劳动定额、工作时间、休息休假、劳动安全卫生、补充保险与福利等方面。标准性条款是集体合同的核心内容,能对个别劳动关系中的劳动报酬、劳动条件等内容直接产生制约和规范作用,是平衡与协调个别劳动关系的重要手段。

(二) 目的性条款

目的性条款是指当事人在集体合同中约定的,应当于规定的期限内达到的具体目标和实现该目标的措施。这些目标项目通常都是为满足劳动者的利益而设置的。

但实践中也有一些集体合同将生产经营目标列入目的性条款,例如在一定期限内劳动者方须完成的产值、产量、利润、成本控制等指标。对此,持肯定意见的人认为,这样的条款可使劳动者和用人单位双方共保生产经营任务的实现,符合双方的共同利益。我们认为,生产经营目标是经营者向所有者承担的责任,经营者从所有者那里获得经营收入理应承担经营风险。当然,经营者可以依法通过内部责任制的方式将经营风险分配给雇员,但这部分内容属于经营管理法律关系而非劳动法律关系,应由民商法或经济法加以调整,故不应成为集体合同的内容。有些单位制定的所谓"双保合同""共保合同"显然混淆了两种完全不同的法律关系,使集体合同背负了不属于其应当承受也无法承受的负担。

(三)程序性条款

程序性条款是指规定集体劳动关系与个别劳动关系运行的程序规则的条款,包括集体合同的订立、履行、变更、解除、终止、续订的协商程序、发生争议时的处理程序,以及职工的录用、工资调整办法、安全操作规程、奖惩程序、裁员程序等。程序性条款的目的在于保障集体合同所确立的权利、义务得以落实,使当事人双方的利益得以实现。

二、集体合同的效力

集体合同的效力是指集体合同生效后对当事人产生的法律约束力。集体合同的效力分为效力范围和效力形式两个问题。

(一)集体合同的效力范围

1. 对人的效力

对人的效力是指集体合同对什么人有约束力。按有关规定,依法签订的集体合同对用人单位和本单位的全体职工具有法律约束力。需注意的是,某一单位的职工可能不一定都是工会会员,虽然工会是集体合同劳动者方当事人,但却是代表全体职工而非全体工会会员与单位签订集体合同的。

2. 时间的效力

时间的效力是指集体合同何时生效,何时终止效力以及有无溯及力和余后效力的问题。我国劳动立法对集体合同的生效与失效作了明确规定,但未涉及溯及力和余后效力问题。溯及力是指集体合同对其生效前就已经存在的劳动合同能否产生约束力的问题。有约束力的即为有溯及力,不产生约束力的为无溯及力。余后效力是指集体合同终止后,对依照其订立并且仍然生效的劳动合同继续产生约束力的状况。余后效力旨在避免现存的集体合同效力终止后新集体合同生效前的无规则状态[①]。旧集体合同失效与新集体合同生效之间的一段时间被称为余后效力期间。溯及力和余后效力对劳动合同的约束力都发生在集体合同的效力期间之外,因此发生溯及力和余后效力皆需法律特别规定。

3. 空间的效力

空间的效力是指集体合同在什么地域范围内发生效力。按此效力原则,全国性或地方性集体合同分别在全国范围或某特定地域内有效;某产业的集体合同则于该产业的覆

[①] 参见 W·杜茨著:《劳动法》,法律出版社 2005 年版,第 206 页。

盖范围内有效;某企业的集体合同的效力只能限定在该企业内。

(二) 集体合同的效力形式

1. 规范的效力

规范的效力是指集体合同中的某些条款主要是规范各种劳动条件的标准性条款,对当事人具有类似于法律规范的效力。例如,《劳动法》第35条规定,职工个人与企业订立的劳动合同中劳动条件和劳动报酬等标准不得低于集体合同的规定。

2. 债的效力

债的效力即集体合同某些条款中的权利、义务对当事人产生债的法律后果。例如,合同中规定的职工权益相对于单位就是必须履行的债务;反之亦然。劳动者方分为当事人和关系人两部分,如果单位未能履行合同义务,不仅作为当事人一方的工会有债的请求权,作为关系人的劳动者也有请求权(如果当事人一方是雇主团体,则其代表的关系人单位也有相应的权利或义务)。

3. 组织内部的效力

法理上通常将规范的效力和债的效力归结为外部关系之效力。但集体合同的主体关系远比劳动合同的复杂,除了合同当事人或当事人团体间的外部关系外,还存在当事人团体与该团体成员之间的内部关系。这种当事人团体与其成员之间因权利义务关系而产生的约束力就是团体组织的内部效力。例如,劳动者方当事人团体(工会)对用人单位负有不采取过激行为(如罢工或怠工)的义务,相应地就有敦促本方所有成员不采取该行为的义务,对此本方每个成员应予以遵守。对团体成员的此项约束力正是源于团体章程、规约等组织内部的效力依据。

第四节 集体合同的履行、变更、解除和终止

一、集体合同的履行

集体合同的履行是指集体合同的当事人依照合同的规定履行各自应当承担的义务的活动。与履行其他合同一样,集体合同的履行也应当适用实际履行、适当(全面)履行和协作履行的原则。集体合同的主体可以有当事人和关系人两部分(工会与全体职工、单位与单位的组织),合同的履行不仅是当事人的义务,也是同一方关系人的义务,所以,集体合同的履行具有多数人履行之特征。法理上多数人的履行又可分为按份履行义务和连带履行义务两种。一般而言,如一方为多数人,则各关系人之间除非合同有特别约定,只履行按份由各自承担的合同义务。因履行集体合同发生的争议,当事人协商解决不成的,可以依法向劳动争议仲裁委员会申请仲裁。

二、集体合同的变更和解除

集体合同的变更和解除是指因发生一定事由使得已经生效的集体合同难以继续履行,或者仍按原来的约定继续履行将会导致对当事人的不公平时,当事人双方经过协商达成一致,决定对未履行完毕的集体合同条款进行修改和补充或决定提前终结其效力的活

动。由此可见,集体合同的解除方式被严格限定在双方协商的范围内,与集体合同的变更一样同为双方的法律行为,从而封闭了当事人仅凭单方的意愿解除集体合同的空间。这与劳动合同的解除有很大不同。

从理论上讲只要双方协商一致,并履行了法定程序,便可以依他们认为必要的缘由变更或解除集体合同。一般而言,这样的缘由包括:(1)用人单位因被兼并、解散、破产等原因,致使集体合同无法履行;(2)因不可抗力等原因致使集体合同无法履行或部分无法履行;(3)出现了集体合同约定的变更或解除条件;(4)其他因环境和条件的变化导致合同无法履行的缘由。变更或解除集体合同应当适用法定的集体协商程序,否则不发生变更或解除的效力。

三、集体合同的终止

集体合同的终止是指已生效的集体合同因一定事由的出现而告终结的情况。根据《集体合同规定》,集体合同的终止事由有两种:

(1)当事人一般情况下可以在集体合同中约定1年至3年的合同期限,当约定的合同期限届满时,集体合同自然终止。

(2)当事人也可以在集体合同中约定合同的终止条件,当终止条件出现时,集体合同即告终止。

本 章 小 结

1. 集体合同是工会或职工代表与用人单位(或雇主)或其团体之间就职工的劳动条件、保险福利待遇等事项达成的书面协议。

2. 集体合同不同于劳动合同,但与劳动合同又有密切的联系。集体合同在整体上提升了劳动者的谈判地位,并在规范个别劳动关系方面为劳动合同的订立设置了一般标准。

3. 集体合同既保留了平等的当事人意思自治的私法特点,又反映了法律对经济上处于弱势地位一方的倾斜性保护。后者集中表现为:用人单位方在选择谈判对手和协商的自由意愿方面受到不同程度的限制。

4. 集体合同的缔约过程以及成立、生效条件与劳动合同相比更为复杂。集体合同的效力高于劳动合同,并对全体劳动者生效。

5. 集体合同的争议主要发生在缔约过程,而非履约过程,这是集体合同制度不同于其他类型合同的特有现象。因而解决争议的"协调处理"程序也是独一无二的。

6. 目前我国的集体合同制度尚处于起步阶段,从现实和未来来看,集体合同制度仍有较大的发展空间。

关键词

集体合同　集体协商　集体协商代表　集体协商争议的协调处理　集体合同的效力　集体合同的审查

思考题

1. 集体合同的特征是什么？
2. 集体合同制度有哪些作用？
3. 集体协商并达成协议的过程是如何进行的？
4. 集体协商争议的协调处理有哪些规定？
5. 集体合同的效力范围和效力形式各有几种类型？

案例分析

2005年初，某公司300多名职工要求与单位签订一份集体合同。由于企业刚成立，尚未组建工会，部分职工就委托本企业的5名职工以及当地商会的朱某作为代表，向企业提出就工资标准、工资支付办法、工时制度等内容进行集体协商的要求。企业经过考虑，同意了职工的要求。2月21日，各方代表就集体合同的具体约定进行协商。商会的朱某和5名职工作为职工方的代表，公司一位副总经理、人事部门经理和律师3人作为企业代表，双方经过认真热烈的讨论，就协商内容基本达成一致。朱某作为职工方的首席代表在集体合同草案上签了字，副总经理作为企业方的首席代表也签字认可。随后，朱某等职工代表将集体合同草案向全体职工做了公布，但一些职工对合同协商内容及朱某的代表资格却表示不满，因此发生了争议①。

请问：

（1）本案存在哪些问题？
（2）集体合同是否有效？

参考答案

（1）根据《集体合同规定》，本案存在以下问题：

第一，集体协商双方的代表人数应当对等，每方至少3人。本案双方集体协商代表人数不对等，不符合规定的要求。

第二，双方首席代表可以书面委托本单位以外的专业人员作为本方代表，但首席代表不得由非本单位人员代理。本案中的朱某不是本单位人员，没有资格成为职工方的首席代表。

第三，经双方代表协商一致的集体合同草案须经职代会或职工大会讨论通过，然后报劳动保障行政部门审查通过方可生效，并且应于生效后公布。本案的集体合同草案既未经过职代会或职工大会讨论通过，也未报劳动保障行政部门审查通过，就向全体职工做了公布。因此，不符合集体合同生效的程序条件。

（2）综上所述，该集体合同无效。

---

① 案例资料来源：中国劳动就业网 www.china-ly.com。

第六章
劳动就业和职业培训

学习目的和要求

通过本章的学习,了解劳动就业的概念、政策方针、基本原则以及职业培训的概念、特征和意义;掌握政府促进就业责任的目标、任务和基本工作,以及职业培训的方式、职业技能鉴定的基本内容;理解实行劳动预备制和职业资格证书制的重要意义;熟悉相关法律、法规和规章。

第一节 劳动就业制度

一、劳动就业概述

(一)劳动就业的概念和特征

一般意义上的就业是指公民寻找工作并取得工作机会。从劳动法的角度看,就业是指具备了劳动资格和就业愿望的人,通过一定的程序,获得有合法劳动收入的职业的活动。从以上表述可以看出,劳动就业有下列特征:

(1)就业主体须具备法定的就业资格,亦即具备劳动权利能力和劳动行为能力。

(2)就业主体有就业的需求。

(3)就业主体获得了有合法收入的职业。

就业是民生之本,就业活动是公民实现其宪法意义上的劳动权的必经途径。做好促进就业工作对于维护全体公民的切身利益,实现经济社会的持续、稳定与和谐发展具有重要意义。2007年8月30日第十届全国人大常委会第二十九次会议审议通过的《中华人民共和国就业促进法》(以下简称《就业促进法》)是我国劳动保障法制建设取得的重大成果,为丰富和完善我国劳动保障法律体系又迈出了重要的一步。

(二)失业的概念和分类

失业是指有就业愿望并具备了法定劳动资格的人无法就业的状况。从失业者的来源看,失业类型包括新进入劳动年龄的人无法就业和有就业经历的人失去就业两种。国际劳工组织在其通过的《促进就业和失业保护公约》中还将失业分为完全失业和不完全失业两种状况。前者指求职者有能力工作、可以工作并且确实在寻找工作，但因不能得到适宜的职业而失去收入的情况。后者指劳动者虽然没有因为诸如经济、技术、结构等原因或类似性质的原因中断就业关系，但由于暂时缩短正常或法定的工作时间导致收入损失，或者由于暂时中止工作导致中止或减少收入的情况。此外，根据不同的原因，失业还分为结构性失业、摩擦性失业、季节性失业、周期性失业、自愿失业等类别。

二、劳动就业的政策、方针和基本原则

（一）我国的劳动就业政策

《就业促进法》第2条规定：国家把扩大就业放在经济社会发展的突出位置，实施积极的就业政策。我国实行积极的就业政策是因为我国作为一个人口大国，每年有大量新进入就业年龄的求职者，加上经济转型过程中需要转移的农村剩余劳动力和化解因经济结构调整形成失业的压力等原因，使我国的就业矛盾异常尖锐。缓解就业压力不可避免地成为现代化建设进程中与经济发展长期并存和必须积极解决的重大问题。积极的就业政策有两层含义：其一，相对于"消极"的就业政策而言，积极的就业政策意味着主要以努力扩大就业来解决失业问题而非单纯采用救济手段。其二，应当改变片面追求经济增长效果的做法，将扩大就业放在更加突出的地位，使之成为经济发展的基本目标之一，把经济增长与社会发展有机结合起来。

（二）我国的劳动就业方针

劳动就业方针是指国家根据不同时期经济、社会发展状况对劳动力供求关系的影响，而制定的指导劳动就业活动的总原则。新中国成立以来，我国的劳动就业方针经历了如下几个阶段。

新中国成立初期，为解决遗留下来的城市失业问题，政务院曾提出"政府介绍就业和群众自行就业相结合"的方针。1957年以后，尤其在城、乡实行了社会主义改造后，农民集体地成为土地的主人。农村的集体生产制度意味着农村已不存在失业问题。国家在完成了城镇工商业的公有化后，对城镇居民的就业采取"统包统配"的普遍就业政策，因此消灭了失业现象。但这是以较低的劳动生产率和低工资的代价换取的普遍就业目标，在一定程度上隐性化了失业问题。

1978年末到1979年初，大批下乡知识青年返城等待安置，加之原已累积了一定数量的待分配适龄青年，使已经存在的就业压力骤然增加。1980年8月，中共中央在北京召开的全国劳动工作会议上提出了解决就业问题根本途径的"三结合"方针，即在国家统筹规划和指导下，实行劳动部门介绍就业、自愿组织起来就业和自谋职业相结合的就业方针，以弥补单纯依赖政府分配就业岗位的缺陷和不足。

20世纪90年代初，我国经济体制开始向市场化方向转轨，国有企业改制的力度不断加大，劳动力市场有了进一步发展。"三结合"方针显然无法适应这一变化对就业的要求。1998年6月，国务院在《关于切实做好国有企业下岗职工基本生活保障和再就业工作的通知》中提出，"建立和完善市场就业机制，实现在国家政策指导下，劳动者自主择业、市场调节就业和政府促进就业的方针"。《就业促进法》进一步确认了这一方针的法律地位。劳动就业的新方针确立了市场在配置劳动力资源方面的基础性作用，并充分尊重劳动者

的个人意愿,以激发和调动其就业积极性和能动性。新方针终结了新中国成立后长达半个世纪的由政府部门直接安排介绍的就业模式,同时以明确政府的促进就业职能重新定位了政府在就业问题上的任务和责任。

（三）我国劳动就业的基本原则

劳动就业的基本原则是指贯穿于劳动就业制度并对劳动就业过程起规范作用的基本准则。根据《劳动法》和《就业促进法》的有关规定,劳动就业的基本原则可以概括为以下几方面：

1. 公平就业原则

公平就业原则也可称为平等就业原则或者非歧视就业原则,指劳动者的就业权非由于劳动能力以外的原因而受到区别对待。公平就业意味着劳动者就业,不因民族、种族、性别、宗教信仰、政治见解的不同而受歧视。公平就业的另一个合乎逻辑的结果是劳动者能够通过公平竞争获得就业机会。《就业促进法》非常重视公平就业,将这一问题设专章规定,并且具体地列举了必须禁止的在现实生活中常见的(包括针对传染病病原携带者的)各种就业歧视行为。为劳动者对抗就业歧视,维护公平就业权确立了具体的法律依据。当然,公平并不意味着无差别,不能成为"平均主义和大锅饭"的代名词。

案例阅读6-1

2. 自主就业原则

自主就业原则或称自主择业原则,指劳动者有权根据自己的意愿自由选择职业、就业方式和就业场所。自主就业也是国际劳工组织倡导的一项就业原则。国际劳工组织于1964年通过的《就业政策公约》中重申了世界人权宣言关于"每个人都有享受工作、自由选择职业、公正和满意的工作条件,以及得到保护免遭失业的权利",并要求各会员国宣布并实行一项积极的政策,其目的在于促进充分的、自由选择的生产性就业。自主就业的意义在于充分尊重求职者在选择职业上的个人偏好与兴趣,使就业者能够有机会发挥自己的潜能,展示自己的才华,追求对自己有利的理想目标。

3. 市场化就业原则

市场化就业原则是指求职者和用人单位在劳动力市场中通过双向选择与彼此满意的对象建立劳动关系。这是自主就业的必然结果,也是自主就业权得以实现的渠道。市场化就业促进了人力资源的相互竞争,有利于全面提高劳动者的整体素质。市场化就业促使劳动者为寻求更有利的就业条件和发展机会流动起来,客观上优化了劳动力资源的合理配置。

4. 就业保障原则

就业保障原则是指为劳动者提供有保障的就业环境。根据这一原则,首先,用人单位应当向劳动者提供安全稳定的工作合同；解除和终止合同应当有合法的理由,并且依照法定的程序进行；政府应当通过建立失业保险制度和就业援助制度为失业人员的再就业创造条件。其次,政府应考虑妇女、残疾人、少数民族、退役军人等特殊就业群体由于客观原因而形成的特殊就业障碍,对其就业实施倾斜性保护政策。在市场化就业的基础上对特殊群体进行特殊保障并不是否定平等就业原则,而恰恰是平等就业原则的必要补充。

三、政府的促进就业责任

（一）促进就业责任的基本含义和主要内容

政府的促进就业责任是指政府有义务运用各种手段,尽可能地实现充分就业。促进就业和治理失业是政府的重要职责,这不仅是国际社会的共识,也是世界各国政府执政的重要目标。在我国,更是各级政府执政为民的重要体现。当然,在政府职能转换的条件下,不可能再回到计划经济时代的老路,用"统包统配"的方法实现就业目标。在市场化条件下政府的促进就业责任主要包括以下内容:

(1) 建立就业工作目标责任制,把扩大就业作为经济和社会发展的重要目标,纳入国民经济和社会发展规划,并以此对所属有关部门和下一级人民政府进行考核和监督。

(2) 制定和实施有利于就业的产业政策、财政政策、税收政策等各项经济和社会政策,多渠道扩大就业、增加就业岗位。

(3) 创造公平的就业环境,保证劳动者享有平等就业和自主择业的权利,消除就业歧视。

(4) 加强就业服务和管理,建立健全公共就业服务体系和就业援助制度,培育和完善统一开放、竞争有序的人力资源市场,促进劳动力供给与需求的有效匹配。

(5) 大力开展职业培训,促进劳动者提高职业技能,增强就业能力和创业能力。

(6) 建立健全失业保险制度,依法确保失业人员的基本生活,并促进其实现就业。

(7) 建立劳动力调查统计制度和就业登记、失业登记制度,加强就业的基础管理工作。

(8) 建立失业预警制度,对可能出现的较大规模的失业,实施预防、调节和控制。

失业预警制度

建立失业预警制度是《就业促进法》赋予各级政府的一项职责。该制度要求政府根据宏观经济运行及调控的需要,对就业和失业状况的变化进行动态监测和分析,对可能出现的大规模失业风险进行预防、调节和控制,确保经济社会的平稳运行与协调发展。创建失业预警制度的主要工作包括:建立失业预警指标体系和动态监测机制、进行失业调查统计、设置失业预警线和警报级别、制定失业预警应急预案。在此基础上,通过对各种与就业和失业相关的指标进行量化处理,形成一套数据分析模型,供有关职能机构进行实时跟踪、监测与分析。当跟踪的失业指标数值触及或接近该模型设定的预警线时,及时发出预报,并依据事先制定的应急预案进行干预和控制。建立失业预警制度的目的在于控制失业率,使之不超过就业人口的一定比例,防止失业人数过量增长和短时集中爆发对经济、社会的平稳发展带来冲击。

(二) 促进就业的基本目标

根据《就业政策公约》,促进就业的基本目标包含两方面内容。其一,实现充分就业。按国际通行标准,实现充分就业的一般量化指标是将失业率控制在4%—5%以下。其二,努力做到:(1) 向一切有能力工作并寻找工作的人提供工作;(2) 此种工作应尽可能是生产性的;(3) 每个劳动者不论其种族、肤色、性别、宗教信仰、政治见解、民族血统或社会出身如何,都有选择职业的自由,并有获得必要技能和使用其技能与天赋的最大可能的机会,取得一项对其合适的工作。①

四、劳动就业服务

(一) 劳动就业服务的概念

劳动就业服务是指就业服务机构为劳动力市场的供需双方实现各自的目的所提供的有偿或无偿的服务活动。劳动就业服务是推动劳动力市场的运作,满足劳动力资源的合理配置,实现国家促进就业的目标不可缺少的环节。

(二) 公共就业服务

公共就业服务是指公共就业服务机构在政府的就业政策指导下,组织实施就业服务项目,为劳动者和用人单位提供就业服务的活动。公共就业服务机构是受劳动行政部门管理和指导,从事公共就业服务活动以及其他由劳动行政部门委托经办的与促进就业相关的事务的事业机关。公共就业服务经费纳入同级财政预算。公共就业服务机构为用人单位提供的服务,应当规范管理,严格控制服务收费。确需收费的,具体项目由省级劳动保障行政部门会同相关部门规定。公共就业服务机构不得从事经营性活动。

根据《就业促进法》和《就业服务与就业管理规定》的有关规定,公共就业服务机构的主要工作是根据政府确定的就业工作目标任务,制定就业服务计划,推动落实就业扶持政策,组织实施就业服务项目,为劳动者和用人单位提供就业服务,开展人力资源市场调查分析,以及受劳动保障行政部门委托经办促进就业的相关事务。县级以上公共就业服务机构建立综合性服务场所,集中为劳动者和用人单位提供一站式就业服务,街道、乡镇、社区公共就业服务机构建立基层服务窗口,开展以就业援助为重点的公共就业服务。公共就业服务的项目主要有以下内容:

1. 应当为劳动者免费提供的服务项目

(1) 就业政策法规咨询

就业政策法规咨询指由公共就业服务机构以简短方式,为服务对象(包括求职者和用人单位)提供常见的劳动保障法律、法规、政策等方面问题的咨询指导服务活动。一般问题主要涉及就业和再就业优惠政策、社会保障政策、劳动权益保护等内容。

(2) 有关就业信息的发布

就业信息发布是指公共就业服务机构利用各种形式定期或不定期为服务对象提供职业供求、市场工资指导价位和职业培训等信息的活动。

(3) 职业指导

职业指导是根据社会需要和各种职业岗位的从业要求,结合求职者的个人旨趣、特长和其他有关条件,由经过专业资格培训的职业指导员帮助求职者分析其职业能力和适应性,选择适合的职业或专业,(以及帮助用人单位选择合格的劳动者)从而达到劳动者与职业合理匹配的指导过程。职业指导可采取个人面谈、集体座谈、报告会、授课、通讯联系等多种形式进行。

公共就业服务机构的职业指导工作主要包括:向劳动者提出培训建议,为其提供职

---

① 参见国际劳工组织 122 号《1964 年就业政策公约》第 1 条。

业培训相关信息;开展对劳动者个人职业素质和特点的测试,并对其职业能力进行评价;对妇女、残疾人、少数民族人员及退出现役的军人等就业群体提供专门的职业指导服务;对大中专学校、职业院校、技工学校学生的职业指导工作提供咨询和服务;对准备从事个体劳动或开办私营企业的劳动者提供创业咨询服务;为职业培训机构确立培训方向和专业设置等提供咨询参考。

(4) 职业介绍

职业介绍是指职业介绍机构在劳动力供方或需方的请求下,通过提供联系沟通等中介服务使双方建立劳动关系的活动。职业介绍是劳动就业制度市场化的一项不可缺少的内容,也是劳动者和用人单位通过双向选择实现自主择业权和自主用工权的重要环节。

公共就业服务机构提供的职业介绍服务主要包括:为年满16周岁、有求职意愿的人员办理求职登记手续;为求职者查询、推荐符合其求职意愿和个人条件的岗位信息,并出具《推荐介绍信》;为实现求职者与用工单位面对面地双向选择,在场所内提供专门场地、设施、人员等一系列的配套服务;按照单位部门、行业或特殊就业群体等不同类型的需要和特点,组织有针对性的专场或专项招聘洽谈活动;为进城务工的农村劳动者提供政策咨询、求职登记、职业指导、推荐岗位、跟踪推荐等"一条龙"就业服务,以帮助农村进城务工人员尽快实现就业;通过持续了解求职者的就业情况,及时协调解决发现的问题,对不适应工作的求职者,及时进行指导或重新推荐工作等活动为求职者实行跟踪服务。

(5) 就业援助

就业援助是指国家通过公共就业服务机构采取措施对就业困难人员和零就业家庭等援助对象实行优先扶持和重点帮助,使援助对象实现就业的制度。就业困难人员和零就业家庭可以向所在地街道、社区公共就业服务机构申请就业援助。经街道、社区公共就业服务机构确认属实的,纳入就业援助范围。

公共就业服务机构应当建立就业困难人员帮扶制度和零就业家庭即时岗位援助制度。通过落实各项就业扶持政策、提供就业岗位信息、组织技能培训等有针对性的就业服务和公益性岗位援助,对就业困难人员实施优先扶持和重点帮助。通过拓宽公益性岗位范围,开发各类就业岗位等措施,及时向零就业家庭中的失业人员提供适当的就业岗位,确保零就业家庭至少有一人实现就业。

街道、社区公共就业服务机构是就业援助工作的窗口,应当对辖区内就业援助对象进行登记,建立专门台账,实行就业援助对象动态管理和援助责任制度,提供及时、有效的就业援助服务。

(6) 办理就业登记和失业登记等事务

就业登记和失业登记不仅是一项公共就业服务内容,也是一项重要的劳动就业管理制度。政府通过这一制度提供的统计数据可以了解劳动力资源的供求变化,掌握就业和失业状况,并以此为基础制定或调整相关的宏观调控政策。

用人单位招用劳动者和与劳动者终止或者解除劳动关系,应当到当地公共就业服务机构备案,为劳动者办理就业登记手续。公共就业服务机构应当对用人单位办理就业登记及相关手续设立专门服务窗口,简化程序,方便用人单位办理。劳动者从事个体经营或灵活就业的,由本人在街道、乡镇公共就业服务机构办理就业登记。就业登记分为招用劳动者时的登记和终止与解除劳动关系时的登记。前者应当由用人单位于录用之日起30日内办理登记手续;后者应当于终止或者解除劳动关系后的15日内办理登记手续。就业登记的内容主要包括劳动者个人信息、就业类型、就业时间、就业单位以及订立、终止或者解除劳动合同等情况。

在法定劳动年龄内,有劳动能力和就业要求,处于无业状态的城镇常住人员,可以到常住地的公共就业服务机构进行失业登记。失业登记的人员范围包括:年满16周岁,从各类学校毕业、肄业的人员;从企业、机关、事业单位等各类用人单位失业的人员;停业、破产停止经营的个体工商户业主或私营企业业主;承包土地被征用,符合当地规定条件的人员;退出现役、且未纳入国家统一安置的军人;刑满释放、假释、监外执行的人员以及各地方政府确定的其他失业人员。劳动者进行失业登记时,须持本人身份证件和证明原身份的有关证明;有单位就业经历的,还须持与原单位终止、解除劳动关系或者解聘的证明。登记失业人员凭登记证享受公共就业服务和就业扶持政策;其中符合条件的,按规定申领失业保险金。登记失业人员应当定期向公共就业服务机构报告就业失业状况,积极求职,参加公共就业服务机构安排的就业培训。登记失业人员出现规定的情形时,则由公共就业服务机构注销其失业登记。

法规解读 6-1

2. 收费服务项目

公共就业服务机构应当积极拓展服务功能,根据用人单位需求为用人单位提供招聘用人指导、代理招聘、跨地区人员招聘、企业人力资源管理咨询、劳动保障事务代理等收费服务项目。

(三)职业中介服务

职业中介服务是指职业中介机构为用人单位招用人员和劳动者求职提供中介服务以及其他相关服务的经营性活动。职业中介机构是由法人、其他组织和公民个人举办的从事营利性职业中介服务活动的组织。从事职业中介活动,应当遵循合法、诚实信用、公平、公开的原则。政府部门不得举办或者与他人联合举办经营性的职业中介机构。

职业中介实行行政许可制度。设立职业中介机构,应当依法向当地县级以上劳动保障行政部门提出申请。经批准获得职业中介许可证的职业中介机构,应当持许可证向工商行政管理部门办理登记。未经依法许可和登记的机构,不得从事职业中介活动。

职业中介机构可以从事的业务活动包括:为劳动者介绍用人单位,为用人单位和居民家庭推荐劳动者,开展职业指导、人力资源管理咨询服务,收集和发布职业供求信息,根据国家有关规定从事互联网职业信息服务,组织职业招聘洽谈会以及经劳动保障行政部门核准的其他服务项目。

职业中介机构应当在服务场所明示营业执照、职业中介许可证、服务项目、收费标准、监督机关名称和监督电话;职业中介机构应当建立服务台账,记录服务对象、服务过程、服务结果和收费情况,并接受劳动保障行政部门及其他有关部门的监督检查。职业中介机构提供职业中介服务不成功的,应当退还向劳动者收取的中介服务费。

职业中介机构禁止从事下列活动:(1)提供虚假就业信息;(2)发布的就业信息中包含歧视性内容;(3)伪造、涂改、转让职业中介许可证;(4)为无合法证照的用人单位提供职业中介服务;(5)介绍未满16周岁的未成年人就业;(6)为无合法身份证件的劳动者提供职业中介服务;(7)介绍劳动者从事法律、法规禁止从事的职业;(8)扣押劳动者的居民身份证和其他证件,或者向劳动者收取押金;(9)以暴力、胁迫、欺诈等方式进行职业中介活动;(10)超出核准的业务范围经营等。

五、特殊就业保障制度

特殊就业保障是指国家通过立法和制定相关政策对特殊就业群体的就业实行特殊保护的制度。根据《劳动法》及《就业促进法》的一般规定和其他法规、规章的具体规定,特殊就业保障措施包括以下几个方面:

1. 对女职工的特殊就业保障

妇女享有与男子平等的劳动就业权和社会保障权。各单位在录用职工时,除不适合妇女的工种或者岗位外,不得以性别为由拒绝录用妇女或者提高对妇女的录用标准。各单位在录用女职工时,不得在签订的劳动合同或服务协议中规定限制女职工结婚、生育的内容。用人单位应当实行男女同工同酬。妇女在享受福利待遇方面享有与男子平等的权利。在晋职、晋级、评定专业技术职务等方面,应当坚持男女平等的原则,不得歧视妇女。各单位在执行国家退休制度时,不得以性别为由歧视妇女。

2. 对残疾人的特殊就业保障

残疾人是指在心理、生理、人体结构上,某种组织、功能丧失或者不正常,全部或者部分丧失以正常方式从事某种活动能力的人。各级人民政府应当对残疾人就业统筹规划,为残疾人创造就业条件。用人单位招用人员,不得歧视残疾人。

残疾人劳动就业,实行集中与分散相结合的方针,采取优惠政策和扶持保护措施,通过多渠道、多层次、多种形式促进残疾人就业。集中就业是指国家和社会举办残疾人福利企业、工疗机构、按摩医疗机构和其他福利性企业、事业组织集中安排残疾人就业。政府通过给予税收减免等优惠政策,鼓励发展福利企业,以吸纳更多的残疾人就业。分散就业是指用人单位按比例安排残疾人就业,并为其选择适当的工种和岗位,达不到规定比例要求的,单位要缴纳残疾人就业保障金。同时对安置残疾人员达到规定比例的用人单位依法给予税收优惠。国家还采取各种优惠政策和扶持措施鼓励城乡残疾人个体劳动者就业。

3. 对退役军人的特殊就业保障

退役军人是指在中国人民解放军和中国人民武装警察部队中服现役期满退出现役或因其他法定事由退出现役的人员。对退役军人的特殊就业保障主要有以下措施:

(1)家居农村的义务兵退出现役后,由乡、民族乡、镇的人民政府妥善安排他们的生产和生活。机关、团体、企业、事业单位在农村招收员工时,在同等条件下,应当优先录取退伍军人。荣获二等功以上奖励的,由县、自治县、市、市辖区人民政府安排工作。

(2)家居城镇的义务兵退出现役后,由县、自治县、市、市辖区的人民政府安排工作,也可以由上一级或者省、自治区、直辖市的人民政府在本地区内统筹安排。机关、团体、企业、事业单位,不分所有制性质和组织形式,都有按照国家有关规定安置退伍军人的义务。入伍前是机关、团体、企业、事业单位职工的,允许复工、复职。

(3)城镇退伍军人待安置期间,由当地人民政府按照不低于当地最低生活水平的原则发给生活补助费。城镇退伍军人自谋职业的,由当地人民政府给予一次性经济补助,并给予政策上的优惠。

4. 对少数民族的特殊就业保障

民族自治地方的自治机关有权根据建设的需要，采取各种措施从当地民族中大量培养各级干部、各种科学技术、经营管理等专业人才和技术工人，充分发挥他们的作用，并且注意在少数民族妇女中培养各级干部和各种专业技术人才。

民族自治地方的自治机关录用工作人员的时候，对实行区域自治的民族和其他少数民族的人员应当给予适当的照顾。民族自治地方的自治机关可以采取特殊措施，优待、鼓励各种专业人员参加自治地方各项建设工作。民族自治地方的企业、事业单位依照国家规定招收人员时，优先招收少数民族人员，并且可以从农村和牧区少数民族人口中招收。

第二节　职业培训制度

一、职业培训的概念和特征

职业培训也可称为职业教育、职业技术培训或职业技能开发，指以一定标准对劳动者进行的旨在使其获得职业准入资格或提高劳动技能的教育和训练活动。职业培训和普通教育同为国民教育体系的组成部分，共同承担着提升国民的科学文化素质，使之成为经济建设与社会发展的有用之才的重任。但两者之间又存在明显的区别。相对于普通教育，职业培训具有以下特征：

（1）职业教育的目标是获取职业技能。职业培训是受培训者在普通教育基础上直接以就业和与就业相关的职业技能获取为目标的专门化教育。普通教育是一种基础教育，只是间接为职业服务。而职业培训是普通教育的延伸和专门化。

（2）职业教育的对象主要是有就业经历的劳动者或正在等待就业的准劳动者；普通教育的对象主要是尚未就业或准备就业的公民。

（3）职业教育的方式和内容灵活多变，以技能训练为主；普通教育则系统正规，以基础性知识学习为主。

二、职业培训的作用

1. 有利于提升劳动者的就业能力

进入知识经济时代，各种职业活动的科技含量不断增加，新知识、新技术的生命周期越来越短，继而对劳动者的就业素质的要求不断提高。劳动者只有通过职业培训，迅速提高职业技能，才能适应岗位的变化，增强就业的稳定性。创业者参加职业培训则有利于提高自主创业的成功率，以便能够从容应对时代的挑战。

2. 有利于增强企业的市场竞争地位

经济全球化将使企业面临更为激烈的竞争，这意味着提高竞争力已成为我国企业的当务之急。在各种竞争因素中人才是关键，拥有一支高素质的职工队伍，才能使企业在竞争中立于不败之地。目前我国劳动力资源的总体水平还比较低，尤其是技术工人短缺问题还相当突出。解决这一问题的方法之一是加强对职工的职业教育和培训，以此加快劳动力资源的开发和优化配置，满足企业对人才的需求。

三、职业培训的分类和形式

（一）职业培训的分类

1. 就业前培训

就业前培训是指为帮助初次求职人员及失业人员提高就业和再就业的能力而进行的必要的职业知识、职业技能的培养和训练活动。就业前培训还可以分为劳动预备制培训、再就业培训和创业培训等。

（1）劳动预备制培训

劳动预备制培训是指国家为提高青年劳动者素质，培养劳动后备军而建立和推行的一项新型培训就业制度。培训的主要对象是城镇未能继续升学的初、高中毕业生，以及农村未能继续升学并准备从事非农产业工作或进城务工的初、高中毕业生。根据这项制度，劳动预备制人员经过一定年限的培训或学习，期满取得相应证书，获得职业准入资格后，方可就业。我国从1999年起开始全面推行劳动预备制。这不仅有助于调节劳动力的市场供求，减缓就业压力；也是实施素质教育，实现终身教育，落实科教兴国战略的重要举措。

（2）再就业培训

再就业培训是指对有就业经历和就业愿望但失去职业的人进行培养和训练以帮助其提高再就业能力，从而实现再就业的活动。

（3）创业培训

创业培训是对具有创业愿望和相应条件的人员所进行的有关开办小企业或自谋职业所必备的基础知识和必备能力的培训，是近年来在促进就业和再就业过程中逐步探索发展起来的一种新的培训形式。

2. 就业后培训

就业后培训是指为提高在职职工的职业知识和劳动技能而进行的培养与训练活动。就业后培训还可以依据不同的内容分为岗位培训、转岗培训、转业培训等。

（二）职业培训的形式

1. 学徒培训

学徒培训是指用人单位招收学徒工在生产活动中，由师傅对其传授生产技能和业务知识使之达到独立操作水平的活动。学徒期限通常为1—3年，对技术与工艺特别复杂的工作可以适当延长时间。师徒双方在自愿的前提下签署《师徒协议书》，明确各自的权利和义务。协议期间，要定期进行阶段性考核。协议期满后，按有关规定由当地劳动部门对徒弟进行技能鉴定。经考核徒弟达不到协议要求的，可适当延长协议期。两次考核仍达不到协议要求的，取消协议，不再延长。

2. 技工学校培训

技工学校是培养技术技能型人才的主要基地，是我国中、高等职业教育的重要组成部分。技工学校实行教学实习与科研生产相结合，学制3年。目前技工学校已形成初、中、高级培训并存，学历教育与职业资格证书教育相结合，多层次、多功能、多元化的职业培训体系。中级技工学校属于高中阶段的职业技术教育，高级技工学校和技术学院则属于高等专科阶段的职业技术教育。

3. 就业训练中心培训

就业训练中心是在各级劳动行政部门领导下,由劳动就业服务机构管理和指导的就业训练实体,属事业单位。就业训练中心的培训对象主要是失业青年和失业职工。组织就业前训练和转业训练,多以实用技术和适应性培训为主,学制灵活,少到1—3个月,多到6—12个月。此外企事业单位、社会团体、机关和个人经有关部门依法核准,并领取了"就业训练资格证"后可以举办非劳动部门的就业训练实体。

4. 综合性基地培训

综合性培训基地是在现有的技工学校、就业训练中心以及企业的培训实体基础上,经改革建立起的一种兼有职业需求调查、职业培训、职业技能鉴定和职业指导等多种功能并与职业介绍紧密结合的综合性职业培训实体,为学员提供培训、鉴定、就业等一体化服务。

综合性培训基地根据劳动力市场需求变化设置专业,实行灵活的办学方式。培训层次上采取初、中、高级技能培训相结合;适应性培训期限宜长则长、宜短则短,既可全日制、也可采取部分时间制;培训规格上可将学历教育和非学历教育相结合。通过联合办学、开展电视、电化教学、函授等多种形式,扩大培训规模,实现向全社会开放办学。

5. 远程职业培训

远程职业培训是指通过电化教育、计算机互联网、卫星数据传输等技术手段,对身处远端的培训接受者实施远距离职业教育的活动。远程培训能以一种开放和互动的形式,吸收更多的培训对象,同时又不受场地、时间、师资等办学条件的限制,是职业培训改革与发展的潮流和方向。

四、职业技能鉴定制度

(一)职业技能鉴定的概念

职业技能鉴定制度是指由考试考核机构对劳动者从事某种职业所应掌握的技术理论知识和实际操作能力做出客观的测量和评价的活动。职业技能鉴定是国家职业资格证书制度的重要组成部分,鉴定合格是劳动者取得职业资格证书,证明其职业技能水平的前提。

目前,我国职工队伍的素质不容乐观。新生劳动力素质不能满足经济发展的需求,下岗和失业人员素质不能满足转岗转业需要,企业职工素质与生产经营实际存在一定程度的脱节。影响就业质量的突出问题表现为:技术工人技术等级偏低,职工队伍技能素质堪忧,高技能人才年龄偏高,技师、高级技师面临断档,技术工人总量不足,职工队伍素质结构不尽合理,职工队伍文化素质不高。为了从根本上改变这种被动局面,建立起科学的人力资源开发体系,国家对我国人力资源开发政策做出战略调整,实行学业文凭和职业资格证书并重的两种证书制度。《劳动法》规定:"国家确定职业分类,对规定的职业制定职业技能标准,实行职业资格证书制度,由经备案的考核鉴定机构负责对劳动者实施职业技能考核鉴定。"《职业教育法》规定:"从事技术工种的职工,上岗前必须经过培训,从事特种作业的职工必须经过培训,并取得特种作业资格。"

(二)职业分类和职业技能标准

1. 职业分类

职业分类是指依照一定的标准对所有的职业进行归类。我国于1995年开始由原劳动部会同国家统计局、国家技术监督局等50个部门着手编制《中华人民共和国职业分类大典》(以下简称《职业分类大典》),并于1999年正式颁布。这是第一部对职业进行科学分类的权威性文献和工具书。《职业分类大典》出版后不断修订。最近一次规模较大的修订始于2010年,经过五年多的努力,终于在2015年7月29日审议通过并颁布了新的修订版。2015版《职业分类大典》的职业分类构成由8个大类,75个中类,434个小类,1481个职业组成,是我国职业结构随经济技术发展而不断变化更新的最新反映。

2. 职业技能标准

职业技能标准也可简称为职业标准,是指在职业分类基础上,根据特定工种的现有技术条件对从业人员知识与技能的规范性要求所制定的准则。它是从业人员从事职业活动,接受职业教育培训和职业技能鉴定的主要依据,也是衡量劳动者从业资格和能力的重要尺度。一个统一的、符合劳动力市场目标和企业发展目标的职业标准体系,对国家职业技能开发具有决定性的意义和影响。

我国现行的职业技能标准始于计划经济体制下制定的工人技术等级标准,尽管已经多次修改,仍未能从根本上脱离旧的标准体系,无法适应产业、行业、职业和实际生产技术技能飞速发展变化的形势,难以满足企业发展和劳动力市场建设的需要。近年来,在国家标准制定中逐步开始摈弃传统知识分析法,转而采用工作分析法。在以职业活动为导向、以职业技能为核心的总原则指导下,运用职业功能分析法,按照模块化、层次化、国际化和专业化的方向发展,使国家标准成为以职业必备能力为基础的,具有动态性、开放性和灵活性的职业标准,以全面满足企业生产、科技进步以及劳动就业的需要。

(三) 职业技能考核

职业技能考核是指对劳动者的工作成绩和业务水平进行考察和评定,并以此作为任职条件的依据的制度。职业技能考核制度目前正在向社会化的职业技能鉴定制度过渡,最终将与职业证书制度接轨。

1. 职业技能考核的种类

根据原劳动部颁布的《工人考核条例》,工人考核分为录用考核、转正定级考核、上岗转岗考核、本等级考核、升级考核,以及技师和高级技师(以下统称技师)任职资格的考评。

2. 职业技能考核的内容

企业、事业单位和国家机关从社会招收录用新工人,包括录用技工学校、职业学校、职业高中的毕业生,以及就业训练中心和其他各种就业训练班结业的学生,须经考核组织的录用考核,方能择优录用。

学徒(培训生)学习期满和工人见习、试用期满时,须经转正定级考核。经考核合格发给相应的《技术等级证书》或者《岗位合格证书》或者《特种作业人员操作证》之后,方能上生产工作岗位独立操作,并按照国家有关规定确定工资等级。考核不合格者准予延期补考。补考仍不合格者应当解除劳动合同或者调换其他工作。学徒、见习、试用期各方面表现优秀的,可以提前进行转正定级考核。

工人改变工种,调换新的岗位,或者操作新的先进设备时,应经过技术业务培训和上岗转岗考核合格后方能上岗。在精密稀有设备上工作和从事特种作业的工人,离开生产工作岗位一年以上,重新回到原岗位,应有一定的熟悉期,期满经技术业务考核合格后方能上岗,并按考核成绩,重新确定技术等级。

（四）职业技能鉴定机构和职业技能鉴定对象

1. 职业技能鉴定机构

我国现行体制将职业技能鉴定机构分为劳动保障行政部门所属的职业技能鉴定指导中心和经劳动保障行政部门批准成立的职业技能鉴定站（所）两类。前者负责组织、协调、指导职业技能鉴定工作，后者具体实施对劳动者职业技能的鉴定工作。

2. 职业技能鉴定的对象

（1）各类职业技术学校和培训机构毕（结）业生，凡属技术等级考核的工种，逐步实现职业技能鉴定。

（2）企业、事业单位学徒期满的学徒工，必须进行职业技能鉴定。

（3）企业、事业单位的职工以及社会各类人员，根据需要自愿申请职业技能鉴定。

3. 职业鉴定程序

要想取得职业资格证书必须通过职业技能鉴定。任何符合条件的个人均可自主申请参加鉴定。申报职业技能鉴定时，首先要根据所申报职业的资格条件，确定自己申报鉴定的等级。如果需要培训，要到经政府有关部门批准的培训机构参加培训。职业技能鉴定分为知识要求考试和操作技能考核两部分。知识要求考试一般采用笔试，技能要求考核一般采用现场操作加工典型工件、生产作业项目、模拟操作等方式进行。经鉴定合格者，由劳动保障部门核发相应的职业资格证书。

五、职业资格证书制度

1. 职业资格证书的概念

职业资格证书是反映劳动者具备某种职业所需要的专门知识和技能的证明。它是劳动者求职、任职、开业的资格凭证，是用人单位招聘、录用劳动者的主要依据，也是境外就业、对外劳务合作人员办理技能水平公证的有效证件。

2. 职业资格证书的类别

国家职业资格证书分为5个等级，即初级（国家职业资格5级）、中级（国家职业资格4级）、高级（国家职业资格3级）、技师（国家职业资格2级）、高级技师（国家职业资格1级）。具体标准如下：

（1）初级技能（5级）：能够运用基本技能独立完成本职业的常规工作。

（2）中级技能（4级）：能够熟练运用基本技能独立完成本职业的常规工作；并在特定情况下，能够运用专门技能完成较为复杂的工作；能够与他人进行合作。

（3）高级技能（3级）：能够熟练运用基本技能和专门技能完成较为复杂的工作，包括完成部分非常规性工作；能够独立处理工作中出现的问题；能指导他人进行工作或协助培训一般操作人员。

（4）技师（2级）：能够熟练运用基本技能和专门技能完成较为复杂的、非常规性的工作；掌握本职业的关键操作技能技术；能够独立处理和解决技术或工艺问题；在操作技能技术方面有创新；能组织指导他人进行工作；能培训一般操作人员；具有一定的管理能力。

（5）高级技师（1级）：能够熟练运用基本技能和特殊技能在本职业的各个领域完成复杂的、非常规性的工作；熟练掌握本职业的关键操作技能技术；能够独立处理和解决高难度的技术或工艺问题；在技术攻关、工艺革新和技术改革方面有创新；能组织开展技术改造、技术革新和进行专业技术培训;具有管理能力。

六、就业准入制度

就业准入制度是指根据《劳动法》《职业教育法》和《就业促进法》的有关规定,对从事技术复杂、通用性广、涉及公共安全、人身健康、生命财产安全等特殊工种的劳动者必须经过培训,并取得相应职业资格证书后,方可就业上岗的制度。

实行就业准入控制,对公民的就业资格进行规范,是从优化我国劳动力资源的素质和改善就业形势的长远考虑采取的一项积极措施。为此目的,劳动与社会保障部于2000年3月制定颁布了《招用技术工种从业人员规定》。其核心内容是对技术工种从业人员实行"先培训后上岗";用人单位招用从事技术复杂工作的劳动者,必须从取得相应职业资格证书的人员中录用。该规定公布了90个必须持职业资格证书就业的工种,同时规定,用人单位违反规定要求招用未取得相应职业资格证书的劳动者从事技术工种工作的,由劳动保障行政部门给予相应处罚。

本 章 小 结

1. 就业是指具备了劳动资格和就业愿望的人,通过一定的程序,获得有合法劳动收入的职业的活动。就业活动是公民实现其宪法意义上的劳动权的必经途径。

2. 失业是指有就业愿望并具备了法定劳动资格的人无法就业的状况,包括新进入劳动年龄的人无法就业和有就业经历的人失去职业两种类型。

3. 我国实行积极的就业政策和劳动者自主择业、市场调节就业和政府促进就业的劳动就业方针。

4. 政府的促进就业责任是指政府有义务运用各种手段,尽可能地实现充分就业。

5. 劳动就业服务是指劳动就业服务机构为劳动力市场的供需双方实现各自的目的所提供的有偿或无偿的服务活动。劳动就业服务是推动劳动力市场运作,满足劳动力资源合理配置,实现促进就业目标不可缺少的环节。

6. 职业培训也可称为职业技术培训、职业技能开发或职业教育,指以一定标准对劳动者进行的旨在使其获得职业准入资格或提高劳动技能的教育和训练活动。

7. 职业技能鉴定制度是一项基于职业技能水平的考核活动,是国家职业资格证书制度的重要组成部分。

关键词

劳动就业　失业　劳动就业政策与方针　劳动就业服务　职业介绍　职业指导
特殊就业保障　职业培训　劳动预备制　职业资格鉴定　职业资格证书

思考题

1. 劳动就业的特征是什么?
2. 劳动就业政策、方针和基本原则有哪些?

3. 政府促进就业责任的主要内容有哪些？
4. 劳动就业服务的主要内容是什么？
5. 职业培训的特征和主要类型是怎样的？
6. 职业资格证书与职业资格鉴定制度的主要内容包括哪些？

案例分析

1993年，王某从部队转业后来到河北省廊坊市地球物理地球化学勘查研究所（简称物化探所）工作，不久与同单位的刘某相识并结婚。2000年，丈夫刘某先后取得硕士和博士学位。2003年10月23日，刘某向单位提出申请，要求进入北京某大学博士后流动站继续深造。单位的答复是：从下个月起，单位不再安排配偶的工作，停发工资，脱离劳动关系。同月，物化探所责令王某交接工作，11月开始停发其工资及一切福利待遇。12月1日强行解除了王某的劳动关系。单位随后还把房子收走，使他们一家人无处栖身。让王某不理解的是，自己不是丈夫的附属品，丈夫要读书深造，自己凭什么就得失去工作？2004年1月29日，王某向廊坊市劳动争议仲裁委员会提起仲裁申请。请求恢复与单位的劳动关系，并要求单位按规定缴纳自己应享受的养老保险、失业保险和医疗保险等费用[①]。

请问：
(1) 用人单位的做法是否正确？
(2) 为什么？

参考答案

(1) 用人单位的做法不正确。
(2) 理由如下：

第一，本案中用人单位以在同一单位的王某丈夫申请博士后深造为由解除王某的劳动合同，违反了《劳动法》及《劳动合同法》有关用人单位可以单方面解除劳动合同的条件，所以辞退王某没有法律依据。

第二，妇女无论已婚或未婚都具有独立的人格，其劳动就业权应当作为一项完全独立的权利而受到平等对待和尊重。我国《劳动法》和《就业促进法》均规定，妇女享有与男子平等的就业权利。我国的《妇女权益保护法》规定，实行男女平等是国家的基本国策。国家采取必要措施，逐步完善保障妇女权益的各项制度，消除对妇女一切形式的歧视。因此王某所在单位不仅违反了法律关于解除合同的限制性规定，而且严重侵害了妇女的平等就业权，是一种典型的性别歧视行为，应当予以制止。

---

① 参见《法律与生活》2005年第3期，转引自《文摘报》2005年4月10日。

第七章 工资

学习目的和要求

通过本章的学习,了解我国工资制度及工资支付保障制度的新措施;掌握工资的概念、特征、具体形式,以及最低工资的概念、特征和组成;理解工资法律调整的原则、现行工资制度的具体内容、确定最低工资标准的原则和程序;熟悉我国《劳动法》及相关法律法规关于工资的全面规定。

第一节 工资概述

一、工资的概念和特征

(一)工资的概念

工资是指基于劳动关系,用人单位根据劳动者提供的劳动数量和质量,按照法律规定和合同约定,以法定货币形式直接支付给劳动者的劳动报酬。

(二)工资的特征

(1) 工资是劳动者基于劳动关系而获得的劳动报酬。

(2) 工资额的确定标准是根据劳动者实际提供的劳动数量和质量,以劳动法律的规定以及集体合同、劳动合同的约定为依据。

(3) 支付工资是用人单位必须履行的法定义务。

(4) 工资必须以法定货币方式支付,并且是持续的、定期的支付。

二、工资法律调整的原则

工资法律调整的原则,是指集中体现工资的本质,在贯彻实施工资法律制度时所应遵循的基本准则。我国《劳动法》对工资的法律调整确立了以下几项原则。

(一)按劳分配原则

按劳分配即按照劳动者提供的劳动数量和质量来分配个人消费品,实行多劳多得,少劳少得。

《劳动法》第 46 条第 1 款规定："工资分配应当遵循按劳分配原则,实行同工同酬。"在工资立法中,应当坚持把劳动的数量和质量作为工资分配的主要或唯一尺度,逐步减少和消除非劳动因素对工资分配的影响;为实现按劳分配,在工资立法中,应当强调实行同工同酬。即要求在同一单位、同样劳动岗位、同样劳动条件下,对不同性别、不同户籍或不同用工形式的职工而言,只要提供的劳动数量和质量相同,就应获得相同的劳动报酬。

(二)工资水平在经济发展的基础上逐步提高原则

社会主义的生产目的,就是不断满足人民日益增长的物质和文化生活需要。在经济发展的基础上逐步提高工资水平,正是由此目的所决定的。在国民收入分配和工资分配中,这一原则要求正确处理积累与消费的关系,保持工资水平与经济发展水平相协调。第一,工资水平的提高必须以经济发展为前提,不能脱离经济发展情况而片面追求工资增长;第二,在经济逐步发展的条件下,工资水平应当有所提高,使广大职工能从经济发展中直接获得实际利益;第三,工资水平提高与经济发展的比例应当适当,切实做到工资总额增长幅度低于经济效益增长幅度、职工实际平均工资增长幅度低于劳动生产率增长幅度。

(三)工资总量宏观调控原则

根据我国《劳动法》规定,国家对工资总量实行宏观调控。工资总量是指一定时期内国民生产总值用于工资分配的总数量。国家对工资总量的宏观调控是指国家对工资总额从宏观上进行调节和控制,确保工资总额增长与国民经济的发展保持一个科学、合理、协调的比例关系。

在我国目前用人单位享有工资分配的自主权的情形下,国家对工资总量进行适当的宏观调控有利于保护劳动者的合法权益,有利于监督和制约用人单位的工资分配自主权,有利于控制用人成本和消费基金的上升,保持经济总量平衡,从而实现国民经济持续、稳定和协调发展。

三、工资的形式

(一)工资形式的概念

工资形式是指计量劳动和支付工资的形式。

我国现行的工资形式主要有工资的基本形式和辅助形式两种。具体采用何种工资形式,一般由用人单位自主决定。

(二)工资形式的种类

1. 工资的基本形式

工资的基本形式即基本工资,是指劳动者在法定工作时间内提供正常劳动获得的报酬,它是构成劳动者所得工资额的基本组成部分①。基本工资通常有两种计量发放形式,即计时工资和计件工资。

(1)计时工资

计时工资是用人单位按照单位时间工资标准和劳动者实际工作时间所支付给劳动者的报酬。

① 王全兴主编:《劳动法学》,高等教育出版社 2004 年版,第 264 页。

单位时间工资标准一般根据劳动者的技术熟练程度、劳动繁重程度等因素确定。计时工资的支付可以按时、日、周、月4种周期进行计算。计时工资的适用性较强,几乎在任何部门、任何岗位均可采用。

(2) 计件工资

计件工资是按照劳动者完成的合格产品的数量或工作量,按计件单价支付的劳动报酬。计件工资区别于计时工资的是不按劳动者劳动时间的长短,而是按照劳动者在单位时间内完成的合格产品的数量来计算工资报酬的。计件工资包括:

① 实行超额累进计件、直接无限计件、限额计件、超定额计件等工资制,按劳动部门或主管部门批准的定额和计件单价支付给个人的工资;

② 按工作任务包干方法支付给个人的工资;

③ 按营业额提成或利润提成办法支付给个人的工资。

2. 工资的辅助形式

(1) 奖金

奖金作为用人单位对劳动者进行物质奖励的一种形式,是指支付给职工的超额劳动报酬和增收节支的劳动报酬。奖金包括生产奖、节约奖、劳动竞赛奖、年终奖等。

(2) 津贴

津贴是指补偿职工特殊或额外的劳动消耗和因其他特殊原因支付给职工的工资。津贴主要包括补偿职工特殊或额外劳动消耗的津贴及岗位性津贴、保健性津贴、技术性津贴、地区性津贴等。

(3) 补贴

补贴是指为保证职工工资水平不受物价上涨影响而支付的各种补贴,如副食品价格补贴、房贴、煤价补贴等。

(三) 不计入工资的三种收入

劳动者的工资与收入是既有联系又有区别的概念。工资是指用人单位向劳动者支付的货币报酬。收入是指用人单位在法律允许的范围内支付给劳动者的各种形式的报酬,既包括货币报酬,也包括实物报酬。货币报酬不仅包括工资,还包括劳动保护费用、各种社会保险待遇、职工持股的股息和分红等;实物报酬包括用人单位以实物形式向劳动者提供的相关福利待遇等。

1995年8月原劳动部发布的《劳动部关于贯彻执行〈中华人民共和国劳动法〉若干问题的意见》第53条规定,劳动者的以下劳动收入不属于工资范围:

(1) 单位支付给劳动者个人的社会保险福利费用,如丧葬抚恤救济费、生活困难补助费、计划生育补贴等。

(2) 劳动保护方面的费用,如用人单位支付给劳动者的工作服、解毒剂、清凉饮料费用等。

(3) 按规定未计入工资总额的各种劳动报酬及其他劳动收入,如国家根据规定发放的创造发明奖、国家星火奖、自然科学奖、科学技术进步奖、合理化建议和技术改进奖、中华技能大奖等,以及稿费、讲课费、翻译费等。

四、现行的工资制度

工资制度是指以确定合理的工资支付为目的而建立的一系列有关工资分配具体制度

的总称。

随着社会主义市场经济体制的建立,用人单位享有工资分配自主权。我国长期以来实行的主要由国家决策的企业工资制度逐步转化为由用人单位与劳动者双方协商来确定、国家进行工资保障为特征的新型的工资制度。工资制度具体包括工资分配制度的确立方式、工资标准制度、工资宏观调控制度等内容。

(一) 工资分配制度的确立方式

《劳动法》第47条规定:"用人单位根据本单位的生产经营特点和经济效益,依法自主确定本单位的工资分配方式和工资水平。"

用人单位享有工资分配自主权是市场经济体制对现代企业制度的必然要求。赋予用人单位工资分配自主权的同时必须加强劳动者对工资分配方式和工资水平的参与,建立用人单位与劳动者关于工资分配制度的双方协商机制。为此,原劳动和社会保障部于2000年11月8日颁布《工资集体协商试行办法》,确立了工资集体协商制度。

工资集体协商制度是指职工代表与企业代表就企业内部工资分配制度、工资分配形式、工资收入水平等事项进行平等协商,在协商一致的基础上签订工资协议的行为。

(二) 工资标准制度

工资标准制度是指用人单位向劳动者计发工资的依据和标准。目前我国用人单位执行的工资标准制度主要有以下几种。

1. 等级工资制

等级工资制是根据劳动者的劳动复杂程度、责任大小等因素将劳动划分为不同的等级,然后确认不同等级的工资标准,并据此向职工支付工资。

2. 岗位工资制

岗位工资制是指按照劳动者在工作中的不同岗位确定劳动者的级别和工资等级。它适用于专业化程度较高,分工较细,技术单一的企业。一般情况下,根据各岗位的技术复杂程度、精确程度和责任大小来确定劳动者的工资水平。

3. 结构工资制

结构工资制依据工资组成的职能,把工资分为相应的几个部分,分别确定工资数量,将各部分汇总为职工的全部工资。这种工资制度使劳动者的各种因素都能与工资挂钩,适用起来比较公平,也有利于调动职工的积极性[①]。

4. 效益工资制

效益工资制是指根据劳动者责任、风险和工作业绩来确立劳动者的工资。

效益工资制使劳动者工资收入直接与用人单位和本人工作效益相挂钩,有利于调动劳动者的生产积极性。我国目前试行的适用于国有企业经营者的年薪制是效益工资制的一种代表。年薪制工资由两部分构成:一部分是基本收入,按照本地区和本企业职工平均工资的一定倍数确定,其中的生活费部分可以按月预支。另一部分为效益收入,根据企业年终的效益指标和其他指标的完成情况确定。国有企业的经营者没有完成国有资产保值增值任务,经营者不得领取效益收入。

① 参见马原主编:《劳动法条文精释》,人民法院出版社2003年版,第322—323页。

(三) 工资宏观调控制度

随着企业工资制度改革的深入,国家对企业工资分配的宏观调控逐步由直接调控向间接调控过渡,由调控工资总量向调控工资水平转变。目前,在部分地区进行工资指导线制度、劳动力市场工资指导价位制度和人工成本预警制度试点。

1. 工资指导线制度

工资指导线制度是国家对企业工资分配进行宏观调控的一种制度。其实施方式为:有关地区结合当年国家对企业工资分配的总体调控目标,综合考虑本地区当年经济增长、物价水平及劳动力市场状况等因素,提出本地区当年企业工资增长指导意见;企业根据指导意见,在生产发展、经济效益提高的基础上,合理确定本企业当年的工资增长率。

2. 劳动力市场工资指导价位制度

劳动力市场工资指导价位制度是在市场经济条件下,国家对企业工资分配进行指导和间接调控的一种方式。政府有关部门对各类职业(工种)工资水平进行广泛调查,经过汇总、分析和修正,公布有代表性的职业(工种)的指导价位,以规范劳动力市场供需双方的行为,从微观上指导企业合理确定劳动者个人工资水平和各类人员的工资关系。建立劳动力市场工资指导价位制度是市场经济国家的通行做法,有利于充分发挥市场机制对工资分配的基础性调节作用,促进市场均衡工资率的形成;有利于指导企业根据劳动力供求状况和市场价格,形成企业内部科学合理的工资分配关系;同时也有利于企业工资宏观调控体系建设。

3. 人工成本预测预警制度

人工成本预测预警制度是政府对企业人工成本管理和工资分配进行间接调控的一种方式,是企业工资宏观调控体系的重要组成部分。政府有关部门通过调查、收集、整理社会人工成本信息,定期(一般每年一次)公开发布,并对人工成本偏高的企业进行预警预报,指导企业加强人工成本管理,合理确定人工成本水平。人工成本预测预警体系的建立,有利于企业加强人工成本管理,促进企业内部分配自我约束机制的形成,同时有利于调节行业间、企业间的分配关系。

第二节 最低工资制度

一、最低工资的概念和特征

(一) 最低工资的概念

最低工资,是指劳动者在法定工作时间或依法签订的劳动合同约定的工作时间内提供了正常劳动的前提下,用人单位依法应支付的最低劳动报酬。

(二) 最低工资的特征

1. 最低工资是劳动者在法定工作时间或合同约定的工作时间内提供了劳动后所得的报酬

所谓法定工作时间是指按照法律规定的劳动者的正常工作时间。按照法律规定,我国目前实行的是劳动者每日工作时间不超过 8 小时,平均每周工作时间不超过 40 小时的标准工作时间制度。所谓合同约定的工作时间是在符合法律规定的前提下,由劳动关系双方当事人结合工作性质等特点约定的工作时间。

2. 最低工资是劳动者提供了正常劳动而获得的最低劳动报酬

所谓正常劳动,是指劳动者按依法签订的劳动合同约定,在法定工作时间或劳动合同约定的工作时间内从事的劳动。劳动者依法享受带薪年休假、探亲假、婚丧假、生育(产)假、节育手术假等国家规定的假期期间,以及在法定工作时间内依法参加社会活动期间,视为提供了正常劳动。

3. 最低工资标准由政府通过立法直接确定

政府通过立法确定最低工资标准,劳动关系双方自愿确定的工资标准不得低于最低工资标准。只要劳动者提供了法定或约定工作时间的正常劳动,用人单位支付劳动者的工资不得低于当地最低工资标准,否则要承担相应的法律责任。

总之,在社会主义市场经济体制下,作为国家干预分配的一种方式,最低工资制度是我国建立劳动力市场的基本条件。通过确定劳动者的最低工资标准,保证了劳动者的基本生活需要,确保劳动力市场的健康运行,促进经济的发展和社会的稳定。2004年1月20日,劳动和社会保障部公布《最低工资规定》,2004年3月1日起施行,同时废止1993年11月24日原劳动部发布的《企业最低工资规定》。

二、最低工资标准的确定和发布

(一)确定最低工资标准的原则

最低工资标准是指国家依法规定的单位劳动时间的最低工资数额。最低工资标准的确定,是最低工资立法中的核心问题。因而,依据什么原则确定最低工资标准,不仅直接影响最低工资标准的高低,而且决定着最低工资标准是否科学、合理。根据我国最低工资的立法目的和指导思想,确定最低工资标准应遵循以下原则。

1. 基本生活保障原则

最低工资制度是为了保障劳动者基本生活需要而建立的一种制度,最低工资标准应能满足也仅需满足劳动者及其赡养人口为维持其基本生活需要而必须支付的费用。最低工资的标准不能过低,否则无法保证劳动者及其供养的家庭成员的基本生活需要;最低工资标准同时也不能过高,否则相当部分的用人单位根本无法实现,从而使该标准被虚化,无法发挥其最低保障作用。

2. 三方协商原则

最低工资制度作为国家干预分配的一种制度,其标准的确定不应仅由代表国家的劳动行政部门单方确定。要使确定的最低工资标准具有科学性和可行性,确定最低工资标准必须遵循三方原则,即由政府、工会和企业三方代表共同协商确定最低工资标准。因而,《最低工资规定》第8条规定:"最低工资标准的确定和调整方案,由省、自治区、直辖市人民政府劳动保障行政部门会同同级工会、企业联合会/企业家协会研究拟订,并将拟订的方案报送劳动保障部。"

3. 地区差异原则

由于我国幅员辽阔,各地区经济发展不平衡等因素,《劳动法》第48条规定:"最低工资的具体标准由省、自治区、直辖市人民政府规定,报国务院备案。"也就是说,我国不实行全国统一的最低工资标准,允许各地根据其具体情况确定。

（二）确定最低工资标准考虑的因素

根据劳动和社会保障部（现人力资源和社会保障部）《最低工资规定》第6条的规定,确定和调整最低工资标准应当综合参考当地就业者及其赡养人口的最低生活费用、城镇居民消费价格指数、职工个人缴纳的社会保险费和住房公积金、职工平均工资、经济发展水平、就业状况等因素。确定和调整小时最低工资标准,应在颁布的月最低工资标准的基础上,考虑单位应缴纳的基本养老保险费和基本医疗保险费因素,同时还应适当考虑非全日制劳动者在工作稳定性、劳动条件和劳动强度、福利等方面与全日制就业人员之间的差异。

需要说明的是：实行最低工资制度的直接目的,是确保劳动者的基本生活需要。因而,最低工资标准不应低于当地就业者及其赡养人口的最低生活费用,也即衣、食、住、行和子女教育所需的最低费用。但最低工资标准应低于当地职工平均工资,并应考虑当地就业状况。就业状况与整个部门和地区的工资支付水平有一定关系。最低工资制度应当尽量保证更多的人就业,在就业状况较差的情况下,最低工资标准可以定得偏低一些；反之,则可以较高一些。随着我国社会保障制度、住房制度改革进一步深化,社会保险费和住房公积金的缴纳已成为个人支出的必要组成部分,并直接影响劳动者个人及其家庭当月的基本生活。因此,职工个人缴纳的社会保险费和住房公积金也是确定和调整最低工资标准需考虑的因素。

上述各种因素的具体指标,应当以政府统计部门的统计数据为准。如果据以确定最低工资标准的上述因素发生变化,对原确定的最低工资标准应适时调整。最低工资标准至少每两年调整一次。

（三）最低工资标准测算方法

根据《最低工资规定》的附件,确定最低工资标准一般考虑城镇居民生活费用支出、职工个人缴纳社会保险费、住房公积金、职工平均工资、失业率、经济发展水平等因素。可用公式表示为：

$$M = f(C、S、A、U、E、a)$$

M ——最低工资标准

C ——城镇居民人均生活费用

S ——职工个人缴纳社会保险费、住房公积金

A ——职工平均工资

U ——失业率

E ——经济发展水平

a ——调整因素

1. 比重法

比重法即根据城镇居民家庭调查资料,确定一定比例的最低人均收入户为贫困户,统计出贫困户的人均生活费用支出水平,乘以每一就业者的赡养系数,再加上一个调整数。

2. 恩格尔系数法

恩格尔系数法即根据国家营养学会提供的年度标准食物谱及标准食物摄取量,结合

标准食物的市场价格,计算出最低食物支出标准,除以恩格尔系数,得出最低生活费用标准,再乘以每一就业者的赡养系数,再加上一个调整数。

以上方法计算出月最低工资标准后,再根据职工个人缴纳社会保险费、住房公积金、职工平均工资水平、社会救济金和失业保险金标准、就业状况、经济发展水平等进行必要的修正。

恩格尔系数

恩格尔系数(Engel's Coefficient)是食品支出总额占个人消费支出总额的比重。

恩格尔系数是根据恩格尔定律而得出的比例数。19世纪中期,德国统计学家和经济学家恩格尔对比利时不同收入家庭的消费情况进行了调查,提出带有规律性的原理,被命名为恩格尔定律。其主要内容是指一个家庭或个人收入越少,用于购买生存性食物的支出在家庭或个人收入中所占的比重就越大。恩格尔系数由食物支出金额在总支出金额中所占的比重来最后决定。一个国家越穷,每个国民的平均收入中(或平均支出中)用于购买食物的支出所占比例就越大。随着国家逐渐富裕,这个比例呈下降趋势。恩格尔系数达59%以上为贫困,50%—59%为温饱,40%—50%为小康,30%—40%为富裕,低于30%为最富裕。

举例:某地区最低收入组人均每月生活费支出为210元,每一就业者赡养系数为1.87,最低食物费用为127元,恩格尔系数为0.604,平均工资为900元。

按比重法计算得出该地区月最低工资标准为:

$$月最低工资标准 = 210 \times 1.87 + a = 393 + a(元) \tag{1}$$

按恩格尔系数法计算得出该地区月最低工资标准为:

$$月最低工资标准 = 127 \div 0.604 \times 1.87 + a = 393 + a(元) \tag{2}$$

公式(1)与公式(2)中 a 的调整因素主要考虑当地个人缴纳养老、失业、医疗保险费和住房公积金等费用。

另,按照国际上一般月最低工资标准相当于月平均工资的40%—60%,则该地区月最低工资标准范围应在360—540元之间。

$$小时最低工资标准 = [(月最低工资标准 \div 20.92 \div 8) \times (1 + 单位应当缴纳的基本养老保险费、基本医疗保险费比例之和)] \times (1 + 浮动系数)$$

浮动系数的确定主要考虑非全日制就业劳动者工作稳定性、劳动条件和劳动强度、福利等方面与全日制就业人员之间的差异。

(四)最低工资标准确定和发布的程序

1. 最低工资标准的确定程序

(1)最低工资标准的确定和调整方案,由省、自治区、直辖市人民政府人力资源和社会保障行政部门会同同级工会、企业联合会/企业家协会研究拟订。

（2）各省、自治区、直辖市人民政府人力资源和社会保障行政部门将拟订的方案报送人力资源和社会保障部。方案内容包括最低工资确定和调整的依据、适用范围、拟订标准和说明。人力资源和社会保障部在收到拟订方案后，应征求全国总工会、中国企业联合会/企业家协会的意见。人力资源和社会保障部对方案可以提出修订意见，若在方案收到后14日内未提出修订意见的，视为同意。

（3）省、自治区、直辖市人力资源和社会保障行政部门应将本地区最低工资标准方案报省、自治区、直辖市人民政府批准。

由上可知，最低工资的具体标准由省、自治区、直辖市人民政府规定，报国务院备案。

2. 最低工资标准的发布

各省、自治区、直辖市人力资源和社会保障行政部门应在省、自治区、直辖市人民政府批准本地区最低工资标准方案后7日内在当地政府公报上和至少一种全地区性报纸上发布，同时应在发布后10日内将最低工资标准报劳动保障部。

三、最低工资的适用范围

（一）最低工资的适用范围

《最低工资规定》第2条规定："本规定适用于在中华人民共和国境内的企业、民办非企业单位、有雇工的个体工商户（以下统称用人单位）和与之形成劳动关系的劳动者。国家机关、事业单位、社会团体和与之建立劳动合同关系的劳动者，依照本规定执行。"

关于劳动者在试用期是否适用最低工资标准问题，《劳动部关于贯彻执行〈中华人民共和国劳动法〉若干问题的意见》第57条专门规定："劳动者与用人单位形成或建立劳动关系后，试用、熟练、见习期间，在法定工作时间内提供了正常劳动，其所在的用人单位应当支付其不低于最低工资标准的工资。"《劳动合同法》进一步明确：劳动者试用期的工资不得低于本单位相同岗位最低档工资或者劳动合同约定工资的80%，并不得低于用人单位所在地的最低工资标准。

根据《最低工资规定》第12条的规定，只有劳动者由于本人原因造成在法定工作时间内或依法签订的劳动合同约定的工作时间内未提供正常劳动的，才不适用最低工资标准。

（二）最低工资制度的排除情形

在适用最低工资制度过程中，下列情形排除适用最低工资标准：

（1）公务员不纳入最低工资的适用范围。因为公务员的工资由国家支付，其实际工资水平大大超过维持其自身和家庭生活的水平，不需要最低工资制的保护。

（2）学徒、利用假期勤工俭学的学生不适用最低工资制的规定。学徒工因为在学习期间尚不能提供正常的劳动，也就不存在适用最低工资保障的前提；勤工俭学的学生一般无供养责任，也就无须给予最低工资保障。

四、最低工资的给付

（一）最低工资的给付要求

最低工资标准一经确定公布，在适用区域和范围内，用人单位必须按照不低于最低工资的标准，以货币形式向劳动者支付工资。用人单位应在最低工资标准发布后10日内将该标准向本单位全体劳动者公示。

（二）排除最低工资范围的收入

在劳动者的各项费用或收入中，不得作为最低工资组成部分的有以下几项：

（1）延长工作时间工资

延长工作时间工资，属于劳动者在法定工作时间之外提供超额劳动的报酬，因此，不能将这部分收入计算在劳动者最低工资组成部分之内。

（2）中班、夜班、高温、低温、井下、有毒有害等特殊工作环境及条件下的津贴

这部分费用是对劳动者在特殊条件下额外的劳动消耗所给予的补偿或鼓励，因此不能计算在最低工资组成部分之内。

（3）法律、法规和国家规定的劳动者福利待遇等

劳动者福利待遇不属于工资的性质和范畴，当然也不应作为最低工资的组成部分。

此外，实行计件工资或提成工资等工资形式的用人单位，在科学合理的劳动定额基础上，其支付劳动者的工资不得低于相应的最低工资标准。

第三节　特殊情况下的工资支付

一、特殊情况下的工资的概念

特殊情况下的工资是指根据法律规定或根据集体合同与劳动合同的约定，在非正常情况下用人单位对本单位劳动者支付的工资。《劳动法》和《工资支付暂行规定》对特殊情况下的工资支付有具体规定。

二、特殊情况下工资的种类及支付规定

（一）加班加点工资

《劳动法》第44条规定，有下列情形之一的，用人单位应当按照下列标准支付高于劳动者正常工作时间工资的工资报酬：

（1）安排劳动者延长工作时间的，支付不低于工资的150%的工资报酬。

（2）休息日安排劳动者工作又不能安排补休的，支付不低于工资的200%的工资报酬。

（3）法定休假日安排劳动者工作的，支付不低于工资的300%的工资报酬。

《工资支付暂行规定》进一步规定："实行计件工资的劳动者，在完成计件定额任务后，由用人单位安排延长工作时间的，应根据上述规定的原则，分别按照不低于其本人法定工作时间计件单价的150%、200%、300%支付其工资。经劳动行政部门批准实行综合计算工时工作制的，其综合计算工作时间超过法定标准工作时间的部分，应视为延长工作时间，并应按本规定支付劳动者延长工作时间的工资。实行不定时工时制度的劳动者，不执行上述规定。"

法规解读 7-1

（二）休假期间的工资

劳动者依法享受年休假、探亲假、婚假、丧假期间，用人单位应按劳动合同规定的标准依法支付劳动者工资。

(三) 依法参加社会活动期间的工资

劳动者在法定工作时间内依法参加社会活动期间，用人单位应当视其提供了正常劳动而支付工资。这些活动包括：

(1) 依法行使选举权或被选举权。

(2) 当选代表出席乡(镇)、区以上政府、党派、工会、青年团、妇女联合会等组织召开的会议。

(3) 出任人民法庭证明人。

(4) 出席劳动模范、先进工作者大会；《工会法》规定的不脱产工会基层委员会委员因工作活动占用的生产或工作时间。

(5) 其他依法参加的社会活动。

(四) 停工停产期间的工资

《工资支付暂行规定》第12条规定："非因劳动者原因造成单位停工、停产在一个工资支付周期内的，用人单位应按劳动合同规定的标准支付劳动者工资。超过一个工资支付周期的，若劳动者提供了正常劳动，则支付给劳动者的劳动报酬不得低于当地的最低工资标准；若劳动者没有提供正常劳动，应按国家有关规定办理。"

(五) 用人单位依法破产时的工资

用人单位依法破产时，劳动者有权获得工资。在破产清偿时，用人单位应按《中华人民共和国企业破产法》规定的清偿顺序，首先支付欠付本单位劳动者的工资。

(六) 学习和培训期间的工资

经过用人单位推荐或批准，劳动者临时脱产或半脱产到有关学校参加学习期间，工资照发；经本单位同意脱产参加函授学习的，在规定的脱产面授学习期间，工资照发；经本单位同意脱产参加成人教育学习的，学习期间工资照发。

(七) 病假期间的工资

劳动部《关于贯彻执行〈中华人民共和国劳动法〉若干问题的意见》第59条规定："职工患病或非因工负伤治疗期间，在规定的医疗期内由企业按有关规定支付其病假工资或疾病救济费，病假工资或疾病救济费可以低于当地最低工资标准支付，但不能低于最低工资标准的80%。"

(八) 特殊人员的工资

(1) 劳动者受处分后的工资支付。

劳动者受行政处分后仍在原单位工作(如留用察看、降级等)或受刑事处分后重新就业的，应主要由用人单位根据具体情况自主确定其工资报酬。

劳动者受刑事处分期间，如收容审查、拘留(羁押)、缓刑、监外执行期间，其待遇按国家有关规定执行。

(2) 学徒工、熟练工、大中专毕业生在学徒期、熟练期、见习期、试用期及转正定级后的工资待遇由用人单位自主确定。

(3) 新就业复员军人的工资待遇由用人单位自主确定；分配到企业的军队转业干部的工资待遇，按国家有关规定执行①。

---

① 参见贾俊玲主编：《劳动法学》，北京大学出版社2003年版，第171页。

第四节 工资保障制度

一、工资保障的概念

工资保障是指国家依法采取的保障职工足额和按时获得工资的一系列措施。

在我国现阶段,劳动者的工资收入是劳动者及其家庭生活的主要来源。建立工资保障制度,对于制止克扣、拖欠劳动者工资现象,保障劳动者合法财产权不受侵犯和维持社会安定团结具有重要意义。

二、工资支付办法

根据《劳动法》和《工资支付暂行规定》的规定,工资支付应遵循以下规则。

(一)法定货币支付规则

工资应当以法定货币支付,不得以实物及有价证券替代货币支付。

(二)直接支付规则

用人单位应将工资支付给劳动者本人,并办理签收手续。劳动者本人因故不能领取工资时,可由其亲属或委托他人代领。用人单位可委托银行代发工资。用人单位必须书面记录支付劳动者工资的数额、时间、领取者的姓名以及签字,并保存两年以上备查。用人单位在支付工资时应向劳动者提供一份其个人的工资清单。

(三)定期支付规则

工资必须在用人单位与劳动者约定的日期支付。如遇节假日或休息日,通过银行发放工资的,不得推迟支付工资;直接发放工资的,应提前在最近的工作日支付工资。

(四)按时支付规则

用人单位应当每月至少支付一次工资。实行周、日、小时工资制的可按周、日、小时支付工资。对完成一次性临时劳动或某项具体工作的劳动者,用人单位应按有关协议或合同规定在其完成劳动任务后即支付工资。对实行年薪制或按考核周期兑现工资的劳动者,用人单位应当每月按不低于最低工资的标准预付工资,年终或考核周期期满时结算。劳动关系双方依法解除或终止劳动合同时,用人单位应在解除或终止劳动合同时一次付清劳动者工资。

(五)紧急支付规则

劳动者遇有疾病、生育、灾难等特殊情况,用人单位应允许在支付工资的日期以前支付应得的工资。

(六)劳动者提供正常劳动情况下工资支付不得低于当地最低工资标准

(七)依法支付特殊情况下的工资

(1)安排劳动者延长工作时间的,支付不低于工资的150%的工资报酬;休息日安排劳动者工作又不能安排补休的,支付不低于工资的200%的工资报酬;法定休假日安排劳动者工作的,支付不低于工资的300%的工资报酬。

(2)劳动者的法定工作时间内依法参加社会活动期间,用人单位应视同其提供了正常劳动而支付工资。

（3）劳动者依法享受年休假、探亲假、婚假、丧假期间，用人单位应按劳动合同规定的标准支付劳动者工资。

三、工资保障措施

（一）用人单位不得克扣劳动者工资

克扣劳动者工资，是指在劳动者已提供正常劳动的前提下，用人单位无正当理由扣减劳动者应得的工资。

以下减发工资的情形不属于克扣劳动者工资：国家的法律、法规中有明确规定的；依法签订的劳动合同中有明确规定的；用人单位依法制定并经职代会批准的厂规、厂纪中有明确规定的；企业工资总额与经济效益相联系，经济效益下浮时，工资必须下浮的（但支付给劳动者的工资不得低于当地的最低工资标准）；因劳动者请事假等相应减发工资等。

用人单位不得克扣劳动者工资，但有下列情况之一的，用人单位可以代扣劳动者工资：

法规解读7-2

（1）用人单位代扣代缴的个人所得税。

（2）用人单位代扣代缴的应由劳动者个人负担的各项社会保险费用。

（3）法院判决、裁定中要求代扣的抚养费、赡养费。

（4）法律、法规规定可以从劳动者工资中扣除的其他费用。

根据《工资支付暂行规定》的规定，因劳动者本人原因给用人单位造成经济损失的，用人单位可按照劳动合同的约定要求其赔偿经济损失。经济损失的赔偿，可从劳动者本人工资中扣除。但每月扣除的部分不得超过劳动者当月工资的20%，若扣除后的剩余部分低于当地月最低工资标准，则按最低工资标准支付。

（二）用人单位不得无故拖欠工资

无故拖欠劳动者工资，是指用人单位无正当理由超过规定时间未支付劳动者工资。通常用人单位与劳动者双方在一个工资支付周期内会事先约定一个支付工资的时间。超过约定时间未能支付工资的，即为拖欠工资。以下情形不属于用人单位拖欠劳动者工资：

（1）用人单位遇到非人力所能抗拒的自然灾害、战争等原因，无法按时支付工资。

（2）用人单位确因生产经营困难、资金周转受到影响，在征得本单位工会同意后，可暂时延期支付劳动者工资。延期时间的最长限制可由各省、自治区、直辖市劳动行政部门根据各地情况确定。

（三）工资保障的监督

根据有关法律、法规和政策规定，劳动行政部门、工会组织和人民银行对工资支付行为负有监督之责。

劳动行政部门要监督国家工资法规的正确实施，监督、检查工资待遇的执行情况。根据《劳动合同法》的规定，用人单位有下列侵害劳动者合法权益行为之一的，由劳动行政部门责令限期支付劳动报酬、加班费或者经济补偿；劳动报酬低于当地最低工资标准的，应当支付其差额部分；逾期不支付的，责令用人单位按应付金额50%以上100%以下的标准向劳动者加付赔偿金：

（1）未按照劳动合同的约定或者国家规定及时足额支付劳动者劳动报酬的。

（2）低于当地最低工资标准支付劳动者工资的。

（3）安排加班不支付加班费的。

工会组织要监督企业切实执行国家工资法规的规定。用人单位应通过与职工大会、职工代表大会或者其他形式协商制定内部的工资支付制度，并告知本单位全体劳动者，同时抄报当地劳动行政部门备案。

案例阅读7-1

人民银行要加强对工资基金的管理工作，监督企业执行工资基金使用计划和通知开户银行办理工资基金转移手续。

（四）拒不支付劳动报酬入刑

为加大对劳动者获得报酬合法权益的保护力度，明确信守承诺、遵纪守法的法律底线，2011年5月1日起施行的《中华人民共和国刑法修正案（八）》将恶意欠薪的行为正式确定为"拒不支付劳动报酬罪"，进一步强化了刑法对劳动法律关系的保护，这是社会文明发展的必然。

案例阅读7-2

《刑法修正案（八）》规定，以转移财产、逃匿等方法逃避支付劳动者的劳动报酬或者有能力支付而不支付劳动者的劳动报酬，数额较大，经政府有关部门责令支付仍不支付的，处3年以下有期徒刑或者拘役，并处或者单处罚金；造成严重后果的，处3年以上7年以下有期徒刑，并处罚金；单位犯前款罪的，对单位判处罚金，并对其直接负责的主管人员和其他直接责任人员，依照前款的规定处罚；有前两款行为，尚未造成严重后果，在提起公诉前支付劳动者的劳动报酬，并依法承担相应赔偿责任的，可以减轻或者免除处罚。

2013年1月22日，最高人民法院发布并于次日施行了《关于审理拒不支付劳动报酬刑事案件适用法律若干问题的解释》，针对拒不支付劳动报酬罪所涉及的术语界定、定罪量刑标准、单位犯罪等问题，进一步明确了相关刑事案件的法律适用标准。

四、工资保障制度的完善

尽管我国目前建立了工资保障制度，特别是增设了刑法保护措施，但克扣和拖欠劳动者工资的现象依然存在，不仅激化社会矛盾，个别情况还演化为刑事案件，对社会稳定造成危害。为了更好地保护和实现劳动者的劳动报酬权，我国一些地方性劳动立法在借鉴国外立法经验的基础上，对工资保障制度的完善进行了积极有益的探索，具体制度有待在条件成熟后由全国性工资立法作统一规定。其中主要有：

1. 工资支付预警制度

工资支付预警制度是指各级劳动保障部门通过对用人单位工资支付信息的监控，对用人单位出现拖欠劳动者工资的情形，依法发出警示，并强制其在法定期限内补发拖欠工资的制度。

如2005年1月广东制定颁布了《广东省工资支付条例》，其中第37条规定："县级以上人民政府根据本行政区域内工资支付的实际情况，建立工资支付预警制度。劳动保障部门可以对连续拖欠劳动者工资二个月以上或者累计拖欠达三个月以上的用人单位实施工资支付重点监察；情节严重的，可以向社会公布。纳入工资支付重点监察的用人单位，付清原拖欠的劳动者工资，且在六个月期限内未再发生新的拖欠的，劳动保障部门应当解除其重点监察；已向社会公布的，应当在原公布范围内公示解除重点监察。"

建立工资支付预警制度,加强了对工资支付行为的事前预防和监控力度,使各级劳动保障部门能够对用人单位拖欠工资现象起到及时防范、干预作用,尽可能减少劳动者的工资损失。

2. 工资支付信用等级制度

工资支付信用等级制度是指各级劳动保障部门通过对用人单位工资支付信息的监控,评定各用人单位工资支付的信用等级,实施不同的监控措施,并及时对社会公布的制度。

确立工资支付信用等级制度,既有利于打造诚信社会,也能通过建立相应惩罚机制,使在工资支付过程中缺乏信用的用人单位退出市场,从而有利于对劳动者合法权益的维护。

3. 欠薪保障制度

欠薪保障制度是指由政府依法向用人单位强制性地收取一定的费用,建立欠薪保障基金,当用人单位无力或故意欠薪时,由该基金向劳动者支付欠薪,然后再由其向用人单位行使代位追偿权的制度。

深圳、上海等地通过地方性劳动立法建立了欠薪保障制度,其中对欠薪保障基金的来源、征收、管理和支出程序等多项内容进行具体规定,以防止用人单位拖欠工资给劳动者带来直接损失,构建工资支付保障的长效机制,从而切实保障职工合法利益和维护社会稳定。

此外,部分地区还建立了工资预留账户制度,由企业在银行设立工资预留账户,在企业有资金回款时,优先用于职工工资支付。如2003年12月颁布的《北京市工资支付规定》第30条规定:"本市建立企业欠薪应急保障制度。在本市重点行业的企业中试行设立工资预留账户制度,企业预留部分资金专项用于发生欠薪时支付劳动者工资的应急保障。"

《保障农民工工资支付条例》

《保障农民工工资支付条例》规定,农民工有按时足额获得工资的权利。任何单位和个人不得拖欠农民工工资。保障农民工工资支付,应当坚持市场主体负责、政府依法监管、社会协同监督,按照源头治理、预防为主、防治结合、标本兼治的要求,依法根治拖欠农民工工资问题。县级以上地方人民政府对本行政区域内保障农民工工资支付工作负责,建立保障农民工工资支付工作协调机制,加强监管能力建设,健全保障农民工工资支付工作目标责任制,并纳入对本级人民政府有关部门和下级人民政府进行考核和监督的内容。乡镇人民政府、街道办事处应当加强对拖欠农民工工资矛盾的排查和调处工作,防范和化解矛盾,及时调解纠纷。

政府特别重视欠薪问题。2016年1月国务院专门出台了《关于全面治理拖欠农民工工资问题的意见》(以下简称《意见》)。《意见》要求以建筑市政、交通、水利等工程建设领域和劳动密集型加工制造、餐饮服务等易发生拖欠工资问题的行业为重点,健全源头预防、动态监管、失信惩戒相结合的制度保障体系,完善市场主体自律、政府依法监管、社会协同监督、司法联动惩处的工作体系。到2020年,形成制度完备、责任落实、监管有力的治理格局,使拖欠农民工工资问题得到根本遏制,努力实现基本无拖欠。2019年12月30日国务院公布《保障农民工工资支付条例》,条例的实施将进一步推动建立健全欠薪零容忍的制度体系、监管有效的工作格局、惩处有力的执法机制,推动有效解决拖欠农民工工资问题,切实维护农民工工资报酬权益。

本 章 小 结

1. 工资是指基于劳动关系,用人单位根据劳动者提供的劳动数量和质量,按照法律规定和合同约定,以法定货币形式直接支付给劳动者的劳动报酬。

2. 工资法律调整的原则是贯穿于工资法律制度的基本准则,具体包括按劳分配原则、工资水平在经济发展的基础上逐步提高原则和工资总量宏观调控原则。

3. 社会主义市场经济体制下,我国工资制度进行了全面改革。用人单位享有工资分配的自主权的同时,也要接受工资集体协商、工资指导线和人工成本预警等一系列新型工资制度的制约和监督,从而更好地维护劳动者的劳动报酬权。

4. 最低工资是劳动者在法定工作时间或依法签订的劳动合同约定的工作时间内提供正常劳动的前提下,用人单位应支付的最低劳动报酬。

5. 工资支付并不都以劳动者向用人单位提供劳动为前提。在非正常情况下用人单位应根据法律规定或者集体合同与劳动合同的约定向劳动者支付特殊情况下的工资。

6. 工资保障是指国家依法采取的保障职工足额和按时获得工资的一系列措施。具体包括法定的工资支付办法、工资按时和足额支付的保障以及工资保障的监督等一系列具体措施。

关键词

工资　计时工资　计件工资　奖金　津贴　补贴　最低工资　工资集体协商　特殊情况下的工资　工资保障

思考题

1. 如何理解工资法律调整的原则?
2. 如何区分工资与收入?
3. 我国最低工资的适用范围是什么?
4. 最低工资的组成部分有哪些?
5. 特殊情况下的工资支付应遵循哪些规则?
6. 工资保障制度具体包括哪些内容?

案例分析

1. 某厂招收了30名女工,在劳动合同中约定6个月试用期,试用期间每月工资1 500元(当地最低工资标准是1 550元)。试用期满转正后每月工资2 000元,其中包括用人单位每天提供三餐饭,计500元。此外用人单位每月发给每名女工500元生活费,并说剩余工资暂由厂方代为保管,将在年底一次性结清。

请问:

(1) 该厂在试用期向劳动者支付工资的行为是否合法?为什么?

(2) 该厂在工资支付方面有哪些违法之处?

2. 李某与公司签订的劳动合同中写明每月的十日为发薪日。李某每月工资都有节余,于是在建设银行开设了零存整取的账户。工作的前几个月,公司遵照规定按时发工资,李某每月按时向银行存款。后公司财务出现问题,再也没能在十日准时向职工发工资,而是每月二十日后的某一天,具体哪天也不确定。李某与公司交涉,公司声称工资每月支付,只要在一个月内发放工资都是符合法律规定的。

请问:

(1) 公司的说法正确吗?

(2) 为什么?

参考答案

1.(1) 不合法。试用期里劳动者只要在法定工作时间里提供了正常劳动,用人单位应当支付其不低于最低工资标准的工资。

(2) 第一,试用期里低于最低工资标准支付劳动者工资;第二,转正后工资发放也不符合最低工资的规定,用人单位提供的三餐饭不应计入最低工资的组成中;第三,工资至少每月一次足额发放,而不能在年底一次性结清。

2.(1) 公司管理者的说法不正确。

(2) 根据《劳动法》和《工资支付暂行规定》的规定,用人单位应当每月至少支付一次工资,而且必须在用人单位与劳动者约定的固定日期支付。如遇节假日或休息日,通过银行发放工资的,不得推迟支付工资;直接发放工资的,应提前在最近的工作日支付工资。该案中,公司无正当理由在约定的每月十日未能支付工资的,属于拖欠工资的违约行为,劳动行政部门有权责令用人单位限期支付劳动报酬。

第八章
工作时间和休息休假

学习目的和要求

通过本章的学习,了解劳动者休息休假的权利和法律限定劳动者工作时间的重要意义;掌握工作时间和休息休假的概念、种类以及支付加班加点工资的具体标准,重点区分一般情况下加班加点和特殊情形下加班加点的条件;理解我国加班加点法律制度的立法宗旨;熟悉我国劳动立法的相关规定。

第一节 工作时间和休息休假概述

一、工作时间和休息休假的概念

(一)工作时间的概念和特征

1. 工作时间的概念

工作时间是指劳动者根据国家法律规定,在一昼夜之内和一周之内用于完成本职工作的时间。

工作时间的表现形式主要有工作小时、工作日和工作周3种。工作日是指法律规定的劳动者在一昼夜内从事工作的小时数的总和;工作周是指劳动者在一周内从事工作的工作日的总和,其中工作日是工作时间的基本形式。

2. 工作时间的特征

(1)工作时间是法定的,通常由国家法律加以规定,用人单位不能突破国家法律的限制来安排劳动者工作。

(2)工作时间是劳动者履行劳动义务的时间。根据劳动合同,劳动者必须为用人单位提供劳动。劳动者为用人单位劳动的时间即为工作时间。

(3)工作时间是用人单位支付劳动者报酬的重要依据之一。劳动者没有提供足够时间的劳动,其劳动报酬往往会受到影响。劳动者延长工作时间则可依法获得加班工资。

3. 工作时间的范围

工作时间的范围,不仅包括劳动者实际从事工作的时间,还包括从事与正常工作密切联系的其他事项的时间,以及法律、法规规定的视为提供了正常工作的时间。具体包括:

(1) 必要的预备性工作时间和收尾性工作时间。

(2) 法定非劳动消耗时间,如劳动者自然需要中断时间、必要的工间休息时间、工艺需要中断的时间、女职工哺乳婴儿时间等。

(3) 根据法律规定视为提供了正常工作的时间,如劳动者依法参加社会活动的时间和因用人单位安排离开工作岗位从事其他活动的时间等。

(二) 休息休假的概念和特征

1. 休息休假的概念

从广义而言,休息休假是指劳动者按法律规定不必从事生产和工作而由自己自行支配的时间。从狭义而言,休息时间是指劳动者的工作日内的休息时间、工作日之间的休息时间、周休日。休假是指法定的节假日、探亲假和年休假等假期。

2. 休息休假的特征

(1) 劳动者在休息时间内无需向用人单位提供劳动。

(2) 休息时间由劳动者自行支配,是劳动者实现休息权的必要保证。

(3) 在休假时间里,用人单位仍须向劳动者支付劳动报酬。

(4) 用人单位不得非法占用劳动者的休息时间。如需依法占用,则应按规定给予补偿。

二、工作时间和休息休假法律调整的意义

工时和休息休假的规定是劳动立法中最早规范的内容,被公认为现代劳动立法开端的 1802 年英国的《学徒健康与道德法》就是以限制工作时间为主要内容的劳动立法①。在我国,工时和休息休假的立法一直是劳动立法的重要组成部分。现行工时和休息休假立法主要有《劳动法》中的"工作时间和休息休假"的规定和《国务院关于职工工作时间的规定》及其《实施办法》、《全国年节及纪念日放假办法》、《关于企业实行不定时工作制和综合计算工时工作制的审批办法》等多项法规。

(一) 保护劳动者的休息权,确保劳动者身体健康

在一定的时间范围内,工作时间和休息休假时间存在着此长彼短的关系。过长时间的工作会占用劳动者休息时间,影响体力的恢复,进而给劳动者的身体健康造成损害。法律对工作时间和休息休假进行调整的首要意义就在于保护劳动者的休息权,确保劳动者身体健康。

(二) 提高劳动者的素质和劳动生产率

确保劳动者享有充足的休息时间,既能使劳动力得到及时恢复,也能使劳动者有充裕的时间进行知识和技能学习,提高自己的素质,进而提高劳动生产率;同时,用人单位在法律限定的工作时间范围内,为了提高经济效益,必须充分利用有限的工作时间,提高经营管理水平,改善技术设备,提高工时利用率,从而促进劳动生产率的提高。

---

① 贾俊玲主编:《劳动法学》,北京大学出版社 2003 年版,第 175 页。

(三) 促进生产发展和促进就业

以法律的形式合理地安排工作时间和休息时间,使整个社会生产有秩序地进行,并通过缩短工作时间提高劳动生产率的诸多举措,促进生产发展。

法律对于劳动者工作时间的调整,尤其是现行工时立法中所呈现出来的缩短工作时间的趋势,可以调节劳动力供需之间的矛盾,从而有利于缓解我国就业压力,促进就业。

第二节 工作时间和休息休假的种类

一、工作时间的种类

(一) 标准工作时间

1. 标准工作时间的概念

标准工作时间是指由国家法律规定的,在正常情况下劳动者从事工作的时间。标准工作时间是最常见、适用范围最广的一种工作时间的形式,是确定其他工作时间的基础。

标准工作时间分为标准工作日和标准工作周两种形式。标准工作日是指根据法律规定劳动者在正常情况下一个工作日内的工作时间;标准工作周是指根据法律规定劳动者在正常情况下一个工作周内的工作时间。法律通常规定标准工作时间的最高限度。

2. 标准工作时间的基本内容

我国《劳动法》第 36 条规定:"国家实行劳动者每日工作时间不超过 8 小时,平均每周工作时间不超过 44 小时的工时制度。"第 38 条规定:"用人单位应当保证劳动者每周至少休息一日。"1995 年国务院修订《关于职工工作时间的规定》,重新发布了工作时间,规定国家实行劳动者每日工作时间不超过 8 小时,平均每周工作时间不超过 40 小时的工时制度。基于上述法律规定,我国的标准工作时间有以下两项基本内容:

(1) 劳动者每日工作时间不超过 8 小时,每周工作时间不超过 40 小时。需要强调的是,两项标准同时具有实质性限定意义,即既每日不得超过 8 小时,又每周不得超过 40 小时,两个标准中的任何一项不符合法律规定,即构成对劳动者休息权的侵害。

(2) 每周至少休息一日。即劳动者每周至少有一个连续 24 小时的休息时间。国家机关、事业单位实行统一的工作时间,星期六和星期日为周休息日。企业和不能实行统一工作时间的事业单位,可以根据实际情况灵活安排周休息日。

(二) 计件工作时间

计件工作时间是指以劳动者完成一定劳动定额为标准的工作时间。

《劳动法》第 37 条规定:"对实行计件工作的劳动者,用人单位应当根据本法第 36 条规定的工时制度合理确定其劳动定额和计件报酬标准。"实行计件工作的用人单位,必须以劳动者在一个标准工作日和一个标准工作周的工作时间内能够完成的计件数量为标准,确定劳动者日或周的劳动定额。超过这个标准就等于延长了劳动者的工作时间,侵犯了劳动者的合法权益。因而,计件工作时间实际上是标准工作时间的特殊转化形式。

实行计件工作时间的劳动者,在 8 小时工作时间内完成了当日的劳动定额,则可以把剩余时间作为休息时间,也可以多做定额以取得相应的延长工作时间的劳动报酬。相反,如果劳动者未能在8小时内完成劳动定额,则须在8小时以外加班以完成规定的劳动定额。

(三) 缩短工作时间

1. 缩短工作时间的概念

缩短工作时间是指在法定特殊条件或特殊情况下少于标准工作时间长度的工作时间,即每日工作时间少于8小时,每周工作时间少于40小时。

2. 缩短工作时间的具体规定

国务院《关于职工工作时间的规定》第4条规定:"在特殊条件下从事劳动和有特殊情况需要适当缩短工作时间的,按照国家有关规定执行。"因此,实行缩短工作时间,应当遵循以下规定。

(1) 缩短工作时间的适用范围

缩短工作时间只限于在特殊条件下从事劳动或有特殊情况的职工。具体包括哪些行业或岗位的职工,由国务院或者国务院劳动、人事行政主管部门规定。就现阶段而言,缩短工作时间的适用范围主要包括:

第一,从事矿山井下、高山、有毒、有害、特别繁重和过度紧张的体力劳动职工,以及纺织、化工、煤矿井下、建筑冶炼、地质勘探、森林采伐、装卸搬运等行业或岗位的职工。

第二,从事夜班工作的职工。夜班工作时间一般是指从本日22时至次日6时的时间。夜班工作改变了劳动者正常的生活规律,容易使劳动者疲劳,因此从事夜班工作的劳动者,其日工作时间比标准工作日缩短1小时。

第三,哺乳未满1周岁婴儿的女职工。根据《女职工劳动保护》的规定,正在哺乳不满一周岁婴儿的女职工,在每日工作时间内有两次哺乳时间,每次30分钟。多胞胎生育的,每多哺乳一个婴儿,每次哺乳时间增加30分钟。女职工每班劳动时间内的两次哺乳时间可以合并使用。哺乳时间和在本单位内哺乳往返途中的时间,算作劳动时间,因而,在哺乳期内的女职工实际日工作时间少于8小时。

第四,其他依法可以缩短工作时间的职工。除上述法定的因在特殊条件下从事劳动和特殊情况的职工可以实行缩短工作时间之外,其他需要缩短工时的用人单位在依法履行审批手续后也可以实行缩短工作时间。

(2) 严格审批手续

即使属于国家规定可以实行缩短工作时间的行业或岗位,也必须依法履行审批手续。根据劳动部、人事部1994年2月8日《〈国务院关于职工工作时间的规定〉的实施办法》第5条的规定,缩短工时制的审批按下述两种情况进行:第一,属于中央直属企事业单位的职工,应经主管部门审核上报,由国务院劳动人事部门批准。第二,属于地方企事业单位的职工,应经当地主管部门审核上报,由当地劳动人事部门批准。

(3) 审批后的执行

凡是已经由国务院或国务院劳动、人事行政部门确定为实施缩短工作时间制的行业、企业或岗位,依法办理审批手续后,必须强制推行缩短工作时间制。

(四) 不定时工作时间

不定时工作时间是指根据法律规定在特殊条件下实行的,每日无固定工作时间,即劳动者在一昼夜内工作时间不确定的工作时间制度。它通常适用于工作范围和生产条件不能受固定时间限制的劳动者。

根据《关于企业实行不定时工作制和综合计算工时工作制的审批办法》的规定,企业对符合下列条件之一的劳动者,可以实行不定时工作制:

(1) 企业中的高级管理人员、外勤人员、推销人员、部分值班人员和其他因工作无法按标准工作时间衡量的劳动者。

(2) 企业中的长途运输人员、出租汽车司机和铁路、港口、仓库的部分装卸人员以及因工作性质特殊,需要机动工作的人员。

(3) 其他因生产特点、工作特殊需要或职责范围的关系,适合实行不定时工作制的劳动者。

需要注意的是,不定时工作制并非对工作时间毫无限制,而是基本上按照标准工作时间执行。在特别需要的情况下,其工作时间超过标准工作时间长度,可以不受限制,且超出部分也不算延长工作时间,也不需支付加班工资。

(五) 综合计算工作时间

1. 综合计算工作时间的概念

综合计算工作时间是指分别以周、月、季、年等为周期综合计算工作时间,但其平均日工作时间和平均周工作时间应与法定标准工作时间基本相同的工作时间制度。

在综合计算周期内,某一具体日(或周)的实际工作时间可以超过8小时(或40小时),但综合计算周期内的总实际工作时间不应超过总法定标准工作时间。超过部分应视为延长工作时间并按《劳动法》的规定支付工资报酬,其中法定节假日安排劳动者工作的,按《劳动法》的规定支付工资报酬。

2. 适用综合计算工作时间的职工

综合计算工作时间通常适用于从事受自然条件和技术条件影响或限制的季节性或特殊性的工种。根据《关于企业实行不定时工作制和综合计算工时工作制的审批办法》的规定,下列几种职工可以适用综合计算工时工作制:

(1) 交通、铁路、邮电、水运、航空、渔业等行业中因工作性质特殊需要连续作业的职工。

(2) 地质及资源勘探、建筑、制盐、制糖、旅游等受季节和自然条件限制的行业的部分职工。

(3) 其他适合实行综合计算工时工作制的职工。

此外,对于实行不定时工作制和综合计算工时工作制等其他工作时间和休息办法的职工,企业应根据《劳动法》的有关规定,在保障职工身体健康并充分听取职工意见的基础上,采用集中工作、集中休息、轮休调休、弹性工作时间等适当方式,确保职工的休息休假权利和生产、工作任务的完成。

工作时间种类、适用范围及其依据列表

工作时间种类	适用范围	法律依据	是否存在加班加点情形
标准工作时间	大多数的劳动者	《劳动法》第36条 国务院《关于职工工作时间的规定》第3条	存在

(续表)

工作时间种类	适用范围	法律依据	是否存在加班加点情形
计件工作时间	实行计件工资制的劳动者	《劳动法》第37条	存在
缩短工作时间	特殊条件下从事劳动和有特殊情况的劳动者	《劳动法》第39条 国务院《关于职工工作时间的规定》第4条	存在
不定时工作时间	工作范围和生产条件不能受固定时间限制的劳动者	《劳动法》第39条 《审批办法》第4条	不存在
综合计算工作时间	从事受自然条件和技术条件影响或限制的季节性或特殊性的工种	《劳动法》第39条 《审批办法》第2、5条	存在

（注：原劳动部于1994年12月14日颁布的《关于企业实行不定时工作制和综合计算工时工作制的审批办法》简称为《审批办法》）

二、休息休假的种类

我国休息休假时间的种类，主要是依据生产工作的需要、劳动者基本活动的需要、民族传统习惯等因素，由立法加以规定的，主要可分为以下几种。

（一）一个工作日内的休息时间

一个工作日内的休息时间是指劳动者在一个工作日内进行工作过程中的必要的休息时间和用饭时间。

在工作过程中，应当给予劳动者一定的休息时间和用饭时间，使其精力得以恢复，有助于劳动生产率的提高。在我国，企事业单位要保证劳动者的工间休息，午休和用饭时间一般为1小时至2小时，特殊情况下不得少于半小时。工作不能中断的单位和企业，应保证职工在工作时间内有用饭和短暂的休息时间。

（二）两个工作日之间的休息时间

两个工作日之间的休息时间是指劳动者在一个工作日结束后至下一个工作日开始前的休息时间。

这种休息时间一般应当是连续不间断的。在这段时间内，劳动者可以用来休息、照顾家庭以及进行学习或参加有关社会活动。

（三）公休日

公休日即周休息日，又称"工作周之间的休息日"，是指劳动者工作满一个工作周以后的休息时间。

《劳动法》第38条规定："用人单位应当保证劳动者每周至少休息一日。"劳动者在一个工作周内，至少应当有一整日以上的休息时间。国务院《关于职工工作时间的规定》中规定："国家机关、事业单位实行统一的工作时间，星期六和星期日为周休息日。企业和不能实行前款规定的统一工作时间的事业单位，可以根据实际情况灵活安排周休息日。"

（四）法定节假日

法定节假日是由国家法律统一规定的用于开展纪念、庆祝活动的休息时间。

各国法定节日一般包括3种性质的节日：政治性节日，如国庆节、解放日等；宗教性节日，如西方国家的圣诞节等；民族传统习惯性节日，如我国的春节等。

为了满足劳动者对特定节日或事件进行纪念的庆祝需要，《劳动法》、1999年国务院修订后的《全国年节及纪念日放假办法》对法定节日作了较系统的规定，2007年12月14日国务院第二次修订后的《全国年节及纪念日放假办法》对全体公民放假的节日作了较系统的规定，2013年12月11日国务院又公布了《国务院关于修改〈全国年节及纪念日放假办法〉的决定》，具体内容有：

(1) 属于全体公民放假的节日，包括：① 新年，放假1天(1月1日)；② 春节，放假3天(农历正月初一、初二、初三)；③ 清明节，放假1天(农历清明当日)；④ 劳动节，放假1天(5月1日)；⑤ 端午节，放假1天(农历端午当日)；⑥ 中秋节，放假1天(农历中秋当日)；⑦ 国庆节，放假3天(10月1日、2日、3日)。

(2) 属于部分公民放假的节日及纪念日，包括：① 妇女节(3月8日)，妇女放假半天；② 青年节(5月4日)，14周岁以上的青年放假半天；③ 儿童节(6月1日)，不满14周岁的少年儿童放假1天；④ 中国人民解放军建军纪念日(8月1日)，现役军人放假半天。

(3) 少数民族习惯的节日，由少数民族聚居地区的地方人民政府按照各该民族习惯，规定放假日期。

(4) 其他纪念日，如二七纪念日、五卅纪念日、七七抗战纪念日、九一八纪念日、记者节、植树节、护士节、教师节等其他节日，均不放假。

(5) 全体公民放假的假日，如果适逢星期六、星期日，应当在工作日补假。部分公民放假的假日，如果适逢星期六、星期日，则不补假。

(五) 探亲假

探亲假是指与父母或配偶分居两地的职工，在一定期限内所享受的一定期限的带薪假期。

根据1981年3月6日《国务院关于职工探亲待遇的规定》和财政部《关于职工探亲路费的规定》，职工探亲假及其待遇主要包括以下具体内容：

1. 享受探亲假的条件

凡在国家机关、人民团体和全民所有制企业、事业单位工作满一年的固定职工，与配偶不住在一起，又不能在公休假日团聚的，可以享受规定的探望配偶的待遇；与父母都不住在一起，又不能在公休日团聚的，可以享受规定的探望父母的待遇。但职工与父亲或母亲一方能够在公休假日团聚的，不能享受规定探亲待遇。

2. 探亲假期

探亲假期，是指职工与配偶、父母团聚的时间。具体规定包括：

(1) 职工探望配偶，每年给予一方探亲假一次，假期为30天。

(2) 未婚职工探望父母，原则上每年给假一次，假期为20天。如果因工作需要，本单位当年不能给予假期，或者职工自愿两年探亲一次的，可以两年给假一次，假期为45天。

(3) 已婚职工探望父母，每4年给假一次，假期为20天。

(4) 凡实行休假制度的职工，如学校的教职工，应在休假期间探亲；如果休假期较短，可由本单位适当安排，补足其探亲假的天数。上述假期之外，应另按实际需要给予路程假,假期中的公休假日和法定节日不再扣除和另行补假。

3. 探亲假期间待遇

(1)工资待遇。职工在规定的探亲假期和路程假期内,按照本人的标准工资发给工资。

(2)探亲路费的报销。职工探望配偶和未婚职工探望父母的路费,由所在单位负担。已婚职工探望父母的往返路费,在本人月标准工资30%以内的,由本人自理,超过部分由所在单位负担。

由于上述规定颁布的时间是在20世纪80年代初,体现较浓厚的计划经济体制的色彩,与现实有较大差距。以后随着劳动法制建设的完善,一方面可以通过集体合同对劳动者享有探亲假的条件和待遇作出具体规定,另一方面在条件成熟时应对上述规定进行修改。

(六)年休假

年休假是指职工每年享有保留职务和工资的一定期限连续休息的假期。年休假一方面符合劳动者提高生活质量的要求,另一方面也能够用以扩大消费规模、刺激经济增长,因而年休假制度具有十分重要的意义。

我国在新中国成立初期曾在部分单位实行过年休假,但后来由于社会经济等方面的原因,年休假制度停顿下来。1991年6月15日《中共中央、国务院关于职工休假问题的通知》规定:"确定职工休假天数时,要根据工作任务和各类人员资历、岗位等不同情况,有所区别,最多不得超过两周。"《劳动法》第45条对年休假作了原则性规定:"国家实行带薪年休假制度。劳动者连续工作1年以上的,享受带薪年休假。具体办法由国务院规定。"

国务院于2007年颁布了《职工带薪年休假条例》,此后人力资源和社会保障部又出台了《企业职工带薪年休假实施办法》,对年休假进行了充分细化规定,具体规定了年休假的适用范围、条件、休假期、工资待遇等内容。

1. 适用范围与工资待遇

《职工带薪年休假条例》第2条规定:"机关团体、企业事业单位、民办非企业单位、有雇工的个体工商户等单位的职工连续工作1年以上的,享受带薪年休假。单位应当保证职工享受年休假。职工在年休假期间享受与正常工作期间相同的工资收入。"其对职工应休未休年薪假的工资报酬也做了具体规定:"单位确因工作需要不能安排职工休年休假的,经职工本人同意,可以不安排职工休年休假。对职工应休未休的年休假天数,单位应当按照职工日工资收入的300%支付年休假工资报酬。"

2. 休假条件与休假期

《职工带薪年休假条例》规定:职工累计工作已满1年不满10年的,年休假5天;已满10年不满20年的,年休假10天;已满20年的,年休假15天。同时规定,若职工有下列情形之一的,不享受当年的年休假:

(1)职工依法享受寒暑假,其休假天数多于年休假天数的。

(2)职工请事假累计20天以上且单位按照规定不扣工资的。

(3)累计工作满1年不满10年的职工,请病假累计2个月以上的。

(4)累计工作满10年不满20年的职工,请病假累计3个月以上的。

(5) 累计工作满20年以上的职工,请病假累计4个月以上的。

3. 休假安排

《职工带薪年休假条例》充分考虑了单位和职工的具体情况,规定:"单位根据生产、工作的具体情况,并考虑职工本人意愿,统筹安排职工年休假。"年休假在1个年度内可以集中安排也可以分段安排,一般不跨年安排。单位因生产、工作特点确有必要跨年安排职工年休假的,可以跨1个年度安排。

法规解读8-1

自2008年1月1日起开始施行的《职工带薪年休假条例》及其后出台的《企业职工带薪休假实施办法》,弥补了我国原有年休假规定过于原则性的不足,使年休假制度落在了实处,满足了我国经济发展和人民生活水平不断提高的要求。

(七)婚丧假

婚丧假是指职工本人结婚或直系亲属死亡时享受的假期,包括结婚假和丧葬假。

我国目前婚丧假执行的依据是1980年国家劳动总局和财政部颁布的《关于国营企业职工请婚丧假和路程假问题的规定》。该规定授权单位因职工本人结婚或者职工直系亲属死亡,酌情批准该职工1天到3天的假期。结婚双方不在一地工作的和外地直系亲属死亡需前往外地奔丧的,可根据路程远近另外给予路程假。批准婚丧假期间工资照发,路途中的车船费等费用自理。

从实际情况看,各地有相应的具体规定,尤其是婚假,全国大部分地区往往结合计划生育政策,对符合相应条件的职工增加假期。

法规解读8-2

正常婚假外的奖励婚假

除正常婚假外,全国大部分地区都规定了奖励婚假,在国家婚假基础上增加婚假天数,提高公民结婚时的婚假福利。奖励婚假有以下三种情形:

(1) 直接奖励,如《上海市人口与计划生育条例》第31条规定,符合法律规定结婚的公民,除享受国家规定的婚假外,增加婚假7天。

(2) 附条件奖励,如《陕西省人口与计划生育条例》第48条规定,依法办理结婚登记的夫妻在结婚登记前参加婚前医学检查的,在国家规定婚假的基础上增加假期10天。

(3) 直接奖励结合附条件奖励,如《河南省人口与计划生育条例》第27条规定,依法办理婚姻登记的夫妻,除国家规定的婚假外,增加婚假18日,参加婚前医学检查的再增加婚假7日。

有必要强调的是,劳动者依法享有的婚丧假期间,用人单位应当依法支付工资,不得以请婚丧假为由扣减工资。

(八)女职工的产假

《劳动法》第62条规定:"女职工生育享受不少于90天的产假。"有关女职工产假待遇的具体规定,在女职工特殊劳动保护等章节中将详细论述。

第三节　加班加点制度

一、加班加点的概念

加班加点又称延长工作时间,是指劳动者的工作超过正常工作时间的长度。

加班加点具体分为两种情形:加班和加点。加班是指劳动者在公休日和法定节假日工作,加点是指劳动者超过日标准工作时间工作。

二、法律对待加班加点的基本态度

加班加点必然挤占劳动者的休息时间,从国家保护劳动者休息权的角度出发,有关工时和休息立法本应立足于取消加班加点。但考虑到用人单位生产工作的特殊需要和存在紧急情况等客观事实,加班加点又在所难免。为解决这一矛盾,我国工时立法对加班加点的基本态度可归结为既允许又加以严格条件限制,并规定较高的补偿标准,以防止加班加点的滥用,保障劳动者休息权和相关权益的实现。

三、加班加点的主要规定

(一) 禁止安排加班加点的劳动者的范围

根据《劳动法》及相关法律、法规的规定,禁止安排怀孕7个月以上的女职工和哺乳未满1周岁婴儿的女职工以及未成年工加班加点。

(二) 一般情形下加班加点的条件

根据《劳动法》第41条的规定,一般情形下用人单位安排劳动者加班加点必须符合3个条件。

1. 实体条件:用人单位生产经营需要

何谓生产经营需要,法律法规并未予以解释。一般而言,生产经营需要是指生产任务繁重需要加班完成,工作任务紧急需要尽快处理,以及其他确属用人单位生产经营等客观情况需要加班加点完成的。在实践中,可由集体合同约定或由用人单位与工会共同界定生产经营需要的具体范围。

2. 程序条件:用人单位要与工会和劳动者进行协商

《劳动法》第41条规定:"用人单位由于生产经营需要,经与工会和劳动者协商后,可以延长工作时间。"用人单位应当事先就加班加点的理由、工作量计算和所需职工人数,向工会说明,并征得工会同意。同时,在此情形下加班加点必须以劳动者的同意为基本条件。劳动者拒绝从事加班加点的,是其正当行使自身权利的表现,用人单位不得以此为由作出对劳动者不利的处分决定。

3. 加班加点不得超过法定限制时间

《劳动法》第41条规定:延长工作时间,一般每日不超过1小时;因特殊原因需要延长工作时间的,在保障劳动者身体健康的条件下,每日不得超过3小时,但是每月不得超过 36 小时。

（三）特殊情形下加班加点的规定

根据《劳动法》第 42 条的规定，出现以下情况时，延长工作时间可以不受法律规定的程序和长度的限制。

（1）发生自然灾害、事故或者因其他原因，威胁劳动者生命健康和财产安全，需要紧急处理的。

（2）生产设备、交通运输线路、公共设施发生故障影响生产和公众利益，必须及时抢修的。

（3）法律、行政法规规定的其他情形。根据《〈国务院关于职工工作时间的规定〉的实施办法》第 6 条的规定，主要包括：

① 在法定节日和公休假日内工作不能间断的，必须连续生产、运输或者营业的；

② 必须利用法定节日或公休假日的停产期间进行设备检修、保养的；

③ 为了完成国防紧急生产任务，或者完成上级在国家计划外安排的其他紧急生产任务，以及商业、供销企业在旺季完成收购、运输、加工农副产品紧急任务的。

（四）加班加点的劳动报酬

《劳动法》规定：用人单位应当向劳动者支付高于正常工作时间工资的加班加点工资。具体标准是：

（1）安排劳动者延长工作时间的，支付不低于工资的 150％的工资报酬。

（2）休息日安排劳动者工作又不能安排补休的，支付不低于工资的 200％的工资报酬；有必要注意的是，休息日安排劳动者工作应优先采用补休的形式。在无法安排补休的情形下，用人单位应按法律规定支付劳动者加班工资。

（3）法定休假日安排劳动者工作的，支付不低于工资的 300％的工资报酬。

此外，实行计件工资的劳动者，在完成计件定额任务后，多做的定额应视为加班加点，须按上述标准支付劳动者加班加点工资。实行综合计算工时工作制的劳动者，其综合计算工作的结果超过法定标准工作时间的部分，应视为延长工作时间，工作日正好是法定节假日的也应视为加班，用人单位须按上述标准支付劳动者加班加点工资。

案例阅读 8-1

根据《劳动合同法》的规定，用人单位安排加班不支付加班费的，由劳动行政部门责令限期支付。逾期不支付的，责令用人单位按应付金额 50％以上 100％以下的标准向劳动者加付赔偿金。

案例阅读 8-2

本 章 小 结

1. 工作时间是指劳动者根据国家法律规定，在一昼夜之内和一周之内用于完成本职工作的时间。工作时间的表现形式主要有工作小时、工作日和工作周 3 种，工作日是工作时间的基本形式。

2. 休息休假是指劳动者按法律规定不必从事生产和工作而由自己自行支配的时间。休息时间里用人单位无需向劳动者支付工资，在休假时间里用人单位仍需向劳动者支付工资。

3. 按休息休假时间形式的不同,可以将其分为一个工作日内的休息时间、两个相邻工作日之间的休息时间、周休日和法定的节假日、探亲假和年休假等不同种类。

4. 工时立法对加班加点行为既允许又加以严格的条件限制。用人单位因生产经营需要而加班加点的,必须与工会和劳动者协商同意,同时受时间长度的限制。因国家、社会和集体利益受到严重威胁等紧急情况出现而需要加班加点的,可以由用人单位单方决定并且不受时间长度的限制。

5. 劳动者加班加点后应依法获得加班加点工资报酬。但休息日安排劳动者加班的,应优先安排劳动者补休。不能安排劳动者补休的,须按不低于本人工资的 200% 支付劳动报酬。延长劳动工作时间和法定节假日安排劳动者加班的,必须分别按不低于本人工资的 150% 和 300% 支付劳动报酬,而不能以补休来替代加班加点的工资报酬。

关键词

工作时间　休息时间　休假　标准工作时间　计件工作时间　缩短工作时间　不定时工作时间　综合计算工作时间　法定节假日　加班加点

思考题

1. 工作时间和休息休假分别有哪些法律特征?
2. 阐述对工作时间和休息休假时间进行法律调整的意义。
3. 适用缩短工作时间、不定时工作时间和综合计算工作时间的劳动者范围分别有哪些?
4. 用人单位因生产经营需要安排加班加点的,须满足哪些条件?
5. 特殊情形下的加班加点需符合哪些要求?
6. 用人单位应如何向劳动者支付加班加点的工资报酬?

案例分析

1. 某服装厂因生产经营需要,与本厂某条生产线上的职工协商,要求他们在4月份到5月中旬一个半月期间每天正常工作时间外再延长两个小时,"五一"国定假加班1天。职工王某因身体虚弱,拒绝加班。厂方以王某不服从管理,严重违反劳动纪律为由通知与王某解除劳动合同。厂方事后给加班的职工每人安排了4天的补休,未支付加班工资。

请问:

(1) 该厂延长工作时间的做法是否正确?请指出错误并说明理由。

(2) 该厂能否因王某不加班而解除与王某的劳动合同?为什么?

2. 丁某、李某二人为外来务工人员,经人介绍被上海杨浦区一家公司录用,岗位是门卫。公司规定每日24小时要有门卫看守,丁某和李某轮流,一个值白班,一个值夜班,没有星期六和星期日,更没有节假日。每人每天工作12小时,每人每月工资2 800元,加班工资500元。丁某、李某没有异议。

请问:

(1) 该公司对丁某、李某的工作时间安排及劳动报酬的支付违反了劳动法的哪些规定?丁某、李某同意公司的安排对该案件有何影响?

(2) 具体理由是什么?

参考答案

1.(1) 不正确。

第一,用人单位因生产经营需要延长工作时间的,在程序上须与工会和劳动者协商,在实体上一般每日不得超过1小时;即使因特殊原因需要延长工作时间的,也必须在保障劳动者身体健康的条件下延长工作时间每日不得超过3小时,但是每月不得超过36小时。本案中,该厂未与工会协商,且在4月份到5月中旬期间每天延长工时2小时超出延长工作时间的最高限36小时。

第二,安排劳动者延长工作时间的,厂方应支付不低于工资的150%的加班工资;"五一"法定休假日安排劳动者工作的,应支付不低于工资的300%的工资报酬。两种情况均不能以安排补休来替代发放加班加点工资。

(2) 该厂不能因王某不加班而解除与王某的劳动合同。

因为该厂因生产经营需要延长工作时间的,在程序上须与工会和劳动者协商。王某因身体原因不愿加班,是王某依法行使其休息权的行为。该厂不能因此而认定王某不服从管理,严重违反劳动纪律。所以,该厂解除与王某的劳动合同于法无据。

2.(1) 本案中的用人单位违反了劳动法赋予劳动者享有休息权的规定及延长工作时间的规定和加班工资支付标准的规定。丁某、李某同意公司的安排,不能改变公司相关违法行为的性质。

(2) 具体理由如下:

第一,丁某、李某轮流负责每天12小时的门卫值班,公休假日也不得离岗,其休息权被严重侵犯。

第二,除公休假日值班外,丁某、李某每天各加班4小时,超过《劳动法》规定的关于延长工作时间的标准上限。即:用人单位由于生产经营需要,经与工会和劳动者协商后可以延长工作时间,一般每日不得超过1小时;因特殊原因需要延长工作时间的,在保障身体健康的条件下延长工作时间每日不得超过3小时,但每月不得超过36小时。

第三,用人单位每月分别向丁某、李某2人支付500元加班工资也严重违反《劳动法》第44条的规定。即:安排劳动者延长工作时间的,支付不低于工资150%的工资报酬。休息日安排劳动者工作又不能安排补休的,支付不低于工资200%的工资报酬;法定节假日安排劳动者工作的,支付不低于工资300%的工资报酬。

第四,因公司对丁某、李某的工作时间安排及劳动报酬的支付违反了法律规定,尽管丁某、李某没有异议,公司的违法做法也必须予以纠正。

第九章 劳动安全卫生

> **学习目的和要求**
> 通过本章的学习,了解劳动者享有获得劳动安全卫生保护的权利、劳动安全卫生制度的重要意义;掌握劳动安全卫生的概念、特征;理解劳动安全卫生的基本方针,劳动安全卫生法律关系中劳动安全卫生行政管理部门、用人单位和劳动者的权利和义务;熟悉相关法律、法规及规章。

第一节 劳动安全卫生概述

一、劳动安全卫生的概念和特征

(一)劳动安全卫生的概念

劳动安全卫生又称职业安全卫生,是指对劳动者在劳动过程中的生命安全和身体健康加以保护的法律制度。

(二)劳动安全卫生的特征

生命健康权是劳动者的基本权利,围绕这项基本权利的保护而建立的劳动安全卫生法律制度具有以下特征:

1. 劳动安全卫生制度的实施具有强制性

劳动安全卫生制度的保护对象是劳动者的安全和健康。劳动者的安全和健康是劳动者的基本权利,是劳动者享有劳动权利和履行劳动义务的重要条件。因而,该项制度的实施具有强制性。这就决定了用人单位与劳动者签订劳动合同时,任何一方都不得违反或者规避国家有关劳动安全卫生的规定。如一些用人单位要求劳动者签订所谓的"生死合同",即在劳动合同中约定如果劳动者在劳动过程中发生伤亡,单位概不负责的条款,这因违反了法律的强制性规定,属于无效条款。

2. 劳动安全卫生制度保护范围限定为劳动过程

劳动安全卫生关系是基于劳动关系而产生的,因而,有关劳动安全卫生制度的法律规范的保护范围只限于劳动过程之中。针对劳动过程的特点和劳动过程存在的相关物理、化学和生物等职业性危害因素,国家必须制定相应的劳动安全卫生规范和措施。同时,在劳动过程中用人单位应积极采取各种改善劳动条件和保护劳动者生命安全和身体健康的措施。

3. 劳动安全卫生制度以改善劳动条件和劳动环境为主要途径

劳动安全卫生制度通过消除劳动过程中不安全和不卫生的因素,实现对劳动者生命安全和身体健康的保护。

二、劳动安全卫生制度的立法概况

劳动安全卫生制度在各国劳动法体系中都处于十分重要的地位,一些国家还制定了专门的劳动保护基本法,如美国1970年公布了《职业安全和卫生法》,日本1972年颁布了《劳动安全卫生法》。国际劳工组织也制定了大量的有关劳动安全卫生方面的国际劳工标准,在世界经济一体化的背景下对世界各国劳动安全卫生立法产生了重大影响。

针对普遍存在的职业性危害因素,劳动安全卫生立法的内容中包含有大量的技术性法律规范,使其具有跨越国界和社会形态的共同性。因而,我国的劳动安全卫生立法,也大胆借鉴国外的立法经验,积极开展国际间劳动安全卫生立法的合作与交流,并力争使之同国际劳动安全卫生公约趋于一致。我国目前批准的24个国际劳动公约中以劳动安全卫生为主要内容的就占到一半左右,如1932年《伤害防护(码头工人)公约》、1988年《建筑业安全卫生公约》、1990年《作业场所安全使用化学品公约》等内容。

知识拓展

《作业场所安全使用化学品公约》

经国际劳工局理事会召集,于1990年6月7日在日内瓦举行第七十七届会议。会议在有关国际劳工公约和建议书基础上,特别是1971年苯公约和建议书、1974年职业病公约和建议书、1977年工作环境(空气污染、噪音和震动)公约和建议书、1981年职业安全卫生公约和建议书、1985年职业卫生设施公约和建议书、1986年石棉公约和建议书,以及作为1964年工伤津贴公约附件、1980年经修订的职业病清单,并注意到保护工人免受化学品的有害影响同样有助于保护公众和环境,以及工人需要并有权利获得他们在工作中使用的化学品的有关资料,考虑到通过相关方法预防或减少工作中化学品导致的疾病和伤害事故的重要性,确定采取国际公约的形式,于1990年6月25日通过《作业场所安全使用化学品公约》。

就国内立法而言,从新中国成立初期起临时宪法作用的《中国人民政治协商会议共同纲领》到以后历次的宪法都对劳动安全卫生问题作了原则性规定。《劳动法》第6章则专章对我国劳动安全卫生制度作了较为具体的规范。它与《矿山安全法》《建筑法》《职业病防治法》《安全生产法》等单行法律和国务院发布的劳动安全卫生行政法规以及有关部门制定的大量劳动安全卫生的规章、标准，共同构成了我国劳动安全卫生制度的法律体系。

三、劳动安全卫生制度中各方的权利义务

劳动安全卫生制度，是国家以安全卫生为目的，通过立法建立的用人单位和劳动者在劳动过程中必须遵守的行为规范。

劳动安全卫生法律关系有三方当事人，即劳动安全卫生行政管理部门、用人单位和劳动者。三方在劳动安全卫生法律关系中享有不同的权利和承担不同的义务。

（一）劳动安全卫生行政管理部门的职责

2005年2月28日，为进一步加强安全生产监管和煤矿安全监察工作，国家安全生产监督管理局调整为国家安全生产监督管理总局，作为国务院直属机构。同时单独设立国家煤矿安全监察局，为国家安全生产监督管理总局管理的国家局。

因此，我国的安全生产工作由国家安全生产监督管理总局（国家煤矿安全监察局）及县级以上各级安全生产监督管理局实施综合监督管理；国务院有关部门和县级以上地方各级人民政府有关部门依法在各自的职责范围内对有关的安全生产工作实施监督管理。

根据《劳动法》和相关法律法规的规定，劳动安全卫生行政管理部门的职责主要包括：

（1）根据管理权限及时制定、修订有关安全生产的国家标准或行业标准，使劳动安全卫生制度管理科学化、规范化，并力争同国际劳动立法标准接轨，如安全技术规程、劳动卫生规程、劳动安全卫生防护设施标准、劳动环境质量标准、高处作业标准、体力劳动强度标准等。

（2）组织和推动劳动安全卫生科学研究工作，为建立科学合理的劳动安全卫生法律制度提供科学依据，开发更多的劳动安全卫生保护产品，并负责组织推广。

（3）建立劳动安全卫生管理制度，如职业病统计报告制度、伤亡事故报告处理制度、劳动安全卫生教育制度、劳动安全卫生监督检查与处罚制度等。

（4）对用人单位执行劳动安全卫生制度进行监督、检查以及对违反劳动安全卫生法规的单位或个人依法给予处罚。

（5）开展安全生产宣传教育。各级人民政府及其有关部门应当采取多种形式，加强对有关安全生产的法律、法规和安全生产知识的宣传，提高职工的安全生产意识。

（二）用人单位的权利与义务

1. 用人单位的义务

在劳动安全卫生制度中，用人单位对劳动者在劳动过程中的生命安全和身体健康负有不可推卸的法定义务。主要有以下几项内容：

（1）建立健全各项劳动安全卫生制度

劳动安全卫生制度主要包括各种内部安全卫生规章制度、企业内部安全监督检查组织系统和工作制度等。通过健全的劳动安全卫生制度，防止劳动过程中的事故发生，减少职业性危害。《劳动法》第52条明确规定：用人单位必须建立健全劳动安全卫生制度，严格执行国家劳动安全卫生规程和标准。

（2）对职工广泛开展劳动安全卫生教育

劳动安全与卫生，是用人单位与劳动者双方的相关活动，如果不在每一个劳动者中树立安全第一、预防为主，人人自觉遵守操作规程和规范的观念，要实现劳动安全卫生法律

制度的目标是不可能的。因此,《劳动法》第52条要求用人单位必须对劳动者进行安全卫生教育。

(3) 按规定提供劳动安全卫生设施和条件

良好的劳动安全卫生设施条件,是防止事故、减少职业危害的基本因素。因此,《劳动法》第53、54条规定:劳动安全卫生设施必须符合国家规定的标准。新建、改建、扩建工程的劳动安全卫生设施,必须与主体工程同时设计,同时施工,同时投入生产和使用。用人单位必须为劳动者提供符合国家规定的劳动安全卫生条件和必要的劳动保护用品。

(4) 对未成年劳动者和从事有职业危害作业的劳动者进行定期的健康检查

根据法律规定,未成年劳动者和从事有职业危害作业的劳动者,进行规定健康检查的时间应认定为工作时间,健康检查所需的费用由用人单位负担。

(5) 对劳动者进行安全技术培训

通过安全技术培训,使劳动者能进一步提高安全意识。特别是从事特种作业的劳动者,必须经过专门培训并取得特种作业资格证书,才能从事相应的特种作业劳动。凡用人单位未履行培训义务而发生事故的,应依法追究用人单位的责任。

2. 用人单位的权利

用人单位在履行法定义务的同时,也享有以下权利:

(1) 有权依法建立健全内部劳动安全卫生规章制度和操作规范,并要求劳动者必须遵守。

(2) 有权对企业内部的劳动安全卫生规章制度的执行实施监督检查,纠正任何违章操作行为。

(3) 有权对违反劳动安全卫生规章制度并造成事故的劳动者给予纪律处分。

(三) 劳动者的权利与义务

劳动安全卫生法律制度的保护对象是劳动者的生命安全和身体健康,劳动者在劳动安全卫生法律制度中,享有权利也承担义务。

1. 劳动者的权利

(1) 获得各项保护条件和保护待遇的权利

劳动安全卫生法律制度的目的在于保护劳动者的生命安全和身体健康,以此为目的确定的用人单位的各项义务,都直接转化为劳动者的权利。如劳动者有获得符合劳动安全卫生条件的权利;有获得本岗位安全卫生知识、技术培训的权利;有获得劳动保护用品的权利;有获得定期健康检查的权利等。

(2) 危险因素和应急措施的知情权

由于技术条件的限制,用人单位的生产过程中往往存在着一些对劳动者生命和健康的致害因素。劳动者如果事先不知晓危险因素的存在,就会忽视采取防护措施,也可能在发生事故时无从采取应急措施,从而造成伤亡事故的发生。因而,《安全生产法》和《职业病防治法》都要求用人单位应向劳动者如实告知工作岗位存在的危险因素、防范措施和事故应急措施,从而保障劳动者的知情权。

(3) 拒绝权

在劳动安全卫生条件恶劣、隐患严重的情况下,劳动者有权拒绝从事该项工作或者有权撤离现场。《劳动法》第56条规定:"劳动者对用人单位管理人员违章指挥、强令冒险作业,有权拒绝执行。"

(4) 监督权

劳动者对企业及其负责人不执行劳动安全卫生规定,不提供法律规定的安全卫生条件以及违章指挥,强令冒险作业等行为,有权提出批评、检举和控告。

(5) 紧急情况下的停止作业和紧急撤离权

生产经营作业过程中发生直接危及人身安全的紧急情况时,应优先保护现场作业人员的生命安全。《安全生产法》第52条规定:"从业人员发现直接危及人身安全的紧急情况时,有权停止作业或者在采取可能的应急措施后撤离作业场所。生产经营单位不得因从业人员在前款紧急情况下停止作业或者采取紧急撤离措施而降低其工资、福利等待遇或者解除与其订立的劳动合同。"

2. 劳动者的义务

(1) 遵守国家有关安全生产的法律、法规和规章。国家有关安全生产的法律、法规和规章是安全生产的基本要求和保证,劳动者有义务认真遵守。

(2) 严格遵守用人单位的安全生产规章制度和操作规程,遵守本工作岗位的具体制度和操作规程,服从安全生产管理。

(3) 劳动者应当自觉接受用人单位有关安全生产的教育和培训,掌握所从事工作应当具备的安全知识。

四、劳动安全卫生制度的意义

"安全第一,预防为主"是我国劳动安全卫生法律制度中必须始终贯彻的基本方针。"安全第一"就是要正确处理生产与安全的关系。当生产与安全发生冲突时,应当优先保证安全,安全重于生产,必须在安全的情况下促进生产。"预防为主"就是要处理好职业伤害的预防与治理的关系。劳动安全卫生的重点应放在事先防范上,在生产过程中遵循安全技术规程和卫生规程,消除危险因素,而不是在造成职业伤害后,再进行治理和补救。

劳动安全卫生法律制度对于保护劳动者的生命安全和身体健康权、保护我国劳动力资源以及促进我国现代化生产技术的发展具有十分重要的意义。

第二节 安全技术规程与劳动卫生规程

一、安全技术规程

安全技术规程是以防止和消除劳动过程中伤亡事故的技术规则为基础内容,旨在保护劳动者安全的法规。由于各行业的特点、工艺流程不同,需要解决的安全技术问题不同,规定的劳动安全卫生技术规程也不一样,但它们有一些基本规程是共同的,主要包括以下方面。

(一) 工厂安全技术规程

1. 厂房、建筑物和通道的安全要求

建筑物(厂房)必须坚固,以防塌陷,如有损坏或危险的迹象应立即修理;动力间、锅炉房、瓦斯发生室应与其他工作间隔开,其屋顶要求轻便,楼房设置安全梯或其他便于脱离危险的设备。厂院内交通要道必须平坦、畅通,夜间应有足够的照明设备,交叉处须有明显的警告标志、信号装置或落杆;为生产所设的坑、壕、沟、池应有围栏或盖板等。

2. 工作场所的安全要求

机器和工作台等设备的装置,必须科学、合理,便于安全操作;原材料、成品、半成品的堆放必须不妨碍生产工作的正常进行和生产活动的通行;工作地点局部照明的亮度应符合操作要求等。

3. 生产设备的安全要求

生产设备安全总的要求是:设备的设计、制作、安装必须符合劳动安全卫生法规的要求;所用设备如对人有害,应采取有效的防护措施;对容易发生危险的特种设备,必须严格管理,操作人员应经过专门培训考核,持证上岗操作等。

4. 个人防护用品的安全要求

企业必须给从事有可能危害安全和健康工作的劳动者发放必要的防护用品,并定期检验和鉴定,建立定期更换制度。

(二)建筑安装工程安全技术规程

建筑安装工程具有高空作业、露天作业、劳动强度大和劳动条件差等特点。为了确保建筑工人的安全和健康,防止各类伤亡事故的发生,相关立法的主要规定有:

1. 施工的一般安全要求

施工单位的技术领导人必须熟悉相关安全技术规程的各项规定,在所编制的施工组织设计中应提出安全技术措施,并且应该对工人讲解安全操作方法。参加施工工作的工程技术人员和工人必须了解相关安全技术规程。

2. 施工现场的安全要求

施工现场必须保证施工者及路经此地的行人的安全,如施工现场周围应有篱笆、木板或铁丝网围设栅栏,工地的坑、池须用盖板或设置标志,危险地带和易爆炸物存放处须用明显标志,夜间须用红灯照明等。施工现场上的附属企业的机械装置等临时工程设置、规格应在施工组织设计时详细规定。

3. 脚手架的安全要求

脚手架的负荷量必须符合规定标准。如果负荷量加大,架子应该适当地加固。承载机械或超过15米高的脚手架须先行设计,经批准后才能搭设,然后由专人负责验收,才能使用,使用期间应该经常检查。

4. 土石方工程要求和拆除工程的安全要求

进行土石方工程前,应该做好必要的地质、水文和地下设备的调查和勘察工作。挖掘土方应该从上而下施工,禁止采用挖空底脚的操作方法,并且应该做好排水措施等。

拆除工程在施工前,应该对建筑物的现状进行详细调查,并且编制施工组织设计,经总工程师批准后,才可以动工。拆除工程在施工前,要组织技术人员和工人学习施工组织设计和安全操作规程。拆除建筑物,应该自上而下按顺序进行,禁止数层同时拆除等。

5. 现场高空作业的要求

对现场高空作业的施工者必须进行身体检查,对那些不适合做高空作业者应予禁止等。

6. 防护用品的安全要求

施工单位对从事建筑安装工程的人员应该供给适用的、有效的防护用品,并且要规定发放、保管、检查和使用的办法。

(三) 矿山安全技术规程

矿山是安全事故高发的场所。为了保障矿山安全生产,保护劳动者的安全和健康,我国制定了以《中华人民共和国矿山安全法》为主的一系列矿山安全法律规范。

1. 矿山建设的安全要求

矿山建设工程的安全设施必须和主体工程同时设计、同时施工、同时投入生产和使用。矿山设计要符合矿山安全规程和行业技术规范,所采取的运输和安全措施须符合相应法规,同时应设置相应的防护装置,如通风装置、防火灭火装置、防水排水装置等。矿山建设工程必须按照管理矿山企业的主管部门批准的设计文件施工。安全设施竣工后,由管理矿山企业的主管部门验收,并须有劳动行政主管部门参加;不符合矿山安全规程和行业技术规范的,不得验收,不得投入生产。

2. 矿山开采的安全要求

矿山开采必须具备保障安全生产的条件,执行开采不同矿种的矿山安全规程和行业技术规范。矿山使用的有特殊安全要求的设备、器材、防护用品和安全检测仪器,必须符合国家安全标准或者行业安全标准;不符合国家安全标准或者行业安全标准的,不得使用。矿山企业必须对机电设备及其防护装置、安全检测仪器,定期检查、维修,保证使用安全等。

3. 作业场所的安全要求

矿山设计规定保留的矿柱、岩柱,在规定的期限内,应当予以保护,不得开采或毁坏。矿山企业必须对下列危害安全的事故隐患采取预防措施:

(1) 冒顶、片帮、边坡滑落和地表塌陷;

(2) 瓦斯爆炸、煤尘爆炸;

(3) 冲击地压、瓦斯突出、井喷;

(4) 地面和井下的火灾、水害;

(5) 爆破器材和爆破作业发生的危害;

(6) 粉尘、有毒有害气体、放射性物质和其他有害物质引起的危害等。矿山企业必须对作业场所中的有害有毒物质和井下空气含氧量进行检测,保证符合安全要求。矿山企业对使用机械及电气设备、排土场、矸石山、尾矿库和矿山闭坑后可能引起的危害,应当采取预防措施。

二、劳动卫生规程

劳动卫生规程是为了保护劳动者在生产过程中免受有毒有害物质的侵袭,导致人体中毒和职业病从而危害劳动者身体健康而制定的卫生法规。

在生产过程中,劳动者不可避免地要接触到某些有毒有害物质,如粉尘、噪音和强光等,导致人体不同程度地受损。我国劳动卫生规程为保护劳动者健康,规定如下基本要求。

（一）防止有毒物质危害

凡散发有害健康的蒸气、气体的设备应加以密闭，必要时应安装通风、净化装置；有毒物品和危险物品应分别储存在专设处所，并严格管理；对有毒或有传染性危险的废料，应在卫生机关的指导下进行处理；对接触有毒有害气体或液体的职工应提供有关防护用品等。

（二）防止粉尘危害

凡是有粉尘作业的用人单位，要努力实现生产设备的机械化、密闭化和自动化，设置吸尘、滤尘和通风设备，矿山采用湿式凿岩和机械通风；对接触粉尘的工人发给防尘口罩、防尘工作服和保健食品，并定期进行健康检查等。

（三）防止噪音和强光危害

产生强烈噪音的生产应尽可能在设有消声设备的工作房中进行，并实行强噪声和低噪声分开作业。对在有噪声、强光等场所操作的工人，应供给护耳器、防护眼镜等；要用低噪声的设备和工艺代替强噪声的设备和工艺，从声源上根治噪声危害。

（四）防暑降温和防冻取暖

为了保护劳动者的身体健康，防止劳动场所温度过高或过低对劳动者健康造成损害，相关的规定如下：

(1) 室内工作地点的温度经常高于35摄氏度的时候，应该采取降温措施；低于5摄氏度的时候，应该设置取暖设备。

(2) 采用技术措施疏散热源和合理布置防寒装置。

(3) 采取保健措施，进行健康检查，组织巡回医疗和防治观察，供应符合卫生要求的饮料。

(4) 提供防暑防冻劳动保护用品等。

（五）保证工作场所的通风和照明

工作场所和通道的光线应当充足，局部照明的光度应当符合操作要求，通道应该有足够的照明，窗户要经常擦拭，启闭装置应该灵活，人工照明设施应保持清洁完好；生产过程中温度、湿度和风速要求不严格的工作场所应保证自然通风；有瓦斯和其他有毒害气体集聚的工作场所，必须采用机械通风；通风设施应当达到规定的标准，通风系统的管理和使用必须有专人负责，并应定期检修和清扫，遇有损坏应立即修理或更换。

法规解读9-1

（六）个人防护用品和保健

为了保护劳动者的安全与健康，应当按照劳动条件发给工人防护用品。为增强从事有害健康作业的职工抵抗职业性中毒的能力，应满足其特殊营养需要，免费发给保健食品。对高温作业的职工，应免费提供盐汽水等清凉饮料。另外，用人单位应根据需要，设置浴室、厕所、更衣室、休息室、妇女卫生室等生产辅助设施，并经常保持设施完好和清洁卫生。

（七）职业病防治及处理

职业病是用人单位的劳动者在职业活动中，因接触粉尘、放射性物质和其他有毒、有害物质等因素而引起的疾病。

为了防止职业危害和预防职业病，保护劳动者健康及其相关权益，我国已基本形成了以《中华人民共和国职业病防治法》为主干的职业病防治法律体系。其中主要内容有：

1. 职业病的具体范围

2002年4月18日卫生部、劳动和社会保障部根据《职业病防治法》第2条规定，颁布了《职业病目录》，将职业病范围确定为10大类，共115种。2013年，国家卫生计生委、安全监管总局、人力资源和社会保障部和全国总工会对《职业病目录》进行了调整。调整后的名称为《职业病分类和目录》，将职业病分为10大类，共计130种。

法规解读9-2

2. 职业病的诊断与鉴定

依据《职业病防治法》和2013年2月9日卫生部颁布的《职业病诊断与鉴定管理办法》规定的标准和程序进行职业病的诊断与鉴定。

3. 职业病防治工作坚持预防为主、防治结合的方针

用人单位应当为劳动者创造符合国家职业卫生标准和卫生要求的工作环境和条件，并采取措施保障劳动者获得职业卫生保护。用人单位应当建立健全职业病防治责任制，加强对职业病防治的管理，提高职业病防治水平，对本单位产生的职业病危害承担责任。用人单位必须依法参加工伤社会保险，确保患职业病的劳动者应当享受的待遇。

4. 职业病管理上实行分类管理、综合治理

卫生行政部门统一负责职业病防治的监督管理工作。其他有关部门在各自的职责范围内负责职业病防治的有关监督管理工作。各级人民政府应当制定职业病防治规划，将其纳入国民经济和社会发展计划，并组织实施等。

第三节　劳动安全卫生管理制度

一、劳动安全卫生管理制度的概念

劳动安全卫生管理制度是指为了保障劳动者在劳动过程中的安全和健康，由法律所规定的国家和用人单位在组织劳动和科学管理方面所采取的各项管理制度的统称。

劳动安全卫生关系劳动者的生命和财产安全、国家经济健康持续发展和社会稳定。但近年来，我国重大、特大生产安全事故屡有发生，一段时期内呈上升趋势，尤其集中表现在矿山事故、道路交通事故、火灾事故等方面。其中与一些生产经营单位片面追求经济效益、忽视内部劳动安全卫生管理、部分地方政府及有关监督管理部门对安全生产监督管理工作不到位不无关系。因而，必须全面加强安全卫生管理制度，采取若干操作性强的管理措施，加大对违法行为的处罚力度。

二、劳动安全卫生管理制度的内容

（一）安全生产责任制度

安全生产责任制度是按照安全生产方针和"管生产的同时必须管安全"的原则，依法将各级人民政府及其职能部门、用人单位、用人单位负责人员和在特殊岗位工作的劳动者和安全检查人员的责任加以明确规定的一种制度。具体包括以下内容：

（1）规定各级人民政府及其职能部门在安全生产方面负有宣传、监督、检查以及事故

报告处理方面的责任。

(2) 规定用人单位在安全生产中必须根据国家法律规定,结合本单位实际建立具有可操作性和实用性的劳动安全生产责任制度。

(3) 遵循"管生产的必须同时管安全"的原则,规定领导人员在安全生产方面的责任。

领导人员的责任包括在安全生产责任制建立方面的责任、违章指挥生产的责任、安全生产管理失误以及失职产生的责任等。《安全生产法》第5条规定:"生产经营单位的主要负责人对本单位的安全生产工作全面负责。"第18条规定:"生产经营单位的主要负责人对本单位安全生产工作负有下列职责:

① 建立、健全本单位安全生产责任制;

② 组织制定本单位安全生产规章制度和操作规程;

③ 保证本单位安全生产投入的有效实施;

④ 督促、检查本单位的安全生产工作,及时消除生产安全事故隐患;

⑤ 组织制定并实施本单位的生产安全事故应急救援预案;

⑥ 及时、如实报告生产安全事故;

⑦ 组织制定并实施本单位安全生产教育和培训计划。"

(4) 规定在特殊工作岗位工作的劳动者的责任和安全检查人员应负的责任。

《安全生产法》第27条规定:"生产经营单位的特种作业人员必须按照国家有关规定经专门的安全作业培训,取得特种作业操作资格证书,方可上岗作业。"

(二) 劳动安全生产教育制度

劳动安全生产教育制度是对劳动者进行安全技术知识、安全技术法规的教育、培训和考核制度。

安全生产教育制度是实现安全生产的重要基础工作,也是职业培训的重要内容。只有健全安全生产教育制度,才能提高劳动者和用人单位的安全意识,防止工伤事故,减少职业危害。对劳动者进行安全生产教育是用人单位的一项基本义务和责任。我国《劳动法》《安全生产法》对此都有具体规定[①],安全生产教育主要包括以下内容:

(1) 对全体职工进行政治思想、劳动纪律观念、职业道德、劳动安全与卫生基础知识、劳动安全与卫生法规、劳动安全卫生规程等方面的教育;

(2) 对新上岗的工人实行入厂教育、车间教育、班组教育的三级安全教育;

(3) 对特殊工作岗位人员的专业安全技术培训教育,对管理人员和安全检查人员的安全卫生知识、专业基础知识及其责任的教育;

(4) 对新工艺、新机器、新原料等的使用,实行安全性能方面的教育;

(5) 对一般职工进行岗位责任制和操作规范的教育等。

(三) 劳动安全卫生标准制度

劳动安全卫生标准,是指国家劳动安全卫生行政部门依照法定程序制定和发布的执行劳动安全卫生法规时参照或依据的各项指标或规定。

我国《劳动法》第5条规定,国家采取各种措施,制定劳动标准;第52条规定,用人单

---

① 参见《中华人民共和国安全生产法》(2002年6月29日第九届全国人民代表大会常务委员会第二十八次会议通过,2002年11月1日实施;根据2014年8月31日第十二届全国人民代表大会常务委员会关于修改《中华人民共和国安全生产法》的决定修正,自2014年12月1日起施行)。

位必须严格执行国家劳动安全卫生规程和标准。国家有关部门应依法及时制定劳动安全卫生标准,并根据科技进步和经济发展的需要适时修订。生产经营单位必须执行依法制定的劳动安全卫生标准。

1. 劳动安全卫生标准的分类

根据1992年2月10日劳动部颁发的《劳动部标准化工作管理办法》的规定,我国劳动安全卫生标准包括7类:(1)劳动安全及劳动卫生工程技术标准;(2)工业产品在设计、生产、检验、储运、使用过程中的安全卫生技术标准;(3)特种设备安全技术标准和使用安全技术标准,安全附件安全技术标准;(4)工矿企业工作条件及工作场所的安全卫生标准;(5)职业安全卫生管理和特种作业人员安全技能考核标准;(6)气瓶产品标准;(7)劳动防护用品标准。

2. 劳动安全卫生标准的级别

劳动安全卫生标准目前可分为3级,即国家标准、行业标准、地方标准。

(1) 国家标准

劳动安全卫生国家标准是在全国范围内统一的技术要求,是我国劳动安全卫生标准体系中的主体。

劳动安全卫生国家标准主要由原劳动部组织制定,归口管理,原国家技术监督局发布实施。强制性国家标准的代号为"GB",推荐性国家标准的代号为"GB/T"。

(2) 行业标准

劳动安全卫生行业标准是指没有国家标准而又需要在全国范围内统一制定的标准,是对国家标准的补充。

劳动安全卫生行业标准由原劳动部组织制定并发布实施,原国家技术监督局备案。强制性劳动安全卫生行业标准的代号为"LD",推荐性行业标准的代号为"LD/T"。

(3) 地方标准

劳动安全卫生地方标准是在没有劳动安全卫生国家标准和行业标准的情况下,由地方劳动或卫生部门根据本地区需要组织制定的在本地区内统一执行的劳动安全卫生标准。

地方劳动安全卫生标准是对国家标准和行业标准的补充,同时也为将来制定国家标准和行业标准创造了条件。

(四) 劳动安全卫生认证制度

劳动安全卫生认证制度是指在生产经营进行之前,依法对参与生产经营活动主体的能力、资格以及其他安全卫生因素进行审查、评价并确认资格或条件的制度。我国目前安全卫生认证制度的内容主要包括:

(1) 对与安全卫生生产联系特别密切的某些单位的资格认证,包括煤矿、建筑、压力容器设计、制造企业的安全资格认证;安全卫生检测检验机构的资格认证。

(2) 对与安全卫生生产联系特别密切的某些人员的资格认证,包括生产经营单位主要负责人、安全生产管理人员管理资格认证,特种作业人员的安全资格认证和安全卫生检测检验人员执业资格等的认证。

所谓特种作业,是指容易发生人员伤亡事故,对操作者本人、他人及周围设施的安全可能造成重大危害的作业。直接从事特种作业的人员称为特种作业人员。

"8·12"瑞海公司危险品仓库火灾爆炸事故

2015年8月12日,位于天津市滨海新区天津港的瑞海国际物流有限公司危险品仓库发生火灾爆炸事故,造成165人遇难(其中参与救援处置的公安消防人员110人,事故企业、周边企业员工和周边居民55人)、8人失踪(其中天津港消防人员5人,周边企业员工、天津港消防人员家属3人)、798人受伤(伤情重及较重的伤员58人、轻伤员740人)。

事故发生后,党中央、国务院高度重视。2015年8月18日,经国务院批准,成立了由公安部、安全监管总局、监察部、交通运输部、环境保护部、全国总工会和天津市人民政府等有关方面组成的国务院调查组,邀请最高人民检察院派员参加,并聘请爆炸、消防、刑侦、化工、环保等方面专家参与调查工作。

国务院调查组坚持"科学严谨、实事求是、依法依规、安全高质"的原则,先后调阅文字资料1200多份、600多万字,调取监控视频10万小时,对600余名相关人员逐一调查取证,通过反复的现场勘验、检测鉴定、调查取证、模拟实验、专家论证,查明了事故经过、原因、人员伤亡和直接经济损失。经国务院调查组调查认定,天津港"8·12"瑞海公司危险品仓库火灾爆炸事故是一起特别重大生产安全责任事故,提出了对有关责任单位和责任人员的处理建议,分析了事故暴露出的突出问题和教训,提出了加强和改进工作的意见建议。

根据法律规定,特种作业人员安全资格认证制度主要规范有三个方面的内容:一是特种作业人员的范围。具体包括从事下列作业的人员:电工作业,金属焊接、切割作业,起重机械(含电梯)作业,企业内机动车辆驾驶,登高架设作业,锅炉作业(含水质化验),压力容器作业,制冷作业,爆破作业,矿山通风、排水、安全检查、提升运输、采掘、救护作业,危险物品作业,经国家安监管理总局批准的其他作业。二是特种作业人员的考核。特种作业人员必须接受相关安全技术培训,经安全技术理论考核和实际操作技能考核(按照国家安监管理总局制定的特种作业人员安全技术培训技术考核标准执行)合格,取得特种作业操作证后,方可上岗作业。特种作业操作证在全国通用,由国家安监管理总局统一制作,各省级安全生产监督管理部门、煤矿安全监察机构签发并复审,或者国家安监管理总局委托的部门机构审查认可的培训考核单位负责签发并复审。三是特种作业人员的管理。县级以上地方各级人民政府安全生产监督管理部门、各级煤矿安全监察机构应加强对特种作业人员的监督管理。

(3) 对与安全卫生生产联系特别密切的设备或产品的安全认证。《安全生产法》第34条规定:"生产经营单位使用的危险物品的容器、运输工具,以及涉及人身安全、危险性较大的海洋石油开采特种设备和矿山井下特种设备,必须按照国家有关规定,由专业生产单位生产,并经具有专业资质的检测、检验机构检测、检验合格,取得安全使用证或者安全标志,方可投入使用。检测、检验机构对检测、检验结果负责。"为了加强对具有特殊性危害的设备或产品的安全质量管理,我国建立了对这类设备或产品的安全认证制度。凡规定必须经过安全质量认证的设备或产品,都必须依法通过认证,取得安全使用证或安全标志。否则,禁止生产、销售和使用。

(五)安全生产许可制度

国家对矿山企业、建筑施工企业和危险化学品、烟花爆竹、民用爆破器材生产企业实行安全生产许可制度。企业未取得安全生产许可证的,不得从事生产活动。根据国务院2014年7月29日修正的《安全生产许可证条例》,安全生产许可制度包括以下方面:

1. 发证机关

国务院安全生产监督管理部门以及省、自治区、直辖市人民政府安全生产监督管理部门负责非煤矿矿山企业和危险化学品、烟花爆竹生产企业安全生产许可证的颁发和管理。国家煤矿安全监察机构以及省、自治区、直辖市设立的煤矿安全监察机构负责煤矿企业安全生产许可证的颁发和管理。省、自治区、直辖市人民政府建设主管部门负责建筑施工企业安全生产许可证的颁发和管理。省、自治区、直辖市人民政府民用爆炸物品行业主管部门负责民用爆破器材生产企业安全生产许可证的颁发和管理。

2. 取得安全生产许可证的条件

企业取得安全生产许可证,应当具备下列安全生产条件:建立、健全安全生产责任制,制定完备的安全生产规章制度和操作规程;安全投入符合安全生产要求;设置安全生产管理机构,配备专职安全生产管理人员;主要负责人和安全生产管理人员经考核合格;特种作业人员经有关业务主管部门考核合格,取得特种作业操作资格证书;从业人员经安全生产教育和培训合格;依法参加工伤保险,为从业人员缴纳保险费;厂房、作业场所和安全设施、设备、工艺符合有关安全生产法律、法规、标准和规程的要求;有职业危害防治措施,并为从业人员配备符合国家标准或者行业标准的劳动防护用品;依法进行安全评价;有重大危险源检测、评估、监控措施和应急预案;有生产安全事故应急救援预案、应急救援组织或者应急救援人员,配备必要的应急救援器材、设备;法律、法规规定的其他条件。

3. 安全生产许可证的管理

安全生产许可证的有效期为3年。安全生产许可证有效期满需要延期的,企业应当于期满前3个月向原安全生产许可证颁发管理机关办理延期手续。企业在安全生产许可证有效期内,严格遵守有关安全生产的法律法规,未发生死亡事故的,安全生产许可证有效期届满时,经原安全生产许可证颁发管理机关同意,不再审查,安全生产许可证有效期延期3年。安全生产许可证颁发管理机关应当加强对取得安全生产许可证的企业的监督检查,发现其不再具备条例规定的安全生产条件的,应当暂扣或者吊销安全生产许可证。

4. 安全生产许可证颁发管理机关工作人员的法律责任

安全生产许可证颁发管理机关工作人员在安全生产许可证颁发、管理和监督检查工作中,不得索取或者接受企业的财物,不得谋取其他利益。否则视其情节给予降级或者撤职的行政处分;构成犯罪的,依法追究刑事责任。监察机关对安全生产许可证颁发管理机关及其工作人员负有监察之责。

(六)劳动安全卫生设施"三同时"制度

劳动安全卫生设施"三同时"制度是指我国境内的一切生产经营单位的建设工程项目的安全卫生设施,必须与主体工程同时设计、同时施工、同时投入生产和使用的法律制度。

生产经营单位的建设项目是否具备安全设施，对于能否保障安全生产具有直接的影响，相应的安全卫生设施是保证安全生产的物质基础。因而，为了生产经营单位建设项目安全设施的建设，必须认真执行"三同时"制度。对此，《劳动法》和《安全生产法》都有具体规定。《安全生产法》第28条规定："生产经营单位新建、改建、扩建工程项目（以下统称建设项目）的安全设施，必须与主体工程同时设计、同时施工、同时投入生产和使用。安全设施投资应当纳入建设项目概算。"

（七）劳动安全卫生检查与监察制度

1. 劳动安全卫生检查制度

劳动安全卫生检查制度，是指国家有关行政部门以及企业本身对企业执行劳动安全卫生有关法律规定的情况进行定期或不定期检查的制度。

通过劳动安全卫生检查，督促企业和职工增强安全卫生意识，发现和消除劳动过程中不安全和不卫生的因素，防患于未然。劳动安全卫生检查包括企业本身对生产中的安全卫生的经常性检查，还包括国家劳动安全卫生监督管理部门及有关行政部门对企业安全卫生情况的检查。其检查的内容主要有：

（1）安全卫生措施的计划和完成情况。

（2）各种安全技术、工业卫生规程的执行情况。

（3）各项安全卫生设施的运行、检修情况。

（4）各种机械设备、厂房建筑和安全设备的技术情况。

（5）个人防护用品的保管和使用情况等。

2. 劳动安全卫生监察制度

劳动安全卫生监察制度，是指国家有关行政部门对劳动安全卫生进行检查监督，并对违法行为进行制止和处罚的制度。

对此，《劳动法》《安全生产法》等相应法律法规对我国安全生产监督管理机关和劳动监察机关的职责权限有具体规定。其中《安全生产法》第62条规定，在不影响被检查单位正常生产经营活动的前提下，负有安全生产监督管理职责的部门依法对生产经营单位执行有关安全生产的法律、法规和国家标准或者行业标准的情况进行监督检查，行使以下职权：

（1）进入生产经营单位进行检查，调阅有关资料，向有关单位和人员了解情况。

（2）对检查中发现的安全生产违法行为，当场予以纠正或者要求限期改正；对依法应当给予行政处罚的行为，依照本法和其他有关法律、行政法规的规定作出行政处罚决定。

（3）对检查中发现的事故隐患，应当责令立即排除；重大事故隐患排除前或者排除过程中无法保证安全的，应当责令从危险区域内撤出作业人员，责令暂时停产停业或者停止使用；重大事故隐患排除后，经审查同意，方可恢复生产经营和使用。

（4）对有根据认为不符合保障安全生产的国家标准或者行业标准的设施、设备、器材以及违法生产、储存、使用、经营、运输的危险物品予以查封或者扣押，对违法生产、储存、使用、经营危险物品的作业场所予以查封，并依法作出处理决定。

案例阅读9-1

（八）生产安全事故报告和调查处理制度

生产安全事故报告和调查处理制度是指有关国家行政部门和用人单位依法对生产经营活动中发生的造成人身伤亡或者直接经济损失的生产安全事故进行报告、调查和处理的制度。

生产安全事故报告和调查处理制度的目的在于通过及时报告、调查和处理生产经营活动中发生的造成人身伤亡或者直接经济损失的生产安全事故，落实生产安全事故责任追究制度，并积极采取预防和惩治措施，防止和减少伤亡事故的危害。依据2007年6月1日实施的《生产安全事故报告和调查处理条例》，其具体内容如下。

1. 生产安全事故种类

（1）特别重大事故，是指造成30人以上死亡，或者100人以上重伤（包括急性工业中毒，下同），或者1亿元以上直接经济损失的事故。

（2）重大事故，是指造成10人以上30人以下死亡，或者50人以上100人以下重伤，或者5 000万元以上1亿元以下直接经济损失的事故。

（3）较大事故，是指造成3人以上10人以下死亡，或者10人以上50人以下重伤，或者1 000万元以上5 000万元以下直接经济损失的事故。

（4）一般事故，是指造成3人以下死亡，或者10人以下重伤，或者1 000万元以下直接经济损失的事故。

2. 生产安全事故的报告

（1）生产安全事故的报告程序

事故发生后，事故现场有关人员应当立即向本单位负责人报告；单位负责人接到报告后，应当于1小时内（情况紧急时事故现场有关人员可以直接）向事故发生地县级以上人民政府安全生产监督管理部门和负有安全生产监督管理职责的有关部门报告。

案例阅读9-2

安全生产监督管理部门和负有安全生产监督管理职责的有关部门接到事故报告后，应当依照下列规定上报事故情况，同时报告本级人民政府，并通知公安机关、劳动保障行政部门、工会和人民检察院，特别重大事故、重大事故应当立即报告国务院：第一，特别重大事故、重大事故逐级上报至国务院安全生产监督管理部门和负有安全生产监督管理职责的有关部门；第二，较大事故逐级上报至省、自治区、直辖市人民政府安全生产监督管理部门和负有安全生产监督管理职责的有关部门；第三，一般事故上报至设区的市级人民政府安全生产监督管理部门和负有安全生产监督管理职责的有关部门。

安全生产监督管理部门和负有安全生产监督管理职责的有关部门逐级上报事故情况，每级上报的时间不得超过2小时，必要时可以越级上报事故情况。

（2）生产安全事故的报告内容

事故报告应当包括下列内容：事故发生单位概况，事故发生的时间、地点以及事故现场情况，事故的简要经过，事故已经造成或者可能造成的伤亡人数（包括下落不明的人数）和初步估计的直接经济损失，已经采取的措施，其他应当报告的情况。事故报告后出现新情况的，应当及时补报。事故报告应当及时、准确、完整，任何单位和个人对事故不得迟报、漏报、谎报或者瞒报。

3. 生产安全事故的调查

（1）调查组的组成

特别重大事故由国务院或者国务院授权有关部门组织事故调查组进行调查。重大事故、较大事故、一般事故分别由事故发生地省级人民政府、设区的市级人民政府、县级人民政府负责调查。省级人民政府、设区的市级人民政府、县级人民政府可以直接组织事故调查组进行调查，也可以授权或者委托有关部门组织事故调查组进行调查。未造成人员伤亡的一般事故，县级人民政府也可以委托事故发生单位组织事故调查组进行调查。

事故调查组的组成应当遵循精简、效能的原则。根据事故的具体情况,由有关人民政府、安全生产监督管理部门、负有安全生产监督管理职责的有关部门、监察机关、公安机关以及工会派人组成,并应当邀请人民检察院派人参加。可以聘请有关专家参与调查。事故调查组成员应当具有事故调查所需要的知识和专长,并与所调查的事故没有直接利害关系。事故调查组组长主持事故调查组的工作,其人选由负责事故调查的人民政府指定。

(2) 调查组的职责

查明事故发生的经过、原因、人员伤亡情况及直接经济损失;认定事故的性质和事故责任;提出对事故责任者的处理建议;总结事故教训,提出防范和整改措施;提交事故调查报告。

事故调查组在调查中有权向有关单位和个人了解与事故有关的情况,并要求其提供相关文件、资料,有关单位和个人不得拒绝。事故调查中发现涉嫌犯罪的,应当及时将有关材料或者其复印件移交司法机关处理。事故调查组成员在事故调查工作中应当诚信公正、恪尽职守,遵守事故调查组的纪律,保守事故调查的秘密。

(3) 调查报告

事故调查组应当自事故发生之日起60日内提交事故调查报告,特殊情况下,经负责事故调查的人民政府批准,提交事故调查报告的期限可以适当延长,但延长的期限最长不超过60日。

事故调查报告应当包括下列内容:事故发生单位概况,事故发生经过和事故救援情况,事故造成的人员伤亡和直接经济损失,事故发生的原因和事故性质,事故责任的认定以及对事故责任者的处理建议,事故防范和整改措施。事故调查报告应当附具有关证据材料。事故调查组成员应当在事故调查报告上签名。

4. 生产安全事故的处理

重大事故、较大事故、一般事故,负责事故调查的人民政府应当自收到事故调查报告之日起15日内作出批复;特别重大事故,30日内作出批复,特殊情况下,批复时间可以适当延长,但延长的时间最长不超过30日。有关机关应当按照人民政府的批复,依照法律、行政法规规定的权限和程序,对事故发生单位和有关人员进行行政处罚,对负有事故责任的国家工作人员进行处分。事故发生单位应当按照负责事故调查的人民政府的批复,对本单位负有事故责任的人员进行处理。负有事故责任的人员涉嫌犯罪的,依法追究刑事责任。

法规解读9-3

依据《安全生产法》和《生产安全事故报告和调查处理条例》制定而成的《生产安全事故罚款处罚规定(试行)》,规范了安全生产监督管理部门和煤矿安全监察机构对事故发生单位及其主要负责人、直接负责的主管人员和其他责任人员等有关责任人员实施罚款的行政标准。根据情节不同,对事故发生单位的主要负责人、直接负责的主管人员和其他直接责任人员处以上一年年收入40%至100%不等的罚款。对负有责任的事故发生单位区分4种情形:发生一般事故的,处20万元以上50万元以下的罚款;发生较大事故的,处50万元以上100万元及100万元以下的罚款;发生重大事故的,处100万元以上500万元及500万元以下的罚款;发生特别重大事故的,处500万元以上2 000万元及2 000万元以下的罚款。

事故处理的情况由负责事故调查的人民政府或者其授权的有关部门、机构向社会公布,依法应当保密的除外。

本 章 小 结

1. 劳动安全卫生制度是劳动法律体系中一项重要法律制度。该制度以劳动者在劳动过程中的生命安全和身体健康为直接保护对象,其实施具有强制性。我国劳动安全卫生制度以"安全第一,预防为主"为基本方针,强调正确处理安全与生产、预防与惩治之间的关系。

2. 劳动安全卫生法律关系有三方主体,即劳动安全卫生行政管理部门、用人单位和劳动者。各方依法享有权利和承担义务,其中劳动者享有的权利和用人单位承担的义务是劳动安全卫生法律关系中最重要的内容。

3. 劳动安全技术规程主要由工厂安全技术规程、建筑安装工程安全技术规程和矿山安全技术规程三个方面构成。劳动卫生规程为确保劳动者在劳动过程中的身体健康,规定了防止粉尘、噪音、强光、职业病等危害的法定标准。

4. 劳动安全卫生管理制度由安全生产责任制、劳动安全教育制度、劳动安全卫生标准制度、劳动安全卫生认证制度、安全生产许可制度、劳动安全卫生检查与监察制度、生产安全事故报告和调查处理制度构成。

关键词

劳动安全卫生　安全技术规程　劳动卫生规程　职业病　安全生产责任制　劳动安全教育制度　劳动安全卫生标准制度　劳动安全卫生认证制度　"三同时"制度　伤亡事故报告处理制度

思考题

1. 劳动安全卫生制度有何特点?
2. 劳动安全卫生法律关系中各方主体的权利和义务有哪些?
3. 建立劳动安全卫生法律制度应遵循什么基本方针?建立完善劳动安全卫生制度有何意义?
4. 安全技术规程的主要内容是什么?
5. 劳动卫生规程的主要内容是什么?
6. 劳动安全卫生管理制度的主要内容是什么?

案例分析

1. 福特家具厂某产品的最后一道工序是表面喷漆,因为喷漆工作台只有一个,造成半成品大量积压。为赶工期,厂长当即决定临时在一个废旧仓库中进行喷漆作业。该废旧仓库没有窗户,不具备通风条件。因厂长称谁不干就扣谁的工资,职工不得已只好进入废旧仓库作业。两小时后,作业职工全部出现了不同程度的头晕、恶心、呕吐等症状,后经医院诊断,作业职工均因吸入大量的有机溶剂,造成了有机物急性中毒。

请问:

(1) 职工是否有权拒绝进入仓库作业,为什么?

(2) 职工对福特家具厂厂长的行为可行使什么权利？

2.小王是某冰柜厂的钳工，2012年5月10日，该厂临时抽调小王去装卸班，将一批冰柜送到一家商场。在运送途中，小王坐在卡车后斗码放的冰柜上面，背对车辆前进方向，结果，被途中一根限高横杆撞击后脑，造成重伤。事后，冰柜厂以小王事先不听司机劝阻为由，拒绝承担责任。

请问：

(1) 某冰柜厂在这起事故中，违反了劳动安全卫生管理制度中的哪项具体制度？

(2) 具体理由是什么？

参考答案

1.(1) 作业职工有权拒绝进入仓库作业。因为，我国《劳动法》规定，劳动者对用人单位管理人员违章指挥、强令冒险作业，有权拒绝执行；《劳动合同法》规定，劳动者拒绝用人单位管理人员违章指挥、强令冒险作业的，不视为违反劳动合同。

(2)《劳动合同法》规定，劳动者对危害生命安全和身体健康的劳动条件，有权对用人单位提出批评、检举和控告。因此，作业职工对甲厂厂长的行为可行使提出批评、检举和控告权。

2.(1) 某冰柜厂在这起事故中，违反了安全生产教育、考核制度的有关规定。

(2) 因为按照该项制度要求，企业在采用新的生产方法、添设新的技术设备、制造新的产品或调换工人工作时，必须对工人进行新的操作方法或工作岗位的安全教育。冰柜厂将小王临时调到装卸班跟车装卸，没有在其上岗前进行必要的安全教育，因此违反了该项制度的要求。由此造成的工伤事故，由冰柜厂负责。

第十章
女职工和未成年工特殊保护

> **学习目的和要求**
>
> 通过本章的学习,了解女职工和未成年工特殊保护的概念、特征、意义,女职工权益被侵害的救济途径;掌握女职工和未成年工禁忌劳动范围,最低就业年龄规定,未成年工定期健康检查和登记制度;理解女职工生理机能变化过程中的保护措施;熟悉相关法律、法规和规章。

第一节 女职工和未成年工特殊保护概述

一、女职工和未成年工特殊保护的概念和特征

(一)女职工特殊保护的概念①

女职工系指所有以工资收入为主要生活来源的女性劳动者,包括从事体力劳动和脑力劳动的女性职工。女职工特殊保护是指国家为维护女职工的合法权益,根据女职工的生理特点以及养育子女的特殊需要,在劳动安全卫生方面给予其有别于男子的特殊保障措施。

(二)未成年工特殊保护的概念

按我国《劳动法》的规定,未成年工系指年满16周岁未满18周岁的青少年劳动者。未成年工特殊保护是指国家为保护未成年工的身心健康,在劳动安全卫生方面对未成年工采取的特殊保障措施。

(三)女职工和未成年工特殊保护的特征

女职工和未成年工特殊保护的主要特征表现为:(1)保护对象的特殊性,亦即特殊保护针对的是女职工和未成年工两个特殊劳动者群体,而非全体劳动者或其他需要保护的特殊劳动者群体(如残疾人)。(2)保护内容的特殊性。特殊保护的内容主要集中在需要

---

① 参见关怀主编:《劳动法》(第二版),中国人民大学出版社2005年版,第209页。

采取特殊措施加以特殊对待的职业健康安全问题。(3) 保护时间的特殊性。特殊保护措施主要适用于劳动过程以及保护对象的某些特殊生理时间阶段。

二、女职工和未成年工特殊保护的原因[①]

(一) 对女职工给予特殊保护的原因

1. 女职工的身体结构与男性存在差异

女性的骨骼不如男性粗壮,肌肉不如男性发达,肺活量及血红蛋白的荷氧能力均不及男性。因此,在以肌肉力量和负重能力为主要特征的体力劳动方面,女职工无法承受与男职工相同的劳动强度。

2. 女职工的生理机能与男性不同

女性特殊的生理机能以及与此相关的月经、妊娠、分娩、哺乳等生理现象,会导致抵抗力不同程度地下降。因此在这些特殊的生理现象期间,女职工对工作环境和劳动强度都有特殊的要求。忽视这些特殊要求极易引起疾病或受伤,甚至影响下一代子女的健康。

3. 女职工的社会角色与男性不同

女职工担负着生育和抚育子女的特殊责任。作为职业人,女职工又必须完成工作任务。在双重角色和双重责任的重压下,女职工比男职工更容易分心与疲劳。这样的状态不仅限制了女职工能力的正常发挥,也不利于下一代的成长。

(二) 对未成年工给予特殊保护的原因

(1) 未成年工仍处于身体的生长发育阶段,在身体条件方面未成年人的职业耐受能力不如成年人。因此,不能要求未成年人像成年人那样全面承担起各种职业任务,尤其是较为繁重或艰苦的劳动活动,否则将对其健康造成不利的影响。

(2) 未成年工正值青少年的年龄段,其文化知识和劳动技能还比较欠缺,与成年人相比需要将更多的时间用于学习和训练。如果不加区别地对未成年工适用同样的劳动强度和工作条件,将不利于青少年心理和心智的正常发育。

三、对女职工和未成年工实行特殊保护的意义

1. 实行特殊保护措施有利于对社会生产力的合理开发与保护

妇女占人口的一半左右,是劳动力资源的一个重要来源,是社会生产力不可或缺的组成部分。特殊保护措施能使妇女摆脱不利于健康的劳动环境,缓解繁重的工作与生活双重压力,因而有助于她们获得与男同胞相同的自身发展机会和条件,从而有可能使她们在完成孕育下一代任务的同时整体上提升自身的工作能力与效率,为社会生产力的发展作出贡献。

特殊保护措施也能够有效地遏止对青少年劳动力资源不负责任地过度开发与利用行为,使未成年人能在健康的劳动环境下步入成年与成熟阶段,成为身心两方面都合格的新一代劳动者,肩负起新时期历史赋予他们的使命。

2. 实行特殊保护措施是社会文明与进步的标志

在工业革命的早期,资本家为最大限度地获取利润使用女工和童工。恶劣的劳动条

---

① 参见郭婕等编著:《劳动法学》(修订本),中国政法大学出版社1999年版,第221页。

件使女工和童工遭受极大的身心摧残,造成严重的社会后果。这在很大程度上催生了最初的以特殊保护为主要内容的劳动法,从而标志着人类社会开始反思自身的行为,开始意识到经济增长与社会发展之间的失衡将会给人类自身带来什么样的灾难。时至今日,特殊保护已经成为一项重要制度而受到社会的关注。这反映了人类更加趋于理智,更加成熟,从一个侧面反映了社会的进步与文明。

四、我国女职工和未成年工特殊保护的立法概况

新中国成立后,对女职工的特殊保护的立法经历了一个不断发展的过程。1949年制定的《中国人民政治协商会议共同纲领》以及先后制定的几部《宪法》都对女职工的特殊保护作了原则性的规定。在此基础上,国家制定和颁布了若干有关女职工特殊保护的规范性文件,如《劳动保险条例》(1951年)、《劳动保险条例实施细则修正草案》(1953年)、《关于女工劳动保护工作的报告》(1960年)、《工业企业设计卫生标准》(1962年)等,规定了女职工的生育待遇、禁忌作业范围以及单位的卫生室、哺乳室设置等内容,初步建立起女职工特殊保护制度。十一届三中全会后,相关立法有了进一步发展。除了《劳动法》第七章就政府的责任和基本权利作了概括性规定外,先后颁布了《女职工劳动保护规定》(1988年,已废止)、《女职工禁忌劳动范围的规定》(1990年)、《妇女权益保障法》(1992年制定,2005年修改)、《女职工保健工作规定》(1993年)、《女职工劳动保护特别规定》(2012年)等法律、法规和规章,使女职工特殊保护制度形成了一个较完整的体系。

我国也十分重视未成年工的特殊保护问题,制定了一系列未成年工特殊保护的法律法规。1988年,劳动部、国家教委、农业部、国家工商局、全国总工会联合发布《关于严禁使用童工的通知》,1991年1月国务院颁布《禁止使用童工规定》,规定了最低就业年龄并强调严禁使用童工。同年9月《中华人民共和国未成年人保护法》出台,规定了对于未成年工的特殊保护。1994年,《劳动法》颁布后,劳动部发布了配套法规《未成年人特殊保护规定》,规定了最低就业年龄、未成年工禁忌从事劳动的范围以及定期进行健康检查等内容。

我国在女职工和未成年工特殊保护方面积极参与国际合作,承认与批准的国际劳动公约有:《确定准许儿童在海上工作的最低年龄公约》(1920年第7号)、《确定准许使用未成年人为扒炉工或司炉工的最低年龄公约》(1921年第15号)、《在海上工作的儿童及未成年人的强制体格检查公约》(1921年第16号)、《确定准许使用儿童于工业工作的最低年龄公约》(1937年第59号)、《妇女受雇用于各种矿场井下工作公约》(1935年第45号公约)、《准予最低就业年龄公约》(1973年第138号)、《禁止和立即行动消除最恶劣形式的童工劳动公约》(1999年第182号)。

第二节 女职工特殊保护

一、女职工禁忌从事的劳动范围

《劳动法》第59条概括地列举了女职工禁忌劳动的范围。在这之前劳动部于1990年

发布的《女职工禁忌劳动范围的规定》已经就此作了较为详细的规定。2012年国务院公布的《女职工劳动保护特别规定》对女职工禁忌劳动范围适时地作了若干调整,并将这部分内容作为附录列示,以便于今后有关部门根据经济社会发展情况随时进行调整。用人单位应当遵守女职工禁忌从事的劳动范围的规定,并且应当将本单位属于女职工禁忌从事的劳动范围的岗位书面告知女职工。按现行法律规定,有关女职工禁忌劳动的主要内容如下。

(一)女职工禁忌从事的工作

(1)矿山井下作业。矿山井下作业指常年在矿山井下从事各种劳动,但不包括临时性的工作(如医务人员下矿井进行治疗和抢救等)。

(2)体力劳动强度分级标准中规定的第四级体力劳动强度的作业。它指国家标准《体力劳动强度分级》(GB3869-1997)中规定的劳动强度指数大于25的体力劳动。体力劳动强度的大小是以劳动强度的指数来衡量的,劳动强度的指数越大,体力劳动强度也越大。标准中规定:劳动强度指数小于15,体力劳动强度为一级;大于15小于20,为二级;大于20小于25,为三级;大于25,为四级。

(3)每小时负重6次以上、每次负重超过20公斤的作业,或者间断负重、每次负重超过25公斤的作业。

(二)女职工经期禁忌劳动范围

(1)冷水作业分级标准中规定的第二级、第三级、第四级冷水作业。

(2)低温作业分级标准中规定的第二级、第三级、第四级低温作业。

(3)体力劳动强度分级标准中规定的第三级、第四级体力劳动强度的作业。

(4)高处作业分级标准中规定的第三级、第四级高处作业。

(三)女职工孕期禁忌劳动范围

(1)作业场所空气中铅及其化合物、汞及其化合物、苯、镉、铍、砷、氰化物、氮氧化物、一氧化碳、二硫化碳、氯、己内酰胺、氯丁二烯、氯乙烯、环氧乙烷、苯胺、甲醛等有毒物质浓度超过国家职业卫生标准的作业。

(2)从事抗癌药物、己烯雌酚生产,接触麻醉剂气体等的作业。

(3)非密封源放射性物质的操作,核事故与放射事故的应急处置。

(4)高处作业分级标准中规定的高处作业。

(5)冷水作业分级标准中规定的冷水作业。

(6)低温作业分级标准中规定的低温作业。

(7)高温作业分级标准中规定的第三级、第四级的作业。

(8)噪声作业分级标准中规定的第三级、第四级的作业。

(9)体力劳动强度分级标准中规定的第三级、第四级体力劳动强度的作业。

(10)在密闭空间、高压室作业或者潜水作业,伴有强烈振动的作业,或者需要频繁弯腰、攀高、下蹲的作业。

(四)女职工哺乳期禁忌劳动范围

(1)作业场所空气中铅及其化合物、汞及其化合物、苯、镉、铍、砷、氰化物、氮氧化物、一氧化碳、二硫化碳、氯、己内酰胺、氯丁二烯、氯乙烯、环氧乙烷、苯胺、甲醛等有毒物质浓度超过国家职业卫生标准的作业;非密封源放射性物质的操作,核事故与放射事故的应急处置;体力劳动强度分级标准中规定的第三级、第四级体力劳动强度的作业。

(2) 作业场所空气中锰、氟、溴、甲醇、有机磷化合物、有机氯化合物等有毒物质浓度超过国家职业卫生标准的作业。

二、女职工在工作中生理机能变化的卫生保健

女职工生理机能变化,是指女职工在经期、孕期、产期、哺乳期发生的特殊生理现象。对处在生理机能变化期间的女职工,法律除了针对性地划定禁忌进入的工作范围外,还就可以进入的工作范围及其工作过程作了详细的保护性规定。其主要内容如下:

(一) 经期保护

女职工在 100 人以上的单位,应建立女职工卫生室,健全相应的制度并设专人管理;女职工每班在 100 人以下的单位,应设置简单温水箱及冲水器;对流动、分散工作单位的女职工可以发放单人自用冲洗器;患有重度痛经及月经过多的女职工,经医疗或妇幼保健机构确诊后,月经期间可适当给予 1 至 2 天的休假。

(二) 孕期保护

自确定妊娠之日起,用人单位应当为怀孕女职工建立孕产妇保健卡,进行血压、体重、血、尿常规等基础检查。对接触铅、汞的孕妇,应进行尿中铅、汞含量的测定。女职工较多的单位,应建立孕妇休息室;定期进行产前检查、孕期保健和营养指导。怀孕女职工在劳动时间内进行产前检查,所需时间计入劳动时间。对在生产一线的女职工,要相应地减少生产定额,以保证产前检查时间。

女职工在孕期不能适应原劳动的,用人单位应当根据医疗机构的证明,予以减轻劳动量或者安排其他能够适应的劳动。

对怀孕 7 个月以上的女职工,用人单位不得延长劳动时间或者安排夜班劳动,并应当在劳动时间内安排一定的休息时间("夜班劳动"指在当日 22 时至次日 6 时期间内从事劳动或工作)。

(三) 产期保护

法规解读 10-1

女职工生育享受 98 天产假,其中产前可以休假 15 天;难产的,增加产假 15 天;生育多胞胎的,每多生育 1 个婴儿,增加产假 15 天。所谓产前休假 15 天,系指预产期前 15 天的休假。产前假一般不得放到产后使用。若孕妇提前生产,可将不足的天数和产后假合并使用;若孕妇推迟生产,可将超出的天数按病假处理。

女职工怀孕未满 4 个月流产的,享受 15 天产假;怀孕满 4 个月流产的,享受 42 天产假。

(四) 哺乳期保护

哺乳期是指哺乳未满 1 周岁婴儿的期间。女职工哺乳婴儿满 1 周岁后,除了例外情况,一般不再延长哺乳期。对哺乳未满 1 周岁婴儿的女职工,用人单位不得延长劳动时间或者安排夜班劳动。

用人单位应当在每天的劳动时间内为哺乳期女职工安排 1 小时哺乳时间;女职工生育多胞胎的,每多哺乳 1 个婴儿每天增加 1 小时哺乳时间。

三、女职工劳动安全卫生设施

根据《女职工劳动保护特别规定》,女职工比较多的用人单位应当根据女职工的需要,建立女职工卫生室、孕妇休息室、哺乳室等设施,妥善解决女职工在生理卫生、哺乳方面的困难。这项保障义务对位性地承继了已废止的《女职工劳动保护规定》的相关内容,重申了用人单位对此负有的法定义务。但新规定也在保障项目的范围上作了一定缩限,将某些适合其他社会组织从事的社会福利性项目(如建立托儿所、幼儿园)从企业的法定义务中剥离,其目的是在不影响女职工劳动卫生权益的前提下,为企业合理减负,同时促使企业更好地履行其"分内"的社会责任。

四、女职工其他劳动权利的保障

(一)保障女职工人身权的特别规定

近年来,性骚扰(尤其在职场中)成为女职工人身安全的一个突出问题。对此,《妇女权益保障法》首次提出:禁止对妇女实施性骚扰,受害妇女有权向单位和有关机关投诉。对妇女实施性骚扰构成违反治安管理行为的,受害人可以提请公安机关对违法行为人依法给予行政处罚,也可以依法向人民法院提起民事诉讼。与鼓励受害人"弱者自救"相比较,《女职工劳动保护特别规定》强化了"强者的责任",明确规定:"在劳动场所,用人单位应当预防和制止对女职工的性骚扰。"该规定充分考虑到女职工在职场内和工作过程中的弱势地位,转而选择在立法上加重用人单位的保障义务。显然,这一立法取向更有利于遏制职场性骚扰,更有利于提高和改善女职工人身安全的保障环境。

(二)保障女职工报酬权和人事权的特别规定

任何单位不得因结婚、怀孕、产假、哺乳等情形,降低女职工的工资。在晋职、晋级、评定专业技术职务等方面,应当坚持男女平等的原则,不得歧视妇女。

(三)保障女职工劳动合同权的特别规定

任何单位不得因结婚、怀孕、产假、哺乳等情形,辞退女职工,单方解除劳动(聘用)合同或者服务协议,但是,女职工要求终止劳动(聘用)合同或者服务协议的除外。

(四)保障女职工就业权的特别规定

国家保障妇女享有与男子平等的劳动就业权。各单位在录用职工时,除不适合妇女的工种或者岗位外,不得以性别为由拒绝录用妇女或者提高对妇女的录用标准。各单位在录用女职工时,应当依法与其签订劳动(聘用)合同或者服务协议,不得在其中规定限制女职工结婚、生育的内容。各单位在执行国家退休制度时,不得以性别为由歧视妇女。

五、女职工权益受侵害的救济

(一)救济途径

用人单位违反女职工劳动保护有关规定,侵害女职工合法权益的,女职工可以依法向工会和妇女组织投诉、向人力资源社会保障行政部门与安全生产监督管理部门举报和申诉,向劳动人事争议调解仲裁机构申请调解仲裁,对仲裁裁决不服的,依法向人民法院提起诉讼。

（二）用人单位的侵权责任

（1）用人单位违法安排怀孕7个月以上的女职工、处于哺乳期的女职工延长工作时间或者夜班劳动；或者违反女职工生育依法享有的休产假的规定，由县级以上人民政府人力资源社会保障行政部门责令限期改正，按照受侵害女职工每人1000元以上5000元以下的标准计算，处以罚款。

（2）用人单位违法安排女职工从事法律禁忌的工作、女职工经期从事法律禁忌从事的劳动范围的，由县级以上人民政府安全生产监督管理部门责令限期改正，按照受侵害女职工每人1000元以上5000元以下的标准计算，处以罚款。用人单位违法安排女职工孕期或哺乳期从事法律禁忌从事的劳动范围的，由县级以上人民政府安全生产监督管理部门责令限期治理，处5万元以上30万元以下的罚款；情节严重的，责令停止有关作业，或者提请有关人民政府按照国务院规定的权限责令关闭。

（3）用人单位违反女职工劳动保护有关规定，侵害女职工合法权益，造成女职工损害的，依法给予赔偿；用人单位及其直接负责的主管人员和其他直接责任人员构成犯罪的，依法追究刑事责任。

第三节　未成年工特殊保护

一、最低就业年龄规定

所谓未成年工，是指年满16周岁未满18周岁的劳动者。

案例阅读10-1

1973年，国际劳工大会通过《准予最低就业年龄公约》（第138号公约）规定，参加工业劳动的最低年龄标准为15周岁。根据我国有关用工制度，未成年工是指16周岁到18周岁的少年工人，也就是说，我国最低就业年龄为16周岁。特殊行业需招收16周岁以下人员（如文艺、体育部门等）时，需经劳动人事部批准。

2002年10月1日国务院令第364号公布的《禁止使用童工规定》规定，国家机关、社会团体、企业事业单位、民办非企业单位或者个体工商户（即用人单位）均不得使用不满16周岁的未成年人。禁止任何单位或个人为不满16周岁的未成年人介绍就业，禁止不满16周岁的未成年人开业从事个体经营活动。用人单位录用人员时，必须核查被招用人员的身份证，对不满16周岁的未成年人，一律不得录用。用人单位录用人员应进行录用登记，核查材料应当妥善保管。

二、未成年工禁忌劳动范围

（一）一般情况下未成年工的禁忌劳动范围

《劳动法》第64条规定："不得安排未成年工从事矿山井下、有毒有害、国家规定的第四级体力劳动强度的劳动和其他禁忌从事的劳动。"

"矿山井下作业"系指常年在矿山井下从事各种劳动，不包括临时性的工作。"国家规定的第四级体力劳动强度"是根据国家标准《体力劳动强度分级》（GB3869-1997）中规定的第Ⅳ级体力劳动强度。随着立法发展，未成年工特殊保护制度也在发生变化。根据现

行立法,未成年工禁忌劳动的具体范围如下:

(1) 生产性粉尘作业危害程度分级国家标准中第一级以上的接尘作业。
(2) 有毒作业分级国家标准中第一级以上的有毒作业。
(3) 高处作业分级国家标准中第二级以上的高处作业。
(4) 冷水作业分级国家标准中第二级以上的冷水作业。
(5) 高温作业分级国家标准中第三级以上的高温作业。
(6) 低温作业分级国家标准中第三级以上的低温作业。
(7) 体力劳动强度分级国家标准中第四级体力劳动强度的作业。
(8) 矿山井下及矿山地面采石作业。
(9) 森林业中的伐木、流放及守林作业。
(10) 工作场所接触放射性物质的作业。
(11) 有易燃易爆、化学性烧伤和热烧伤等危险性大的作业。
(12) 地质勘探和资源勘探的野外作业。
(13) 潜水、涵洞、涵道作业和海拔 3 000 米以上的高原作业(不包括世居高原者)。
(14) 连续负重每小时在 6 次以上并每次超过 20 公斤,间断负重每次超过 25 公斤的作业。
(15) 使用凿岩机、捣固机、气镐、气铲、铆钉机、电锤的作业。
(16) 工作中需要长时间保持低头、弯腰、上举、下蹲等强迫体位和动作频率每分钟大于 50 次的流水线作业。
(17) 锅炉司炉。

(二) 未成年工患有某种疾病或具有某些生理缺陷的禁忌劳动范围

(1) 高处作业分级国家标准中第一级以上高处作业。
(2) 低温作业分级国家标准中第二级以上低温作业。
(3) 高温作业分级国家标准中第二级以上高温作业。
(4) 体力劳动强度分级国家标准中第三级以上体力劳动强度的作业。
(5) 接触铅、苯、汞、甲醛、二硫化碳等易引起过敏反应的作业。

三、定期健康检查

我国《劳动法》第 65 条规定:"用人单位应当对未成年工定期进行健康检查。"根据这一规定,《未成年工特殊保护规定》又作了具体的要求,主要内容有:

(1) 用人单位必须依法对未成年工进行定期健康检查,定期健康检查的时间应符合如下要求:安排工作岗位之前;工作满 1 年;年满 18 周岁,距前一次的体检时间已超过半年。

(2) 用人单位对未成年工安排的健康检查是法定的义务,须按《未成年工特殊保护规定》所附《未成年工健康检查表》列出的项目进行,体检的费用依法由用人单位承担。

(3) 未成年工进行体检,在规定的体检期间,算作工作时间,用人单位不得克扣其工资。

(4) 用人单位应根据未成年工的健康检查结果安排其从事适合的劳动,对不能胜任原劳动岗位的,应根据医务部门的证明,予以减轻劳动量或安排其他劳动,对未成年工的健康受到损害的,用人单位应当为其治疗。

四、未成年工登记制度

国家对未成年工的使用和特殊保护实行登记制度,要求用人单位招收未成年工,除符合一般用工要求外,还须向所在地的县以上劳动行政部门办理登记。劳动行政部门根据《未成年工健康检查表》《未成年工登记表》核发《未成年工登记证》。未成年工必须持《未成年工登记证》上岗,《未成年工登记证》由国务院劳动行政部门统一印制。

本 章 小 结

1. 女职工是指一切以工资收入为主要生活来源的女性劳动者,包括从事体力劳动和脑力劳动的妇女。未成年工是指年满16周岁未满18周岁的劳动者。

2. 女职工特殊保护包括:女职工禁忌劳动范围,针对女职工生理机能变化过程相应的保护措施,女职工劳动保护设施,女职工权益被侵害时的救济途径。

3. 未成年工的特殊保护包括:劳动法关于最低就业年龄规定,未成年工禁忌劳动范围,未成年工定期健康检查,未成年工登记制度。

关键词

女职工 未成年工 女职工特殊保护 未成年工特殊保护 对女职工生理机能变化的保护

思考题

1. 女职工和未成年工特殊保护的原因、意义有哪些?
2. 女职工禁忌劳动范围是如何规定的?
3. 女职工权益受侵害时有哪些救济方法与途径?
4. 未成年工禁忌劳动范围是如何规定的?
5. 未成年工特殊保护的内容有哪些?

案例分析

刘某与单位之间劳动合同即将期满,单位通知刘某,不再续订劳动合同。但刘某此时已经怀孕1个多月,刘某向单位提交了怀孕证明,要求继续维持劳动合同关系。单位则认为,劳动合同期满属于自然终止,单位只是不再续订,并不存在侵犯女职工特殊权利的问题①。

请问:

(1) 用人单位的做法是否正确?为什么?
(2) 刘某该怎么办?

---

① 资料来源参见 http://www.peopledaily.com.cn,2002年4月22日。

参考答案

（1）不正确。

为保护女职工的合法权益，劳动法规定，对"三期"（孕期、产期、哺乳期）内的女工，企业不得在女工无过错的情况下，单方面解除劳动合同。《关于贯彻执行〈中华人民共和国劳动法〉若干问题的意见》中，从女职工的生育及哺乳等实际情况出发，作了补充性规定：劳动者在孕期、产期、哺乳期内，劳动合同期限届满时，用人单位不得终止劳动合同，合同期限应自动延续至相应的期限届满为止。

因此，用人单位的理由不能成立。

（2）刘某可向劳动争议仲裁委员会提起仲裁，要求继续维持劳动合同关系，直到刘某享受完法律规定的特殊保护期。

第十一章 社会保险

学习目的和要求

通过本章的学习,了解社会保险功能、结构,职工福利的内容;掌握社会保险的概念、特征、基本原则,劳动者享受养老保险、失业保险、医疗保险、生育保险、工伤保险的条件及标准;理解我国五大社会保险基金的筹集、管理方式;熟悉我国《劳动法》与相关法律法规对社会保险的规定。

第一节 社会保险制度概述

一、社会保险的概念

社会保险是劳动者因伤、病、残、失业、年老等原因丧失劳动能力和劳动机会时,为了保障其基本生活需要,国家和社会给予其一定物质帮助的制度。

社会保险是与劳动风险相对应的概念。所谓劳动风险,是指在劳动过程中存在的不确定因素,导致劳动者蒙受经济损失乃至丧失主要生活来源的可能性。劳动领域的风险往往由下列因素引起:(1)由于外界因素作用于劳动者肌体引起的风险,如疾病;(2)直接伤害造成的事故,如工伤事故和职业病;(3)劳动力市场运行中发生的风险,如失业;(4)劳动者身体自然变化的风险,如年老、女职工生育等带来的劳动力丧失或暂时中断等情况①。

劳动风险出现后仅凭劳动者个人的力量难以独立解决经济上的困难。国家通过立法建立社会化的保险机制,将众多社会组织与劳动者个人的部分资金逐渐集聚起来,形成巨大的货币支付能力,妥善解决劳动者的困难,保障劳动者个人及其家庭的基本生活需要。

建立和完善社会保险制度是发展社会主义市场经济的客观要求和必要条件,是实现

---

① 参见劳动部政策法规司编:《中华人民共和国劳动法及学习宣传纲要》,中国劳动出版社1994年版,第115页。

社会公平、促进经济可持续发展、维护社会和谐稳定的重要保证。

二、社会保险的特征

（一）强制性

作为社会保险制度主干部分的国家基本保险，由国家立法强制实行，用人单位和劳动者个人必须参加。保险的项目、收费标准、待遇水平等内容，一般不能由投保人和被保险人自主选择，当事人必须按照法律规定的费率交费。

（二）互济性

社会保险是依据社会共担风险的原则，保险费用一般由国家、单位、个人三方负担，建立社会保险基金，支付保险金和提供服务，用统筹调剂的方法集中和使用资金，实现风险共担，以解决劳动者由于生、老、病、死、伤残、失业等造成的生活困难。

（三）保障性

社会保险是当劳动者遇到劳动风险，失去劳动报酬之后，仍能获得基本生活的保障，解决生活困难问题，这是实施社会保险的根本目的。

（四）非营利性

社会保险以帮助劳动者摆脱生活困难为目的，属于非营利性、公益性服务事业，国家对保险所需资金负有一定的支持责任。享受保险待遇的水平也不完全取决于缴纳保险费多少，而是主要依据基本生活需要来确定。

三、社会保险制度与相邻制度的区别

（一）社会保险与商业保险的区别

1. 基本属性不同

社会保险具有社会保障性质，是国家对劳动者承担的一种社会责任，属于非营利性、公益性服务事业；商业保险是国家经济活动的一个方面，以盈利为目的，具有商业性、经营性和金融性。

2. 保险对象不同

社会保险的对象是劳动者，在我国基于劳动关系而确定；商业保险则任何人都可以参加，建立在商业契约之上，与劳动关系无关。

3. 保险原则不同

国家对社会保险实行强制性原则，建立了劳动关系的劳动者，只要履行了劳动义务，就能享受社会保险待遇，目的在于为劳动者提供物质帮助，保障社会安全；商业保险实行自愿原则，实行所谓的"多投多保，少投少保，不投不保"，偏重于等价交换。

4. 保险费负担不同

社会保险的保险费来自多个层次、多个方面，国家、企业和个人都要负担一部分，但以国家和企业负担为主；社会保险缴费率由法律规定，整个社会统一标准。商业保险的保险费则来自投保人的缴纳，不同保险公司的费率不一。

（二）社会保险与社会保障的区别

社会保障是国家通过社会立法建立的覆盖全体国民的安全生活保护与福利保障制度。

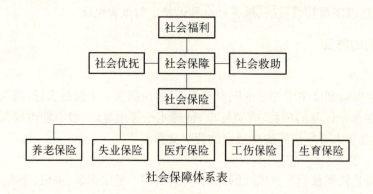

社会保障体系表

国内多数学者在理论上将社会保障体系分为社会保险、社会福利、社会优抚、社会救助四个部分,认为社会保险是社会保障体系中的一个子项。社会保障其他三个子项中,社会福利是以提高公民的生活质量为目的的保障制度;社会救助是对贫困与不幸的社会成员予以接济和扶助的保障制度;社会优抚则是以军人及其家属作为优待和帮助对象的保障制度。从这个意义上看,社会保险也是一种特定的社会保障制度。然而,不能因为两者存在种属关系,而且概念上仅一字之差,就不加区分地混同对待。两者的最大区别在于社会保险关系与劳动关系具有特殊关联性,属于劳动附随关系,通常要求享受社会保险待遇的主体必须具备就业经历。而社会保障体系中的多数保障项目并不以保障受益人的就业经历为前提。这也是劳动法体系一般总是把社会保险法纳入其中,而往往在整体上将社会保障法切割的原因。

长期护理险制度

长期护理险(社会保险的一个新分支),也称长期照护制度,指通过社会互助共济的方式筹集资金,为长期失能失智老人的基本生活照料和与基本生活密切相关的医疗护理提供资金帮助或服务保障的一种社会保险制度。长护险不同于养老保险和医疗保险,后两者是对老年生活来源和患者治病需求的社会帮助,而长护险是对失能失智人员的生活照料及护理需求的社会帮助。长护险制度的产生与人口老龄化密切相关。我国现已步入老龄化社会,失能失智老人的数量逐年增加使得长期护理需求日益凸显,迫切要求加快相关的制度建设。目前,全国有15个城市正在开展长期护理保险试点。

四、我国社会保险立法概况

(一)新中国成立初期至改革开放前的主要社会保险立法

1951年政务院公布了《劳动保险条例》,开创了新中国社会保险制度的先河。起初,该条例的适用范围仅限于规模在100人以上的国营、公私合营等工厂以及铁路、航运、邮电三个产业内的所属单位。1953年该条例经修改后扩大了适用范围,并提高了部分项目的待遇标准。《劳动保险条例》是一部综合性的劳动保险法规,包括养老、医疗、疾病、工伤、生育、遗属六个项目以及劳动福利的一些内容。1957年到1958年国务院公布了《关于工人、职员退休处理的暂行规定》和《关于工人、职员退职处理的暂行规定》两个文件,统一了企业与国家机关的退休制度,标志着覆盖全国所有城镇企事业单位、机关和社会团体的社会保险体系基本形成。

1966年到1976年的十年"文革",社会保险制度处于停滞状态。1969年2月,财政部发布了《关于国营企业财务工作中几项制度的改革意见》,规定"国营企业一律停止提取劳动保险基金","企业的退休职工、长期病号工资和其他劳保开支,改在营业外列支"。这一做法取消了社会保险的国家统筹部分,使之完全变为企业保险。这一变化在政企不分的计划体制下并无特别的影响,但却给以后的企业改革带来了障碍。

(二)改革开放后的社会保险立法状况

1978年我国确立了改革开放方针,1984年《中共中央关于经济体制改革的决定》掀开了国有企业改革的序幕。为配合国企改革,1986年国务院颁布了《国有企业实行劳动合同制暂行规定》和《国有企业职工待业保险暂行规定》标志着我国社会保险制度开始脱离传统体制。但由于当时的改革思路仍未摆脱计划经济的阴影,社会保险立法没有多大进展。

20世纪90年代初,我国确立了社会主义市场经济体制的方向。1991年国务院发布了《关于企业职工养老保险制度改革的决定》,社会保险制度新体制开始启动。沿着这一方向,国务院及劳动行政管理部门陆续公布了《国有企业职工待业保险规定》(1993)、《关于职工医疗制度改革的试点意见》(1994)、《企业职工生育保险试行办法》(1995)、《企业职工工伤保险试行办法》(1996)、《关于建立统一的企业职工基本养老保险制度的决定》(1997)、《关于建立城镇职工基本医疗保险制度的决定》(1998)、《失业保险条例》(1999)等一系列规范性文件。范围涉及养老保险、医疗保险、工伤保险、失业保险和生育保险五大领域,使社会保险新体制的制度框架基本建构成型。与此同时,在这些基础性文件的原则指导下,各省、自治区、直辖市纷纷开始制定地方性社会保险法规和规章,使新体制短短几年间就在全国范围内基本取代了旧体制。

进入21世纪后,国务院于2003年颁布(2010年12月修订)的《工伤保险条例》,劳动和社会保障部于2004年发布的《企业年金试行办法》以及《国务院关于完善企业职工基本养老保险制度的决定》(国发[2005]38号)等文件标志着社会保险体制得到进一步完善。从总体上看,社会保险体制改革在扩大保险覆盖面、拓宽资金来源、破除平均主义、提高基金使用效益、打破企业的所有制界限促进劳动力的市场流动等方面取得了显著成就。但尚存在如下问题:立法不配套,颁布的规范性文件位阶太低;二元经济结构使农民基本上处于保障范围之外;企业职工与机关事业单位职工之间存在不合理的养老待遇差别;不同地区医疗保险个人账户标准不统一;医疗保险体制的过分"市场化"安排,有违社会保险向弱者倾斜的二次分配性质等。

2010年10月28日第十一届全国人大常委会第十七次会议通过的《中华人民共和国社会保险法》(2018年修订,以下简称《社会保险法》)是我国社会保险事业改革与发展史上的一个重要的里程碑,也是社会保险立法的一项重大成果。它是社会法领域继《劳动合同法》就业促进法《劳动争议调解仲裁法》之后又一部位阶居于"顶层"的基础性法律文件。以此为基础,各种后续配套制度和措施可以源源不断地展开。《社会保险法》的颁布标志着我国社会保险事业的进程全面驶入了法制化轨道,使社会保险制度的强制性、规范性有了法律支持和保障,对推进我国的社会保障事业的科学发展具有重要意义。

五、我国社会保险制度的基本原则

（一）社会保险与经济发展水平相适应的原则

社会经济发展水平是实施社会保险的最基本的物质前提,并决定着社会保险的总体水平。《宪法》第14条规定:"国家建立健全同经济发展水平相适应的社会保障制度。"《劳动法》第71条规定:"社会保险水平应当与社会经济发展水平和社会承受能力相适应。"因此,社会保险的程度和水平,既要考虑社会保险的目的,即保障劳动者基本生活的需要,又要充分考虑我国的国情国力,使社会保险水平随着我国社会经济的发展而逐步提高。

（二）统一立法原则

长期以来,我国社会保险改革和立法的不统一以及多头分散的管理体制,不仅为经济体制改革带来了困难,而且与市场经济严重背离。为此,我国通过《劳动法》这一国家立法的形式建立起社会保障制度,实行保险基金社会统筹的统一的社会保险基金制度。

（三）强制实行的原则

社会保险,尤其是其中的国家基本保险,须由国家强制实行,不以赢利为目的,用人单位和劳动者不论其是否愿意都必须参加,以确保每个劳动者都能安全应对可能发生的劳动风险。

（四）社会化原则

社会保险的属性决定其范围、目的以及组织管理都具有广泛的社会性。所谓社会化,要求不断扩大社会保险覆盖面,凡是建立了劳动关系的劳动主体都应享有社会保险待遇,形成广覆盖的平等的社会保险主体体系。同时,还要求扩大保险基金统筹范围和融通营运,逐步健全统一的社会化服务组织,实行社会保险的社会化管理。

六、我国社会保险制度的方针

《社会保险法》基于我国现有的经济社会发展水平,考虑到可持续发展的长远目标,结合社会保险制度最近十几年改革历程获得的经验与教训,提出了"广覆盖、保基本、多层次、可持续"的方针。

(1) 广覆盖。指最大可能地拓宽社会保险制度的覆盖面,使更多的城乡居民能够享受社会保险制度提供的保障服务。为此,《社会保险法》在三个方面作了拓展性规定。其一,建立新型农村养老保险、新型农村合作医疗制度;其二,实现了社会保险制度从职业人群向非职业居民延伸;其三,将非正规就业人员纳入参保范围。这些措施从制度上和法律上确保2020年建立覆盖城、乡全体居民的社会保障体系,使人人享有基本生活保障的目标能够顺利实现。

(2) 保基本。指现行的社会保险制度所提供的保障标准以全体公民的基本生活和需要为主,这是我国现阶段经济发展水平所决定的。虽然四十多年的改革开放大大增强了我国经济实力,但现阶段我国仍是个发展中国家,人口多,人均资源的占有量和人均生产效率都不高。这意味着,我国现阶段的社会保险水平只能与现有的经济水平保持平衡,不能超越。当然随着我国经济的进一步发展和壮大,社会保险的保障水平肯定也会有相应的提升。

(3) 多层次。指我国采用的是多层次的社会保险结构,即社会保险由国家基本保险、用人单位补充保险、个人储蓄保险三部分所构成。在这三个层次中,基本保险居于核心地位,是我国社会保险制度的支柱,由国家通过立法建立并强制实施,面向全社会,通常由国家、用人单位和劳动者个人三方出资负担。用人单位补充保险和个人储蓄保险则处于辅助地位,由用人单位和个人根据自己的经济实力和意愿自主决定建立与否。选择多层次保险结构,其目的在于可以最大限度地动员社会资源,以提高风险防范能力;还能够满足经济地位不同的社会群体对社会保险的不同需求。

(4) 可持续。指社保基金能够做到长期稳定的收支平衡和良性运作。实现这一目标不仅取决于制度本身对参保对象有足够的吸引力,更取决于筹资模式的设计是否合理、资金是否充裕。我国正在步入人口老龄化阶段,已经给养老保险和医疗保险基金的支出带来了很大压力。《社会保险法》提出可持续方针,就是要求寻找出适合我国人口状况和经济能力的基金筹集模式,最终实现社会保险可持续长效体制的建构目标。

七、社会保险的功能

(1) 保护退出劳动领域劳动者的正当权益,维护劳动力再生产的正常进行。
(2) 保障劳动者及其家庭成员的基本生活,免除他们的后顾之忧,调动劳动者的积极性。
(3) 促进安全生产和劳动力合理流动,促进经济可持续发展。
(4) 防范和化解劳动风险,促进和谐社会的建设。

八、社会保险基金的筹集、管理和运营

(一) 社会保险基金的概念

社会保险基金,是指国家通过立法以财政拨款、向缴费义务人强制征收以及其他方式和途径筹集的,用于防御劳动风险的资金。社会保险基金是实现社会保险基本方针和各项政策目标的物质基础,因此其筹集、运营、管理等过程必须严格依照《社会保险法》和其他相关规范性文件的规定进行。

(二) 基金的筹集

1. 社会保险登记

我国社会保险基金的筹集,除了政府的财政支持外主要来源于用人单位和劳动者的缴费。而对缴费义务人进行登记是促使和规范其履行义务的必要前提。按照《社会保险法》的有关规定:首先,用人单位应当自成立之日起30日内凭营业执照、登记证书或者单位印章,向当地社会保险经办机构申请办理社会保险登记。经社会保险经办机构审核后,发给社会保险登记证件。其次,用人单位应当自用工之日起30日内为其职工向社会保险经办机构申请办理社会保险登记。未办理社会保险登记的,由社会保险经办机构核定其应当缴纳的社会保险费。最后,自愿参加社会保险的无雇工的个体工商户、未在用人单位参加社会保险的非全日制从业人员以及其他灵活就业人员,应当向社会保险经办机构申

请办理社会保险登记。

2. 社会保险缴费

用人单位应当自行申报、按时足额缴纳社会保险费,非因不可抗力等法定事由不得缓缴、减免。职工应当缴纳的社会保险费由用人单位代扣代缴,用人单位应当按月将缴纳社会保险费的明细情况告知本人。

无雇工的个体工商户、未在用人单位参加社会保险的非全日制从业人员以及其他灵活就业人员,可以直接向社会保险费征收机构缴纳社会保险费。

用人单位未按规定申报应当缴纳的社会保险费数额的,按照该单位上月缴费额的110%确定应缴数额。没有上月缴费数额的,可暂按该单位的经营状况、职工人数等有关情况确定应缴数额。用人单位未按规定申报应缴数额的,社会保险费征收机构还应责令用人单位在指定期限补办申报手续。用人单位补办申报手续后,由社会保险费征收机构按照规定结算。

用人单位未按时足额缴纳社会保险费的,由社会保险费征收机构责令其限期缴纳或者补足。用人单位逾期仍未缴纳或者补足社会保险费的,社会保险费征收机构可以向银行和其他金融机构查询其存款账户;并可以申请县级以上有关行政部门作出划拨社会保险费的决定,书面通知其开户银行或者其他金融机构划拨社会保险费。用人单位账户余额少于应当缴纳的社会保险费的,社会保险费征收机构可以要求该用人单位提供担保,签订延期缴费协议。用人单位未足额缴纳社会保险费且未提供担保的,社会保险费征收机构可以申请人民法院扣押、查封、拍卖其价值相当于应当缴纳社会保险费的财产,以拍卖所得抵缴社会保险费。

(三)基金的管理

不同种类的保险项目在保障目标、资金来源、运营方式、给付条件等方面各不相同,因此不同保险项目之间各自保持独立更有利于社会保险事业的健康发展。《社会保险法》第64条规定:社会保险基金包括基本养老保险基金、基本医疗保险基金、工伤保险基金、失业保险基金和生育保险基金。除基本医疗保险基金与生育保险基金合并建账及核算外,其他各项社会保险基金按照社会保险险种分别建账,分账核算。社会保险基金执行国家统一的会计制度。社会保险基金专款专用,任何组织和个人不得侵占或者挪用。

社会保险基金中除了基本养老保险基金逐步实行全国统筹外,其他社会保险基金逐步实行省级统筹,具体时间、步骤由国务院规定。

(四)基金的运营

社会保险制度是一种以社会公平为本位的社会财富二次分配形式,因此,社会保险基金的运营应当遵循以社会效益为主兼顾经济效益的原则,将资金的安全放在第一位。这与商业性基金的运营有很大不同。

为了规避和降低市场风险,社会保险基金的投资运营必须按照国务院的规定在保证安全的前提下进行,以实现保值增值。

社会保险基金不得违规投资运营,不得用于平衡其他政府预算,不得用于兴建、改建办公场所和支付人员经费、运行费用、管理费用,或者违反法律、行政法规规定挪作其他用途。

社会保险经办机构应当定期向社会公布参加社会保险情况以及社会保险基金的收入、支出、结余和收益情况。各级劳动行政部门负责本地区社会保险信息披露工作的组织、指导和监督工作,负责审批本级所披露的社会保险信息,社保经办机构具体向社会披露。

第二节　基本养老保险

一、养老保险的概念与特征

（一）养老保险的概念

养老保险,是指劳动者于年老丧失劳动能力的情况下,能够从社会获得物质帮助的一种社会保险制度。我国现行的养老保险制度借鉴国际上的通行做法,建立了包括基本养老保险、补充养老保险和个人储蓄性养老保险在内的多层次养老保险结构。基本养老保险按其本质应当覆盖城乡全体居民。为此,《社会保险法》明确了广覆盖的方针,初步建立起职工、城镇居民、农村居民三大养老保险体系的法律架构。将更多的人纳入保障范围,使之因年老退出劳动关系时能安享晚年生活。

（二）养老保险的特征

与社会保险的其他险种相比较,养老保险具有以下特征:

1. 养老保险是最普遍和最基础的险种

养老保险所预防的劳动风险是每个人都无法避免发生的年老丧失劳动能力现象,因而养老保险的受益人的涵盖面最大(几近全体社会成员)、基金积累时间和待遇给付持续时间最长、投入的资金额最多,与其他险种相比更具重要性和广泛的影响力。

2. 保险待遇的取得具有时间上的法定性和确定性

多数社会保险的风险事件发生与否、何时发生具有不确定性,因此能否获得保险利益、何时获得保险利益在时间上是无法预期的。养老保险中的老年风险却是必然发生的,虽然每个人步入老年的时间各不相同,但又是大体上相似的。这就使得在法律上界定一个全社会统一的老年时间标准成为可能。根据这一标准依法退出劳动关系,享受养老保险待遇,在时间上是可以期待确定发生的。

3. 统筹基金和个人账户相结合

统账结合是我国首创的一种新型基本养老保险制度。该制度将筹集的保险基金分为两部分,一部分进入社会统筹基金,另一部分进入个人账户。基本养老金的计发采用结构式计发办法,分别来源于统筹基金和个人账户。该制度既保持了社会统筹所具有的互济互助、分散风险之传统功效,又体现了能够反映劳动贡献差别的个人账户对劳动者所产生的激励作用和自我保障意识,是公平和效率的完美结合。

（三）基本养老保险关系的范围

从《社会保险法》以及有关法规、规章规定的内容看,基本养老保险关系的范围目前可分为以下层次:

（1）应当参加基本养老保险的各类企业职工。

(2) 可以参加基本养老保险的灵活就业人员。这部分人主要包括：无雇工的个体工商户、未在用人单位参加基本养老保险的非全日制从业人员以及其他灵活就业人员（例如：家庭教师、律师、会计师、自由撰稿人、独立音乐人、独立策划人、演员等自由职业者）。

(3) 按照公务员法管理的单位、参照公务员法管理的机关（单位）、事业单位及其编制内的工作人员［根据《国务院关于机关事业单位工作人员养老保险制度改革的决定》（国发〔2015〕2号）］。

(4) 参加城镇社会养老保险的城镇居民和参加新型农村社会养老保险的农村居民。

二、基本养老保险基金的筹集和管理

（一）基金的筹集

我国基本养老保险实行社会统筹与个人账户相结合的制度。基金主要来源于用人单位和本单位职工的缴费和国家财政补贴，除此而外还包括按规定收取的滞纳金、基金的运作产生的利息和收益等。

(1) 用人单位应当按照国家规定的本单位职工工资总额的比例（根据国发办〔2019〕13号通知从20%降至16%）缴纳基本养老保险费，记入基本养老保险统筹基金。职工应当按照国家规定的本人工资的比例（8%）缴纳基本养老保险费，记入个人账户。个人账户养老金不得提前支取，记账利率不得低于银行定期存款利率，免征利息税。个人死亡的，个人账户余额可以继承。

职工本人工资系本人上一年度月平均工资。月平均工资超过当地职工平均工资300%以上的部分不计入个人缴费工资基数；低于当地职工平均工资60%的按60%计算缴费工资基数。

(2) 无雇工的个体工商户、未在用人单位参加基本养老保险的非全日制从业人员以及其他灵活就业人员参加基本养老保险的，应当按照国家规定缴纳基本养老保险费，按当地上年度职工月平均工资的20%和8%分别记入基本养老保险统筹基金和个人账户。

(3) 新型农村社会养老保险实行个人缴费、集体补助、政府补贴相结合的筹资方式。根据2009年《国务院关于开展新型农村社会养老保险试点的指导意见》，个人缴费、集体补助、地方政府对参保人的缴费补贴，以及其他社会组织或个人对参保人缴费的资助全部记入个人账户。社会统筹部分则由中央和地方财政补贴负责。

(4) 城镇居民社会养老保险在筹资方式上与"新农保"类同。省、自治区、直辖市人民政府根据实际情况，可以将城镇居民社会养老保险和新型农村社会养老保险合并实施。

（二）基金的管理

养老保险基金直接影响到退休、退职职工的生活。因而，确保养老保险基金安全，避免其流失、贬值以及被挪用、挤占，是养老保险基金管理的第一要义。根据《关于建立统一的企业职工养老保险制度的决定》《企业职工养老保险基金管理规定》等规范性文件的内容，养老保险基金管理的主要内容如下：

(1) 企业和职工个人缴纳的基本养老保险费和国家给予的财政补贴转入社会保险管理机构在银行开设的养老保险基金专户；企业补充养老保险费和个人储蓄性养老保险费转入社会保险管理机构在银行开设的补充养老保险基金专户，实行专项储存，专款专用，对存入银行的基金按照人民银行规定的同期城乡居民储蓄利率计息,所得利息分别并入基本养老保险基金、补充养老保险基金、个人储蓄性养老保险基金。

(2)各级社会保险管理机构要建立健全基金的财务、会计、统计、内部审计等基金管理的各项制度,编制基金年度收支和管理服务费预、决算,报当地人民政府在预算中列收列支。各省、自治区、直辖市编制的基金和管理服务费收支的预、决算和会计报表、统计报表,按规定时间上报国务院相关主管部门。

(3)各级社会保险管理机构有权稽核参加统筹单位的有关账目、报表、企业工资总额、离退休费用和在职职工、退休人员花名册,核准计提基金的各个基数以及应支付的离退休费用。

三、基本养老保险待遇

(一)基本养老金、丧葬补助金和抚恤金

1. 基本养老金

按照《社会保险法》第15条的规定,基本养老金由统筹养老金和个人账户养老金组成。

(1)统筹养老金(以前称基础养老金)来源于社会统筹基金(基金出现支付不足时政府给予补贴)。根据个人缴费年限、缴费工资、当地职工平均工资等因素确定。计算方法为:统筹养老金=(参保人员退休时当地上年度月平均工资+本人指数化月平均缴费工资)÷2×缴费年限×1%。

(2)个人账户养老金来源于个人账户的储存额,其每月计发标准为:个人账户储存额除以规定的计发月数。计发月数根据职工退休时个人账户金额、城镇人口平均预期寿命和本人退休年龄等因素确定。国有企、事业单位职工参加基本养老保险前,视同缴费年限期间应当缴纳的基本养老保险费由政府承担。

2. 丧葬补助金和抚恤金

参加基本养老保险的个人,因病或者非因工死亡的,其遗属可以领取丧葬补助金和抚恤金;如果未达到法定退休年龄时因病或者非因工致残完全丧失劳动能力的,可以领取病残津贴。以上各项所需资金从基本养老保险基金中支付。

(二)基本养老保险待遇的给付

《社会保险法》第16条规定:"参加基本养老保险的个人,达到法定退休年龄时累计缴费满十五年的,按月领取基本养老金。"由此可见,享受按月领取基本养老金待遇的人员应当具备两项法定条件:

1. 必须达到法定退休年龄

退休是指劳动者因年老或其他法定原因退出劳动关系的情况。国务院以国发〔1978〕104号文件的形式颁发的《关于工人退休、退职的暂行办法》和《关于安置老弱病残干部的暂行办法》规定了以下几种法定退休年龄:

(1)男职工退休年龄为年满60周岁,女干部年满55周岁,女工人年满50周岁,连续工龄满10年。

(2)从事井下、高空、高温、特别繁重体力劳动或者其他有害身体健康的工作,男年满55周岁、女年满45周岁,连续工龄满10年。

（3）男年满50周岁，女年满45周岁，连续工龄满10年，经医院证明，并经劳动鉴定委员会确认，完全丧失劳动能力。

（4）因工致残，由医院证明，并经劳动鉴定委员会确认，完全丧失劳动能力。《中共中央关于全面深化改革若干重大问题的决定》(2013年11月12日十八届三中全会通过)提出"研究制定渐进式延迟退休年龄政策"后受到社会各界广泛关注。根据我国老龄化快速推进、养老金缺口逐步扩大、人均寿命提高、健康状况改善以及劳动力红利逐渐消失等现实状况，将延迟退休摆上改革日程是完全必要的，并且采取"渐进式"的做法是符合国情的。

2. 必须达到最低缴费年限

《社会保险法》规定的最低缴费年限为缴费累计满15年。设置最低缴费年限是为了满足缴费与待遇长期给付之间最低限度的资金平衡。必须强调的是，缴费是一项强制性的法定义务。对缴费义务人而言，只要建立劳动关系就应当缴费，其时间贯穿于劳动者退休前的整个职业生涯，而非仅仅15年。

对于达到法定退休年龄，但缴费年限不足15年的人员，按照《国务院关于完善企业职工基本养老保险制度的决定》的处理是：不发给基础养老金，个人账户存储额一次性支付给本人，终止基本养老保险关系。然而现实生活中，确有部分人员无法在退休年龄来临时满足最低缴费年限要求，因而不能享受有效的养老保障。对此，《社会保险法》基于人文关怀，安排了两条补救性路径。其一，参加基本养老保险的个人，达到法定退休年龄时累计缴费不足15年的，可以通过一次性补缴或者继续缴费满15年后，按月领取基本养老金；其二，参加基本养老保险的个人，也可以选择转入新型农村社会养老保险或者城镇居民社会养老保险，解决其养老保障问题。

（三）基本养老金调整机制

基本养老保险待遇不仅取决于参保人员的缴费基数和缴费年限，其保障水平还可能受到其他因素影响。因而基本养老保险待遇需要根据实际情况适当进行调整，以维持其保障水平的稳定和有效。为此，《社会保险法》第18条规定："国家建立基本养老金正常调整机制。根据职工平均工资增长、物价上涨情况，适时提高基本养老保险待遇水平。"依照该条所列的两项影响因素进行调整，基本养老金的保障水平既可以免受物价上涨带来的不利影响，还能够随着经济发展的脚步不断提升，使退休人员也可以有机会与在职人员共享经济发展的成果。

四、基本养老保险关系转移接续制度

我国幅员辽阔，经济发展水平不均衡，不同地区间存在明显的贫富差距，制度上的不同基金统筹区域因此而产生。经过多年努力，现阶段养老保险基金的缴纳虽然做到了省级统筹，但暂时还无法实现全国统筹。显然，如果没有转移接续制度，势必对跨省就业形成障碍，不利于人力资源的自由流动以实现其市场化配置，而且还将严重影响职工尤其是农民工参保的积极性。

（一）养老保险关系转移接续的概念和特征

转移接续是指已经参加基本养老保险的职工，需要转移到保险基金统筹地区以外的地方工作时，将其养老保险关系、资金转入新就业地区的社保机构，通过养老保险关系在新就业地区的继续运行,累计计算其养老保险缴费年限,并能够于退休时依法享受保险待遇的制度。

《社会保险法》第19条规定:个人跨统筹地区就业的,其基本养老保险关系随本人转移,缴费年限累计计算。个人达到法定退休年龄时,基本养老金分段计算、统一支付。据此,我国养老保险关系的转移接续具有如下特征:

1. 缴费年限累计计算

缴费年限累计计算指参保人员在不同就业地区的缴费年限应当累计相加,按相加后的总数计算其缴费年限。

2. 养老金分段计算

养老金分段计算指参保人员以本人各年度缴费工资、缴费年限和待遇取得地对应的各年度在岗职工平均工资计算其基本养老保险金。

3. 养老金统一支付

养老金统一支付指无论参保人员在哪里退休,退休地社保经办机构应将各统筹地区的缴费年限和相应的养老保险待遇分段计算出来,将养老金统一支付给参保人员。

(二)转移接续办法的主要内容

2009年12月,人力资源和社会保障部与财政部联合出台了《城镇企业职工基本养老保险关系转移接续暂行办法》,就跨省流动就业的转移接续作了具体规定,其主要内容如下:

1. 转移接续的办理程序

(1)参保人员在新就业地按规定建立基本养老保险关系和缴费后,由用人单位或参保人员向新参保地社保经办机构提出基本养老保险关系转移接续的书面申请。

(2)新参保地社保经办机构在15个工作日内,审核转移接续申请,对符合规定条件的,向参保人员原基本养老保险关系所在地的社保经办机构发出同意接收函,并提供相关信息;对不符合转移接续条件的,向申请单位或参保人员作出书面说明。

(3)原基本养老保险关系所在地社保经办机构在接到同意接收函的15个工作日内,办理好转移接续的各项手续。

(4)新参保地社保经办机构在收到参保人员原基本养老保险关系所在地社保经办机构转移的基本养老保险关系和资金后,应在15个工作日内办结有关手续,并将确认情况及时通知用人单位或参保人员。

2. 转移接续的特别规定

(1)参保人员返回户籍所在地(指省、自治区、直辖市,下同)就业参保的,户籍所在地的相关社保经办机构应为其及时办理转移接续手续。

(2)参保人员未返回户籍所在地就业参保的,由新参保地的社保经办机构为其及时办理转移接续手续。但对男性年满50周岁和女性年满40周岁的,应在原参保地继续保留基本养老保险关系,同时在新参保地建立临时基本养老保险缴费账户,记录单位和个人全部缴费。参保人员再次跨省流动就业或在新参保地达到待遇领取条件时,将临时基本养老保险缴费账户中的全部缴费本息,转移归集到原参保地或待遇领取地。

(3)参保人员经县级以上党委组织部门、人力资源社会保障行政部门批准调动,且与调入单位建立劳动关系并缴纳基本养老保险费的,不受以上年龄规定限制,应在调入地及时办理基本养老保险关系转移接续手续。

3. 转移资金的计算方法

(1) 个人账户储存额:1998年1月1日之前按个人缴费累计本息计算转移,1998年1月1日后按计入个人账户的全部储存额计算转移。

(2) 统筹基金(单位缴费):以本人1998年1月1日后各年度实际缴费工资为基数,按12%的总和转移,参保缴费不足1年的,按实际缴费月数计算转移。

4. 待遇领取地

(1) 基本养老保险关系在户籍所在地的,由户籍所在地负责办理待遇领取手续,享受基本养老保险待遇。

(2) 基本养老保险关系不在户籍所在地,而在其基本养老保险关系所在地累计缴费年限满10年的,在该地办理待遇领取手续,享受当地基本养老保险待遇。

(3) 基本养老保险关系不在户籍所在地,且在其基本养老保险关系所在地累计缴费年限不满10年的,将其基本养老保险关系转回上一个缴费年限满10年的原参保地办理待遇领取手续,享受基本养老保险待遇。

(4) 基本养老保险关系不在户籍所在地,且在每个参保地的累计缴费年限均不满10年的,将其基本养老保险关系及相应资金归集到户籍所在地,由户籍所在地按规定办理待遇领取手续,享受基本养老保险待遇。

第三节 失业保险

一、失业保险的概念与特征

(一) 失业保险的概念

失业保险是指对于因失业而中断生活来源的劳动者,在法定期限内,由国家给予一定的物质帮助,以保障其基本生活并促进其再就业的一种社会保险制度。

(二) 失业保险的特征

(1) 失业保险的对象是暂时失去工作的劳动者,而且限于非自愿失业的劳动者,并办理了失业登记。自愿性失业不享有保险待遇。

(2) 失业保险待遇只能保障失业劳动者的基本生活需要,其待遇水平一般控制在社会救济水平和当地最低工资标准之间。

(3) 失业保险具有保险期间的限制,只能在法定期限内享有;超过规定的期间,即使没有实现就业,也不再享受失业保险待遇,而是转入社会救济。我国规定劳动者领取失业保险金的最长期限为24个月。

(4) 失业保险的功能有双重性。一方面,保障失业劳动者的基本生活需要;另一方面,具有促进劳动者恢复就业与再次就业的功能。

(5) 失业保险参保具有强制性。根据《失业保险条例》的规定,城镇的国有企业、集体企业、外商投资企业、港澳台企业、私营企业等各类企业以及事业单位,都必须参加失业保险,按规定缴纳失业保险费。上述单位的职工也要按规定缴纳失业保险费,失业后符合条件者可以享受失业保险待遇。

二、失业保险基金的筹集与管理

（一）失业保险基金的构成

根据《失业保险条例》的规定,失业保险基金由下列各项构成:

(1) 城镇企业事业单位和城镇企业事业单位职工缴纳的失业保险费;

(2) 失业保险基金的利息;

(3) 财政补贴;

(4) 依法纳入失业保险基金的其他资金。

失业保险基金在直辖市和设区的市实行全市统筹,其他地区的统筹层次由省、自治区人民政府规定;并逐步实行省级统筹,具体时间、步骤由国务院规定。职工跨统筹地区就业的,其失业保险关系随本人转移,缴费年限累计计算。

（二）失业保险调剂金的筹集与使用

省、自治区可以建立失业保险调剂金。失业保险调剂金以统筹地区依法应当征收的失业保险费为基数,按照省、自治区人民政府规定比例筹集。统筹地区的失业保险基金不敷使用时,由失业保险调剂金调剂、地方财政补贴。失业保险调剂金的筹集、调剂使用以及地方财政补贴的具体办法,由省、自治区人民政府规定。

（三）失业保险费的缴纳

城镇企业事业单位按照本单位工资总额的2%缴纳失业保险费,城镇企业事业单位职工按照本人工资的1%缴纳失业保险费,城镇企业事业单位招用的农民合同制工人本人不缴纳失业保险费。

（四）失业保险基金的支出项目

失业保险基金的支出主要有两方面:一是用于失业救济;二是用于促进就业。前者直接支付给失业劳动者本人,以维持基本生活;后者由失业保险经办机构支出使用,以实现促进就业的功能。我国失业保险基金的具体支出项目为:

(1) 失业保险金;

(2) 领取失业保险金期间缴纳的医疗保险费;

(3) 失业保险金期间死亡的失业人员的丧葬补助金和其供养的配偶、直系亲属的抚恤金;

(4) 失业保险金期间接受职业培训、职业介绍的补贴。补贴的办法和标准由省、自治区、直辖市人民政府规定;

(5) 国务院规定或者批准的与失业保险有关部门的其他费用。

（五）失业保险基金的管理

失业保险基金必须存入财政部门在国有商业银行开设的社会保障基金专户,实行收支两条线管理,由财政部门依法进行监督。存入银行和按照国家规定购买国债的失业保险基金,分别按照城乡居民同期存款利率和国债利息计息。

失业保险基金的利息并入失业保险基金。失业保险基金专款专用,不得挪作他用,不得用于平衡财政收支。失业保险基金的财务制度和会计制度按照国家有关规定执行。

失业保险基金的预算、决算,由统筹地区社会保险经办机构编制,经同级劳动保障行政部门复核,同级财政部门审核,报同级人民政府审批。

三、失业保险待遇

(一)失业保险金待遇取得的条件

(1)失业前用人单位和本人已经缴纳失业保险费满一年。

(2)非因本人意愿中断就业。根据人力资源和社会保障部发布的《失业保险金申领发放办法》,非因本人意愿中断就业是指下列情况:第一,终止劳动合同的;第二,被用人单位解除劳动合同的;第三,被用人单位开除、除名和辞退的;第四,根据《劳动法》第 32 条第二、三项与用人单位解除劳动合同的;第五,法律、行政法规另有规定的。

(3)已经进行失业登记,并有求职要求的。用人单位应当及时为失业人员出具终止或者解除劳动关系的证明,并将失业人员的名单自终止或者解除劳动关系之日起 15 日内告知社会保险经办机构。失业人员应当持本单位为其出具的终止或者解除劳动关系的证明,及时到指定的公共就业服务机构办理失业登记。

(二)失业保险金的领取时限与标准

1. 失业保险金的发放

失业保险金作为支付给失业人员在失业期间的基本生活费用,由社会保险经办机构按月发放。失业人员凭失业登记证明和个人身份证明,到社会保险经办机构办理领取失业保险金的手续。失业保险金领取期限自办理失业登记之日起计算。

2. 失业保险金的领取时限

失业人员失业前所在单位和本人按照规定累计缴费时间满 1 年不足 5 年的领取失业保险金的期限最长为 12 个月;累计缴费时间满 5 年不足 10 年的,领取失业保险金的期限最长为 18 个月;累计缴费时间满 10 年以上的,领取失业保险金的期限最长为 24 个月。重新就业后,再次失业的,缴费时间重新计算。领取失业保险金的期限可以与前次失业应领取而尚未领取的失业保险金的期限合并计算,但最长不得超过 24 个月。

3. 失业保险金的标准

失业保险金的标准,按照低于当地最低工资标准、高于城市居民最低生活保障标准的水平,由省、自治区、直辖市人民政府确定。

(三)其他医疗保险待遇

1. 医疗待遇

失业人员在领取失业保险金期间,参加职工基本医疗保险,享受基本医疗保险待遇。失业人员应当缴纳的基本医疗保险费从失业保险基金中支付,个人不缴纳基本医疗保险费。

2. 丧葬补助金与抚恤金

丧葬抚恤补助费是指按规定支付给在领取失业保险金期间死亡的失业人员的丧葬补助费用及由其供养的配偶、直系亲属的抚恤金。

失业人员在领取失业保险金期间死亡的,参照当地对在职职工死亡的规定,向其遗属发给一次性丧葬补助金和抚恤金。所需资金从失业保险基金中支付。如果个人死亡同时符合领取基本养老保险丧葬补助金、工伤保险丧葬补助金和失业保险丧葬补助金条件的,其遗属只能选择领取其中的一项。

3. 职业培训和职业介绍补贴

职业培训和职业介绍补贴是指按规定支付给失业人员在领取失业保险金期间接受职业培训、职业介绍的补贴。

4. 国有企业下岗职工基本生活保障补助

国有企业下岗职工基本生活保障补助,是指从失业保险基金中调剂用于进入企业再就业服务中心的国有企业下岗职工基本生活保障的支出。

5. 农民合同制工人的一次性生活补助

农民合同制工人生活补助金,是一次性支付给合同期满不再续订或者提前解除劳动合同的农民合同制工人的生活补助费。单位招用的农民合同制工人连续工作满1年,本单位已缴纳失业保险费,劳动合同期满未续签或提前解除劳动合同的,由社会保险经办机构根据其工作时间长短,对其支付一次性生活补助。补助的办法和标准由省、自治区、直辖市人民政府规定。

(四)停止享受失业保险待遇的情况

失业人员在领取失业保险金期间有下列情形之一的,停止领取失业保险金,并同时停止享受其他失业保险待遇:

(1)重新就业的;

(2)应征服兵役的;

(3)移居境外的;

(4)享受基本养老保险待遇的;

(5)被判刑收监执行或者被劳动教养的;

(6)无正当理由,拒不接受当地人民政府指定的部门或者机构介绍的工作或者提供培训的;

(7)有法律、行政法规规定的其他情形的。

第四节　基本医疗保险

一、医疗保险的概念与特征

(一)医疗保险的概念

医疗保险是指劳动者及其供养亲属非因工患病或负伤后,在医疗上获得物质帮助的一种社会保险制度。

(二)医疗保险的特征

1. 对象的特点

医疗保险的覆盖对象具有一定的普遍性,一般是全体劳动者甚至是全体公民。在不同国家,国情不同,保险对象范围有所不同。在我国,考虑到实际情况,对全体劳动者乃至全体公民的医保覆盖目标将分阶段实行。

2. 风险的特点

劳动者非因工遭遇疾病或者意外伤害的风险具有不确定性,不仅时间上难以确定,而且遭遇的疾病或意外伤害的种类也难以确定。

3. 内容的特点

劳动者非因工伤遭遇疾病或者意外伤害的风险内容不同,医疗保险提供的医疗待遇也不同,具有复杂性。

4. 救济的特点

医疗保险为医保对象提供的保险待遇通过社会整体形成抵御风险的防御网,具有共济性的特点。

二、我国职工医疗保险制度的改革

医疗保险是世界范围内最早出现的社会保险制度,起源于19世纪的西欧。我国早在1951年的《中华人民共和国劳动保险条例》中就规定了劳动医疗保险制度。改革开放以来,尤其是1984年以来,国家逐步开展了医疗保险制度的改革。1998年12月14日,国务院发布了《关于建立城镇职工医疗保险制度的决定》。1999年1月14日,国务院又发布实施了《社会保险费征缴暂行条例》。进入21世纪后,我国医疗保险制度的改革进一步深化,从试点开始将医疗保险覆盖范围从城镇职工逐步推向全社会,先后开始了灵活就业人员医疗保险、城镇居民基本医疗保险、农村新型合作医疗制度等制度建设。《社会保险法》的颁布在法律上确立和完善了这些改革成果,为实现2020年建立比较健全的医疗保障体制这一宏伟目标打下了坚实的基础。

(一)我国医疗保险制度改革的主要任务

我国医疗保险制度改革的主要任务是建立城镇职工的基本医疗保险制度,即适应社会主义市场经济体制,根据财政、企业和个人的承受能力,建立保障职工基本医疗需求的社会医疗保险制度。

(二)城镇职工基本医疗保险制度的原则

城镇职工基本医疗保险制度的原则有:(1)基本医疗保险的水平要与生产力发展水平相适应;(2)城镇所有用人单位和职工都要参加基本医疗保险,实行属地管理;(3)城镇基本医疗保险费由用人单位和职工双方共同负担;(4)城镇基本医疗保险基金实行社会统筹和个人账户相结合;(5)国家建立和完善城镇居民基本医疗保险制度与新型农村合作医疗制度。

(三)基本医疗保险缴费义务人覆盖范围

基本医疗保险缴费义务人覆盖范围为:

(1)城镇职工及其用人单位;

(2)无雇工的个体工商户、未在用人单位参加职工基本医疗保险的非全日制从业人员以及其他灵活就业人员(可自愿参加);

(3)城镇居民和农村居民(可自愿参加)。

三、医疗保险基金的筹集与管理①

(一)基本医疗保险基金的构成

基本医疗保险基金由统筹基金和个人账户构成。职工个人缴纳的基本医疗保险费,

---

① 参见《国务院关于建立城镇职工基本医疗保险制度的决定》(1998年12月14日国发〔1998〕44号)。

全部记入个人账户。用人单位缴纳的基本医疗保险费分为两部分：一部分用于建立统筹基金，一部分划入个人账户。划入个人账户的具体比例由统筹地区根据个人账户的支付范围和职工年龄等因素确定。个人跨统筹地区就业的，其基本医疗保险关系随本人转移，缴费年限累计计算。

参加职工基本医疗保险的个人，达到法定退休年龄时累计缴费达到国家规定年限的，退休后不再缴纳基本医疗保险费，按照国家规定享受基本医疗保险待遇；未达到国家规定年限的，可以缴费至国家规定年限。

城镇居民基本医疗保险实行个人缴费和政府补贴相结合。享受最低生活保障的人、丧失劳动能力的残疾人、低收入家庭60周岁以上的老年人和未成年人等所需个人缴费部分，由政府给予补贴。

新型农村合作医疗由个人、集体和政府多方筹资，以大病统筹为主，农民以家庭为单位参加，按时足额缴纳经费。

（二）统筹基金的起付

统筹基金和个人账户要划定各自的支付范围，分别核算，不得互相挤占。统筹基金的起付标准原则上控制在当地职工年平均工资的10%左右，最高支付额原则上控制在当地职工年平均工资的4倍左右。

城镇居民基本医疗保险只建立统筹基金，不建立个人账户，基金主要用于住院医疗和部分门诊大病费用。基金支付比例原则上低于职工基本医疗保险，但高于新型农村合作医疗，一般可以达到50%至60%左右。

新型农村合作医疗主要补助参加农民的大额医疗费用或者住院医疗费用。各地方政府根据筹资总额，结合当地实际，合理确定医疗基金的支付范围、支付标准和额度。

（三）基金的管理与监督

符合基本医疗保险药品目录、诊疗项目、医疗服务设施标准以及急诊、抢救的医疗费用，按照国家规定从基本医疗保险基金中支付。

参保人员医疗费用中应当由基本医疗保险基金支付的部分，由社会保险经办机构与医疗机构、药品经营单位直接结算。社会保险行政部门和卫生行政部门应当建立异地就医医疗费用结算制度，方便参保人员享受基本医疗保险待遇。

下列医疗费用不纳入基本医疗保险基金支付范围：（1）应当从工伤保险基金中支付的；（2）应当由第三人负担的；（3）应当由公共卫生负担的；（4）在境外就医的。医疗费用依法应当由第三人负担，第三人不支付或者无法确定第三人的，由基本医疗保险基金先行支付。基本医疗保险基金先行支付后，有权向第三人追偿。

基本医疗保险基金纳入财政专户管理，专款专用，不得挤占挪用。社会保险经办机构负责基本医疗保险基金的筹集、管理、支付，并要建立健全预决算制度、财务会计制度和内部审计制度。社会保险经办机构的事业经费不得从基金中提取，由各级财政预算解决。

四、医疗保险待遇

职工一般可在与社会保险经办机构签订医疗保险合同的定点医院选择就医。保险待遇的项目主要有：规定范围内的药品费用，规定的检查费用和医疗费用，规定标准的住院费用。其中,职工个人账户用于支付小额医疗费用,社会统筹基金用于支付大额医疗费用。

第五节 工 伤 保 险

一、工伤保险的概念与特征

(一)工伤保险的概念

工伤保险又称职业伤害保险,是职工因工而致伤、病、残、死亡,依法获得医疗救治和经济补偿及物质帮助的一种社会保险制度。

(二)工伤保险的特征

1. 保险对象范围的特点

工伤保险的适用范围最广,根据《工伤保险条例》(2003年4月27日国务院公布,2010年12月修改)的规定,中华人民共和国境内各类企业、事业单位、社会团体、民办非企业单位、基金会、律师事务所、会计师事务所等组织的职工和个体工商户的雇工,都享受工伤保险待遇。

2. 保险责任的特点

工伤保险的设立是基于对工伤职工的赔偿责任,其他社会保险是基于对职工生活困难的帮助和补偿责任而设立的。

3. 保险费用承担的特点

工伤保险的全部保险费用由用人单位交纳,职工个人不承担缴纳保险费的义务。

4. 归责原则的特点

工伤保险中赔偿责任的归责原则是无过错责任原则,即只要是劳动者在劳动过程中遭遇工伤,无论用人单位有无过错,都应当承担赔偿责任。

二、工伤和职业病的认定

(一)工伤概念

工伤通称为职业伤害,广义的工伤包括工作意外事故和职业病造成的伤害或死亡。狭义的工伤,特指劳动者在劳动过程中因执行职务(业务)而受到的急性伤害。

(二)工伤的范围

《工伤保险条例》对工伤范围作了如下的规定:

1. 应当认定为工伤的情况

(1)在工作时间和工作场所内,因工作原因受到事故伤害的;(2)工作时间前后在工作场所内,从事有关预备或收尾工作受到事故伤害的;(3)在工作时间和工作场所内,因履行工作职责受到暴力意外伤害的;(4)患职业病的;(5)因工外出期间,由于工作原因受到伤害或下落不明的;(6)在上下班途中,受到非本人主要责任的交通事故或者城市轨道交通、客运轮渡、火车事故伤害的;(7)法律、行政法规规定应当认定为工伤的其他情形。

法规解读 11-1

2. 视同工伤的情况

(1) 在工作时间和工作岗位,突发疾病死亡或者在 48 小时之内经抢救无效死亡的;(2) 在抢险救灾等维护国家利益、公共利益活动中受到伤害的;(3) 职工原在军队服役,因战、因公负伤致残,已取得革命伤残军人证,到用人单位后旧伤复发的。

3. 不得认定为工伤或者视同工伤的情况

(1) 故意犯罪的;(2) 醉酒或者吸毒的;(3) 自残或自杀的。

(三) 工伤的确认与鉴定

案例阅读 11-1

案例阅读 11-2

1. 工伤认定的申请

根据《工伤保险条例》及《工伤认定办法》的规定,职工发生事故伤害或按照《职业病防治法》被诊断、鉴定为职业病,所在单位应当自事故伤害发生之日或者被诊断、鉴定为职业病之日起 30 日内,向统筹地区社会保险行政部门提出工伤认定申请。遇有特殊情况,经报劳动保障行政部门同意,申请时限可以适当延长。

用人单位未在规定的期限内提出工伤认定申请的,工伤职工或其近亲属、工会组织在事故伤害发生之日或被诊断、鉴定为职业病之日起一年内,可以直接向用人单位所在地统筹地区社会保险行政部门提出工伤认定申请。工伤认定申请时,应当提交下列材料:

(1) 工伤认定申请表;

(2) 与用人单位存在劳动关系(包括事实劳动关系)的证明材料;

(3) 医疗诊断证明或者职业病诊断证明书(或者职业病诊断鉴定书)。

2. 发生争议时的举证责任

职工或者其近亲属认为是工伤,用人单位不认为是工伤的,由该用人单位承担举证责任。用人单位拒不举证的,社会保险行政部门可以根据受伤害职工提供的证据依法作出工伤认定结论。

3. 作出认定决定

社会保险行政部门应当自受理工伤认定申请之日起 60 日内作出工伤认定决定,并书面通知申请工伤认定的职工或者其近亲属和该职工所在单位。社会保险行政部门对受理的事实清楚、权利义务明确的工伤认定申请,应当在 15 日内作出工伤认定的决定。

三、劳动能力鉴定

劳动能力鉴定是指劳动者劳动功能障碍程度和生活自理障碍程度的等级鉴定。劳动能力鉴定的主要内容如下:

(1) 职工发生工伤,经治疗伤情相对稳定后存在残疾和影响劳动能力的应当进行劳动能力鉴定。劳动能力鉴定标准由国务院社会保险行政部门会同国务院卫生行政部门等部门制定。鉴定由劳动功能障碍和生活自理障碍两部分组成:

① 劳动功能障碍分为 10 个伤残等级,最重的为 1 级,最轻的为 10 级。② 生活自理障碍分为 3 个等级:生活完全不能自理、生活大部分不能自理和生活部分不能自理。

(2) 劳动能力鉴定由用人单位、工伤职工或者其直系亲属向设区的市级劳动能力鉴定委员会提出申请,并提供工伤认定决定和职工工伤医疗的有关资料。

(3) 各级劳动能力鉴定委员会分别由同级社会保险行政部门、卫生行政部门、工会组织、经办机构代表以及用人单位代表组成。

(4) 设区的市级劳动能力鉴定委员会应当自收到劳动能力鉴定申请之日起 60 日内作出劳动能力鉴定结论。必要时,作出劳动能力鉴定结论的期限可以延长 30 日。劳动能力鉴定结论应当及时送达申请鉴定的单位和个人。

(5) 申请鉴定的单位和个人对设区的市级劳动能力鉴定委员会作出的鉴定结论不服的,可以在收到鉴定结论之日起 15 日内向省、自治区、直辖市劳动能力鉴定委员会提出再次鉴定申请。省、自治区、直辖市劳动能力鉴定委员会作出的劳动能力鉴定结论为最终结论。

四、工伤保险基金的筹集与管理

(一) 基金的筹集

工伤保险基金由用人单位缴纳的工伤保险费、工伤保险基金的利息和依法纳入工伤保险基金的其他资金构成。工伤保险费根据以支定收、收支平衡的原则确定费率。

(二) 差别费率的确定

国家根据不同行业的工伤风险程度确定行业的差别费率,并根据工伤保险费的使用和工伤发生率情况在每个行业内确定若干费率档次。行业差别费率及行业内费率档次由国务院劳动保障行政部门会同国务院财政部门、卫生行政部门、安全生产监督管理部门制定,报国务院批准后施行。统筹地区经办机构根据用人单位工伤保险费的使用、工伤发生率情况,适用所属行业内相应的费率档次确定单位缴费费率。

(三) 缴费义务人

用人单位应当按时缴纳工伤保险费。职工个人不缴纳工伤保险费。用人单位缴纳的工伤保险费的数额为本单位职工工资总额乘以单位缴费率之积。

(四) 基金的运作

工伤保险基金存入社会保障基金财政专户,用于工伤保险待遇、劳动能力鉴定,工伤预防的宣传、培训等费用,以及法律、法规规定的用于工伤保险的其他费用的支付。工伤保险基金应当留有一定比例的储备金,用于统筹地区重大事故的工伤保险待遇支付;储备金不足支付的,由统筹地区的人民政府垫付。储备金占基金总额的具体比例和储备金的使用办法,由省、自治区、直辖市人民政府规定。

五、工伤保险待遇

(一) 工伤医疗待遇

职工因工作遭受事故伤害或者患职业病进行治疗,享受工伤医疗待遇,包括工伤治疗的相关费用支付、停工留薪待遇。

1. 工伤治疗的相关费用支付

工伤职工治疗工伤应当在签订服务协议的医疗机构就医,情况紧急时可以先到就近的医疗机构急救。

治疗工伤所需费用符合工伤保险诊疗项目目录、工伤保险药品目录以及工伤保险住院服务标准的,从工伤保险基金支付。上述目录和标准由国务院社会保险行政部门会同国务院卫生行政部门、食品药品监督管理部门等部门规定。

职工住院治疗工伤的伙食补助费,以及经医疗机构出具证明,报经办机构同意,工伤职工到统筹地区以外就医所需的交通、食宿费用从工伤保险基金支付,基金支付的具体标准由统筹地区人民政府规定。

其他符合规定,从工伤保险基金中支付的费用:工伤职工到签订服务协议的医疗机构进行康复性治疗的费用;工伤职工因日常生活或就业需要,经劳动能力鉴定委员会确认,安装假肢、矫形器、假眼、假牙或配置轮椅等辅助器具的费用;工伤职工已经评定伤残等级并经劳动能力鉴定委员会确认需要生活护理的生活护理费用。

工伤职工治疗非工伤引发的疾病,不享受工伤医疗待遇,按照基本医疗保险办法处理。

2. 停工留薪待遇

(1) 职工因工作遭受事故伤害或者患职业病需要暂停工作接受工伤医疗的,在停工留薪期间,原工资福利待遇不变,由所在单位按月支付。

(2) 停工留薪期时间一般不超过12个月。伤情严重或者情况特殊,经设区的市级劳动能力鉴定委员会确认,可以适当延长,但延长不得超过12个月。工伤职工在停工留薪期满后仍需治疗的,继续享受工伤医疗待遇。生活不能自理的职工在停工留薪期间需要护理的生活护理费用,由所在单位负责。

(二) 工伤伤残待遇

(1) 职工因工致残被鉴定为一级至四级伤残的,保留劳动关系,退出工作岗位,享受以下待遇:

① 从工伤保险基金中按伤残等级支付一次性伤残补助金,标准为:一级伤残为27个月的本人工资,二级伤残为25个月的本人工资,三级伤残为23个月的本人工资,四级伤残为21个月的本人工资。

② 从工伤保险基金中按月支付伤残津贴,标准为:一级伤残为本人工资的90%,二级伤残为本人工资的85%,三级伤残为本人工资的80%,四级伤残为本人工资的75%。伤残津贴实际金额低于当地最低工资标准的,由工伤保险基金补足差额。

③ 工伤职工达到退休年龄并办理退休手续后,停发伤残津贴,享受基本养老保险待遇。基本养老保险待遇低于伤残津贴的,由工伤保险基金补足差额。

职工因工致残被鉴定为一级至四级伤残的,由用人单位和职工个人以伤残津贴为基数,缴纳基本医疗保险费。

(2) 职工因工致残,被鉴定为五级至六级伤残的,享受以下待遇:

① 从工伤保险基金中按伤残等级支付一次性伤残补助金,标准为:五级伤残为18个月的本人工资,六级伤残为16个月的本人工资。

② 保留与用人单位的劳动关系,由用人单位安排适当工作。难以安排工作的,由用人单位按月发给伤残津贴,标准为:五级伤残为本人工资的70%,六级伤残为本人工资的60%,并由用人单位按照规定为其缴纳应缴纳的各项社会保险费。伤残津贴实际金额低于当地最低工资标准的,由用人单位补足差额。

经工伤职工本人提出,该职工可以与用人单位解除或者终止劳动关系,由用人单位支付一次性工伤医疗补助金和伤残就业补助金。具体标准由省、自治区、直辖市人民政府规定。

(3) 职工因工致残被鉴定为七级至十级伤残的,享受以下待遇:

① 从工伤保险基金中按伤残等级支付一次性伤残补助金,标准为:七级伤残为13个月的本人工资,八级伤残为11个月的本人工资,九级伤残为9个月的本人工资,十级伤残为7个月的本人工资。

② 劳动合同期满终止或者职工本人提出解除劳动合同的,由用人单位支付一次性工伤医疗补助金和伤残就业补助金。具体标准由省、自治区、直辖市人民政府规定。

(4) 职工再次发生工伤,根据规定应当享受伤残津贴的,按照新认定的伤残等级享受伤残津贴待遇。

(三) 因工死亡待遇

(1) 职工因工死亡,其直系亲属按照下列规定从工伤保险基金中领取丧葬补助金、供养亲属抚恤金和一次性工亡补助金:

① 丧葬补助金为6个月的统筹地区上年度职工月平均工资。

② 供养亲属抚恤金按照职工本人工资的一定比例,发给由因工死亡职工生前供养的无劳动能力的亲属。标准为:配偶每月40%,其他亲属每人每月30%,孤寡老人或者孤儿每人每月在上述标准的基础上增加10%。核定的各供养亲属的抚恤金之和不应高于因工死亡职工生前的工资。供养亲属的具体范围由国务院劳动保障行政部门规定。

③ 一次性工亡补助金标准为上一年度全国城镇居民人均可支配收入的20倍。

(2) 职工因工外出期间发生事故或者在抢险救灾中下落不明的,从事故发生之日起3个月内照发工资,从第4个月起停发工资,由工伤保险基金向其供养亲属按月支付供养亲属抚恤金。生活有困难的,可以预先支付50%的一次性工亡补助金。

(四) 职工停止享受工伤保险待遇的情况

(1) 丧失享受工伤保险待遇条件的;

(2) 拒不接受劳动能力鉴定的;

(3) 拒绝治疗的。

第六节 生 育 保 险

一、生育保险的概念与特征

(一) 生育保险的概念

生育保险是国家通过立法对女性劳动者在怀孕、分娩过程中给予生活保障和物质帮助的一项社会保险制度。

(二) 生育保险的特征①

(1) 生育保险属于女职工正常的生理性原因引起的保障,不同于社会原因如失业、工伤等其他原因造成的损失以及引起的社会保险项目。

(2) 生育保险的目的不仅在于保障生育状态中的女职工的身体健康,促进她们自身劳动能力的恢复,而且对劳动力扩大再生产起着重要的保障作用。因为生育本身是人的

---

① 覃有土、樊启荣编著:《社会保障法》,法律出版社1997年版。

再生产,只有优生优育,搞好生育保险,才能促进劳动力扩大再生产。

(3) 生育保险在待遇方面相对优于其他社会保险。

(4) 生育保险的对象专指已婚且符合生育保险条件的女性劳动者。生育保险在我国只适用达到法定结婚年龄的已婚女职工,并且须符合国家计划生育的规定。

二、生育保险基金并入医疗保险基金

根据修改后的《社会保险法》以及《国务院办公厅关于全面推进生育保险和职工基本医疗保险合并实施的意见》的相关规定,生育保险基金的筹集和管理实行重大改革,在保留生育保险险种的前提下,生育保险基金并入职工基本医疗保险基金统一实施管理。其主要内容如下:

(1) 统一参保登记。参加职工基本医疗保险的在职职工同步参加生育保险。

(2) 统一基金征缴和管理。生育保险基金并入职工基本医疗保险基金,统一征缴,统筹层次一致。按照用人单位参加生育保险和职工基本医疗保险的缴费比例之和确定新的用人单位职工基本医疗保险费率,个人不缴纳生育保险费。同时,根据职工基本医疗保险基金支出情况和生育待遇的需求,按照收支平衡的原则,建立费率确定和调整机制。

不再单列生育保险基金收入,在职工基本医疗保险统筹基金待遇支出中设置生育待遇支出项目。

(3) 统一医疗服务管理。两项保险合并实施后实行统一定点医疗服务管理。医疗保险经办机构与定点医疗机构签订相关医疗服务协议时,将生育医疗服务有关要求和指标增加到协议内容中,并充分利用协议管理,强化对生育医疗服务的监控。执行基本医疗保险、工伤保险、生育保险药品目录以及基本医疗保险诊疗项目和医疗服务设施范围。

促进生育医疗服务行为规范。将生育医疗费用纳入医保支付方式改革范围,推动住院分娩等医疗费用按病种、产前检查按人头等方式付费。生育医疗费用原则上实行医疗保险经办机构与定点医疗机构直接结算。充分利用医保智能监控系统,强化监控和审核,控制生育医疗费用不合理增长。

(4) 统一经办和信息服务。两项保险合并实施后,要统一经办管理,规范经办流程。经办管理统一由基本医疗保险经办机构负责,经费列入同级财政预算。充分利用医疗保险信息系统平台,实行信息系统一体化运行。原有生育保险医疗费用结算平台可暂时保留,待条件成熟后并入医疗保险结算平台。完善统计信息系统,确保及时全面准确反映生育保险基金运行、待遇享受人员、待遇支付等方面的情况。

(5) 职工生育期间的生育保险待遇不变,按照原来的规定执行。

三、生育保险待遇

(一) 产假

产假是国家法律和法规规定,给予女职工在生育过程中休息的期限。产假分为产前与产后两段,女职工应当根据关于产假期间的规定休产假。产假的目的在于使女职工获得必要的休息时间,以恢复身体健康,哺育婴儿。

(二) 生育津贴

生育津贴是国家法律与法规规定对于女职工因为生育而离开工作岗位期间,所给予的生活费用。我国生育津贴的支付方式与支付标准分两种情况：一是实行生育保险社会统筹的地区,支付标准按本企业上年度职工平均工资的标准支付,期限不少于98天;二是在没有开展生育保险社会统筹的地区,生育津贴由本企业或单位支付,标准为女职工生育之前的基本工资与物价补贴,期限为98天。

（三）生育医疗费用

（1）女职工生育的检查费、接生费、手术费、住院费和药费由统筹基金支付。超出规定的医疗服务费与药费(含自费药品和营养药品的药费)由职工个人自付。

（2）计划生育的医疗费用,是指职工因实行计划生育需要,实施放置(取出)宫内节育器、流产术、引产术、绝育及复通手术所发生的医疗费用。对于职工在基本医疗保险定点医疗机构和经计划生育行政管理部门、劳动保障部门认可的计划生育服务机构实施计划生育手术的,其费用可以由相应的社会保险基金支付。

（3）女职工生育出院后,因生育引起疾病的医疗费,由统筹基金支付;其他疾病的医疗费,按照医疗保险待遇的规定办理。女职工产假期满后,因疾病需要休息治疗的,按照有关病假待遇和医疗保险待遇规定办理。

（4）女职工生育或流产后,由本人或所在企业持当地计划生育部门签发的计划生育证明,婴儿出生、死亡或流产证明,到当地社会保险经办机构办理手续,领取生育津贴和报销生育医疗费。

第七节　职 工 福 利

一、职工福利的概念与特征

（一）职工福利的概念

职工福利又称职业福利,是行业和单位为满足职工物质文化生活需要、为提高和改善职工及其亲属生活质量而提供的工资收入以外的津贴、设施和服务的社会福利项目。

《劳动法》第76条规定："国家发展社会福利事业,兴建公共福利设施,为劳动者休息、休养和疗养提供条件。用人单位应当创造条件,改善集体福利,提高劳动者的福利待遇。"我国《劳动法》确立的劳动者生活福利制度,是以提高劳动者物质生活和文化生活水平为根本目的,以兴建公共福利设施,提供福利条件和改善福利待遇为基本措施。

职工福利按其"社会化"程度可以划分为两个层次：一个层次是国家通过一定法律手段和途径在某些行业和企业中普遍实行的制度,如职工探亲假制度,与职业关联的特殊津贴制度;另一层次的职工福利,是单位(企业)自主为职工提供的福利,是行业或单位内部的福利。

（二）职工福利的特征

1. 职业性

职工福利是基于职工从事某种职业和行业关系为标志的,只有在本行业、本单位进行职业活动的职工才有权享受。在一定情况下,有些内容与项目职工家属也可享受。

2. 普遍性

职工福利具有普遍性,凡举办职工福利事业的单位职工都有享受福利的权利。对于同一单位的每个职工来说,享受单位福利补贴与福利服务的机会是均等的。

3. 集体性

职工福利的主要特征是举办集体福利事业,以满足职工物质文化生活需要,有利于团队凝聚力与竞争力的加强。

4. 补充性

职工福利具有补充满足职工生活需要的特征。职工在领取工资后,生活上仍可能存在许多方面的困难,或者由于某种原因增加了意外的开支,影响了职工及其家庭的基本生活。职工福利是为了方便群众、维持与提高职工生活质量而提供的工资收入以外的津贴、设施和其他相关项目。

5. 差异性

差异性的表现是:一方面,福利水平取决于用人单位的经济效益,不同单位的职工福利水平有所不同;另一方面,某些单位内部的某些福利项目,可根据职工服务时间长短及工作业绩大小而给予不同的待遇。

二、职工福利的意义

1. 提高劳动者的积极性与创造性

职工福利相对于劳动者劳动的工资回报而言,更能反映用人单位的用工政策以及对职工的关怀程度,使劳动者更加直观地感受到自己在单位中的地位、受重视的程度等,使劳动者在维持与提高生活质量的基础上,提高工作满意度,进而提高劳动者的积极性与创造性。

2. 提升劳动者的忠诚度,增强团队凝聚力与竞争力

用人单位的职工福利为促进职工生活质量的提高创造了较好的物质条件,有利于形成良好的工作环境,在提升劳动者满意度的基础上,使劳动者的归属感与团队意识增强,提高用人单位的团队凝聚力与竞争力。

3. 以人为本,提升整个单位的管理水平

从现代企业管理的角度来看,用人单位的职工福利反映了"以人为本"的管理理念在现实中落实的程度,同时也反映了"人本管理"水平的高低。经济学从原来将用于劳动力方面的支出视为"成本"的观念已转为"投资"的观念,用人单位的职工福利是一种人力资本的投资。在"以人为本"的管理理念下,职工福利的实施,有助于劳动者素质的提高,有助于劳动者生产能力的再生产。管理中劳动者要素水平的提升,有助于单位整个管理水平的提高。

三、职工福利与社会保险的区别

(一)权利义务不同

在权利义务方面,社会保险是双向的,既强调国家和社会对劳动者个人的责任,又强调劳动者个人本身应当履行的义务;职工福利是单向的,一般只强调国家、社会和单位对个人的责任。

（二）资金来源不同

在资金来源方面，社会保险强调劳动者个人、社会（包括劳动者所在用人单位或雇主）、国家三方合理负担，分别按一定比例缴纳保险基金；而职工福利强调由国家、社会和单位向个人提供。

（三）保障手段不同

在保障手段方面，社会保险是预防型的，强调用人单位和劳动者预先筹措和积累，防患于未然；而职工福利是发展型的，是为了进一步提高单位职工的物质文化生活水平。

（四）保障对象不同

在保障对象方面，社会保险的对象是在特殊情况下需要给予物质帮助的劳动者；而职工福利的对象是单位的所有劳动者，具有一定的普及性。

四、职工福利的内容

职工福利的内容，根据不同的标准有不同的分类，如可以将职工福利分为"生活福利设施，文化娱乐设施，福利补贴"[①]；也可以将职工福利分为"国家为劳动者普遍实行的福利与用人单位提供的福利"[②]。

（一）国家为劳动者普遍实行的福利

我国对劳动者举办的福利事业和采取的措施主要包括以下几个方面：

（1）设立主管劳动者福利工作的组织机构——各级总工会。由各级总工会负责福利工作，并指导各用人单位基层工会开展福利工作。

（2）通过制定各项政策法规，推动社会福利事业发展。如改革开放以来，全国人大常委会批准的《关于职工探亲待遇的规定》（1981年3月）；劳动人事部、全国总工会、财政部做出的《关于在经济改革中要注意保障职工的劳动保障、福利待遇的意见》（1983年8月）等。这些关于职工福利的政策法规的发布与实施，推动了劳动者福利事业不断发展。

（3）举办文化、教育、卫生、娱乐事业，兴建各种设施。

（4）由国家直接向劳动者发放各项补贴，如物价补贴、燃料补贴等。

（二）用人单位提供的福利

1. 职工集体福利

职工集体福利是指用人单位为职工提供必要的集体消费、共同性消费设施以及提供集体服务，它包含了职工集体生活福利和职工集体文化福利两方面。

职工集体生活福利设施包括的范围较广，主要有职工食堂、职工医院、职工宿舍、托儿所、幼儿园、子弟学校、浴室、理发室、小卖部等。

职工集体文化福利是指单位兴建文化、卫生、体育、娱乐等设施，以免费或减费的优惠待遇供职工使用，其内容主要包括兴建文化宫、俱乐部、图书馆、影剧院、业余学校、体育场馆等设施，以及举办各种文化、卫生、体育、娱乐活动等。

2. 职工个人福利

职工个人福利是为解决职工不同需要，减轻职工生活费用开支建立的各种经济性福

---

① 参见李景森、贾俊玲主编：《劳动法学》，北京大学出版社2001年版，第167页。
② 参见吴鹏森著：《现代社会保障概论》，上海人民出版社2004年版，第441页。

利项目,这类福利还常以货币或实物的形式发给职工个人,其中货币发放是补贴的主要形式。

(1) 职工探亲补贴

职工探亲制度,是用人单位为关怀职工与分居两地的配偶、父母团聚和减轻其因团聚所产生的经济负担而给予探亲假期、工资补贴和旅费补贴的福利制度。

(2) 职工上下班交通费补贴

职工上下班交通费补贴是为解决职工上下班因交通费负担过重影响生活而给予的补贴。

(3) 职工冬季宿舍取暖补贴

职工冬季宿舍取暖补贴,是用人单位对居住寒冷地区的职工,为照顾地区原有习惯和减轻职工经济负担,就其宿舍取暖设施实行的一种福利补贴。除了广东、广西、福建、浙江、湖南、湖北、四川、贵州等省、自治区,江苏、安徽、河南等省的淮河以南地区,山西省秦岭以南地区以外;其他地区可以发给职工宿舍冬季取暖补贴;但职工及其家属住宅装有暖气设备的宿舍并且免费供暖的除外。①

(4) 职工生活困难补助

职工生活困难补助,是用人单位对于因各种原因造成生活困难的职工,为保证其基本生活需要而给予临时或长期性生活费补助。

(5) 其他福利补贴

① 生活消费的价格补贴:因地区生活消费品价格上涨致使职工生活消费支出增加,用人单位可按国家规定的项目和标准向职工发放的特定的补贴。

② 独生子女补贴:根据国家计划生育政策,用人单位可以向持有"独生子女证"的职工按月发给儿童保健费,出生时领证的发放时间为 10 年,4 周岁后领证的发放期限到 14 周岁整,还可酌情减免独生子女入托、入园、就医的费用。

③ 年休假工资:职工享受年休假期间,工资照发。应当享受的年休假在劳动关系终止时尚未享受的,应当给予相当于年休假工资的补偿金。

本 章 小 结

1. 社会保险制度是社会保障体系以及劳动法的重要内容。社会保险是劳动者因伤、病、残、失业、年老等原因丧失劳动能力和劳动机会时,为了保障其基本生活需要,国家和社会给予其一定物质帮助的制度。

2. 社会保险具有强制性、互济性、保障性、非营利性的特征。社会保险具有重要功能,其结构包括国家基本保险、用人单位补充保险和个人储蓄保险 3 个部分。其法律适用原则为:社会保险与经济发展水平相适应的原则,统一立法原则,强制实行原则,社会化原则。

3. 养老保险、医疗保险、失业保险、生育保险、工伤保险五大保险制度各有其特征,保

① 参见王全兴:《劳动法》,法律出版社 2004 年版,第 358 页。

险待遇条件法定,待遇内容各有侧重。

4. 职工福利又称职业福利,是行业和单位为满足职工物质文化生活需要、为提高和改善职工及其亲属生活质量而提供的工资收入以外的津贴、设施和服务的社会福利项目,具有职业性、普遍性、集体性、补充性和差异性的特征。

关键词

　　社会保险　养老保险　失业保险　医疗保险　工伤保险　生育保险　职工福利

思考题

　　1. 社会保险的特征与功能有哪些?
　　2. 社会保险法调整的原则有哪些?
　　3. 社会保险与社会保障有何区别?
　　4. 社会保险的结构是怎样的?
　　5. 基本养老保险待遇的内容是什么?
　　6. 医疗保险的待遇有哪些?
　　7. 失业保险基金如何构成?
　　8. 劳动能力的鉴定有何规定?
　　9. 生育保险待遇有哪些?
　　10. 职工福利的主要内容有哪些?

案例分析

　　1. 刘某满60岁后,单位要按有关规定为其办理退休手续。考虑到退休后待遇不如在职好,刘某表示不同意退休,理由是其与单位之间订立的劳动合同尚未到期,但单位拒绝了刘某的要求①。

　　请问:
　　(1) 单位的做法是否正确?
　　(2) 为什么?

　　2. 张某某在某面粉有限公司上班,工作内容是为面粉打包,所在岗位实行两班倒,8:00—21:00和21:00—次日8:00。2013年1月的某日,张某某上班至晚上8点左右因肚子饿,让同事顶一下岗,自己去更衣室吃方便面。不久,张某某走出更衣室指着自己的喉咙和胸口,表示喘不过气。同事赶紧通知其丈夫,并拨打"120"急救车。送医院后张某某被诊断为:左侧基底节区巨大脑内血肿并破入脑室、脑疝、高血压病、低钾血症。张某某经过住院治疗出院后以自己是在工作中突发疾病为由,要求公司为其进行工伤认定申请,然而遭到公司拒绝。张某某丈夫随即向公司所在地人社局申请工伤认定。人社局依法受理了申请,但在调查后,作出不予认定工伤的决定。张某某不服,向法院提起行政诉讼,要求撤销不予认定工伤的决定。这期间,她还就加班与脑出血发病是否有因果关系做了司法鉴定,鉴定机构的意见是"长期超时加班可以成为其脑出血发生的诱因之一"。(资

---

① 资料来源,参见 http://www.peopledaily.com.cn,2002年4月22日。

料来源：2016年9月12日《劳动报》）。

请问：

本案当事人张某某在工作中突发疾病能否按工伤对待？为什么？

3. 吴某于2016年12月应聘进入某制鞋公司担任质量检验员，双方在劳动合同中约定：公司可以不缴纳社会保险费，但每月需支付500元作为补偿。2017年6月，吴某患了一场大病，整个医治过程共花费13 000元治疗费。这件事让吴某感觉到与公司约定放弃社会保险不是明智之举，于是向公司提出请求，要求补办社会保险并报销13 000元治疗费。公司则以合同约定为由拒绝了吴某的请求。

请问：

（1）劳动合同是否可以约定不办理社会保险登记，不缴社会保险费？

（2）李某在公司拒绝其请求后能否申请劳动争议仲裁？

（3）李某的请求应该如何处理？

参考答案

1.（1）该单位的做法是正确的，刘某应当提前结束与单位之间的劳动合同。

（2）我国法律规定，在履行劳动合同时，当事人必须具备法定的资格，即当事人要有劳动权利能力和劳动行为能力。劳动者的劳动权利能力和行为能力为开始于16周岁，终止于60周岁（女性55周岁）。劳动者一旦丧失了劳动权利能力，即丧失了就业的权利，应该退出劳动岗位，享受相应的福利保障待遇。所以，刘某满60岁时，单位依照国家有关规定，为他办理退休手续的做法是正确的。刘某与单位签订的劳动合同随着刘某的退休应依法归于终止。

2.（1）张某某的情况虽然特殊但根据有关规定仍可以按照工伤对待。

（2）对以上结论分析如下：

第一，涉及工伤的人身风险都应当原则上与三个工作要素相关，也就是《工伤保险条例》第14条确立的，要工作时间、工作场所、因工作原因受事故伤害或患职业病。换言之，如果是非因工作原因受伤或患非职业病，即使发生在工作时间和工作场所，也不能认定为工伤。《工伤保险条例》第15条第1项规定了一个例外，即在工作时间和工作岗位突发疾病死亡或在48小时内抢救无效死亡的视同工伤。

第二，从表面看，张某某患的是非职业病，也不属于《工伤保险条例》第15条第1项规定的视同工伤适用条件。况且，原劳动部办公厅1994年6月3日作出的劳办发（1994）177号《关于在工作时间发病不作工伤处理的复函》更是明确指出，高血压是一种常见病，发病原因及时间很难确定，不应作工伤处理。这些规定正是人社局不予认定工伤决定的法律依据。

第三，非职业病之所以不能按工伤处理是因为通常情况下其患病及发病的原因与工伤没有因果关系。然而这并不能排除特定条件下的例外。如果能够证明确系工作原因导致非职业病发病，却仍然机械地套用不认定工伤的原则，显然对受害劳动者有失公平。因此，原劳动部办公厅在1996年7月11日作出的劳办发（1996）133号《关于在工作时间发病是否可比照工伤处理的复函》认为，如果某些疾病是由于工作原因所造成的，或者与工作有紧密联系的，在工作中突发时，可以作为特殊情形，认定为工伤。张某某在诉讼期间做的司法鉴定结论认为:作为高血压患者,张某某长期超时加班可以成为其脑出血的诱因之一。因此,张某某的发病原因依照劳办发(1996)133号复函的规定,符合能够认定为工伤的特殊情况,可以按照工伤处理。

3.(1)根据《劳动法》第72条和《社会保险法》第23条等有关规定,用人单位和劳动者必须依法参加社会保险,按照规定缴纳社会保险费。这说明,参加社会保险是劳动关系当事人的法定义务,不能用约定加以改变。本案当事人在劳动合同中约定放弃参加社会保险,不缴社会保险费的条款违反了法律的强制性规定,是无效条款。

(2)通常情况下,社会保险缴费的争议不属于劳动争议,当事人应当向社会保险行政部门申请解决。但根据《最高人民法院关于审理劳动争议案件适用法律若干问题的解释(三)》第1条的规定,吴某可以申请劳动争议仲裁。

(3)公司应当依法为吴某办理社会保险,并按规定履行社会保险缴费以及代扣代缴义务。对未办理社会保险而给吴某造成的医疗费支出,公司有义务承担按医保规定可以报销的部分。双方的弃保约定无效,因此吴某也应当返还公司据此支付的补偿。

第十二章 职业纪律

学习目的和要求

通过本章的学习,了解职业纪律的制定,职业纪律与职业道德的关系;掌握职业纪律的概念、特征、作用及其法律保障,职业纪律的原则、制定程序和实施;理解职业纪律的调整范围;熟悉《劳动法》及其相关法律法规对职业纪律的规定。

第一节 职业纪律概述

一、职业纪律的概念与特征

(一)职业纪律的概念

职业纪律也称工作规则、劳动纪律,是劳动者在从业过程中必须遵守的从业规则和程序,它是保证劳动者执行职务、履行职责、完成自己承担的工作任务的行为规则。在劳动过程中,职业纪律主要表现为用人单位的规章制度,是调整劳动关系的重要依据。

(二)职业纪律的特征

1. 职业性

职业纪律的职业属性明显,以职业活动和职业性质的特色为根据,结合用人单位工作的具体特点,以劳动者职业行为为调整对象,对劳动者产生约束力。

2. 安全性

职业纪律的重要价值目标在于实现劳动安全,对劳动者劳动生产过程的安全展开,起到重要的保证作用。

3. 自律性

劳动者在长期的职业活动中为保护自己的安全和健康,出于自身利益的考虑,也要求有一套能保证正常生产劳动的规则和程序。因此,职业纪律又是劳动者自觉自愿遵守的规则。

4. 制约性

劳动者违反职业纪律要受到制裁。一般而言,违纪行为不仅要受到用人单位行政处分或经济惩罚,触犯刑律的还会受到刑事处罚。

二、职业纪律的范围与种类[①]

（一）职业纪律的范围

职业纪律的调整范围是整个劳动过程以及与劳动过程有关的一切方面,包括工作时间、劳动态度、执行生产、安全、技术、卫生等规程的要求以及服从管理、考勤等方面的全部内容。

（二）职业纪律的种类

(1) 时间纪律,即职工在作息时间、考勤、请假方面的规则。

(2) 组织纪律,即职工在服从人事调配、听从指挥、保守秘密、接受监督方面的规则。

(3) 岗位纪律,即职工在完成劳动任务履行岗位职责、遵守操作规程、遵守职业道德方面的规则。

(4) 协作纪律,即职工在工种之间、工序之间、岗位之间、上下层次之间的连接和配合方面的规则。

(5) 安全卫生纪律,即职工在劳动安全卫生、环境保护方面的规则。

(6) 品行纪律,即职工在廉洁奉公、爱护财产、厉行节约、关心集体方面的规则。

(7) 其他纪律。

三、职业纪律的作用

用人单位的职业纪律大体而言有以下作用：

(1) 职业纪律是维护正常的工作秩序和职业安全的基础,是提高经营效益的保障。

(2) 良好的职业纪律可以清晰明确地规范劳动者与用人单位之间的权利义务关系,使双方的行为能有一定程度的可预期性,进而增进双方的和谐。

(3) 职业纪律能够促进劳动者之间的沟通与联系,有利于员工团队各成员之间的相互合作与配合,增进团队的凝聚力。

(4) 完善的职业纪律规则体系可以弥补劳动合同的疏漏,劳动合同之未规定事项能够以职业纪律的相关规定予以补充。

(5) 职业纪律有利于政府对企业的监督。劳动行政主管机关可以通过企业制定的职业纪律了解企业执行劳动法律、法规的情况。

(6) 通过制定和执行职业纪律可以提升企业的科学管理水平,促进企业内部管理的制度化,有利于企业文化的形成和提高其精神文明建设水平。

四、职业纪律的法律性质

对于职业纪律究竟属于何种法律性质,理论界看法不一,大致有以下几种：

（一）契约说

此说认为,职业纪律因当事人的合意而成为劳动合同的内容,"契约乃当事人为自己制定的法律",因此对当事人产生法律拘束力。此说有两种主要的立论依据：(1) 事实规

---

① 参见王全兴：《劳动法》,法律出版社2004年版,第195页。

范说,主张职业纪律只是一种事实规范,因劳动者明示或默示的同意而发生契约上的效力。(2) 事实习惯说,认为职业规则是雇主为方便处置大量的个别劳动关系而制定的定型化劳动契约条款。这是一种事实上的习惯。

(二) 法规范说

此说的基本观点认为,职业纪律之所以具有法律效力在于其性质上等同于某种法规范,因而无须劳动者的合意也可对其产生拘束力。此说又可以分为以下不同看法:(1) 经营权说,即认为职业纪律的效力来源于雇主所固有的经营权,属于雇主有权单方制定和发布的企业内部的法规范。(2) 习惯法说,此说认为职业纪律在企业中被视为一种企业法,劳动者也已对它产生了法规范的确信,由此而对劳动者发生法律拘束力。(3) 授权法说,认为职业纪律系立法授权于雇主制定的具有法律效力的企业内部的法规范。

(三) 折中说

折中说也称集体合意说,是介于契约说及法规范说之间的观点,认为职业纪律的制定和变更只有获得劳动者集体意思之同意,才能产生法规范的拘束力。

(四) 二分说

此说把职业纪律分为两部分。其一是关于工资、劳动时间等狭义劳动条件的职业规则。这部分规则应当获得劳动者同意才能发生法律效力。其二则属于劳动者必须遵守的行为规则。这类规则的制定权来源于雇主的指挥命令权,因此只需告知劳动者即可生效,不必征得其同意。

从我国的立法实践看,既有法律规范直接为企业制定职业纪律,也有法律规范授权企业制定职业纪律,还有集体协商产生的职业纪律以及《劳动合同法》第 4 条中类似"二分说"的规定等多种情况。很难看出究竟采取哪一种说法更合适,因为每一种说法都难以涵盖所有情况。

五、我国有关职业纪律的法律制度变迁

新中国成立后最早的法律文件是 1954 年出台的《国营企业内部劳动规则纲要》。当时正处于社会主义改造未完成的时期,旧的劳动管理制度已经崩溃,新的劳动管理制度尚未建立,企业中出现旷工、怠工、不服从指挥等违反和破坏劳动纪律的现象。我国第一部宪法此时尚未出台,规范国家基本秩序的是 1949 年 9 月 29 日通过的具有宪法性质的《中国人民政治协商会议共同纲领》(以下简称《共同纲领》)。虽然按照《共同纲领》第 8 条的规定,中华人民共和国公民均有遵守劳动纪律的义务。但只有一个条文,且过于抽象和概括。此时出台《国营企业内部劳动规则纲要》正是为了将《共同纲领》第 8 条的原则规定细化为可操作的规章。虽然该纲要对企业行政方面也有一些义务规定(如第 2 条的说明义务和第 7 条的基本职责等),但其主要内容是强调职工的义务,主要目的是严格劳动纪律。

1982 年和 1986 年,国务院分别发布了《企业职工奖惩条例》和《国营企业辞退违纪职工暂行规定》,明确规定了对职工的具体奖惩制度,是以后二十多年公有制企业内部制定与执行规章制度和劳动纪律的主要法律依据。但是,在市场经济的条件下,这两个法规已经无法适应经济环境和劳动关系的新变化,其中多数内容也已陆续被后来出台的规范性法律文件所替代。更何况,这两个法规的适用范围仅限于"全民所有制企业和城镇集体所有制企业"。目前这两部文件都已经失效。

1994年颁布的《劳动法》明确规定了企业应依法制定内部规则的职责，其中第4条规定："用人单位应当依法建立和完善规章制度，保障劳动者享有劳动权利和履行劳动义务。"从法律的层次规定了用人单位制定内部劳动规章制度的义务。

《劳动合同法》中关于职业纪律的主要规定是该法第4条：用人单位应当依法建立和完善劳动规章制度，保障劳动者享有劳动权利、履行劳动义务。用人单位在制定、修改或者决定有关劳动报酬、工作时间、休息休假、劳动安全卫生、保险福利、职工培训、劳动纪律以及劳动定额管理等直接涉及劳动者切身利益的规章制度或者重大事项时，应当经职工代表大会或者全体职工讨论，提出方案和意见，与工会或者职工代表平等协商确定。在规章制度和重大事项决定实施过程中，工会或者职工认为不适当的，有权向用人单位提出，通过协商予以修改完善。用人单位应当将直接涉及劳动者切身利益的规章制度和重大事项决定公示，或者告知劳动者。

《劳动法》和《劳动合同法》的有关规定为我国职业纪律的立法和执法创立了一个新的范式，将在今后相当长的一段时期内引领职业纪律制度走向完善。

六、职业纪律与职业道德的关系

（一）职业道德的概念

职业道德是一定社会的道德原则和规范在职业行为和职业关系中的特征表现，具体是指劳动者履行劳动义务，完成岗位职责活动而应遵循的道德规范以及应当具备的道德观念、道德情操和道德品质。简言之，是从事一定职业的劳动者在其具体劳动中应遵循的道德规范的总和。

（二）职业纪律与职业道德的关系

职业纪律与职业道德相互联系，又有所区别，两者相辅相成。《劳动法》第3条规定劳动者应当"遵守劳动纪律和职业道德"。

1. 两者的区别

职业纪律属于法律关系的范畴，职业道德属于思想意识范畴；职业纪律的直接目的是保证劳动者完成劳动义务，职业道德的直接目的是实现企业的最佳经济效益；职业纪律以惩罚和激励相结合为实现手段，职业道德的实现主要依靠社会舆论，凭借人们的自我约束和内省。

2. 两者的联系

职业纪律与职业道德共同寓于同一主体——劳动者，调整的对象均为"劳动行为"，终极目标都是为了保证社会主义生产劳动的正常进行，促进精神文明的建设。

诚信原则对遵守职业纪律的意义

阿里巴巴公司员工丁某某于2013年4月18日到北京按摩医院就诊，医院诊断为颈椎病，建议休息两周。丁某某随即通过电子邮件向阿里巴巴公司请病假两周，公司予以批准。丁某某于次日飞往巴西。从巴西回来后，阿里巴巴公司曾向丁某某了解休病假的真实情况,丁某某对休假地点的询问采取了回避态度。阿里巴巴公司认为丁某某利用病假赴巴西实际目的是出境旅游,是提供虚假信息、恶意欺骗公司的行为,故严重违反了公司的规章制度,并据此向丁某某送达解除劳动合同的通知。丁某某则辩称,医院的诊断报告是真实的,不存在欺骗行为,公司未限定养病地点,去巴西养病并无不妥。劳动仲裁与法院的一审、二审均认定丁某某的辩解理由成立,并先后裁定、判决撤销阿里巴巴公司对丁某某作出的解除劳动合同决定,双方继续履行劳动合同。进入再审程序后,北京市高院于2017年11月22日作出判决。在判决书中北京高院认为,用人单位的规章制度虽然未对劳动者休假地点作出限定,但是劳动者休假期间的行为应当与其请假事由相符。按照一般生活常识判断,阿里巴巴公司有理由质疑丁某某请病假的目的并非休养或治疗,丁某某在阿里巴巴公司向其了解情况时拒绝提供真实信息,违背诚信原则和企业规章制度,对用人单位的工作秩序和经营管理造成恶劣影响,故阿里巴巴公司以丁某某严重违反企业规章制度为由决定与其解除劳动合同合法有效。至此,这起持续4年的诉讼终于画上了句号。

第二节　职业纪律的制定和实施

一、职业纪律的立法模式[①]

各国立法以企业制定劳动规章和职业纪律的权限为标准,大致有以下几种立法模式的类型。

(1) 单纯授权模式。在立法中只规定雇主制定职业纪律的权限,对其中的具体内容不作规定,完全由雇主自行决定,但限于不与法律的强制性规定相冲突。这种模式主要出现在以任意雇佣观念为标志的英美法国家的劳动立法中,如美国的《公平劳动标准法》、加拿大的《劳工标准法》。[②]

(2) 权利义务并存模式。它指除了在立法中授权雇主行使职业纪律制定权外,还在权限行使范围和程序上加入了义务性限定。例如,我国台湾的《劳动基准法》第70条规定:雇主雇佣劳工人数在30人以上者,应依其事业性质,就左列事项订立工作规则,报请主管机关核备并公开揭示之。法国《劳动法典》和日本《劳动基准法》也都有类似的规定。

(3) 纲要型立法取代模式。立法除了对职业纪律作了概括式纲领性规定外,还授权企业在此基础上制定相应的适用于本企业的规章、标准和依据。例如我国在20世纪80年代初制定的《企业职工奖惩条例》以及80年代中期制定的《国营企业辞退违纪职工暂行规定》等。

(4) 集体协议型立法模式。其特点在于立法授予劳资双方同等的立法权,而否定了

[①] 参见丁建安:《企业劳动规章制度法律效力研究》,吉林大学博士论文,2009年,第48—58页。
[②] 参见伍奕:《关于用人单位劳动规章制度的立法思考》,载《海南大学学报(人文社会科学版)》2003年第2期。

企业的单方制定权。欧洲大陆国家德国通过集体协商实现劳资共同制定劳动规章制度是这一立法模式的代表。

从我国现阶段的职业纪律立法模式看,存在以下几种状况:

(1) 完全由立法替代用人单位行使制定权。主要表现形式是各行业主管部门制定的安全生产规程和安全国家标准或行业标准。

(2) 立法只作概括性规定,同时授权用人单位制定适合本单位的规章制度。例如,各类劳动纪律及其相应的惩戒手段。

(3) 明确了企业制定规章制度不仅属于企业的经营权,同时也是一项有利于保护劳动权益的法定义务。例如,《劳动法》第4条和《劳动合同法》第4条第1款大致相同地表达了用人单位应当依法建立和完善劳动规章制度,以保障劳动者享有劳动权利履行劳动义务的含义。

(4) 确立了劳资共同参与制定活动的民主程序。例如,《劳动合同法》第4条第2款规定:用人单位在制定、修改或者决定有关劳动报酬、工作时间、休息休假、劳动安全卫生、保险福利、职工培训、劳动纪律以及劳动定额管理等直接涉及劳动者切身利益的规章制度或者重大事项时,应当经职工代表大会或者全体职工讨论,提出方案和意见,与工会或者职工代表平等协商确定。由此可见,我国职业纪律的立法模式不属于以上各类单一形态中的任何一种,而属于综合了各类立法模式某些特点的混合形态。

二、职业纪律的效力

案例阅读 12-1

2001 年最高人民法院《关于审理劳动争议案件适用法律若干问题的解释》第 19 条规定:"用人单位根据《劳动法》第 4 条之规定,通过民主程序制定的规章制度,不违反国家法律、行政法规及政策规定并已向劳动者公示的,可以作为人民法院审理劳动争议案件的依据。"这表明企业规章制度和职业纪律由三个有效条件构成,即民主程序、内容合法、向劳动者公示,三者缺一不可。

职业纪律的效力还体现在与劳动合同、集体合同的关系上。根据最高人民法院《关于审理劳动争议案件适用法律若干问题的解释》(二) 第 16 条的规定,用人单位制定的内部规章制度与集体合同或者劳动合同约定的内容不一致,劳动者请求优先适用合同约定的,人民法院应予支持。此项规定表明,在一定条件下劳动合同的效力优于职业纪律。一般认为这种制度安排是为了防止用人单位利用其经营者的优越地位,滥用人事管理权,恶意操纵或架空职代会民主程序,变相剥夺劳动者依法享有的民主权利。对此,有的用人单位在签订劳动合同时直接将职业纪律和劳动规章约定为合同内容或合同附件,以消除两者效力不一致带来的人事管理风险。而由于当下的集体合同制度尚未成为平衡劳动关系的有效制约力量,劳动者群体可供选择的对应措施就非常有限了。

三、职业纪律的制定程序和备案制度

(一) 劳资"共议"的民主程序

劳动关系的本质是资本雇佣劳动。当劳动者将其拥有的劳动力有偿让渡给用人单位使用时,用人单位就获得了对劳动者的人身和行为的支配权。这意味着,用人单位有权制定劳动规章制度、劳动者在工作时间内必须遵守的职业纪律,用以实现企业的经营管理目标。对此,劳动者应当服从,这是劳动者在劳动关系中的被支配地位所决定的。然而,这种劳动关系的不平衡与非对等特质极易给劳动者带来不合理损害,从而引起劳资之间的对立与冲突。现代社会为了平衡劳动关系,在"企业社会责任""和谐的社会伙伴关系"等理论的支持下,往往通过立法手段对用人单位独揽管理权现象施加一定的限制。在一定程度上实现劳动者参与企业管理,与雇主"共议"管理制度与事项的局面。在我国,虽然用人单位是制定职业纪律的主体,但根据《劳动法》第8条、《劳动合同法》第4条、《公司法》第18条和《工会法》第35、36、37条,以及《全民所有制工业企业法》《城镇集体所有制企业条例》等法律法规的相关规定,对包括职业纪律在内的直接涉及劳动者切身利益的规章制度和重大事项,劳动者可以利用职工代表大会制度参与讨论、协商,提出方案与意见。

(二)"单决"与"共决"相结合

劳资共议,从表面上看确实属于"民主程序",但仔细考察其内容,很容易发现劳资双方在最终决定权上并不对等。2005年修改后的《公司法》第18条规定:"公司研究决定改制以及经营方面的重大问题、制定重要的规章制度时,应当听取公司工会的意见,并通过职工代表大会或者其他形式听取职工的意见和建议。"《劳动合同法》第4条列举的那些关乎职工切身利益的重大事项和规章制度,职工代表和工会的参与权也都局限于建议和协商方面。《工会法》设置的参与权同样如此。该法第38条规定:"企业、事业单位研究经营管理和发展的重大问题应当听取工会的意见;召开讨论有关工资、福利、劳动安全卫生、社会保险等涉及职工切身利益的会议,必须有工会代表参加。"由于劳资双方在利益上经常处于对立状态,劳资"共议"肯定不会一帆风顺。如果不能达成一致意见,谁有最终决定权恐怕不言而喻。可见,劳资共议的民主程序在多数情况下对用人单位主导规章制度的制定格局并不能构成刚性约束。

对此,有的人主张:制定规章制度和决定重大事项原本就属于企业的经营管理自主权,是用人单位的"单方决定权"。如果硬性规定以上列举的制定事项必须经工会、职工大会或者职工代表大会讨论通过,势必造成劳资之间的意见对峙,很容易导致久拖不决的局面。用人单位的管理权将被削弱,甚至落空,这将损害企业的正常经营管理。实践中肯定行不通。另一些人则认为,劳动者参与用人单位规章制度的制定是大势所趋。从国外的情况看,涉及职工切身利益的事项大多是用人单位和职工双方共同协商决定的,应当归属于"劳资共同决定权"。而且从我国的相关立法中也可以找到"共决权"的依据。1988年4月13日第七届全国人民代表大会第一次会议通过的《全民所有制工业企业法》第52条第2、3款规定,职工代表大会有权"审查同意或者否决企业的工资调整方案、奖金分配方案、劳动保护措施、奖惩办法以及其他重要的规章制度",有权"审议决定职工福利基金使用方案、职工住宅分配方案和其他有关职工生活福利的重大事项"。①

综上所述,我国职业纪律与劳动规章制度的制定程序实行的是劳资共议基础上的单决与共决相结合的模式。那些只赋予劳动者协商建议权的立法针对的是任何企业的制定程序,并不影响国有企业继续按照《全民所有制工业企业法》的授权行使共决权。

(三)职业纪律的备案与公示制度

用人单位职业纪律制度的内容体现了国家法律法规、劳动政策的执行,因此各国立法都

---

① 参见信春鹰主编:《中华人民共和国劳动合同法释义》,法律出版社2007年版,第14—16页。

将企业的劳动制度的制定置于国家的监督之下。劳动部发(1997)338号文件《劳动部关于新开办用人单位实行劳动规章制度备案制度的通知》中规定的备案制度主要内容如下:

(1) 新开办用人单位应依照《劳动法》的有关规定制定劳动规章制度(主要包括:劳动合同管理、工资管理、社会保险福利待遇、工时休假、职工奖惩,以及其他劳动管理规定),并在正式开业后半年内将制定的劳动规章制度报送当地劳动行政部门备案。

(2) 劳动行政部门在组织巡视监察活动时,要检查新开办用人单位制定劳动规章制度的情况,并督促其按时报送备案;对制定的规章制度违反劳动法律法规、不按规定期限报送备案的,应依法给予行政处罚。

(3) 各级劳动行政部门对新开办用人单位规章制度备案审查的内容主要是:劳动规章制度内容是否符合法律法规规定,制定规章制度的程序是否符合有关规定。经审查,发现用人单位的劳动规章制度内容违反法律法规规定的,应责令其限期改正。

(4) 各级劳动行政部门的劳动监察机构具体负责新开办用人单位劳动规章制度备案工作。劳动监察机构要认真制定实行备案制度的工作规划和措施,明确实施步骤,配备人员,开展备案审查工作,建立工作档案;要加强用人单位经营管理者劳动法制教育工作,指导、帮助用人单位制定和完善内部劳动规章制度,提高劳动管理水平。

(5) 用人单位规章制度的适用对象是本单位的全体职工,因而必须为单位的所有成员所知悉。依照《劳动合同法》第4条第4款的规定,用人单位应当将直接涉及劳动者切身利益的规章制度和重大事项决定公示,或者告知劳动者。

四、职业纪律的实施

(一) 职业纪律的培训与考核

职业纪律培训是企业培训体系中的重要组成部分,是指对员工就遵守劳动规章制度和劳动纪律接受组织化与系统化的教育、训诫和训练活动。培训是一种系统化的行为改变过程。职业纪律培训的目的在于强化员工尽快熟悉、理解、遵守企业制定的各项规章制度和行为规则,是用人单位顺利实施与执行职业纪律的重要前提和首要任务。

职业纪律考核是人事考核的一种类型,指用人单位对劳动者在工作中遵守劳动纪律和其他规章制度的情况进行观察、记录和评估的活动。职业纪律考核是企业法制化管理的重要形式,通过考核能使企业及时发现员工遵守工作规则的状况,以便及时纠正和处理;也能促使员工在工作中自我警示、自我约束和自我校正,是企业建立和维持优良经营管理秩序,提高经营效果不可或缺的制度化保障。

(二) 违反职业纪律的惩戒

1. 惩戒权及其依据[①]

违纪惩戒通常指用人单位对劳动者违反规章制度和劳动纪律的行为所作的处罚。在企业中雇主何以拥有惩戒权,学理上存在若干不同看法:(1) 固有权说。此说主张惩戒权源于企业经营权所派生的人身支配权,是雇主维持经营秩序所必需,因而是经营者固有的权利。(2) 契约说。此说认为雇主能够行使惩戒权是因为劳动者在劳动契约中明示或默示同意的结果。(3) 法规范说。我国台湾有学者认为,惩戒权的依据是劳动基准法通过

---

① 参见黄越钦:《劳动法新论》,中国政法大学出版社2002年版,第182—184页。

相关规定对企业维护经营秩序的一种授权,是一种存在于经营体的司法权。

2. 行使惩戒权的基本原则

(1) 合法性原则

合法性原则指违纪处罚措施的实施应当依照合法正当的程序进行。例如,《劳动合同法》第 43 条规定:用人单位单方解除劳动合同,应当事先将理由通知工会。倘若雇主未执行这一规定而单方面解除劳动合同,该处罚措施即使理由再充分、证据再充足,也会因程序不合法导致无效的后果。

(2) 恰当性原则

恰当性原则指违纪处罚的严厉程度应当与被处罚者的过错与造成的损害结果适当对等;处罚应当符合理性,其手段与目的是相当的;应当合乎比例,符合公平与公正,尽可能做到伤害最小。如果处罚不恰当或明显过重,并由此引起双方争议,一旦进入仲裁或诉讼程序,处罚措施将难以获得支持。

(3) 解雇最后手段原则

该原则的意义在于保护劳动者赖以生存的工作权。其含义有如下几层:首先,与其他处罚相比,解雇是雇主最严厉的处罚手段;其次,劳动者的违纪违规行为只要未达到最严重程度,就尽可能不实施解雇;再次,须是已实施其他处罚手段但未达惩戒效果,或皆不足以实现惩戒目的,非解雇不可时才实施。解雇最后手段的概念虽然没有在我国劳动法律文件中直接表达,但在相关的制度中不难发现其意涵的存在。国务院于 1982 年发布的《企业职工奖惩条例》将各种处罚手段由轻到重进行排序,解雇(开除)因其最严厉位列最末。该条例废止后,现行立法不再干预用人单位对违纪惩戒手段的运用,唯独解雇是个例外,出现在《劳动法》第 25 条和《劳动合同法》第 39 的规定中,但对其适用范围和条件作了严格的限制。

法规解读 12-1

3. 职业纪律和劳动规章中常见的惩戒手段

(1) 警告

警告是企业中最轻的处分,是对违反职业纪律的职工的一种告诫,使之意识到自己的责任,以便加以警惕,注意并改正错误。一般适用于违纪行为比较轻微的人员。

(2) 记过

记过指对违纪职工的过错进行记载或者登记,以表示处罚。记过同样适用于违纪行为比较轻微的人员,但处罚性质重于警告。如果记载或登记的过错较大或较严重,则构成记大过,属于相对较重的处罚,适用于违纪行为比较严重的人员。

(3) 调职(降职或降级)

调职即调动劳动者原来的工作岗位。作为一种处罚手段的调职是指违纪职工因过错不再适合承担原来的工作任务,将其从原岗位调换到新岗位的措施。调职处罚往往表现为违纪人员降低原来的职位,既可以单独适用,也可以与警告、记过合并适用。

(4) 停职(撤职)

停职是指停止违纪人员的工作,或撤销其现任职务。该处罚适用于违纪行为比较严重,且不适宜再承担工作任务或担任现任职务的人员。

(5) 解雇(开除)

即用人单位因劳动者的严重违法、严重违纪违规等行为而采取单方面立即解除劳动合同的处罚措施。解雇适用于有重大过错的违纪人员,是用人单位最严厉的惩戒手段。

(6) 关于罚款

罚款是用人单位对违纪职工实施的一种经济处罚措施,广泛适用于各种过错程度和过错形态的人员,可以单独适用,也经常与其他处罚手段合并适用。罚款有三种主要形式:其一,责令受罚人员向企业缴纳现金或财物;其二,扣除本应向受罚人员发放的工资、薪金;其三,扣缴受罚人员先前缴纳的保证金或押金。

国外的劳动立法也有关于经济处罚的制度。例如,日本的《劳动基准法》第91条规定,对于一次违纪,所扣金额不能超过半天工资,多次违纪不能超过一个工资支付期的10%的工资。①

我国自从《企业职工奖惩条例》废止后,企业的罚款权便失去了法律依据。针对目前经济处罚仍旧是企业内部规章制度经常规定的惩戒手段,许多人主张,这样的规章制度应当被认定为无效。但也有一部分人认为企业仍然享有经济处罚权,其理由是:法律并没有明文禁止企业对员工实施经济处罚,况且法律在维护职工合法权益的同时也应兼顾企业的利益,而罚款可以提升劳动管理效率,维护企业和雇主的合法权益,故企业实施经济处罚权并不违法。

在地方立法层面,不同地区出现了不同甚至截然相反的规定,企业经济处罚权的命运在不同地区迥然相异。例如,2008年9月23日深圳市人大常委会通过的《深圳经济特区和谐劳动关系促进条例》第16条规定:用人单位依照规章制度对劳动者实施经济处分的,单项和当月累计处分金额不得超过该劳动者当月工资的30%,且对同一违纪行为不得重复处分。而广东省的立法理念却与之完全对立,2012年11月29日,广东省人大常委会通过的《广东省劳动保障监察条例》第51条规定:用人单位的规章制度规定了罚款内容,或者其扣减工资的规定没有法律、法规依据的,由人力资源社会保障行政部门责令改正,给予警告。看来有关企业罚款权的争论以及相关立法的完善还将持续一段时日。

本 章 小 结

1. 职业纪律是劳动者在从业过程中必须遵守的从业规则和程序,它是保证劳动者执行职务、履行职责、完成自己承担的工作任务的行为规则。

2. 职业纪律的调整范围是整个劳动过程以及与劳动过程有关的一切方面,包括工作时间、劳动态度、执行生产、安全、技术、卫生等规程的要求以及服从管理、听从指挥、考勤等方面的全部内容。

3. 职业纪律与职业道德关系密切,两者相辅相成,共同保证社会主义生产的正常进行,促进社会主义精神文明建设。

关键词

职业纪律　职业道德　惩戒权　行政处分　经济处罚

---

① 参见[日]荒木尚志:《日本劳动法》,北京大学出版社2010年版,第117页。

思考题

1. 职业纪律有什么特征与意义?
2. 职业纪律与职业道德的关系如何?
3. 职业纪律的制定程序有哪些环节?

案例分析题

某纺织厂与谢某在签订劳动合同时没有写明劳动纪律条款。在工作中,谢某因出次品被批评并扣发奖金。此后,又因5次迟到受到行政警告,并因上班打瞌睡造成机器损坏,纺织厂解除了与谢某的合同。谢某遂向厂工会投诉,要求恢复劳动关系。工会同意厂方决定,谢某又向厂领导交涉,要求厂方撤销单方面解除合同的决定,未果。谢某认为厂里纪律过于苛刻,劳动合同又没有订立劳动纪律条款,所以,他可以不遵守厂里的劳动纪律。①

请问:

(1) 依照《劳动合同法》的规定,劳动合同是否可以不设劳动纪律条款?纺织厂与谢某解除劳动合同的决定是否正确?

(2) 为什么?

参考答案

(1) 依照《劳动合同法》的规定,劳动合同可以不设劳动纪律条款。纺织厂解除与谢某的劳动合同是合法的。

(2)《劳动合同法》规定,劳动合同应当以书面形式订立,并具备劳动合同期限、劳动报酬、社会保险等必备条款,其中未包括劳动纪律条款。纺织厂与谢某签订的合同中没有关于劳动纪律的条款,并没有违反法律规定。

虽然劳动合同没有纪律条款,但谢某也要遵守劳动纪律,这是劳动者应尽的法定义务。《劳动合同法》第39条规定,劳动者严重违反用人单位规章制度的,用人单位可以解除劳动合同。谢某的行为属于这种情况,用人单位可以解除劳动合同。

---

① 参见刘国田编著:《劳动法律师信箱(一)》,福建人民出版社2000年版,第100页。

第十三章
工会与职工民主管理

学习目的和要求

通过本章的学习,了解我国工会立法的发展;掌握工会的概念、性质和法律地位,职工民主管理的形式;理解工会的权利和义务、职工代表大会的职权;熟悉《劳动法》《工会法》及相关法律关于工会和职工民主管理的法律规定。

第一节 工 会

一、工会概述

（一）工会的概念

工会,或称劳工总会、工人联合会,其产生源于西方的工业革命。当时越来越多的农民离开世代生活的农村涌入城市,为城市的工厂雇主打工,但工资低廉且工作环境极为恶劣。在这种环境下,单个的被雇佣者无力对付强有力的雇主,从而诱发工潮的产生,导致工会组织的诞生。

全美汽车工人联合会

1930年代诞生的全美汽车工人联合会（UAW）是美国最大的工会,不仅人多势壮,而且有政治和经济势力,UAW拥有9亿美元的罢工基金,能够承担得起一场持续两个多月的罢工,一旦集体罢工,整个工厂将陷入瘫痪。例如1998年所发生的通用汽车工人罢工,仅旗下两个零部件厂罢工54天就带来22亿美金的损失。

工会原意是指基于共同利益而自发组织的社会团体。在我国,《工会法》第 2 条对工会作了界定:"工会是职工自愿结合的工人阶级的群众组织。"

(二)工会的性质

工会的性质,即其组织的本质特征。对于工会的性质,一般认为,工会是工人自由结社所形成的组织,具有阶级性、群众性和自愿性。工会的阶级性,即以工资收入为主要生活来源,成为工会会员的前提条件。也就是说,工会会员必须是工人阶级成员。工会的群众性,即规定每个劳动者不分民族、种族、性别、职业、宗教信仰、教育程度都可以加入工会。工会的自愿性,即工会是由职工群众为谋求共同利益自愿结合的群众团体。

我国工会会徽

中国工会会徽为圆形,红色底,选用"中""工"两字组成金色主体图案。会徽的规格为:直径 20 毫米,金色"中""工"图案的线条宽度为 1.4 毫米。

(三)工会的法律地位

工会的法律地位是指工会与国家政权体系的关系及所处的位置在法律上的体现。我国工会的法律地位具体表现在以下两个方面。

1. 独立性

在我国,工会的独立性受法律保护。工会有一套依法建立的独立的组织体系,依照工会章程独立自主地开展工作,服从中共的政治领导但不是党政部门的附属机构,有独立的财产和经费。

2. 法人资格

按照《工会法》第 11 条和第 14 条的有关规定,中华全国总工会、地方总工会、产业工会依法直接取得社会团体法人资格。基层工会组织具备《民法通则》规定的法人条件的,依法取得社会团体法人资格。此外,基层工会、地方各级总工会、全国或者地方产业工会组织的建立,必须报上一级工会批准,作为获得法人资格的程序条件,而不必进行法人登记。

有关工会的国际组织

世界劳工联合会:世界劳联成立于 1921 年,总部设在布鲁塞尔。其宗旨是反对旨在把人当成一个工具使用的任何经济制度,全世界人民都有权公平享用全部土地资源和一切人们生产活动的成果,反对任何新老殖民制度,反对任何帝国主义或一国人民剥削另一国人民,一个集团或阶级剥削另一个集团或阶级的剥削形式等。该组织下设运输工人、农业和食品工人、产业工人等9个国际产业工会联合会,并设有亚洲劳工兄弟会、拉美工人中央工会和非洲工人民主工会组织等地区性组织,目前在102个国家和地区拥有约2 000万名会员。

世界工会联合会:世界工联于1945年10月在巴黎正式成立。中、苏、英、法、美以及亚、非、拉的一些工会组织都参加了它的创建活动。总部设在捷克首都布拉格。1994年,世界工联确定的宗旨是:致力于争取工人的解放,反对一切形式的剥削,争取获得并保障全体劳动者的生活和劳动条件;争取在经济、社会、政治和文化方面反对殖民主义、帝国主义统治和扩张主义,铲除种族主义及其各种表现,争取建立新的和公正的国际经济秩序等。其主要组织机构包括代表大会、理事会、主席理事会、书记处等。截至1997年4月,该组织共拥有127个国家和地区的1.35亿名会员。

国际自由工会联合会:自由工联于1949年12月在英国伦敦成立,是一个右翼国际性工会组织,总部设在布鲁塞尔。其宗旨是维护和发展一个世界性的和区域性的,由自由、民主的工会组成的强有力的国际组织。截至2000年2月,该组织在145个国家和地区拥有215个会员组织,会员人数达1.25亿。

二、工会法

（一）工会法的概念及主要内容

工会法是调整工会组织关系和活动关系的法律规范的总称。我国工会法不仅指由全国人大制定颁布的《工会法》,还包括其他参与工会关系调整的具有法律约束力的规范性文件。

就工会法的具体内容而言,它一般由总则和分则组成,其内容主要包含工会法的立法宗旨与目的、工会活动的基本原则、工会的权利和义务、工会的组织原则与组织体系、工会基层组织的职权、工会的经费和财产等方面。工会法是工会活动的法律基础。在我国,它还体现了党和国家对工会的政策和方针,体现了工会在社会主义现代化建设中的积极作用。同时,工会法也是调整劳动附随关系的法律依据。

（二）我国《工会法》概况

我国中央人民政府于1950年6月29日颁布了《中华人民共和国工会法》(以下简称《工会法》),这是新中国成立初期颁布的重要法律之一。1992年4月3日,第七届全国人民代表大会第五次会议通过了新的《工会法》,取代了1950年《工会法》。全国人大常委会于2001年10月27日、2009年8月27日对《工会法》进行了修正。

新修订的《工会法》适应了建立社会主义市场经济体制发展的要求,有利于充分发挥工会作为党和政府联系职工群众的桥梁纽带作用,对建立稳定和谐的劳动关系、稳定大局,具有十分重要的意义。其遵照宪法的基本原则,坚持了党的基本路线、方针和政策,贯彻了党全心全意依靠工人阶级的指导思想,体现了工人阶级的主人翁地位,具有鲜明的社会主义特色和时代特点。

（三）工会法与劳动法的关系

从法律体系来讲，工会法属于广义劳动法范畴。它的内容包括工会的组织原则、工会的建立与撤销程序、工会权利与义务、工会经费与财产等。劳动法的调整对象是劳动法律关系以及与劳动法律关系有密切联系的附随关系，工会法调整的对象正属于劳动附随关系，因此我们认为它是劳动法的组成部分。工会法不是独立的法律部门，从关联性来看，工会法与劳动法的联系较为紧密。因此，在颁布了劳动法典的国家中，有许多国家将工会法纳入劳动法典之中。

三、工会的权利与义务

（一）工会的权利

1. 代表权

工会的代表权是工会权利的基础，指法律确认工会作为其会员利益和职工团体利益的代表行使权利的资格。工会的代表权依法产生，受法律保护。《工会法》第 2 条明确规定："中华全国总工会及其各工会组织代表职工的利益，依法维护职工的合法权益。"

工会代表劳动者与用人单位进行平等协商，签订集体合同是工会代表权的突出表现。《劳动法》第 33 条规定："企业职工一方与企业可以就劳动报酬、工作时间、休息休假、劳动安全卫生、保险福利等事项，签订集体合同。集体合同草案应当提交职工代表大会或者全体职工讨论通过。集体合同由工会代表职工与企业签订；没有建立工会的企业，由职工推荐的代表与企业签订。"同时，《劳动合同法》第 51 条规定："集体合同由工会代表企业职工一方与用人单位签订；尚未建立工会的单位，由上级工会指导劳动者推举的代表与用人单位签订。"

2. 参与权

工会的参与权是指工会依法代表职工参与国家和社会事务的管理以及参与企业管理的权利。其中，工会参与国家和社会事务的管理，包括参与立法、参政议政等内容；参与企业管理，则包括通过职工代表大会和其他形式对企业进行民主管理和民主监督，参与企业劳动争议处理等。

例如，为切实保护劳动者合法权益，《劳动法》第 27 条规定："用人单位濒临破产进行法定整顿期间或者生产经营状况发生严重困难，确需裁减人员的，应当提前 30 日向工会或者全体职工说明情况，听取工会或职工的意见，经向劳动部门报告后，可以裁员。"这样的规定其实是法律赋予了工会参与企业人事管理的权利。

3. 监督权

工会履行维权职责的主要手段是行使监督权，表现为工会依法对用人单位在用工过程中遵守劳动法律法规、履行劳动合同和集体合同等情况进行监督检查，并且针对性地提出建议和意见，以及要求用人单位纠正错误的权利。

例如，《劳动合同法》第 43 条规定："用人单位单方解除劳动合同，应当事先将理由通知工会。用人单位违反法律、行政法规或者劳动合同约定的，工会有权要求用人单位纠正。用人单位应当研究工会的意见，并将处理结果书面通知工会。"《劳动法》第 30 条规定："用人单位解除劳动合同，工会认为不适当的，有权提出意见。如果用人单位违反法律、法规或者劳动合同，工会有权要求重新处理；劳动者申请仲裁或者提起诉讼的，工会应当依法给予支持和帮助。"此项规定是工会行使监督权保护劳动者合法权益的法律依据,是工会通过行使监督权替劳动者代言,以保障劳工权益不受侵犯的重要举措。

4. 协商谈判权

协商谈判权指工会依法代表职工与用人单位就劳动报酬、劳动条件等事项进行协商谈判,以及通过谈判签订集体合同的权利。它体现在诸多方面。

例如,我国《劳动法》对延长职工工作时间(加班加点)不仅设定了明确的限制性标准,还加入了工会协商的程序性条件。《劳动法》第36条规定劳动者每日工作时间不得超过8小时,每周工作时间不超过44小时。同时,第41条规定:"用人单位由于生产经营需要,经与工会和劳动者协商后可以延长工作时间,一般每日不得超过1小时;因特殊原因需要延长工作时间的,在保障劳动者身体健康的条件下延长工作时间每日不得超过3小时,但是每月不得超过36小时。"

5. 劳动争议处理权

劳动争议处理权指工会在劳动者与用人单位发生争议时,依法参与劳动争议的协商,主持劳动争议的调解,参加劳动争议的仲裁,代理职工参与诉讼,处理集体合同争议等方面的权利。

案例阅读 13-1

例如,《劳动法》第80条规定:"在用人单位内,可以设立劳动争议调解委员会。劳动争议调解委员会由职工代表、用人单位代表和工会代表组成。劳动争议调解委员会主任由工会代表担任。"《劳动法》第81条规定:"劳动争议仲裁委员会由劳动部门代表、同级工会代表、用人单位方面的代表组成。劳动争议仲裁委员会主任由劳动行政部门代表担任。"同时,《劳动法》第30条和《工会法》第21条还规定,劳动者因劳动争议申请仲裁或提起诉讼的,工会应予以支持和帮助。

(二) 工会的义务

所谓工会的义务,是指法律要求工会作出或者不作出一定行为的责任。工会的权利与义务是相互依存,不可分离的。我国工会在享有法律赋予权利的同时,还须承担法律规定的义务。

1. 遵章守法、支持政府工作

工会作为工人阶级的群众组织必须遵守和维护《宪法》,以《宪法》为根本的活动准则。工会章程作为一种社团组织的内部规则,必须与《宪法》和法律的精神相一致,根据工会的性质和特点独立自主地开展活动。

我国是社会主义国家,政府是国家的行政机关和人民意志的执行机关。工会与政府虽然在具体代表利益和活动方式上有区别,但是在根本利益和长远目标上是一致的。这就决定了工会和政府之间是一种相互支持、相互配合、密切合作的关系。一方面政府应当全心全意依靠工人阶级,对涉及职工利益的问题,应当听取工会的意见,以密切政府与职工群众的联系;另一方面工会也有义务引导、动员职工完成政府提出的各项任务;协助政府协调社会矛盾,维护社会稳定;会同政府有关部门做好劳动模范和先进生产(工作)者的评选、表彰、培养和管理工作。

2. 协助企事业单位开展工作、努力完成各项任务

工会应当协助企事业单位做好涉及职工集体福利、劳动报酬、劳动安全卫生、职工社会保险等方面的工作,以此激励职工群众的劳动热情和生产积极性,从而更好地推动企事

业单位生产任务的完成。

教育职工正确对待劳动,组织职工开展群众性的生产、技术活动,搞好企事业单位生产、工作,归根到底要依赖于职工的工作态度来实现。因此,工会一方面要积极维护职工的权益,同时又要教育职工树立正确的劳动观念,继承和发扬工人阶级的优良传统,为企业发展多做贡献。

科学技术是第一生产力,企业工会应通过各种方式激发职工在生产过程中的智慧与创造力,广泛开展劳动竞赛、合理化建议、技术革新、技术协作、发明创造和双增双节等活动,团结和引导职工立足本职、勇攀高峰,使企业生产发展上新台阶。

3. 关心服务职工,提升职工队伍的整体素质

工会作为工人阶级的群众组织,应该密切联系职工,听取和反映职工的意见和要求,关心职工的生活,帮助职工解决困难,全心全意为职工服务。工会要重点做好职工群众关心的问题,例如,促进下岗、失业职工再就业;实施送温暖工程;帮助、指导职工签订劳动合同等。

组织职工开展文娱、体育活动,也是工会服务于职工应尽的义务。职工的文体活动有益于职工身心健康,有益于激发职工团结向上、爱国爱厂的精神,因此,各级工会都要关心职工的文体生活。

第二节 职工民主管理

一、职工民主管理的概念及立法基础

(一) 职工民主管理的概念

职工民主管理又称企业民主管理,指职工直接或间接参与管理企业内部事务。职工民主管理从主体范围看,是以职工身份参与管理,有别于以股东身份参与管理;从参与事务范围看,参与的是企业内部事务管理,不是国家和社会事务;从参与的目的来看,是职工通过参与来影响单位的决策过程。

(二) 职工民主管理的立法基础

关于职工民主管理的立法基础,各国观点不尽一致,归纳起来有如下一些代表性观点:

(1) 人力资本所有权理论。现代公司法认为公司是一个物质资本所有者、人力资本所有者以及债权人等利害关系人组成的契约组织。公司经营状况的优劣不仅影响物质资本所有者,即股东及债权人利益,还必然影响人力资本所有者,即公司职工的利益。因此,公司职工参与公司管理和决策过程不仅是现代企业发展的需要,更是企业职工作为人力资本所有者的内在要求。

(2) 经济民主理论。微观的经济民主就是企业管理民主,即企业职工享有参与企业管理的权利,对企业中的各种事务有发表意见和建议的自由,并可以根据需要选举自己的代表参与企业的管理。这样职工才得以将自己的意志转化为公司的行为。

(3) 公司社会责任理论。这一理论认为保护股东利益是公司的社会责任,但保护非

股东利害关系人的利益同样是公司的社会责任;公司经营者不仅是股东利益的代言人,同样也是职工利益的代言人。

无论基于什么理论构建起来的职工民主管理制度,其核心都是追求劳资关系的协调,这是职工参与制度的发展方向和趋势。任何决策和制度的实行,必须具备相关的意识才能有序进行。现代企业制度下,职工民主管理作为一种重要的管理模式,是企业发展重要的推动力量。

二、职工民主管理的形式

(一)职工民主管理的一般形式

世界各国职工参与民主管理的形式多种多样,概括起来主要有如下四类:

(1)组织参与,或称机构参与,即职工通过一定的代表性专门组织机构参与管理企业,如我国的职工代表大会。

(2)代表参与,即职工通过经合法的程序产生的职工代表参与企业管理,如职工参加公司的董事会或监事会,成为公司的董事会或监事会成员。

(3)岗位参与,即职工通过在劳动岗位上实行自治来参与企业管理。

(4)个人参与,即职工本人以个人名义和行为参与企业管理,如职工个人向企业提出合理化建议等。

这些形式中组织参与和代表参与是职工民主管理间接参与形式,岗位参与和个人参与是职工民主管理直接参与形式。

(二)我国职工民主管理的具体形式

1. 职工代表大会

职工代表大会是公有制企业职工民主管理和民主参与的基本形式,是职工行使民主管理权利的机构。职工代表大会作为职工行使民主管理权力的机构,具有以下特点:

(1)职工代表大会有法定的权威性。职工代表大会的民主管理权力是法律赋予的,具有一定强制力和约束力,从而保证了广大职工在企事业单位中的主人翁地位。

(2)职工代表大会具有广泛的群众性和代表性。职工代表大会的代表由企事业单位全体职工选举产生,来自各个方面,代表各种意见和观点。这种广泛的群众性和代表性,使它比其他民主管理形式有着更坚实的群众基础。

(3)职工代表大会有一套完整严密的组织制度和组织体系。职代会把民主集中制作为根本组织原则,始终体现着大多数职工的意愿和要求。企事业单位中的工会组织是职工代表大会的工作机构,负责职工代表大会的日常工作。

职工代表大会作为企业民主管理的基本形式,主要体现在:它能吸引全体职工参与企业管理;对企业的管理事务既有浅层次的参与,也有深层次的参与;除了参与重大的事项,也参与企业日常事项的方方面面。另外,它还与其他形式的职工民主参与有着密切的关联,例如,它是厂务公开的主要载体,它选举产生职工董事、职工监事以及集体谈判中员工一方的平等协商代表,集体合同草案最后要通过它的表决程序才能生效等。

职工代表大会的职权范围包括:

(1)定期听取厂长工作报告,审议企业经营方针、长远和年度计划、重大技术改造和技术引进计划、职工培训计划、财务预决算、自有资金分配和使用方案。

（2）审议通过厂长提出的经济责任制方案、工资调整计划、奖金分配方案、劳动保护措施方案、奖惩办法以及重要的规章制度。

（3）审议决定职工福利基金使用方案和有关生活福利的重大事项。

（4）评议、监督各级领导干部，并提出任免和奖惩的建议。

2. 平等协商

平等协商是指职工与企业之间就有关企业的生产经营管理和涉及职工利益的问题进行平等对话和协调，以实现相互理解与合作的活动。其目的在于共同促进企业的发展和维护职工的合法权利。这种形式相对而言更适用于非公有制企业。

3. 工会或者职工代表列席有关会议、参加企业监事会

工会或者职工代表列席涉及职工工资、福利、安全卫生以及劳动保护、劳动保险等与职工切身利益相关的会议，并提出意见和建议。

企业的监事会应有适当比例的通过民主选举产生的职工代表参加。我国《公司法》对此作了明确的规定。

本 章 小 结

1. 工会是指基于共同利益而自发组织的社会团体。在我国，工会是工人自由结社所形成的组织，具有阶级性、群众性和自愿性，具有社会团体法人资格。

2. 工会法是国家制定的确立工会在国家政治、经济、社会生活中的地位，规定工会的权利与义务，为工会的活动提供法律保障的法律。就工会法的具体内容而言，它一般由总则和分则组成，其内容主要包含工会法的立法宗旨与目的、工会活动的基本原则、工会的权利和义务、工会的组织原则与组织体系、工会基层组织的职权、工会的经费和财产等方面。

3. 工会的权利，是指工会代表和维护劳动者的合法权益时依法为一定行为或不为一定行为的可能性。在直接或间接维护劳动者合法权益的活动中，工会拥有自己合法的权利，包括组织权、代表权、参与权、协商谈判权、劳动争议处理权等。工会的义务，是指法律要求工会作出或者不作出一定行为的责任，包括遵章守法、支持政府工作；协助企事业单位开展工作、努力完成各项任务、关心服务职工；提升职工队伍的整体素质等。

4. 职工民主管理是指职工直接或间接参与管理企业内部事务。世界各国职工参与民主管理的形式主要包括：组织参与、代表参与、岗位参与、个人参与。

5. 职工代表大会是公有制企业职工民主管理和民主参与的基本形式，是职工行使民主管理权利的机构。

关键词

工会　工会法　职工民主管理　职工代表大会

思考题

1. 如何理解工会的性质和法律地位？
2. 工会的权利和义务有哪些？

3. 职工代表大会的职权范围有哪些?

案例分析

唐某是某公司一名职员,2012年3月与公司签订了6年劳动合同。唐某因为为人正派,做事认真,被大家推举为公司的工会职工代表。唐某经常为职工福利等事项与公司高层管理人员发生争执。2017年3月唐某接到公司与其解除劳动合同的通知,理由是唐某春节期间不服从公司安排,没有加班。唐某不服,提出申诉。经调查查证,2017年春节期间公司没有法定的加班理由,同时也没有正式安排唐某加班。

请问:

(1) 该公司的做法是否合法?请用相关法律予以说明。

(2) 此案应如何处理?

参考答案

(1) 该公司的做法违反了《劳动法》和《集体合同规定》的规定。

《劳动法》第7条第2款规定:"工会代表和维护劳动者合法权益,依法独立自主地开展活动。"第8条规定:"劳动者依照法律规定,通过职工大会、职工代表大会或者其他形式,参与民主管理或者就保护劳动者合法权益与用人单位进行平等协商。"

《集体合同规定》第28条规定:"职工一方协商代表在其履行协商代表职责期间劳动合同期满的,劳动合同期限自动延长至完成履行协商代表职责之时,除出现下列情形之一的,用人单位不得与其解除劳动合同:(一)严重违反劳动纪律或用人单位依法制定的规章制度的;(二)严重失职、营私舞弊,对用人单位利益造成重大损害的;(三)被依法追究刑事责任的。职工一方协商代表履行协商代表职责期间,用人单位无正当理由不得调整其工作岗位。"

由此可见,唐某享有维护劳动者合法权益的权利,同时,也没有违纪和失职的情形,建筑公司不得解除与唐某签订的劳动合同。

(2) 唐某可以先与公司进行协商,若协商不成,应及时向有管辖权的劳动争议仲裁委员会提出仲裁申请。劳动争议仲裁委员会收到唐某的仲裁申请之日起5日内,认为符合受理条件的,应当受理,并通知唐某。劳动争议仲裁委员会依据《劳动争议调解仲裁法》对此案进行审理。若唐某对仲裁裁决不服,可以向人民法院提起诉讼。

第十四章 劳动法律关系的程序保护

> **学习目的和要求**
> 通过本章的学习,了解劳动法监督检查的概念、内容;掌握劳动争议的概念、种类;理解调解、仲裁、诉讼等劳动争议处理方式的基本程序;熟悉我国《劳动法》及相关法律法规关于劳动争议处理的有关规定。

第一节 劳动法的监督检查

一、劳动法监督检查概述

（一）劳动法监督检查的概念

劳动法监督检查也称劳动监察,即对劳动法执行情况的监督检查。广义的劳动法监督检查是泛指一切负有劳动监督检查职责的主体对用人单位实施的劳动监督检查。狭义的劳动法监督检查是指劳动保障行政部门代表国家对用人单位遵守劳动法的情况依法进行的检查、纠正、处罚等活动。此外,还可以从下列几点来理解劳动法的监督检查:

(1) 监督检查的主体是依法享有监督检查权的劳动保障行政部门、其他有关行政部门、工会组织、其他群众性组织以及个人。在劳动监督检查体系中,劳动保障行政部门和工会组织实施的监督检查活动更为重要,尤其是劳动保障行政部门实施的劳动保障监察处于劳动监察的核心地位。

(2) 监督检查的目的是为了实现劳动法的立法宗旨,即保护劳动者的合法权益,促进经济发展和社会进步。

(3) 监督检查的对象是用人单位遵守劳动法律、法规、规章的行为。

(4) 监督检查的方式表现为依法行使监督检查权所需的各项措施,即通过劳动监督检查活动,对发现的违反劳动法的行为及时制止和纠正,并依法追究违法行为人,使之承担法律责任。

(二) 劳动法监督检查的意义

《劳动法》颁布后，调整劳动关系有了充分的法律依据，但在有法可依的基础之上，还应该进一步落实有法必依，以保证劳动法律制度的有效运行。这需要有权机构对劳动法的执行情况实行全面的监督检查，对用人单位违反劳动法的行为进行处罚，并调动社会的力量共同保障劳动法的顺利实施。《劳动法》就劳动法监督检查进行了专章规定，体现了这一制度在劳动法体系中的地位和重要意义：

(1) 劳动法监督检查有利于增强各种劳动法主体的法律意识，尤其是用人单位的依法用工意识，避免和减少违法行为的发生。

(2) 劳动法监督检查有利于维护劳动秩序和劳动力市场秩序。

(3) 劳动法监督检查有利于劳动法律制度的完善。

(三) 劳动监督检查的立法概况

英国1883年颁布的《工厂法》最早创设了工厂检查制度，即政府委托高级人员为工厂监察员，实地检查工厂劳动法规实施情况。国际劳工组织成立以后，比较重视劳动监察问题，1947年通过《劳动监察公约》及相应的建议书，1969年通过《(农业)劳动监察公约》及相应的建议书。1947年的《劳动监察公约》规定，凡批准该公约的成员国应当在工业和商业工作场所保持劳动监察制度。劳动监察制度的职能为：监督工时、工资、安全、卫生、福利、未成年人就业等法律法规的执行，向雇主和工人提供有关信息，向主管当局提供现行法律法规的缺陷和弊端。公约还对监察员的职责、权力、纪律、年度报告等作出了规定。1969年的《(农业)劳动监察公约》将劳动监察制度推广到农业领域。1995年国际劳工大会进一步将劳动监察范围扩大到非商务服务部门。

就我国而言，新中国成立后就发布了有关劳动保障监督的一些规定。例如，1950年政务院财经委员会发布了《关于各省、市人民政府劳动局与当地国营企业工作关系的决定》，规定劳动局有权监督、检查国营企业内有关劳动保护、劳动保险、工资待遇、童工女工、雇用解雇、集体合同、文化教育等劳动政策法令的执行。

1978年实行改革开放政策以后，劳动监督立法取得了较大进展。1993年8月，当时的劳动部制定了《劳动监察规定》，弥补了过去劳动监察立法的不足。1994年制定的《劳动法》专章规定了"监督检查"，明确了劳动行政部门的监督检查权，此后各地劳动行政部门相继建立劳动监察机构。与此相配套，有关部门相继制定了《劳动监察员管理办法》《劳动监察程序规定》《处理举报劳动违法行为规定》等，并提出制定《劳动监察法》的立法规划。

2004年11月1日国务院颁布《劳动保障监察条例》，全面规定了劳动保障监察的范围、原则、主体、内容、程序及监察机构和监察员的职责、权利、义务等，对于完善我国劳动监察法律制度具有重要意义。2005年，劳动和社会保障部又出台了《关于实施〈劳动保障监察条例〉若干规定》，进一步细化了劳动保障监察制度，增强了可操作性。2008年实施的《劳动合同法》设置了"监督检查"专章，针对《劳动合同法》的监督检查作出了规定，补充和完善了《劳动保障监察条例》。

除了上述劳动监察立法外，全国总工会还于1995年制定颁布了《工会劳动法律监督试行办法》，对工会进行劳动法律监督的原则、权利、监督范围、监督方式、工会劳动法律监督员的条件、职权等作出了规定，为工会进行劳动监督提供了依据。可见，我国劳动立法对劳动法的监督检查一直以来都是非常重视的。

二、劳动法监督检查的内容

（一）政府部门的监督检查

政府部门的监督检查也就是劳动保障监察，它是由劳动保障行政部门对发生劳动关系的用人单位、劳动者以及其他社会组织遵守劳动保障法律、法规、规章的情况进行监察并对违法行为予以处罚的执法活动的总称，是具有中国特色的劳动监察制度。

1. 劳动保障监察的形式

我国劳动保障监察的形式主要包括：

（1）日常巡视检查。劳动保障行政部门对用人单位及其劳动场所的日常巡视检查，应当制定年度计划和中长期规划，确定重点检查范围，并按照现场检查的规定进行。

（2）审查用人单位按照要求报送的书面材料。劳动保障行政部门对用人单位按照要求报送的有关遵守劳动保障法律情况的书面材料应进行审查，并对审查中发现的问题及时予以纠正和查处。

（3）专项检查。劳动保障行政部门可以针对劳动保障法律实施中存在的重点问题集中组织专项检查活动，必要时可以联合有关部门或组织共同进行。

（4）接受举报与投诉等。

2. 劳动保障监察机构

劳动保障监察机构在国外通常被称为劳工检查机构，是经法律授权代表国家对劳动法律的遵守情况实行监督的专门机构。

我国劳动保障监察机构一般设置在各级劳动行政部门中，在同级劳动行政部门的领导下开展工作。劳动保障监察机构不同于行政机构的内设部门，它依法具有对外独立行使劳动监察的职权，其职权范围直接来自法律、法规的授权，而不依劳动行政部门内部分工的调整而随意变更。

《劳动法》第85条规定："县级以上各级人民政府劳动行政部门依法对用人单位遵守劳动法律、法规的情况进行监督检查，对违反劳动法律、法规的行为有权制止，并责令改正。"《劳动合同法》第73条第1、2款规定："国务院劳动行政部门负责全国劳动合同制度实施的监督管理。县级以上地方人民政府劳动行政部门负责本行政区域内劳动合同制度实施的监督管理。"《劳动保障监察条例》第3条规定："国务院劳动保障行政部门主管全国的劳动保障监察工作，县级以上地方各级人民政府劳动保障行政部门主管本行政区域内的劳动保障监察工作。"综上所述，根据依法行政的主体法定原则，劳动行政部门是劳动保障监察的主体，其他有关部门虽然也有监督用人单位遵守劳动法律的职责，但不是劳动保障监察的主体。

劳动保障行政部门实施劳动保障监察，应当履行下列职责：

（1）宣传劳动保障法律、法规和规章，督促用人单位贯彻执行；（2）检查用人单位遵守劳动保障法律、法规和规章的情况；（3）受理对违反劳动保障法律、法规和规章的行为的举报、投诉；（4）依法纠正和查处违反劳动保障法律、法规和规章的行为。

3. 劳动保障监察的原则

《劳动保障监察条例》第8条规定："劳动保障监察遵循公正、公开、高效、便民的原则；

实施劳动保障监察,坚持教育与处罚相结合,接受社会监督。"因此,劳动保障监察需要遵循如下基本原则:

(1) 合法原则。合法原则要求监察主体及其权限要合法、监察过程中适用法律要正确、监察程序要符合法律规定。

(2) 公开原则。公开原则要求监察依据的法律、法规、规章都应当公布,监察的职责及内容应当公开,监察执法的程序和处理时限要公开。

(3) 公正原则。公正原则要求在实施监察时应当平等地对待所有相对人,同时监察主体应合理行使自由裁量权。

(4) 高效、便民原则。高效、便民原则要求监察主体及其人员向社会公布举报投诉电话和监察机构地址、设立举报投诉信箱;建立企业守法诚信档案,以便于社会公众特别是求职者了解;在办公场所公示监察员名单、监察程序及相关法律法规,并严格按照规定的时限完成监察事项。

(5) 教育与处罚相结合原则。教育与处罚相结合原则要求监察主体不能只教育不处罚,但处罚的目的是促使用人单位认清违法后果、自觉守法,不能为处罚而处罚,也不能以罚代管、以罚代教,更不得以罚款牟取私利。

4. 劳动保障监察的对象和范围

依据《劳动保障监察条例》第 2 条和第 34 条的规定,劳动保障监察的对象包括:(1) 企业和个体工商户;(2) 职业介绍机构、职业技能培训机构和职业技能考核鉴定机构;(3) 国家机关、事业单位、社会团体。

根据《劳动法》及《劳动保障监察条例》的规定,我国劳动保障监察的范围比较广泛,几乎涵盖了所有劳动权益的监督检查,具体包括:(1) 用人单位制定内部劳动规章制度的情况;(2) 用人单位与劳动者订立劳动合同的情况;(3) 用人单位遵守禁止使用童工规定的情况;(4) 用人单位遵守女职工和未成年工特殊劳动保护规定的情况;(5) 用人单位遵守工作时间和休息休假规定的情况;(6) 用人单位支付劳动者工资和执行最低工资标准的情况;(7) 用人单位参加各项社会保险和缴纳社会保险费的情况;(8) 职业介绍机构、职业技能培训机构和职业技能考核鉴定机构遵守国家有关职业介绍、职业技能培训和职业技能考核鉴定的规定的情况;(9) 法律、法规规定的其他劳动保障监察事项。《劳动合同法》第 74 条对上述监督范围作出进一步的补充和完善。

5. 劳动保障监察的程序

(1) 投诉的受理与立案。劳动者对用人单位违反劳动保障法律、侵犯其合法权益的行为,有权向劳动保障行政部门投诉;投诉应当由投诉人向劳动保障行政部门递交投诉文书,书写投诉文书确有困难的,可以口头投诉,由劳动保障监察机构进行笔录,并由投诉人签字。

(2) 调查与检查。劳动保障监察员进行调查、检查不得少于 2 人。劳动保障监察机构应指定其中 1 名为主办劳动保障监察员。

(3) 作出处理决定。劳动保障行政部门对违反劳动保障法律的行为,根据调查、检查的结果,作出处理决定,具体包括:行政处罚决定、行政处理决定、撤销立案、移送处理等。

(二) 工会劳动法律监督

工会劳动法律监督,是各级工会依法对劳动法律法规的执行情况进行的有组织的群众监督,也是我国劳动法律监督体系中不可或缺的重要组成部分。

1. 工会劳动法律监督的权利与范围

工会在进行劳动法律监督方面依法享有以下权利:(1)对用人单位执行劳动法律法规的情况进行监督;(2)参与调查处理;(3)提出意见要求改正;(4)要求政府劳动监察部门处理;(5)支持职工依法举报、控告。

工会劳动法律监督的对象既包括用人单位,也包括政府部门、社会保险经办机构等。用人单位是工会劳动法律监督的最主要对象,对其监察范围十分广泛,具体包括:执行国家有关就业规定的情况;执行国家有关订立、履行、变更、解除劳动合同规定的情况,履行集体合同的情况,执行国家有关工作时间、休息、休假规定的情况,执行国家有关工资报酬规定的情况,执行国家有关各项劳动安全卫生及伤亡事故和职业病处理规定的情况,执行国家有关女职工和未成年工特殊保护规定的情况,执行国家有关职业培训和职业技能考核规定的情况,执行国家有关职工保险、福利待遇规定的情况等。

2. 工会劳动法律监督机构与监督员

县级以上工会领导机关设立工会劳动法律监督委员会,由相关业务部门的人员组成,也可以吸收社会有关人士参加。委员会的日常工作由工会有关部门负责。基层工会或职代会设立工会劳动法律监督委员会或监督小组。各级工会劳动法律监督委员会受同级工会委员会领导,并接受上级工会劳动法律监督委员会的业务指导。

职代会设立的劳动法律监督委员会对职工代表大会负责。县级以上工会劳动法律监督委员会成员为本级工会劳动法律监督员,县级以上工会可以聘请社会有关人士担任工会兼职劳动法律监督员。

3. 工会劳动法律监督的程序

工会劳动法律监督程序的启动包括三种情况:(1)工会劳动法律监督委员会有权根据职工的申诉、举报对用人单位执行劳动法律法规的情况进行调查。(2)县级以上工会经同级人大、政协同意,可以参加其组织的劳动法律法规执法检查。(3)县级以上工会可以与政府劳动部门及其他职能部门联合组织劳动法律法规执法检查。

协调劳动关系的路径①

2016年3月,上海市总工会下发了《关于突出维护职能加强工会协调劳动关系体系建设的指导意见》(以下简称《指导意见》),明确协调劳动关系体系建设,要"反向倒逼"和"正向推进"相结合。

1. 突出工会维护职能,明确两条路径

加强协调劳动关系体系建设的路径是"反向倒逼"和"正向推进"相结合。

"反向倒逼",就是以问题为导向,对已经发生劳动关系矛盾又无视职工合法权益的企业,通过加大调处化解劳动关系矛盾、职工法律援助、工会劳动法律监督、工

---

① 选摘自徐晗:《"反向倒逼"、"正向推进"协调劳动关系》,《劳动报》2016年3月30日第1版。

会组建和集体协商、职代会制度的工作力度,以及工会法律政策的源头参与,着力破解工作中瓶颈难题,促进各项工作相互衔接、互为整合,着力发挥工会组织在协调劳动关系体系中的机制性作用。"正向推进",就是按照劳动关系建立、运行、监督、调处的规律,正面指导和推进企业着力加强劳动合同、集体协商、职代会民主管理、劳动争议调处等制度建设,努力推动企业解决职工"三最"利益问题,以制度建设有序预防和解决各类影响劳动关系稳定的问题。

2. 加大工会参与劳动关系矛盾调处力度

《指导意见》指出,市总工会将进一步加大参与劳动争议个案调处工作力度,与人社、司法、企联、工商联等相关部门建立劳动争议联动调处机制,形成工会主动参与的劳动关系调处工作格局。将建立完善集劳动关系矛盾调处、职工法律援助、工会劳动法律监督等为一体的网络系统服务平台。

3. 扩大职工法律援助受益对象,实现"零门槛"援助服务

《指导意见》明确,市总工会将制订加强职工法律援助工作方案,扩大职工法律援助受益对象,对职工合法劳动经济权益诉求实现"零门槛"援助服务。

4. 强化工会劳动法律监督工作

《指导意见》明确,市总工会将建立健全各级工会劳动法律监督委员会。每年要在职工法律援助受理案件中选择5%左右严重侵犯职工权益的企业开展工会劳动法律监督,对群体性劳动关系矛盾发生的企业实施100%的工会劳动法律监督。

5. 推进集体协商和民主管理制度提质增效

《指导意见》明确,要推动企业集体协商和职代会两大维权制度提质增效,推动国有及控股企业全面履行职代会五项职权,规范职代会民主程序,落实各项工作制度,大力推进职工董事、职工监事建制。

6. 加强改革调整企业工会的民主参与工作

《指导意见》指出,要高度重视当前供给侧结构性改革、化解产能过剩、企业战略调整、兼并重组等给劳动关系和职工队伍带来的新影响。要重点推动改革调整企业劳动关系矛盾的预警预防和工会的民主参与工作,推动工会主要负责人参加企业改革领导班子,全过程参与企业改革调整的方案制定。指导督促企业及时将改革调整情况向职工公开。

(三) 其他行政部门的监督检查

县级以上各级人民政府有关部门在各自的职责范围内,也有权对用人单位遵守劳动法情况进行监督检查。其他行政部门的监督检查同样是劳动法监督体系中无可替代的部分。

其他有关行政部门对劳动法执行情况的监督检查主要有两方面内容:一是来自用人单位的上级主管部门的监督检查。二是来自公安、卫生、市场监督管理、财税、审计等专项行政管理部门的监督检查。

其他有关行政部门的监督方式主要有三种:(1)依法独立开展劳动监督检查活动。(2)依法对劳动监察部门、其他行政部门或工会组织的建议进行调查处理。(3)会同劳动

监察部门等监督主体进行劳动监督检查。

其他有关行政部门的监督检查与劳动保障监察,都是对于劳动法律的贯彻执行情况进行监督和检查,目的都是为了保证劳动法律的有效实施,但它们在监督主体、监督范围、监督过程中形式的职权等方面都不同。

(四) 社会监督

劳动法的社会监督,是指劳动行政部门、其他行政部门、工会组织以外的任何组织和个人对于违反劳动法律法规的行为进行的监督,它是监督检查体系中不可忽视的补充。根据监督主体的不同,社会监督一般包括普通群众的监督、群众组织的监督和网络报刊等传媒监督。

在劳动监督体系中,社会监督是对行政监督和工会监督的必要补充,其主要特点包括:

(1) 监督主体具有分散性和广泛性,任何组织和个人都有权对劳动法的执行情况进行监督检查。

(2) 监督方式兼具特定性,社会监督的方式一般限于举报和投诉。

劳动法监督检查直接关系到劳动者的劳动权利和物质利益。为了保证监督的广泛性和有效性,国家也把这一权利赋予普通劳动者,从而使劳动者真正感到自己是国家的主人,自觉遵守企业的规章制度和劳动纪律,同时也有利于督促国家有关行政部门及其工作人员尽职履责,及时纠正违法失职行为。

第二节 劳动争议处理机制

一、劳动争议概述

(一) 劳动争议的概念

劳动争议,又称劳动纠纷、劳资纠纷、劳资争议,是指劳动关系当事人在执行劳动法律、法规和劳动合同、集体合同的过程中,就劳动权利的行使和义务的履行发生分歧而引起的争议。劳动争议有广义和狭义之分。广义的劳动争议是指以劳动关系为中心所发生的一切争议,涉及劳方、资方及政府三方;而狭义的劳动争议仅以雇佣人和受雇人或其团体间所发生的争议为限,即仅涉及劳资双方。

劳动争议与民事争议

劳动争议与民事争议的区别主要在于双方当事人的法律地位不同:民事争议的双方当事人地位完全平等。但在劳动争议中,劳动者与用人单位在劳动合同关系中的法律地位平等,但在生产经营过程中,劳动者隶属于用人单位管理,这种单向隶属关系决定了双方实质地位的不对等。因此,劳动争议的处理程序相比普通的民事争议处理程序,通常要对劳动者作出特别的保护性规定。我国目前劳动争议与民事争议在法院都适用民事诉讼程序,但劳动争议在提起诉讼前必须经过劳动争议仲裁这一前置程序,另外在举证责任方面两者也有不同。

(二) 劳动争议的分类

(1) 按照劳动争议当事人人数的不同,可分为个人劳动争议和集体劳动争议。个人劳动争议是劳动者个人与用人单位发生的劳动争议;集体劳动争议是指劳动者一方当事人在3人以上,有共同理由的劳动争议。发生劳动争议的劳动者一方在10人以上,并有共同请求的,可以推举代表参加调解、仲裁或者诉讼活动。

(2) 按照劳动争议的内容,可分为因确认劳动关系发生的争议;因订立、履行、变更、解除和终止劳动合同发生的争议;因除名、辞退和辞职、离职发生的争议;因工作时间、休息休假、社会保险、福利、培训以及劳动保护发生的争议;因劳动报酬、工伤医疗费、经济补偿或者赔偿金等发生的争议;法律、法规规定的其他劳动争议。

(3) 按照当事人国籍的不同,可分为国内劳动争议与涉外劳动争议。国内劳动争议是指我国的用人单位与具有我国国籍的劳动者之间发生的劳动争议;涉外劳动争议是指具有涉外因素的劳动争议,包括我国在国(境)外设立的机构与我国派往该机构工作的人员之间发生的劳动争议、我国境内的外商投资企业与劳动者之间发生的劳动争议。

(三) 劳动争议的受案范围

1. 一般性规定

《劳动争议调解仲裁法》第2条对劳动争议的范围作了规定:"中华人民共和国境内的用人单位与劳动者发生的下列劳动争议,适用本法:(1) 因确认劳动关系发生的争议;(2) 因订立、履行、变更、解除和终止劳动合同发生的争议;(3) 因除名、辞退和辞职、离职发生的争议;(4) 因工作时间、休息休假、社会保险、福利、培训以及劳动保护发生的争议;(5) 因劳动报酬、工伤医疗费、经济补偿或者赔偿金等发生的争议;(6) 法律、法规规定的其他劳动争议。"

《最高人民法院关于审理劳动争议案件适用法律若干问题的解释(二)》第4条—第6条又增加了法院受理劳动争议的范围:(1) 用人单位和劳动者因劳动关系是否已经解除或者终止,以及应否支付解除或终止劳动关系经济补偿金产生的争议,经劳动争议仲裁委员会仲裁后,当事人依法起诉的,人民法院应予受理;(2) 劳动者与用人单位解除或者终止劳动关系后,请求用人单位返还其收取的劳动合同定金、保证金、抵押金、抵押物产生的争议,或者办理劳动者的人事档案、社会保险关系等移转手续产生的争议,经劳动争议仲裁委员会仲裁后,当事人依法起诉的,人民法院应予受理;(3) 劳动者因为工伤、职业病,请求用人单位依法承担给予工伤保险待遇的争议,经劳动争议仲裁委员会仲裁后,当事人依法起诉的,人民法院应予受理。

《最高人民法院关于审理劳动争议案件适用法律若干问题的解释(三)》再次扩大了法院受理劳动争议的受案范围:(1) 劳动者以用人单位未为其办理社会保险手续,且社会保险经办机构不能补办导致其无法享受社会保险待遇为由,要求用人单位赔偿损失而发生争议的,人民法院应予受理;(2) 因企业自主进行改制引发的争议,人民法院应予受理;(3) 劳动者依据《劳动合同法》第85条规定,向人民法院提起诉讼,要求用人单位支付加付赔偿金的,人民法院应予受理;(4)用人单位与其招用的已经依法享受养老保险待遇或领取退休金的人员发生用工争议,向人民法院提起诉讼的,人民法院应当按劳务关系处理;(5)企业停薪留职人员、未达到法定退休年龄的内退人员、下岗待岗人员以及企业经营性停产放长假人员,因与新的用人单位发生用工争议,依法向人民法院提起诉讼的,人民法院应当按劳动关系处理。

2. 排除式规定

《最高人民法院关于审理劳动争议案件适用法律若干问题的解释(二)》第7条对不属于劳动争议的案件作了界定:(1)劳动者请求社会保险经办机构发放社会保险金的纠纷;(2)劳动者与用人单位因住房制度改革产生的公有住房转让纠纷;(3)劳动者对劳动能力鉴定委员会的伤残等级鉴定结论或者对职业病诊断鉴定委员会的职业病诊断鉴定结论的异议纠纷;(4)家庭或者个人与家政服务人员之间的纠纷;(5)个体工匠与帮工、学徒之间的纠纷;(6)农村承包经营户与受雇人之间的纠纷。

(四)劳动争议的处理原则

1. 调解原则

调解既是一个独立的程序,也贯穿于仲裁程序与审判程序中。随着市场经济的快速发展,劳动争议在数量上迅速攀升,调解作为一种便捷途径,对于解决劳动争议的作用越来越大,而且日益凸显出其他争议解决方法所没有的优越性。

2. 合法原则

合法原则是指劳动争议处理机构在处理劳动争议过程中必须坚持以事实为依据,以法律为准绳,依法处理劳动争议案件,以及对双方当事人在适用法律上一律平等,不能因人而异。

3. 公正原则

公正原则是指劳动争议处理机构在处理劳动争议时,坚持秉公执法,不徇私,保证争议双方当事人处于平等的法律地位,对等分配权利和义务。

4. 及时处理原则

及时处理原则包括以下内容:(1)劳动争议发生后当事人应当及时协商、或及时申请调解、或及时申请仲裁;(2)劳动争议处理机构在受理案件后,应当在法定结案期限内,尽快处理完毕,以避免案无定日、久拖不决的现象;(3)对处理结果,一方当事人不履行的,另一方当事人要及时采取申请强制执行等措施,以保证案件处理结果的最终落实。

二、劳动争议的几种处理机制

(一)劳动争议协商

1. 劳动争议协商的概念和特点

劳动争议协商,是指发生劳动争议的双方当事人在没有第三人的参与下,通过双方平等对话、互谅互让并作出必要的妥协而达成和解的处理方式。

劳动争议协商作为解决劳动争议的一种方式,具有如下特征:

(1)双方性。劳动争议协商是劳动争议的双方当事人自行协商解决争议,无第三者介入。

(2)自愿性。劳动争议双方是基于自愿进行的协商,任何人不得强迫。

(3) 选择性。劳动争议当事人可以选择通过协商方式来解决争议，也可以不选择协商方式而直接选择调解或仲裁方式解决争议。

(4) 便捷性。劳动争议协商无法定程序，可以随时随地进行协商，简便、快捷、灵活，成本低廉，和解协议也易于执行。

2. 劳动争议协商的形式

根据《劳动争议调解仲裁法》第4条的规定，劳动争议协商有三种形式。

(1) 劳动者独自与用人单位协商。它是指劳动者和用人单位发生劳动争议后，在没有其他任何第三方人员参加的情况下，双方当事人就解决争议、化解矛盾自行协商，以求达到和解的行为。

(2) 工会参与协商，即劳动者邀请工会组织共同与用人单位协商。此时，工会组织是在帮助劳动者维权，其身份不是中立的。这里所指的"工会"，既包括职工当事人所在用人单位的工会，也包括用人单位以外的其他各级工会。

(3) 第三方参与协商，即劳动者邀请工会之外的第三方共同与用人单位协商。这里所称的第三方，是指独立于劳动争议当事人双方之外，与双方都没有任何利害关系，接受请求或委托参与劳动争议协商，依法为当事人提供帮助的组织或个人。第三方成员通常包括律师、专家、法律援助机构等。

(二) 劳动争议调解

1. 劳动争议调解的概念和特点

劳动争议调解是指劳动争议调解机构依法对当事人双方的劳动争议，在查明事实、分清是非的前提下，通过劝说、疏导等方式促使双方在平等的基础上达成协议的活动。

劳动争议调解的特点主要有：

(1) 调解机构是社会组织，而不是国家机关。

(2) 调解活动具有任意性，基本上不受固定程序和形式的约束，也可将道德规范、社会习惯作为调解的依据。

(3) 调解书仅具有合同性质和效力，可以作为仲裁机关和人民法院的裁判根据。

2. 劳动争议调解机构

劳动争议调解机构是专门处理劳动争议的社会组织。按照《劳动争议调解仲裁法》的规定，劳动争议调解组织不再局限于企业内设的调解委员会，还包括基层人民调解组织，在乡镇、街道设立的具有劳动争议调解职能的组织等。

知识拓展

东方调解中心

2017年11月23日，东方调解中心在上海浦东新区揭牌成立，"东方调解"APP一并上线发布。东方调解中心是一个以调解的方式，独立、公正、高效地帮助当事人解决各类专业性、行业性纠纷的社会组织。

与人们熟知的"老娘舅"型调解员相比，东方调解中心显得更加"高大上"。目前，中心拥有一支由60余名专业调解员组成的专职调解员队伍，平均年龄在36岁左

右,均有调解所需的专业背景,2016年人均成功调解纠纷数达293件。此外,中心还有近200名律师组成的特邀调解员队伍,2 000多名心理学、医学、金融、法律等专业人士组成的专家库,为疑难纠纷提供智力支持。除了医患、物业管理、道路交通事故等纠纷外,中心还在逐步探索贸易、金融等行业纠纷的调解机制。

3. 劳动争议调解程序

劳动争议调解程序如下:

(1)劳动争议发生后,当事人可以向依法有资格调解劳动争议的调解组织申请调解。

(2)达成调解协议的,应当制作调解协议书。由双方当事人签名或者盖章,经调解员签名并加盖调解组织印章后生效,对双方当事人具有约束力,当事人应当履行。

(3)自调解组织收到调解申请之日起15日内未达成调解协议的,当事人可以依法申请仲裁。

(4)达成调解协议后,一方当事人在约定期限内不履行调解协议的,另一方当事人可以依法申请仲裁。此外,拖欠劳动报酬、工伤医疗费、经济补偿或者赔偿金事项的调解协议生效后,用人单位不履行,劳动者可以直接向法院申请支付令。

(三)劳动争议仲裁

1. 劳动争议仲裁的概念和特点

劳动争议仲裁是指劳动争议仲裁机构对劳动争议双方当事人请求解决的劳动纠纷,依法居中公断,并对当事人具有法律约束力的劳动争议处理方式。劳动争议仲裁具有如下特点:

(1)劳动争议仲裁是劳动争议诉讼的法定前置程序。

(2)仲裁机构是依法组成的半官方机构,而非民间机构。

(3)仲裁申请可由任何一方当事人提起,无须双方达成合意。

(4)仲裁机构在调解不成的情况下可作出裁决,仲裁调解或仲裁裁决依法生效后具有强制执行的效力。

案例阅读14-1

(5)当事人对裁决不服可向法院提起诉讼(依法发生终局效力的部分仲裁裁决除外)。

2. 劳动争议仲裁机构

劳动争议仲裁委员会是劳动争议仲裁机构。劳动争议仲裁委员会按照统筹规划、合理布局和适应实际需要的原则设立,不按行政区划层层设立。劳动争议仲裁委员会下设办事机构,负责办理劳动争议仲裁委员会的日常工作。

仲裁庭是劳动争议仲裁机构处理劳动纠纷案的具体组织形式,在仲裁委员会领导下处理争议案件,实行一案一庭制。仲裁庭由一名首席仲裁员、二名仲裁员组成。对于简单案件,仲裁委员会可以指定一名仲裁员独任处理;仲裁庭对重大或疑难案件的处理,应当提交劳动争议仲裁委员会讨论决定。对于仲裁委员会的决定,仲裁庭必须执行。

3. 劳动争议仲裁的管辖

劳动争议仲裁管辖是指各个劳动争议仲裁委员会受理劳动争议案件的分工和权限。

(1)一般管辖

劳动争议由劳动合同履行地或者用人单位所在地的劳动争议仲裁委员会管辖。劳动合同履行地为劳动者实际工作场所,用人单位所在地为用人单位注册、登记地。用人单位未经注册、登记的,其出资人、开办单位或主管部门所在地为用人单位所在地。

(2) 特殊管辖

双方当事人分别向劳动合同履行地和用人单位所在地的劳动争议仲裁委员会申请仲裁的,由劳动合同履行地的劳动争议仲裁委员会管辖。案件受理后,劳动合同履行地和用人单位所在地发生变化的,不改变争议仲裁的管辖。

(3) 共同管辖和移送管辖

多个仲裁委都有管辖权的,由先受理的仲裁委管辖;仲裁委发现已受理的案件不属于其管辖范围的,应当移送至有管辖权的仲裁委,并书面通知当事人。

(4) 指定管辖

对于移送案件,受移送的仲裁委员会应依法受理;受移送的仲裁委认为被移送的案件依法不属于本仲裁委管辖或仲裁委之间因管辖权争议协商不成的,应报请共同的上一级仲裁委主管部门指定管辖。

(5) 管辖异议

当事人提出管辖异议的,应当在答辩期满前书面提出。当事人逾期提出的,不影响仲裁程序的进行。当事人因此对仲裁裁决不服的,可以依法向法院起诉或申请撤销。

4. 劳动争议仲裁的程序

劳动争议仲裁一般须经历如下几个阶段:

(1) 案件受理阶段。这一阶段包括两项工作:一是当事人在规定的时效内向劳动争议仲裁委员会提交请求仲裁的书面申请;二是案件受理。仲裁委员会在收到仲裁申请后一段时间内要做出受理或不受理的决定。

(2) 调查取证阶段。调查取证的目的是收集有关证据和材料,查明争议事实,为下一步的调解或裁决做好准备。调查取证包括撰写调查提纲,根据调查提纲进行有针对性的调查取证,核实调查结果和有关证据等。

(3) 调解阶段。仲裁庭在查明事实的基础上,首先要做调解工作,努力促使双方当事人自愿达成协议。对调解达成协议的,由仲裁庭制作仲裁调解书。

(4) 裁决阶段。经仲裁庭调解达不成协议,或虽然达成协议但在调解书送达前当事人反悔的,仲裁庭应当及时作出裁决。仲裁庭的裁决通过召开仲裁会议的形式做出。一般要经过庭审调查、双方辩论和陈述等过程,最后由仲裁员对争议事实进行充分协商,按照少数服从多数的原则做出裁决。仲裁庭作出裁决后应制作裁决书。当事人对裁决不服的,可以自收到仲裁裁决书之日起15日内向人民法院提起诉讼。

(5) 调解或裁决的执行阶段。仲裁调解书自送达当事人之日起生效;仲裁裁决书在法定起诉期满后生效。生效后的调解或裁决,当事人双方都应该自觉执行。

知识拓展

劳动争议仲裁的先予执行制度

劳动争议仲裁的先予执行,是指劳动争议仲裁裁决生效之前,劳动争议仲裁庭根据当事人的申请，在符合条件的情形下裁决先予执行对方给付义务的制度。根据《劳动争议调解仲裁法》第44条的规定，仲裁庭裁决先予执行的案件应当符合下列条件：(1) 属于追索劳动报酬、工伤医疗费、经济补偿或者赔偿金的案件；(2) 当事人之间权利义务关系明确；(3) 不先予执行将严重影响申请人的生活；(4) 当事人提出先予执行的申请。符合上述条件的，仲裁庭可以裁决先予执行，移送人民法院执行。劳动者申请先予执行的，可以不提供担保。

（四）劳动争议诉讼

1. 劳动争议诉讼的概念

劳动争议诉讼，是指劳动争议当事人不服劳动争议仲裁委员会的裁决，在规定的期限内向人民法院起诉，人民法院依法受理后，依法对劳动争议案件进行审理的活动。劳动争议诉讼形式是解决劳动争议的最后程序，也是对劳动争议的最终处理。当事人不服仲裁裁决，有权在收到裁决书15日内向法院起诉。

2. 劳动争议诉讼的管辖

劳动争议案件由用人单位所在地或者劳动合同履行地的基层人民法院管辖。劳动合同履行地不明确的，由用人单位所在地的基层人民法院管辖。如果当事人双方就同一仲裁裁决分别向有管辖权的人民法院起诉的，后受理的人民法院应当将案件移送给先受理的人民法院。

3. 劳动争议案件的审判程序

仲裁结束后，当事人对仲裁裁决不服的，可在接到仲裁裁决书15日内向人民法院起诉，由人民法院民事审判庭审理。人民法院在审理劳动争议案件时，依照《民事诉讼法》的相关程序来进行审理，同样遵循司法审判中的一般诉讼原则和诉讼程序。

德国的劳动争议处理制度[①]

德国劳动争议处理制度最大的特点是司法制度完善，大多数劳动争议通过诉讼程序解决。法院组织模式是"特别法院式"。德国于1952年专门制定了《劳动法院法》。劳动法院体制上分成三个审级。

第一级是基层劳动法院（也称初审劳动法院），负责劳动争议案件的初审，即第一审案件的审理。

第二级是州劳动法院（也称上诉审劳动法院），负责劳动争议案件的上诉案件的审理。

第三级是联邦劳动法院，负责不服上诉法院裁判的全德国劳动争议案件的复审。为使劳动司法得以统一，全德国只设一个联邦劳动法院。

---

① 梁甜甜、梁玉莲主编：《劳动法新论》，北京理工大学出版社2016年版，第256—257页。

基层、州劳动法院的法官都是由一名职业法官和二名来自雇主和雇员的名誉法官组成。联邦劳动法院的法官一般由三名职业法官(其中一人为首席法官)和二名名誉法官组成。在审理中,职业法官必须符合一般法官法规要求来行使审判权。名誉法官与职业法官有同等的权利,可以阅卷、向当事人发问、传唤证人以及申请专家鉴定等。劳动争议案件可以调解、判决,在调解不成的情况下即行判决。

德国劳动争议处理制度的特点为:劳动法院作为专门解决劳动纠纷的司法机构,自成一体。专门司法体制的建立不仅为劳动业务与司法的紧密联系创造了条件,为劳动纠纷案件审理的科学性和公正性奠定了基础,同时加大了法院和联邦劳动部门的联系和制衡。

本 章 小 结

1. 劳动监督检查,即对劳动法执行情况的监督检查,一般来说,是指依法享有监督检查权的机构、组织或个人,对用人单位遵守劳动法情况进行监督和检查的制度。

2. 政府部门的监督检查也就是劳动保障监察,它是由劳动保障行政部门对发生劳动关系的用人单位、劳动者以及其他社会组织遵守劳动保障法律、法规、规章情况进行监察并对违法行为予以处罚的执法活动的总称,是具有中国特色的劳动监察制度。

3. 工会劳动法律监督,是各级工会依法对劳动法律法规的执行情况进行的有组织的群众监督,是我国劳动法律监督体系的重要组成部分。

4. 县级以上各级人民政府有关部门在各自的职责范围内,也有权对用人单位遵守劳动法情况进行监督检查。其他行政部门的监督检查是劳动法监督体系的重要组成部分。

5. 劳动法的社会监督,是指劳动行政部门、其他行政部门、工会组织以外的任何组织和个人对于违反劳动法律法规的行为进行的监督,它是监督检查体系中不可缺少的组成部分。根据监督主体的不同,社会监督一般包括普通群众的监督、群众组织的监督和网络报刊等传媒监督。

6. 劳动争议,又称劳动纠纷、劳资纠纷、劳资争议,是指用人单位和劳动者在执行劳动法律、法规和劳动合同、集体合同的过程中,就劳动权利的行使和义务的履行发生分歧而引起的争议。劳动争议有广义和狭义之分。广义的劳动争议是指以劳动关系为中心所发生的一切争议,涉及劳方、资方及政府三方;而狭义的劳动争议仅以雇用人和受雇人或其团体间所发生的争议为限,即仅涉及劳资双方。

7. 劳动争议协商,是指发生劳动争议的双方当事人在没有第三人的参与下,通过双方平等对话、互谅互让并作出必要的妥协而达成和解的处理方式。

8. 劳动争议调解是指劳动争议调解机构依法对当事人双方的劳动争议,在查明事实、分清是非的前提下,通过劝说、疏导等方式促使双方在平等的基础上达成协议的活动。

9. 劳动争议仲裁是指劳动争议仲裁机构对劳动争议双方当事人请求解决的劳动纠纷,依法居中公断,并对当事人具有法律约束力的劳动争议处理方式。劳动争议仲裁是提起劳动争议诉讼的前置程序。

10. 劳动争议诉讼,是指劳动争议当事人不服劳动争议仲裁委员会的裁决,在规定的期限内向人民法院起诉,人民法院依法受理后,依法对劳动争议案件进行审理的活动。劳动争议诉讼是解决劳动争议的最后程序,也是对劳动争议的最终处理。当事人不服仲裁裁决,有权在收到裁决书15日内向法院起诉。

关键词

劳动监督检查　劳动争议　劳动争议协商　劳动争议调解　劳动争议仲裁　劳动争议诉讼

思考题

1. 结合具体实例,谈谈不同主体进行劳动监督检查的侧重点有哪些不同。
2. 请简要说明劳动争议的几种处理机制。
3. 结合实际,谈谈"先仲裁后诉讼"这样一种劳动争议程序的设定有何利弊?

案例分析

1. 某个国有企业设立了劳动争议调解委员会,由5名调解员组成,其中2名是企业方代表,并且由该企业人事处副处长担任调解委员会主任。2006年4月5日,职工张某因工作表现不佳被企业扣发了部分工资,张某不服与企业发生争议。企业提出必须先在本企业设立的劳动争议调解委员会先行调解。张某不同意调解,劳动争议调解委员会在企业提交申请后宣布维持企业的处理决定。而张某在争议发生后一个月内向劳动争议仲裁机构申请仲裁。

请问:

(1) 该企业劳动争议调解委员会的组成是否合法?为什么?

(2) 该企业劳动争议调解委员会的做法是否合法?为什么?

2. 甲公司与李某签订一份2年期劳动合同。双方在劳动合同中约定:试用期3个月,试用期间李某的工资按约定工资(月薪1 600元)的60%执行。如在劳动合同履行期间甲公司发生经营方式调整,则劳动合同即行终止,甲公司无需向李某支付经济补偿。

请问:

(1) 甲公司与李某在劳动合同中约定的事项有哪些不合法之处?

(2) 假定双方在合同中同时约定:如双方发生劳动争议只能向甲公司所在地的人民法院提起诉讼。该约定是否合法,为什么?

3. 某厂为了按时完成季度任务,组织职工加班,要求职工每天在工作8小时之后再继续工作3小时,连续两周不休息;对于不愿意加班的职工扣发当月全部奖金和工资的20%。后经该厂职工举报,劳动监察机构经过调查,确认情况属实。

请问:劳动监察机构应当按照什么程序来处理该厂的违法行为?

参考答案

1. (1) 不合法。因为在劳动争议调解委员会中,企业代表的人数不得超过调解委员会成员总数的1/3,调解委员会主任应由企业工会代表担任。

（2）不合法。因为是否向劳动争议调解委员会申请调解，应当由双方当事人自愿选择。张某不同意调解，调解委员会无权启动调解程序，更无权对争议作出处理决定。

2.（1）甲公司与李某在劳动合同中约定的事项不合法之处：试用期间长于法律规定的期限，即"劳动合同期限1年以上不满3年的，试用期不得超过2个月"；工资应不少于约定工资的80%；违反《劳动合同法》关于不得约定终止条件的规定。

（2）该约定不合法，因为劳动争议仲裁是必经程序。

3. 劳动监察机构采用的程序包括：

（1）由劳动监察机构登记立案。

（2）劳动监察机构调查取证，提交调查报告和处理意见。

（3）劳动监察机构根据案件调查情况作出相应的处理决定。

（4）对于事实清楚、证据确凿的案件，由劳动行政部门作出劳动监察处罚决定并制作处罚决定书。

（5）劳动行政部门在处罚决定作出之日起7日内，应当将劳动监察处罚决定书送达被处罚单位。

（6）处罚决定书自送达之日起生效并予以执行。

第十五章 违反劳动法的责任

学习目的和要求

通过本章学习,了解违反劳动法的责任形式;掌握并理解用人单位和劳动者违反劳动法需要承担的法律责任;熟悉我国《劳动法》及相关法律法规关于违反劳动法的行为及责任的规定。

第一节 违反劳动法责任的概述

一、违反劳动法的法律责任的含义和特点

法律责任,是指法律关系主体违反了法律规范所必须承担的一定的法律后果。劳动法中的法律责任,指劳动关系的主体因违反劳动法应当依法承担的法律后果。

违反劳动法的法律责任具有以下几个特点:

(1)法律责任的主体是多方面的。违反劳动法的单位和个人,不仅指各类用人单位的领导人员和劳动者,还包括劳动就业、社会保险和劳动法监督检查关系中的相关主体的违法责任。

(2)责任者违反的是劳动法,即国家各级立法机关制定的关于调整劳动关系的法律法规,不仅包括《劳动法》《劳动合同法》,还包括其他参与劳动关系调整的法律法规。

(3)该类法律责任的构成要件不要求一定发生了损害后果,只要有主观上的故意或者过失,并且具有违法行为,即构成法律责任。

(4)该类法律责任形式是多样的,具有综合性特征,包括刑事责任、民事责任和行政责任。

二、违反劳动法的法律责任的构成要件

法律责任的构成要件是指构成法律责任必须具备的各种条件或必须符合的标准,它是国家机关要求行为人承担法律责任时进行分析、判断的标准。

根据违法行为的一般特点,法律责任的构成要件可以概括为主体、过错、违法行为、损害事实和因果关系五个方面。

(1) 主体。法律责任主体,是指违法主体或者承担法律责任的主体。责任主体不完全等同于违法主体。劳动法责任主体是具备劳动法主体资格的劳动者、用人单位等。

(2) 过错,即承担法律责任的主体在主观上应具备的故意或者过失。无过错的归责原则只有在法律有明确规定时才适用。

(3) 违法行为。违法行为是指违反法律规定的义务、超越权利的界限行使权利以及侵权行为的总称。

(4) 损害事实,即受到的损失和伤害的事实,包括对人身、财产、精神(或者三方面兼有的)的损害。

(5) 因果关系。指违法行为与损害结果之间的必然联系,它是存在于自然界和人类社会中的各种因果关系的特殊形式。

三、违反劳动法的法律责任形式

违反劳动法的法律责任形式包括行政责任、民事责任和刑事责任三种类型。

(一) 行政责任

行政责任是指违法行为人依法应当承担的,由有关行政机关或违法行为人所在单位以行政处罚或纪律处分的方式予以追究的法律责任,分为行政处罚和行政处分。行政处罚是指由劳动行政部门或其他特定行政部门实施的针对用人单位违反劳动法的行为给予的一种制裁,主要形式有警告、通报批评、责令改正、查封、吊销许可证、吊销营业执照、罚款、停产整顿等。实施行政处罚时,对有数种违反劳动法行为的,应分别决定处罚,合并执行,不能合并执行的可以从重处罚。行政处分也称纪律处分,是指国家有关行政机关、用人单位及其他中介机构对其内部工作人员的违法行为给予的处罚措施。

(二) 民事责任

民事责任是指行为人违反劳动法律法规而依法应当承担的,旨在补偿受害人的损失的法律责任形式。民事责任的承担方式有赔偿损失、经济补偿、强制履行合同、补发工资、补缴保险费、提供安全卫生条件等。责任主体不仅包括用人单位,还包括劳动者,特殊情况下还包括其他有关行政机关。

(三) 刑事责任

刑事责任是指行为人违反劳动法律法规的规定,造成严重后果并触犯我国刑法,构成犯罪时所应承担的法律责任形式。这是违反劳动法的法律责任形式中处罚最严厉的一种,既包括对自然人的处罚,也包括对法人的处罚。违反劳动法律法规的主要犯罪有:重大安全事故罪、违章冒险作业罪、危险物品肇事罪、强迫劳动罪、妨碍执行公务罪、滥用职权罪、恶意欠薪罪等。

第二节 用人单位违反劳动法的责任

用人单位违反劳动法的责任是指用人单位违反劳动法律、法规所应承担的不利法律后果。在劳动关系中,用人单位处于管理者的强势地位,劳动者则处于被管理者的不利位置。这正是劳动立法不同于民事立法,将保护法律关系中弱势一方的利益作为立法宗旨的原因。基于这个原因,我国的《劳动法》《劳动合同法》以及其他劳动立法在设置法律责任时强化了用人单位的责任,以期校正失衡的劳动关系。

一、用人单位违法签订、履行、解除和终止劳动合同的法律责任

（一）用人单位违法签订劳动合同的法律责任

（1）用人单位自用工之日起超过1个月不满1年未与劳动者订立书面劳动合同的,应当向劳动者每月支付二倍的工资。这里需要注意两点：第一,二倍工资从用工之日起的第二个月开始支付;第二,二倍包括两部分,其中一倍即劳动者付出劳动后正常的工资收入,另一倍则不是基于劳动者提供的劳动,而是基于用人单位未依法签订劳动合同的这一违法行为而发生的惩罚性赔偿金。

知识拓展

员工提出不签订劳动合同,用人单位是否可以免责

2017年11月26日,李某作为被派遣劳动者入职某劳务派遣公司,并被派往用工单位工作。李某在用工单位工作10个月后,以自己身体不适、无法胜任工作为由,向劳务派遣公司提出解除劳动关系,并要求公司向其支付未签订劳动合同的另一倍工资。公司则称,李某入职时,公司人事部门要求与其签订劳动合同,但李某口头拒绝,不愿意签订劳动合同,公司就未再要求,因此,是李某自身原因导致没有签订劳动合同,公司不应支付另一倍工资。李某于是提起了劳动争议仲裁申请。

根据《劳动合同法》第10条、第82条规定,建立劳动关系,应当订立书面劳动合同。用人单位自用工之日起超过一个月不满一年未与劳动者订立书面劳动合同的,应当向劳动者每月支付二倍的工资。

用人单位对劳动合同的签订负有举证义务。只要用人单位未书面通知劳动者签订劳动合同或及时依法终止劳动关系,用人单位即存在过错。

经庭审查明,单位并没有证据证明曾书面通知李某签订劳动合同,也没有其他证据证明未签订劳动合同系李某本人原因所致。而且,如果出现劳动者不愿意签订劳动合同的情形,用人单位应当与其终止劳动合同,而非继续留用。

因此,根据上述法条的规定,仲裁委支持了李某的仲裁请求。仲裁委员会裁决劳务派遣公司向李某支付未签订劳动合同的另一倍工资。

（2）用人单位违反规定不与劳动者订立无固定期限的劳动合同的,自应当订立无固定期限劳动合同之日起向劳动者每月支付二倍的工资。

（3）用人单位违反法律规定,扣押劳动者居民身份证等证件的,由劳动行政部门责令

限期退还劳动者本人,并依照有关法律规定给予处罚。

(4) 用人单位违反规定,以担保或者其他名义向劳动者收取财物的,由劳动行政部门责令限期退还劳动者本人,并以每人 500 元以上 2 000 元以下的标准处以罚款;给劳动者造成损害的,应当承担赔偿责任。

(5) 用人单位提供的劳动合同文本未载明《劳动合同法》规定的劳动合同必备条款或者用人单位未将劳动合同文本交付劳动者的,由劳动行政部门责令改正;给劳动者造成损害的,应当承担赔偿责任。

(6) 用人单位违反《劳动合同法》的规定与劳动者约定试用期的,由劳动行政部门责令改正;违法约定的试用期已经履行的,由用人单位以劳动者试用期满月工资为标准,按已经履行的超过法定试用期的期间向劳动者支付赔偿金。

(7) 用人单位违反《劳动合同法》有关建立职工名册规定的,由劳动行政部门责令限期改正;逾期不改正的,由劳动行政部门处 2 000 元以上 2 万元以下的罚款。

(8) 用人单位招用尚未解除劳动合同的劳动者,对原用人单位造成经济损失的,该用人单位应当依法承担连带赔偿责任。

(二) 用人单位违法履行、解除和终止劳动合同的法律责任

1. 用人单位违反工时制度的法律责任

用人单位违反劳动保障法律、法规或者规章延长劳动者工作时间的,由劳动保障行政部门给予警告,责令限期改正,并可以按照受侵害的劳动者每人 100 元以上 500 元以下的标准计算,处以罚款。

用人单位违反法律关于禁止安排怀孕 7 个月以上的女职工从事夜班劳动和延长其工作时间规定的、违反法律关于女职工产假规定的、违反法律关于禁止安排哺乳期女职工从事夜班劳动和延长其工作时间规定的,由县级以上人民政府劳动保障行政部门责令限期改正,按照受侵害女职工每人 1 000 元以上 5 000 元以下的标准计算,处以罚款。

2. 用人单位违反法律关于支付劳动报酬、经济补偿金等规定的法律责任

用人单位有下列情形之一的,由劳动行政部门责令限期支付劳动报酬、加班费或者经济补偿金;劳动报酬低于当地最低工资标准的,应当支付其差额部分;逾期不支付的,责令用人单位按应支付金额 50% 以上 100% 以下的标准向劳动者加付赔偿金:

(1) 未按照劳动合同的约定或者国家规定及时足额支付劳动者劳动报酬的;

(2) 低于当地最低工资标准支付劳动者工资的;

(3) 安排加班不支付加班费的;

(4) 解除或者终止劳动合同,未按照法律规定向劳动者支付经济补偿的。

3. 用人单位在解除和终止劳动合同时违反法律有关规定的法律责任

(1) 用人单位违反《劳动合同法》的规定解除或者终止劳动合同的,应当依照《劳动合同法》规定的经济补偿标准的二倍向劳动者支付赔偿金。

(2) 用人单位违反《劳动合同法》的规定未向劳动者出具解除或者终止劳动合同的书面证明,由劳动行政部门责令改正;给劳动者造成损害的,应当承担赔偿责任。

(3) 劳动者依法解除或者终止劳动合同,用人单位扣押劳动者档案或者其他物品的,由劳动行政部门责令限期退还劳动者本人,并以每人 500 元以上 2 000 元以下的标准处以罚款;给劳动者造成损害的,应当承担赔偿责任。

二、用人单位制定的劳动规章制度违法应承担的法律责任

《劳动法》第4条规定:"用人单位应当依法建立和完善规章制度,保障劳动者享有劳动权利和履行劳动义务。"因此,制定和完善劳动规章制度既是用人单位的权利又是义务。用人单位制定的劳动规章制度违反国家相关法律法规时,损害了劳动者的合法权益的,劳动者可与用人单位解除劳动合同,并由用人单位支付经济补偿金。同时,该规章制度不能作为审理劳动争议案件的依据,由劳动行政部门责令改正,给予警告。给劳动者造成损害的,还应当承担赔偿责任。

《劳动合同法》第80条进一步规定:用人单位直接涉及劳动者切身利益的规章制度违反法律、法规规定的,由劳动行政部门责令改正,给予警告;给劳动者造成损害的,应当承担赔偿责任。

三、用人单位非法招用童工的法律责任

根据我国《劳动法》的规定,文艺、体育和特种工艺单位,在遵守国家有关规定,并保障其接受义务教育权利的前提下,允许招用未满16周岁的未成年人。除此而外,任何与未满16周岁的未成年人发生劳动关系的情况,都属于非法招用童工,须承担相应的法律责任。

按照《劳动法》的规定,用人单位非法招用未满16周岁的未成年人,由劳动行政部门责令改正,处以罚款;情节严重的,由市场监督管理部门吊销营业执照。

四、用人单位违反女职工和未成年工特殊保护的法律责任

我国《劳动法》第95条规定:"用人单位违反本法对女职工和未成年工的保护规定,侵害其合法权益的,由劳动行政部门责令改正,处以罚款;对女职工或者未成年工造成损害的,应当承担赔偿责任。"

五、用人单位违反劳动安全卫生法的法律责任

根据《劳动法》第92条的规定,用人单位的劳动安全设施和劳动卫生条件不符合国家规定或者未向劳动者提供必要的劳动防护用品和劳动保护设施的,由劳动行政部门或者有关部门责令改正,可以处以罚款;情节严重的,提请县级以上人民政府决定责令停产整顿;对事故隐患不采取措施,致使发生重大事故,造成劳动者生命和财产损失的,对责任人员依照刑法有关规定追究刑事责任。

此外,用人单位违法使用特种危险设备、违反职业病防治法的规定等,按照有关规定承担法律责任。

六、用人单位侵犯劳动者人身权利的法律责任

《劳动合同法》第88条规定:"用人单位有下列情形之一的,依法给予行政处罚;构成犯罪的,依法追究刑事责任;给劳动者造成损害的,应当承担赔偿责任:(一)以暴力、威胁或者非法限制人身自由的手段强迫劳动的;(二)违章指挥或者强令冒险作业危及劳动者人身安全的;(三)侮辱、体罚、殴打、非法搜查或者拘禁劳动者的;(四)劳动条件恶劣、环境污染严重,给劳动者身心健康造成严重损害的。"

七、用人单位干预阻挠有关部门行使劳动监察权的法律责任

《劳动法》第 101 条规定:"用人单位无理阻挠劳动行政部门、有关部门及其工作人员行使监督检查权,打击报复举报人员的,由劳动行政部门或者有关部门处以罚款;构成犯罪的,对责任人员依法追究刑事责任。"为了使该项规定便于实施,《违反〈中华人民共和国劳动法〉行政处罚办法》第 18 条对该规定作了细化:"用人单位无理阻挠劳动行政部门及其劳动监察人员行使监督检查权,或者打击报复举报人员的,处以一万元以下罚款。"

八、用人单位承担法律责任的其他规定

（一）违反劳务派遣规定的法律责任

（1）劳务派遣单位未经许可,违法擅自经营劳务派遣业务的,由劳动行政部门责令停止违法行为,没收违法所得,并处违法所得 1 倍以上 5 倍以下的罚款;没有违法所得的,可以处 5 万元以下的罚款。

（2）劳务派遣单位、用工单位违反有关劳务派遣规定的,由劳动行政部门责令限期改正;逾期不改正的,以每人 5 000 元以上 10 000 元以下的标准处以罚款,对劳务派遣单位,吊销其劳务派遣业务经营许可证。用工单位给被派遣劳动者造成损害的,劳务派遣单位与用工单位承担连带赔偿责任。

（3）用工单位违反《劳动合同法》和《劳动合同法实施条例》有关劳务派遣规定的,由劳动行政部门和其他有关主管部门责令改正;情节严重的,以每位被派遣劳动者 1 000 元以上 5 000 元以下的标准处以罚款;给被派遣劳动者造成损害的,劳务派遣单位和用工单位承担连带赔偿责任。

（二）无营业执照经营单位的法律责任

对不具备合法经营资格的用人单位的违法犯罪行为,依法追究法律责任;劳动者已经付出劳动的,该单位或者其出资人应当依照《劳动合同法》有关规定向劳动者支付劳动报酬、经济补偿、赔偿金;给劳动者造成损害的,应当承担赔偿责任。

（三）承包经营者的连带责任

个人承包经营违法招用劳动者,给劳动者造成损害的,发包的组织与个人承包经营者承担连带赔偿责任。

第三节　劳动者违反劳动法的责任

劳动关系的特点决定了劳动法的侧重点在于通过规范用人单位的劳动行为来建立和谐劳动关系,因此其重心是规定用人单位的义务和劳动者的权利。当然,如果劳动者违反了劳动法上的规定,也应承担相应的法律责任。

一、劳动者不与用人单位订立书面劳动合同的法律责任

订立书面劳动合同的法定义务不仅约束用人单位,也同样约束劳动者。《劳动合同法实施条例》第 5 条、第 6 条规定:"自用工之日起一个月内,经用人单位书面通知后,劳动者

不与用人单位订立书面劳动合同的,用人单位应当书面通知劳动者终止劳动关系,无需向劳动者支付经济补偿,但是应当依法向劳动者支付其实际工作时间的劳动报酬。"自用工之日起超过一个月不满一年的,劳动者不与用人单位订立书面劳动合同的,用人单位应当书面通知劳动者终止劳动关系,并依照《劳动合同法》第47条的规定支付经济补偿。

二、因劳动者的过错造成劳动合同无效的法律责任

《劳动合同法》第86条规定:"劳动合同依照本法第二十六条规定被确认无效,给对方造成损害的,有过错的一方应当承担赔偿责任。"因劳动者的过错订立无效劳动合同的情形主要是指第26条第1款,劳动者以欺诈、胁迫的手段或者乘人之危,使对方在违背真实意思的情况下订立或者变更劳动合同的情形。对于劳动者承担过错责任的规定,这是《劳动合同法》对劳动法律制度的一个新突破。自从《劳动法》实施以来,劳动者用欺诈手段签订劳动合同导致合同无效的情形很普遍,因此,规定劳动者承担相应的责任,既符合法理,也满足劳动关系稳定的需要。

三、劳动者违法解除劳动合同的法律责任

《劳动合同法》第37条规定:"劳动者提前三十日以书面形式通知用人单位,可以解除劳动合同。劳动者在试用期内提前三日通知用人单位,可以解除劳动合同。"因此,劳动者应遵守劳动合同的解除条件,正确行使法律赋予的劳动合同解除权,否则,对用人单位造成的损失应承担赔偿责任。《违反〈劳动法〉有关劳动合同规定的赔偿办法》第4条规定:"劳动者违反规定或劳动合同的约定解除劳动合同,对用人单位造成损失的,劳动者应赔偿用人单位下列损失:(一)用人单位招收录用其所支付的费用;(二)用人单位为其支付的培训费用,双方另有约定的按约定办理;(三)对生产、经营和工作造成的直接经济损失;(四)劳动合同约定的其他赔偿费用。"

四、劳动者违反服务期约定的法律责任

《劳动合同法》第22条规定:"用人单位为劳动者提供专项培训费用,对其进行专业技术培训的,可以与该劳动者订立协议,约定服务期。劳动者违反服务期约定的,应当按照约定向用人单位支付违约金。违约金的数额不得超过用人单位提供的培训费用。用人单位要求劳动者支付的违约金不得超过服务期尚未履行部分所应分摊的培训费用。"

知识拓展

劳动者违反服务期约定,用人单位主张违约金有规定①

王某系某技术公司技术员。2017年7月10日,王某与公司签订了无固定期限劳动合同及员工培训协议,约定王某在结束培训后服务期为3年,如因个人原因未完成服务期,需向公司支付全额培训费作为违约金。2017年7月11日,该公司将王某

---

① 选摘自《中国劳动保障报》2019年2月1日。

送至上海进行了为期30天的培训,王某取得了某项技术的资格证,该公司支付了9 000元的培训费。培训完成后,王某在该公司工作了1年后,因个人原因与公司解除劳动合同,该技术公司申请仲裁,要求王某支付违约金,即全额培训费9 000元。

仲裁委经审理认为,王某因个人原因违反双方的服务期约定,应当承担违约责任,但王某已按服务期约定在该技术公司工作1年,其承担的违约金也应相应折抵,故裁决王某支付该技术公司违约金6 000元。

《劳动合同法》第22条规定:"劳动者违反服务期约定的,应当按照约定向用人单位支付违约金。违约金的数额不得超过用人单位提供的培训费用。用人单位要求劳动者支付的违约金不得超过服务期尚未履行部分所应分摊的培训费用。"本案中,该公司为王某支付了培训费,王某仅履行了1/3的服务期,构成违约,但因其未履行部分占总服务期的2/3,根据上述法律规定,其应支付的违约金不能超过公司为其支付培训费用的2/3,因此王某应支付违约金6 000元。

五、劳动者违反保密条款的法律责任

《劳动合同法》第23条规定:"用人单位与劳动者可以在劳动合同中约定保守用人单位的商业秘密和与知识产权相关的保密事项。"如果劳动者违反约定的保密事项,给用人单位造成经济损失的,应承担经济赔偿责任。关于违约泄露或未履行保护商业秘密职责所造成的损失,可以参照《反不正当竞争法》第20条的规定赔偿:"经营者违反本法规定,给被侵害的经营者造成损害的,应当承担损害赔偿责任,被侵害的经营者的损失难以计算的,赔偿额为侵权人在侵权期间因侵权所获得的利润;并应当承担被侵害的经营者因调查该经营者侵害其合法权益的不正当竞争行为所支付的合理费用。被侵害的经营者的合法权益受到不正当竞争行为损害的,可以向人民法院提起诉讼。"如果违反保密义务的行为给用人单位造成重大损失或者后果特别严重的,即构成侵犯商业秘密罪,应当依据刑法的有关规定追究其刑事责任。

六、劳动者违反竞业限制的法律责任

案例阅读 15-1

《劳动合同法》第23条第2款规定:"对负有保密义务的劳动者,用人单位可以在劳动合同或者保密协议中与劳动者约定竞业限制条款,并约定在解除或者终止劳动合同后,在竞业限制期限内按月给予劳动者经济补偿。劳动者违反竞业限制约定的,应当按照约定向用人单位支付违约金。"

七、劳动者非法建立双重劳动关系的法律责任

用人单位招用尚未解除劳动合同的劳动者,对原用人单位造成经济损失的,该劳动者承担直接赔偿责任。赔偿范围包括:(1)对生产、经营和工作造成的直接经济损失;(2)因获取商业秘密给原用人单位造成的经济损失。

八、劳动者骗取社会保险待遇的法律责任

以欺诈、伪造证明材料或其他手段骗取社会保险待遇的,由社会保险行政部门责令退

回骗取的社会保险金,处骗取金额二倍以上五倍以下的罚款。

第四节 其他部门和人员违反劳动法的责任

劳动行政部门以及其他有关部门(如卫生主管部门、劳动安全主管部门等)在劳动法实施过程中负有贯彻执行和监督的重要职责,如果出现各种违法行为,必将给劳动关系的当事人和国家正常的劳动管理秩序带来危害和损失。针对这些部门设置的法律责任,目的在于防止其滥用权力,保障劳动法治得以公正与高效运行。

一、劳动行政部门的法律责任

《劳动法》第 103 条规定:"劳动行政部门或者有关部门的工作人员滥用职权、玩忽职守、徇私舞弊,构成犯罪的,依法追究刑事责任;不构成犯罪的,给予行政处分。"《劳动合同法》第 95 条规定:"劳动行政部门和其他有关主管部门及其工作人员玩忽职守、不履行法定职责,或者违法行使职权,给劳动者或者用人单位造成损害的,应当承担赔偿责任;对直接负责的主管人员和其他直接责任人员,依法给予行政处分;构成犯罪的,依法追究刑事责任。"

二、社会保险机构的法律责任

《劳动法》第 104 条规定:"国家工作人员和社会保险基金经办机构的工作人员挪用社会保险基金,构成犯罪的,依法追究刑事责任。"社会保险基金有专款专用的原则性规定,因此,挪用社会保险基金,甚至给国家、人民带来损害的,都应承担强制性的法律责任。

三、其他机关及其工作人员的法律责任

其他机关,比如税务、卫生、市场监督管理等部门及其工作人员违反劳动法的规定,也要承担相应的法律责任。

本 章 小 结

1. 法律责任,是指法律关系主体违反了法律规范所必须承担的一定的法律后果。劳动法中的法律责任,指用人单位、劳动者等各类劳动主体因违反劳动法而依法应当承担的法律后果。违反劳动法的法律责任形式包括行政责任、民事责任和刑事责任三种类型。

2. 用人单位的法律责任,是指用人单位违反劳动法律、法规所应承担的不利法律后果。在劳动法律关系中,用人单位是主体之一,又是管理者,所处的地位优于劳动者,因此,我国的《劳动法》《劳动合同法》以及其他劳动立法在设置法律责任时强化了用人单位的责任。

3. 劳动关系的特点决定了劳动法的侧重点在于通过规范用人单位的劳动行为来建立和谐劳动关系,因此其重心是规定用人单位的义务和劳动者的权利。当然,如果劳动者违

反了劳动法上的规定,也应承担相应的法律责任。

4. 劳动行政部门、其他有关部门(如卫生主管部门、劳动安全主管部门等)负有贯彻执行和监督劳动法实施的责任,在履行其职责过程中,如果出现各种违法行为也要承担法律责任,以保障劳动法治秩序的正常运行。

关键词

劳动法责任　用人单位责任　劳动者责任　其他部门和人员责任

思考题

1. 简述违反劳动法的法律责任的含义和特点。
2. 简述用人单位违反劳动法的行为及责任。
3. 简述劳动者违反劳动法的行为及责任。

案例分析

2010年5月,李某去一家外企应聘,声称自己是某名牌大学法学硕士毕业,取得了司法考试资格证书,并将自己的证书复印件交给了招聘人员。该公司急需法律顾问,于是以高薪聘请李某,请其担任法律主管,双方签订了劳动合同,合同期限为5年,试用期为6个月。李某自2010年5月开始工作后,在试用期内经常发生错误,特别是在一项合同审查中,没有对该合同的重大纰漏提出法律意见,导致公司损失巨大。公司于2010年12月了解到,李某的司法考试证书是伪造的。于是公司立即主张解除与李某的劳动合同。

请问:

(1) 公司是否有权解除李某的劳动合同?为什么?
(2) 若李某此时已经怀孕,公司是否还有权解除合同?依据是什么?
(3) 公司是否有权要求李某承担相应的损失?

参考答案

(1) 可以。《劳动合同法》第26条规定:"以欺诈、胁迫的手段或者乘人之危,使对方在违背真实意思的情况下订立或者变更劳动合同,劳动合同无效或者部分无效。"本案中,李某以欺诈手段蒙骗公司订立劳动合同,导致合同无效。《劳动合同法》第39条规定:"劳动者有下列情形之一的,用人单位可以解除劳动合同:……(五)因本法第26条第一款第一项规定的情形致使劳动合同无效。"因此,公司有权解除李某的劳动合同。

(2) 虽然李某此时已经怀孕,但公司解除合同属于劳动者过错解除,不受《劳动合同法》第42条规定的特殊情况解除合同的限制。

(3) 公司可以要求李某承担相应损失。《劳动合同法》第86条规定:"劳动合同依照本法第26条规定被确认无效,给对方造成损害的,有过错的一方应当承担赔偿责任。"本案中有过错的一方是李某,因此李某应赔偿损失。

附录

中华人民共和国劳动法

(1994年7月5日第八届全国人民代表大会常务委员会第八次会议通过。根据2009年8月27日第十一届全国人民代表大会常务委员会第十次会议《关于修改部分法律的决定》第一次修正,根据2018年12月29日第十三届全国人民代表大会常务委员会第七次会议《关于修改〈中华人民共和国劳动法〉等七部法律的决定》第二次修正)

目录

第一章 总 则
第二章 促进就业
第三章 劳动合同和集体合同
第四章 工作时间和休息休假
第五章 工 资
第六章 劳动安全卫生
第七章 女职工和未成年工特殊保护
第八章 职业培训
第九章 社会保险和福利
第十章 劳动争议
第十一章 监督检查
第十二章 法律责任
第十三章 附 则

第一章 总则

第一条 为了保护劳动者的合法权益,调整劳动关系,建立和维护适应社会主义市场经济的劳动制度,促进经济发展和社会进步,根据宪法,制定本法。

第二条 在中华人民共和国境内的企业、个体经济组织(以下统称用人单位)和与之形成劳动关系的劳动者,适用本法。

国家机关、事业组织、社会团体和与之建立劳动合同关系的劳动者,依照本法执行。

第三条　劳动者享有平等就业和选择职业的权利、取得劳动报酬的权利、休息休假的权利、获得劳动安全卫生保护的权利、接受职业技能培训的权利、享受社会保险和福利的权利、提请劳动争议处理的权利以及法律规定的其他劳动权利。

劳动者应当完成劳动任务,提高职业技能,执行劳动安全卫生规程,遵守劳动纪律和职业道德。

第四条　用人单位应当依法建立和完善规章制度,保障劳动者享有劳动权利和履行劳动义务。

第五条　国家采取各种措施,促进劳动就业,发展职业教育,制定劳动标准,调节社会收入,完善社会保险,协调劳动关系,逐步提高劳动者的生活水平。

第六条　国家提倡劳动者参加社会义务劳动,开展劳动竞赛和合理化建议活动,鼓励和保护劳动者进行科学研究、技术革新和发明创造,表彰和奖励劳动模范和先进工作者。

第七条　劳动者有权依法参加和组织工会。

工会代表和维护劳动者的合法权益,依法独立自主地开展活动。

第八条　劳动者依照法律规定,通过职工大会、职工代表大会或者其他形式,参与民主管理或者就保护劳动者合法权益与用人单位进行平等协商。

第九条　国务院劳动行政部门主管全国劳动工作。

县级以上地方人民政府劳动行政部门主管本行政区域内的劳动工作。

第二章　促进就业

第十条　国家通过促进经济和社会发展,创造就业条件,扩大就业机会。

国家鼓励企业、事业组织、社会团体在法律、行政法规规定的范围内兴办产业或者拓展经营,增加就业。

国家支持劳动者自愿组织起来就业和从事个体经营实现就业。

第十一条　地方各级人民政府应当采取措施,发展多种类型的职业介绍机构,提供就业服务。

第十二条　劳动者就业,不因民族、种族、性别、宗教信仰不同而受歧视。

第十三条　妇女享有与男子平等的就业权利。在录用职工时,除国家规定的不适合妇女的工种或者岗位外,不得以性别为由拒绝录用妇女或者提高对妇女的录用标准。

第十四条　残疾人、少数民族人员、退出现役的军人的就业,法律、法规有特别规定的,从其规定。

第十五条　禁止用人单位招用未满十六周岁的未成年人。

文艺、体育和特种工艺单位招用未满十六周岁的未成年人,必须遵守国家有关规定,并保障其接受义务教育的权利。

第三章　劳动合同和集体合同

第十六条　劳动合同是劳动者与用人单位确立劳动关系、明确双方权利和义务的协议。

建立劳动关系应当订立劳动合同。

第十七条　订立和变更劳动合同,应当遵循平等自愿、协商一致的原则,不得违反法律、行政法规的规定。

劳动合同依法订立即具有法律约束力,当事人必须履行劳动合同规定的义务。

第十八条　下列劳动合同无效:

(一)违反法律、行政法规的劳动合同;

(二)采取欺诈、威胁等手段订立的劳动合同。

无效的劳动合同,从订立的时候起,就没有法律约束力。确认劳动合同部分无效的,如果不影响其余部分的效力,其余部分仍然有效。

劳动合同的无效,由劳动争议仲裁委员会或者人民法院确认。

第十九条　劳动合同应当以书面形式订立,并具备以下条款:

(一) 劳动合同期限;

(二) 工作内容;

(三) 劳动保护和劳动条件;

(四) 劳动报酬;

(五) 劳动纪律;

(六) 劳动合同终止的条件;

(七) 违反劳动合同的责任。

劳动合同除前款规定的必备条款外,当事人可以协商约定其他内容。

第二十条　劳动合同的期限分为有固定期限、无固定期限和以完成一定的工作为期限。

劳动者在同一用人单位连续工作满十年以上,当事人双方同意续延劳动合同的,如果劳动者提出订立无固定期限的劳动合同,应当订立无固定期限的劳动合同。

第二十一条　劳动合同可以约定试用期。试用期最长不得超过六个月。

第二十二条　劳动合同当事人可以在劳动合同中约定保守用人单位商业秘密的有关事项。

第二十三条　劳动合同期满或者当事人约定的劳动合同终止条件出现,劳动合同即行终止。

第二十四条　经劳动合同当事人协商一致,劳动合同可以解除。

第二十五条　劳动者有下列情形之一的,用人单位可以解除劳动合同:

(一) 在试用期间被证明不符合录用条件的;

(二) 严重违反劳动纪律或者用人单位规章制度的;

(三) 严重失职,营私舞弊,对用人单位利益造成重大损害的;

(四) 被依法追究刑事责任的。

第二十六条　有下列情形之一的,用人单位可以解除劳动合同,但是应当提前三十日以书面形式通知劳动者本人:

(一) 劳动者患病或者非因工负伤,医疗期满后,不能从事原工作也不能从事由用人单位另行安排的工作的;

(二) 劳动者不能胜任工作,经过培训或者调整工作岗位,仍不能胜任工作的;

(三) 劳动合同订立时所依据的客观情况发生重大变化,致使原劳动合同无法履行,经当事人协商不能就变更劳动合同达成协议的。

第二十七条　用人单位濒临破产进行法定整顿期间或者生产经营状况发生严重困难,确需裁减人员的,应当提前三十日向工会或者全体职工说明情况,听取工会或者职工的意见,经向劳动行政部门报告后,可以裁减人员。

用人单位依据本条规定裁减人员,在六个月内录用人员的,应当优先录用被裁减的人员。

第二十八条　用人单位依据本法第二十四条、第二十六条、第二十七条的规定解除劳动合同的,应当依照国家有关规定给予经济补偿。

第二十九条　劳动者有下列情形之一的,用人单位不得依据本法第二十六条、第二十七条的规定解除劳动合同:

(一) 患职业病或者因工负伤并被确认丧失或者部分丧失劳动能力的;

(二) 患病或者负伤,在规定的医疗期内的;

(三) 女职工在孕期、产期、哺乳期内的;

(四) 法律、行政法规规定的其他情形。

第三十条　用人单位解除劳动合同,工会认为不适当的,有权提出意见。如果用人单位违反法律、法规或者劳动合同,工会有权要求重新处理;劳动者申请仲裁或者提起诉讼的,工会应当依法给予支持和帮助。

第三十一条　劳动者解除劳动合同,应当提前三十日以书面形式通知用人单位。

第三十二条　有下列情形之一的,劳动者可以随时通知用人单位解除劳动合同:

(一)在试用期内的;

(二)用人单位以暴力、威胁或者非法限制人身自由的手段强迫劳动的;

(三)用人单位未按照劳动合同约定支付劳动报酬或者提供劳动条件的。

第三十三条　企业职工一方与企业可以就劳动报酬、工作时间、休息休假、劳动安全卫生、保险福利等事项,签订集体合同。集体合同草案应当提交职工代表大会或者全体职工讨论通过。

集体合同由工会代表职工与企业签订;没有建立工会的企业,由职工推举的代表与企业签订。

第三十四条　集体合同签订后应当报送劳动行政部门;劳动行政部门自收到集体合同文本之日起十五日内未提出异议的,集体合同即行生效。

第三十五条　依法签订的集体合同对企业和企业全体职工具有约束力。职工个人与企业订立的劳动合同中劳动条件和劳动报酬等标准不得低于集体合同的规定。

第四章　工作时间和休息休假

第三十六条　国家实行劳动者每日工作时间不超过八小时、平均每周工作时间不超过四十四小时的工时制度。

第三十七条　对实行计件工作的劳动者,用人单位应当根据本法第三十六条规定的工时制度合理确定其劳动定额和计件报酬标准。

第三十八条　用人单位应当保证劳动者每周至少休息一日。

第三十九条　企业因生产特点不能实行本法第三十六条、第三十八条规定的,经劳动行政部门批准,可以实行其他工作和休息办法。

第四十条　用人单位在下列节日期间应当依法安排劳动者休假:

(一)元旦;

(二)春节;

(三)国际劳动节;

(四)国庆节;

(五)法律、法规规定的其他休假节日。

第四十一条　用人单位由于生产经营需要,经与工会和劳动者协商后可以延长工作时间,一般每日不得超过一小时;因特殊原因需要延长工作时间的,在保障劳动者身体健康的条件下延长工作时间每日不得超过三小时,但是每月不得超过三十六小时。

第四十二条　有下列情形之一的,延长工作时间不受本法第四十一条规定的限制:

(一)发生自然灾害、事故或者因其他原因,威胁劳动者生命健康和财产安全,需要紧急处理的;

(二)生产设备、交通运输线路、公共设施发生故障,影响生产和公众利益,必须及时抢修的;

(三)法律、行政法规规定的其他情形。

第四十三条　用人单位不得违反本法规定延长劳动者的工作时间。

第四十四条　有下列情形之一的,用人单位应当按照下列标准支付高于劳动者正常工作时间工资的工资报酬:

(一)安排劳动者延长工作时间的,支付不低于工资的百分之一百五十的工资报酬;

(二)休息日安排劳动者工作又不能安排补休的,支付不低于工资的百分之二百的工资报酬;

(三)法定休假日安排劳动者工作的,支付不低于工资的百分之三百的工资报酬。

第四十五条 国家实行带薪年休假制度。

劳动者连续工作一年以上的,享受带薪年休假。具体办法由国务院规定。

第五章 工资

第四十六条 工资分配应当遵循按劳分配原则,实行同工同酬。

工资水平在经济发展的基础上逐步提高。国家对工资总量实行宏观调控。

第四十七条 用人单位根据本单位的生产经营特点和经济效益,依法自主确定本单位的工资分配方式和工资水平。

第四十八条 国家实行最低工资保障制度。最低工资的具体标准由省、自治区、直辖市人民政府规定,报国务院备案。

用人单位支付劳动者的工资不得低于当地最低工资标准。

第四十九条 确定和调整最低工资标准应当综合参考下列因素:

(一)劳动者本人及平均赡养人口的最低生活费用;

(二)社会平均工资水平;

(三)劳动生产率;

(四)就业状况;

(五)地区之间经济发展水平的差异。

第五十条 工资应当以货币形式按月支付给劳动者本人。不得克扣或者无故拖欠劳动者的工资。

第五十一条 劳动者在法定休假日和婚丧假期间以及依法参加社会活动期间,用人单位应当依法支付工资。

第六章 劳动安全卫生

第五十二条 用人单位必须建立、健全劳动安全卫生制度,严格执行国家劳动安全卫生规程和标准,对劳动者进行劳动安全卫生教育,防止劳动过程中的事故,减少职业危害。

第五十三条 劳动安全卫生设施必须符合国家规定的标准。

新建、改建、扩建工程的劳动安全卫生设施必须与主体工程同时设计、同时施工、同时投入生产和使用。

第五十四条 用人单位必须为劳动者提供符合国家规定的劳动安全卫生条件和必要的劳动防护用品,对从事有职业危害作业的劳动者应当定期进行健康检查。

第五十五条 从事特种作业的劳动者必须经过专门培训并取得特种作业资格。

第五十六条 劳动者在劳动过程中必须严格遵守安全操作规程。

劳动者对用人单位管理人员违章指挥、强令冒险作业,有权拒绝执行;对危害生命安全和身体健康的行为,有权提出批评、检举和控告。

第五十七条 国家建立伤亡事故和职业病统计报告和处理制度。县级以上各级人民政府劳动行政部门、有关部门和用人单位应当依法对劳动者在劳动过程中发生的伤亡事故和劳动者的职业病状况,进行统计、报告和处理。

第七章 女职工和未成年工特殊保护

第五十八条 国家对女职工和未成年工实行特殊劳动保护。

未成年工是指年满十六周岁未满十八周岁的劳动者。

第五十九条 禁止安排女职工从事矿山井下、国家规定的第四级体力劳动强度的劳动和其他禁忌从事的劳动。

第六十条 不得安排女职工在经期从事高处、低温、冷水作业和国家规定的第三级体力劳动强度的劳动。

第六十一条 不得安排女职工在怀孕期间从事国家规定的第三级体力劳动强度的劳动和孕期禁忌从事的劳动。对怀孕七个月以上的女职工，不得安排其延长工作时间和夜班劳动。

第六十二条 女职工生育享受不少于九十天的产假。

第六十三条 不得安排女职工在哺乳未满一周岁的婴儿期间从事国家规定的第三级体力劳动强度的劳动和哺乳期禁忌从事的其他劳动，不得安排其延长工作时间和夜班劳动。

第六十四条 不得安排未成年工从事矿山井下、有毒有害、国家规定的第四级体力劳动强度的劳动和其他禁忌从事的劳动。

第六十五条 用人单位应当对未成年工定期进行健康检查。

第八章 职业培训

第六十六条 国家通过各种途径，采取各种措施，发展职业培训事业，开发劳动者的职业技能，提高劳动者素质，增强劳动者的就业能力和工作能力。

第六十七条 各级人民政府应当把发展职业培训纳入社会经济发展的规划，鼓励和支持有条件的企业、事业组织、社会团体和个人进行各种形式的职业培训。

第六十八条 用人单位应当建立职业培训制度，按照国家规定提取和使用职业培训经费，根据本单位实际，有计划地对劳动者进行职业培训。

从事技术工种的劳动者，上岗前必须经过培训。

第六十九条 国家确定职业分类，对规定的职业制定职业技能标准，实行职业资格证书制度，由经备案的考核鉴定机构负责对劳动者实施职业技能考核鉴定。

第九章 社会保险和福利

第七十条 国家发展社会保险事业，建立社会保险制度，设立社会保险基金，使劳动者在年老、患病、工伤、失业、生育等情况下获得帮助和补偿。

第七十一条 社会保险水平应当与社会经济发展水平和社会承受能力相适应。

第七十二条 社会保险基金按照保险类型确定资金来源，逐步实行社会统筹。用人单位和劳动者必须依法参加社会保险，缴纳社会保险费。

第七十三条 劳动者在下列情形下，依法享受社会保险待遇：

（一）退休；

（二）患病、负伤；

（三）因工伤残或者患职业病；

（四）失业；

（五）生育。

劳动者死亡后，其遗属依法享受遗属津贴。

劳动者享受社会保险待遇的条件和标准由法律、法规规定。

劳动者享受的社会保险金必须按时足额支付。

第七十四条 社会保险基金经办机构依照法律规定收支、管理和运营社会保险基金，并负有使社会保险基金保值增值的责任。

社会保险基金监督机构依照法律规定,对社会保险基金的收支、管理和运营实施监督。

社会保险基金经办机构和社会保险基金监督机构的设立和职能由法律规定。

任何组织和个人不得挪用社会保险基金。

第七十五条 国家鼓励用人单位根据本单位实际情况为劳动者建立补充保险。

国家提倡劳动者个人进行储蓄性保险。

第七十六条 国家发展社会福利事业,兴建公共福利设施,为劳动者休息、休养和疗养提供条件。

用人单位应当创造条件,改善集体福利,提高劳动者的福利待遇。

第十章 劳动争议

第七十七条 用人单位与劳动者发生劳动争议,当事人可以依法申请调解、仲裁、提起诉讼,也可以协商解决。

调解原则适用于仲裁和诉讼程序。

第七十八条 解决劳动争议,应当根据合法、公正、及时处理的原则,依法维护劳动争议当事人的合法权益。

第七十九条 劳动争议发生后,当事人可以向本单位劳动争议调解委员会申请调解;调解不成,当事人一方要求仲裁的,可以向劳动争议仲裁委员会申请仲裁。当事人一方也可以直接向劳动争议仲裁委员会申请仲裁。对仲裁裁决不服的,可以向人民法院提起诉讼。

第八十条 在用人单位内,可以设立劳动争议调解委员会。劳动争议调解委员会由职工代表、用人单位代表和工会代表组成。劳动争议调解委员会主任由工会代表担任。

劳动争议经调解达成协议的,当事人应当履行。

第八十一条 劳动争议仲裁委员会由劳动行政部门代表、同级工会代表、用人单位方面的代表组成。劳动争议仲裁委员会主任由劳动行政部门代表担任。

第八十二条 提出仲裁要求的一方应当自劳动争议发生之日起六十日内向劳动争议仲裁委员会提出书面申请。仲裁裁决一般应在收到仲裁申请的六十日内作出。对仲裁裁决无异议的,当事人必须履行。

第八十三条 劳动争议当事人对仲裁裁决不服的,可以自收到仲裁裁决书之日起十五日内向人民法院提起诉讼。一方当事人在法定期限内不起诉又不履行仲裁裁决的,另一方当事人可以申请人民法院强制执行。

第八十四条 因签订集体合同发生争议,当事人协商解决不成的,当地人民政府劳动行政部门可以组织有关各方协调处理。

因履行集体合同发生争议,当事人协商解决不成的,可以向劳动争议仲裁委员会申请仲裁;对仲裁裁决不服的,可以自收到仲裁裁决书之日起十五日内向人民法院提起诉讼。

第十一章 监督检查

第八十五条 县级以上各级人民政府劳动行政部门依法对用人单位遵守劳动法律、法规的情况进行监督检查,对违反劳动法律、法规的行为有权制止,并责令改正。

第八十六条 县级以上各级人民政府劳动行政部门监督检查人员执行公务,有权进入用人单位了解执行劳动法律、法规的情况,查阅必要的资料,并对劳动场所进行检查。

县级以上各级人民政府劳动行政部门监督检查人员执行公务,必须出示证件,秉公执法并遵守有关规定。

第八十七条 县级以上各级人民政府有关部门在各自职责范围内,对用人单位遵守劳动法律、法规的情况进行监督。

第八十八条　各级工会依法维护劳动者的合法权益,对用人单位遵守劳动法律、法规的情况进行监督。

任何组织和个人对于违反劳动法律、法规的行为有权检举和控告。

第十二章　法律责任

第八十九条　用人单位制定的劳动规章制度违反法律、法规规定的,由劳动行政部门给予警告,责令改正;对劳动者造成损害的,应当承担赔偿责任。

第九十条　用人单位违反本法规定,延长劳动者工作时间的,由劳动行政部门给予警告,责令改正,并可以处以罚款。

第九十一条　用人单位有下列侵害劳动者合法权益情形之一的,由劳动行政部门责令支付劳动者的工资报酬、经济补偿,并可以责令支付赔偿金:

(一)克扣或者无故拖欠劳动者工资的;

(二)拒不支付劳动者延长工作时间工资报酬的;

(三)低于当地最低工资标准支付劳动者工资的;

(四)解除劳动合同后,未依照本法规定给予劳动者经济补偿的。

第九十二条　用人单位的劳动安全设施和劳动卫生条件不符合国家规定或者未向劳动者提供必要的劳动防护用品和劳动保护设施的,由劳动行政部门或者有关部门责令改正,可以处以罚款;情节严重的,提请县级以上人民政府决定责令停产整顿;对事故隐患不采取措施,致使发生重大事故,造成劳动者生命和财产损失的,对责任人员依照刑法有关规定追究刑事责任。

第九十三条　用人单位强令劳动者违章冒险作业,发生重大伤亡事故,造成严重后果的,对责任人员依法追究刑事责任。

第九十四条　用人单位非法招用未满十六周岁的未成年人的,由劳动行政部门责令改正,处以罚款;情节严重的,由市场监督管理部门吊销营业执照。

第九十五条　用人单位违反本法对女职工和未成年工的保护规定,侵害其合法权益的,由劳动行政部门责令改正,处以罚款;对女职工或者未成年工造成损害的,应当承担赔偿责任。

第九十六条　用人单位有下列行为之一,由公安机关对责任人员处以十五日以下拘留、罚款或者警告;构成犯罪的,对责任人员依法追究刑事责任:

(一)以暴力、威胁或者非法限制人身自由的手段强迫劳动的;

(二)侮辱、体罚、殴打、非法搜查和拘禁劳动者的。

第九十七条　由于用人单位的原因订立的无效合同,对劳动者造成损害的,应当承担赔偿责任。

第九十八条　用人单位违反本法规定的条件解除劳动合同或者故意拖延不订立劳动合同的,由劳动行政部门责令改正;对劳动者造成损害的,应当承担赔偿责任。

第九十九条　用人单位招用尚未解除劳动合同的劳动者,对原用人单位造成经济损失的,该用人单位应当依法承担连带赔偿责任。

第一百条　用人单位无故不缴纳社会保险费的,由劳动行政部门责令其限期缴纳;逾期不缴的,可以加收滞纳金。

第一百零一条　用人单位无理阻挠劳动行政部门、有关部门及其工作人员行使监督检查权,打击报复举报人员的,由劳动行政部门或者有关部门处以罚款;构成犯罪的,对责任人员依法追究刑事责任。

第一百零二条　劳动者违反本法规定的条件解除劳动合同或者违反劳动合同中约定的保密事项,对用人单位造成经济损失的,应当依法承担赔偿责任。

第一百零三条　劳动行政部门或者有关部门的工作人员滥用职权、玩忽职守、徇私舞弊,构成犯罪的,依法追究刑事责任;不构成犯罪的,给予行政处分。

第一百零四条　国家工作人员和社会保险基金经办机构的工作人员挪用社会保险基金,构成犯罪的,依法追究刑事责任。

第一百零五条　违反本法规定侵害劳动者合法权益,其他法律、行政法规已规定处罚的,依照该法律、行政法规的规定处罚。

第十三章　附则

第一百零六条　省、自治区、直辖市人民政府根据本法和本地区的实际情况,规定劳动合同制度的实施步骤,报国务院备案。

第一百零七条　本法自1995年1月1日起施行。

中华人民共和国劳动合同法

(2007年6月29日第十届全国人民代表大会常务委员会第二十八次会议通过,2007年6月29日中华人民共和国主席令第65号公布,自2008年1月1日起施行。2012年12月28日第十一届全国人民代表大会常务委员会修正,2013年7月1日起施行)

目录

第一章　总　则
第二章　劳动合同的订立
第三章　劳动合同的履行和变更
第四章　劳动合同的解除和终止
第五章　特别规定
　第一节　集体合同
　第二节　劳务派遣
　第三节　非全日制用工
第六章　监督检查
第七章　法律责任
第八章　附　则

第一章　总则

第一条　为了完善劳动合同制度,明确劳动合同双方当事人的权利和义务,保护劳动者的合法权益,构建和发展和谐稳定的劳动关系,制定本法。

第二条　中华人民共和国境内的企业、个体经济组织、民办非企业单位等组织(以下称用人单位)与劳动者建立劳动关系,订立、履行、变更、解除或者终止劳动合同,适用本法。

国家机关、事业单位、社会团体和与其建立劳动关系的劳动者,订立、履行、变更、解除或者终止劳动合同,依照本法执行。

第三条　订立劳动合同,应当遵循合法、公平、平等自愿、协商一致、诚实信用的原则。

依法订立的劳动合同具有约束力,用人单位与劳动者应当履行劳动合同约定的义务。

第四条　用人单位应当依法建立和完善劳动规章制度,保障劳动者享有劳动权利、履行劳动义务。

用人单位在制定、修改或者决定有关劳动报酬、工作时间、休息休假、劳动安全卫生、保险福利、职工培训、劳动纪律以及劳动定额管理等直接涉及劳动者切身利益的规章制度或者重大事项时,应当经职工代表大会或者全体职工讨论,提出方案和意见,与工会或者职工代表平等协商确定。

在规章制度和重大事项决定实施过程中,工会或者职工认为不适当的,有权向用人单位提出,通过协商予以修改完善。

用人单位应当将直接涉及劳动者切身利益的规章制度和重大事项决定公示,或者告知劳动者。

第五条　县级以上人民政府劳动行政部门会同工会和企业方面代表,建立健全协调劳动关系三方机制,共同研究解决有关劳动关系的重大问题。

第六条　工会应当帮助、指导劳动者与用人单位依法订立和履行劳动合同,并与用人单位建立集体协商机制,维护劳动者的合法权益。

第二章　劳动合同的订立

第七条　用人单位自用工之日起即与劳动者建立劳动关系。用人单位应当建立职工名册备查。

第八条　用人单位招用劳动者时,应当如实告知劳动者工作内容、工作条件、工作地点、职业危害、安全生产状况、劳动报酬,以及劳动者要求了解的其他情况;用人单位有权了解劳动者与劳动合同直接相关的基本情况,劳动者应当如实说明。

第九条　用人单位招用劳动者,不得扣押劳动者的居民身份证和其他证件,不得要求劳动者提供担保或者以其他名义向劳动者收取财物。

第十条　建立劳动关系,应当订立书面劳动合同。

已建立劳动关系,未同时订立书面劳动合同的,应当自用工之日起一个月内订立书面劳动合同。

用人单位与劳动者在用工前订立劳动合同的,劳动关系自用工之日起建立。

第十一条　用人单位未在用工的同时订立书面劳动合同,与劳动者约定的劳动报酬不明确的,新招用的劳动者的劳动报酬按照集体合同规定的标准执行;没有集体合同或者集体合同未规定的,实行同工同酬。

第十二条　劳动合同分为固定期限劳动合同、无固定期限劳动合同和以完成一定工作任务为期限的劳动合同。

第十三条　固定期限劳动合同,是指用人单位与劳动者约定合同终止时间的劳动合同。

用人单位与劳动者协商一致,可以订立固定期限劳动合同。

第十四条　无固定期限劳动合同,是指用人单位与劳动者约定无确定终止时间的劳动合同。

用人单位与劳动者协商一致,可以订立无固定期限劳动合同。有下列情形之一,劳动者提出或者同意续订、订立劳动合同的,除劳动者提出订立固定期限劳动合同外,应当订立无固定期限劳动合同:

(一)劳动者在该用人单位连续工作满十年的;

(二)用人单位初次实行劳动合同制度或者国有企业改制重新订立劳动合同时,劳动者在该用人单位连续工作满十年且距法定退休年龄不足十年的;

(三)连续订立二次固定期限劳动合同,且劳动者没有本法第三十九条和第四十条第一项、第二项规定的情形,续订劳动合同的。

用人单位自用工之日起满一年不与劳动者订立书面劳动合同的,视为用人单位与劳动者已订立无固定期限劳动合同。

第十五条　以完成一定工作任务为期限的劳动合同,是指用人单位与劳动者约定以某项工作的完成为合同期限的劳动合同。

用人单位与劳动者协商一致,可以订立以完成一定工作任务为期限的劳动合同。

第十六条　劳动合同由用人单位与劳动者协商一致,并经用人单位与劳动者在劳动合同文本上签字或者盖章生效。

劳动合同文本由用人单位和劳动者各执一份。

第十七条　劳动合同应当具备以下条款:

(一)用人单位的名称、住所和法定代表人或者主要负责人;

(二)劳动者的姓名、住址和居民身份证或者其他有效身份证件号码;

(三)劳动合同期限;

(四)工作内容和工作地点;

(五)工作时间和休息休假;

（六）劳动报酬；

（七）社会保险；

（八）劳动保护、劳动条件和职业危害防护；

（九）法律、法规规定应当纳入劳动合同的其他事项。

劳动合同除前款规定的必备条款外，用人单位与劳动者可以约定试用期、培训、保守秘密、补充保险和福利待遇等其他事项。

第十八条　劳动合同对劳动报酬和劳动条件等标准约定不明确，引发争议的，用人单位与劳动者可以重新协商；协商不成的，适用集体合同规定；没有集体合同或者集体合同未规定劳动报酬的，实行同工同酬；没有集体合同或者集体合同未规定劳动条件等标准的，适用国家有关规定。

第十九条　劳动合同期限三个月以上不满一年的，试用期不得超过一个月；劳动合同期限一年以上不满三年的，试用期不得超过二个月；三年以上固定期限和无固定期限的劳动合同，试用期不得超过六个月。

同一用人单位与同一劳动者只能约定一次试用期。

以完成一定工作任务为期限的劳动合同或者劳动合同期限不满三个月的，不得约定试用期。

试用期包含在劳动合同期限内。劳动合同仅约定试用期的，试用期不成立，该期限为劳动合同期限。

第二十条　劳动者在试用期的工资不得低于本单位相同岗位最低档工资或者劳动合同约定工资的百分之八十，并不得低于用人单位所在地的最低工资标准。

第二十一条　在试用期中，除劳动者有本法第三十九条和第四十条第一项、第二项规定的情形外，用人单位不得解除劳动合同。用人单位在试用期解除劳动合同的，应当向劳动者说明理由。

第二十二条　用人单位为劳动者提供专项培训费用，对其进行专业技术培训的，可以与该劳动者订立协议，约定服务期。

劳动者违反服务期约定的，应当按照约定向用人单位支付违约金。违约金的数额不得超过用人单位提供的培训费用。用人单位要求劳动者支付的违约金不得超过服务期尚未履行部分所应分摊的培训费用。

用人单位与劳动者约定服务期的，不影响按照正常的工资调整机制提高劳动者在服务期期间的劳动报酬。

第二十三条　用人单位与劳动者可以在劳动合同中约定保守用人单位的商业秘密和与知识产权相关的保密事项。

对负有保密义务的劳动者，用人单位可以在劳动合同或者保密协议中与劳动者约定竞业限制条款，并约定在解除或者终止劳动合同后，在竞业限制期限内按月给予劳动者经济补偿。劳动者违反竞业限制约定的，应当按照约定向用人单位支付违约金。

第二十四条　竞业限制的人员限于用人单位的高级管理人员、高级技术人员和其他负有保密义务的人员。竞业限制的范围、地域、期限由用人单位与劳动者约定，竞业限制的约定不得违反法律、法规的规定。

在解除或者终止劳动合同后，前款规定的人员到与本单位生产或者经营同类产品、从事同类业务的有竞争关系的其他用人单位，或者自己开业生产或者经营同类产品、从事同类业务的竞业限制期限，不得超过二年。

第二十五条　除本法第二十二条和第二十三条规定的情形外，用人单位不得与劳动者约定由劳动者承担违约金。

第二十六条　下列劳动合同无效或者部分无效：

（一）以欺诈、胁迫的手段或者乘人之危，使对方在违背真实意思的情况下订立或者变更劳动合同的；

（二）用人单位免除自己的法定责任、排除劳动者权利的；
（三）违反法律、行政法规强制性规定的。

对劳动合同的无效或者部分无效有争议的，由劳动争议仲裁机构或者人民法院确认。

第二十七条　劳动合同部分无效，不影响其他部分效力的，其他部分仍然有效。

第二十八条　劳动合同被确认无效，劳动者已付出劳动的，用人单位应当向劳动者支付劳动报酬。劳动报酬的数额，参照本单位相同或者相近岗位劳动者的劳动报酬确定。

第三章　劳动合同的履行和变更

第二十九条　用人单位与劳动者应当按照劳动合同的约定，全面履行各自的义务。

第三十条　用人单位应当按照劳动合同约定和国家规定，向劳动者及时足额支付劳动报酬。

用人单位拖欠或者未足额支付劳动报酬的，劳动者可以依法向当地人民法院申请支付令，人民法院应当依法发出支付令。

第三十一条　用人单位应当严格执行劳动定额标准，不得强迫或者变相强迫劳动者加班。用人单位安排加班的，应当按照国家有关规定向劳动者支付加班费。

第三十二条　劳动者拒绝用人单位管理人员违章指挥、强令冒险作业的，不视为违反劳动合同。

劳动者对危害生命安全和身体健康的劳动条件，有权对用人单位提出批评、检举和控告。

第三十三条　用人单位变更名称、法定代表人、主要负责人或者投资人等事项，不影响劳动合同的履行。

第三十四条　用人单位发生合并或者分立等情况，原劳动合同继续有效，劳动合同由承继其权利和义务的用人单位继续履行。

第三十五条　用人单位与劳动者协商一致，可以变更劳动合同约定的内容。变更劳动合同，应当采用书面形式。

变更后的劳动合同文本由用人单位和劳动者各执一份。

第四章　劳动合同的解除和终止

第三十六条　用人单位与劳动者协商一致，可以解除劳动合同。

第三十七条　劳动者提前三十日以书面形式通知用人单位，可以解除劳动合同。劳动者在试用期内提前三日通知用人单位，可以解除劳动合同。

第三十八条　用人单位有下列情形之一的，劳动者可以解除劳动合同：
（一）未按照劳动合同约定提供劳动保护或者劳动条件的；
（二）未及时足额支付劳动报酬的；
（三）未依法为劳动者缴纳社会保险费的；
（四）用人单位的规章制度违反法律、法规的规定，损害劳动者权益的；
（五）因本法第二十六条第一款规定的情形致使劳动合同无效的；
（六）法律、行政法规规定劳动者可以解除劳动合同的其他情形。

用人单位以暴力、威胁或者非法限制人身自由的手段强迫劳动者劳动的，或者用人单位违章指挥、强令冒险作业危及劳动者人身安全的，劳动者可以立即解除劳动合同，不需事先告知用人单位。

第三十九条　劳动者有下列情形之一的，用人单位可以解除劳动合同：
（一）在试用期间被证明不符合录用条件的；
（二）严重违反用人单位的规章制度的；
（三）严重失职，营私舞弊，给用人单位造成重大损害的；

（四）劳动者同时与其他用人单位建立劳动关系，对完成本单位的工作任务造成严重影响，或者经用人单位提出，拒不改正的；

（五）因本法第二十六条第一款第一项规定的情形致使劳动合同无效的；

（六）被依法追究刑事责任的。

第四十条　有下列情形之一的，用人单位提前三十日以书面形式通知劳动者本人或者额外支付劳动者一个月工资后，可以解除劳动合同：

（一）劳动者患病或者非因工负伤，在规定的医疗期满后不能从事原工作，也不能从事由用人单位另行安排的工作的；

（二）劳动者不能胜任工作，经过培训或者调整工作岗位，仍不能胜任工作的；

（三）劳动合同订立时所依据的客观情况发生重大变化，致使劳动合同无法履行，经用人单位与劳动者协商，未能就变更劳动合同内容达成协议的。

第四十一条　有下列情形之一，需要裁减人员二十人以上或者裁减不足二十人但占企业职工总数百分之十以上的，用人单位提前三十日向工会或者全体职工说明情况，听取工会或者职工的意见后，裁减人员方案经向劳动行政部门报告，可以裁减人员：

（一）依照企业破产法规定进行重整的；

（二）生产经营发生严重困难的；

（三）企业转产、重大技术革新或者经营方式调整，经变更劳动合同后，仍需裁减人员的；

（四）其他因劳动合同订立时所依据的客观经济情况发生重大变化，致使劳动合同无法履行的。

裁减人员时，应当优先留用下列人员：

（一）与本单位订立较长期限的固定期限劳动合同的；

（二）与本单位订立无固定期限劳动合同的；

（三）家庭无其他就业人员，有需要扶养的老人或者未成年人的。

用人单位依照本条第一款规定裁减人员，在六个月内重新招用人员的，应当通知被裁减的人员，并在同等条件下优先招用被裁减的人员。

第四十二条　劳动者有下列情形之一的，用人单位不得依照本法第四十条、第四十一条的规定解除劳动合同：

（一）从事接触职业病危害作业的劳动者未进行离岗前职业健康检查，或者疑似职业病病人在诊断或者医学观察期间的；

（二）在本单位患职业病或者因工负伤并被确认丧失或者部分丧失劳动能力的；

（三）患病或者非因工负伤，在规定的医疗期内的；

（四）女职工在孕期、产期、哺乳期的；

（五）在本单位连续工作满十五年，且距法定退休年龄不足五年的；

（六）法律、行政法规规定的其他情形。

第四十三条　用人单位单方解除劳动合同，应当事先将理由通知工会。用人单位违反法律、行政法规规定或者劳动合同约定的，工会有权要求用人单位纠正。用人单位应当研究工会的意见，并将处理结果书面通知工会。

第四十四条　有下列情形之一的，劳动合同终止：

（一）劳动合同期满的；

（二）劳动者开始依法享受基本养老保险待遇的；

（三）劳动者死亡，或者被人民法院宣告死亡或者宣告失踪的；

（四）用人单位被依法宣告破产的；

（五）用人单位被吊销营业执照、责令关闭、撤销或者用人单位决定提前解散的；

（六）法律、行政法规规定的其他情形。

第四十五条　劳动合同期满,有本法第四十二条规定情形之一的,劳动合同应当续延至相应的情形消失时终止。但是,本法第四十二条第二项规定丧失或者部分丧失劳动能力劳动者的劳动合同的终止,按照国家有关工伤保险的规定执行。

第四十六条　有下列情形之一的,用人单位应当向劳动者支付经济补偿:

(一)劳动者依照本法第三十八条规定解除劳动合同的;

(二)用人单位依照本法第三十六条规定向劳动者提出解除劳动合同并与劳动者协商一致解除劳动合同的;

(三)用人单位依照本法第四十条规定解除劳动合同的;

(四)用人单位依照本法第四十一条第一款规定解除劳动合同的;

(五)除用人单位维持或者提高劳动合同约定条件续订劳动合同,劳动者不同意续订的情形外,依照本法第四十四条第一项规定终止固定期限劳动合同的;

(六)依照本法第四十四条第四项、第五项规定终止劳动合同的;

(七)法律、行政法规规定的其他情形。

第四十七条　经济补偿按劳动者在本单位工作的年限,每满一年支付一个月工资的标准向劳动者支付。六个月以上不满一年的,按一年计算;不满六个月的,向劳动者支付半个月工资的经济补偿。

劳动者月工资高于用人单位所在直辖市、设区的市级人民政府公布的本地区上年度职工月平均工资三倍的,向其支付经济补偿的标准按职工月平均工资三倍的数额支付,向其支付经济补偿的年限最高不超过十二年。

本条所称月工资是指劳动者在劳动合同解除或者终止前十二个月的平均工资。

第四十八条　用人单位违反本法规定解除或者终止劳动合同,劳动者要求继续履行劳动合同的,用人单位应当继续履行;劳动者不要求继续履行劳动合同或者劳动合同已经不能继续履行的,用人单位应当依照本法第八十七条规定支付赔偿金。

第四十九条　国家采取措施,建立健全劳动者社会保险关系跨地区转移接续制度。

第五十条　用人单位应当在解除或者终止劳动合同时出具解除或者终止劳动合同的证明,并在十五日内为劳动者办理档案和社会保险关系转移手续。

劳动者应当按照双方约定,办理工作交接。用人单位依照本法有关规定应当向劳动者支付经济补偿的,在办结工作交接时支付。

用人单位对已经解除或者终止的劳动合同的文本,至少保存二年备查。

第五章　特别规定

第一节　集体合同

第五十一条　企业职工一方与用人单位通过平等协商,可以就劳动报酬、工作时间、休息休假、劳动安全卫生、保险福利等事项订立集体合同。集体合同草案应当提交职工代表大会或者全体职工讨论通过。

集体合同由工会代表企业职工一方与用人单位订立;尚未建立工会的用人单位,由上级工会指导劳动者推举的代表与用人单位订立。

第五十二条　企业职工一方与用人单位可以订立劳动安全卫生、女职工权益保护、工资调整机制等专项集体合同。

第五十三条　在县级以下区域内,建筑业、采矿业、餐饮服务业等行业可以由工会与企业方面代表订立行业性集体合同,或者订立区域性集体合同。

第五十四条　集体合同订立后,应当报送劳动行政部门;劳动行政部门自收到集体合同文本之日起十五日内未提出异议的,集体合同即行生效。

依法订立的集体合同对用人单位和劳动者具有约束力。行业性、区域性集体合同对当地本行业、本区域的用人单位和劳动者具有约束力。

第五十五条　集体合同中劳动报酬和劳动条件等标准不得低于当地人民政府规定的最低标准；用人单位与劳动者订立的劳动合同中劳动报酬和劳动条件等标准不得低于集体合同规定的标准。

第五十六条　用人单位违反集体合同，侵犯职工劳动权益的，工会可以依法要求用人单位承担责任；因履行集体合同发生争议，经协商解决不成的，工会可以依法申请仲裁、提起诉讼。

第二节　劳务派遣

第五十七条　经营劳务派遣业务应当具备下列条件：

（一）注册资本不得少于人民币二百万元；

（二）有与开展业务相适应的固定的经营场所和设施；

（三）有符合法律、行政法规规定的劳务派遣管理制度；

（四）法律、行政法规规定的其他条件。

经营劳务派遣业务，应当向劳动行政部门依法申请行政许可；经许可的，依法办理相应的公司登记。未经许可，任何单位和个人不得经营劳务派遣业务。

第五十八条　劳务派遣单位是本法所称用人单位，应当履行用人单位对劳动者的义务。劳务派遣单位与被派遣劳动者订立的劳动合同，除应当载明本法第十七条规定的事项外，还应当载明被派遣劳动者的用工单位以及派遣期限、工作岗位等情况。

劳务派遣单位应当与被派遣劳动者订立二年以上的固定期限劳动合同，按月支付劳动报酬；被派遣劳动者在无工作期间，劳务派遣单位应当按照所在地人民政府规定的最低工资标准，向其按月支付报酬。

第五十九条　劳务派遣单位派遣劳动者应当与接受以劳务派遣形式用工的单位（以下称用工单位）订立劳务派遣协议。劳务派遣协议应当约定派遣岗位和人员数量、派遣期限、劳动报酬和社会保险费的数额与支付方式以及违反协议的责任。

用工单位应当根据工作岗位的实际需要与劳务派遣单位确定派遣期限，不得将连续用工期限分割订立数个短期劳务派遣协议。

第六十条　劳务派遣单位应当将劳务派遣协议的内容告知被派遣劳动者。

劳务派遣单位不得克扣用工单位按照劳务派遣协议支付给被派遣劳动者的劳动报酬。

劳务派遣单位和用工单位不得向被派遣劳动者收取费用。

第六十一条　劳务派遣单位跨地区派遣劳动者的，被派遣劳动者享有的劳动报酬和劳动条件，按照用工单位所在地的标准执行。

第六十二条　用工单位应当履行下列义务：

（一）执行国家劳动标准，提供相应的劳动条件和劳动保护；

（二）告知被派遣劳动者的工作要求和劳动报酬；

（三）支付加班费、绩效奖金，提供与工作岗位相关的福利待遇；

（四）对在岗被派遣劳动者进行工作岗位所必需的培训；

（五）连续用工的，实行正常的工资调整机制。

用工单位不得将被派遣劳动者再派遣到其他用人单位。

第六十三条　被派遣劳动者享有与用工单位的劳动者同工同酬的权利。用工单位应当按照同工同酬原则，对被派遣劳动者与本单位同类岗位的劳动者实行相同的劳动报酬分配办法。用工单位无同类岗位劳动者的，参照用工单位所在地相同或者相近岗位劳动者的劳动报酬确定。

劳务派遣单位与被派遣劳动者订立的劳动合同和与用工单位订立的劳务派遣协议，载明或者约定的向被派遣劳动者支付的劳动报酬应当符合前款规定。

第六十四条　被派遣劳动者有权在劳务派遣单位或者用工单位依法参加或者组织工会，维护自身的合法权益。

第六十五条　被派遣劳动者可以依照本法第三十六条、第三十八条的规定与劳务派遣单位解除劳动合同。

被派遣劳动者有本法第三十九条和第四十条第一项、第二项规定情形的,用工单位可以将劳动者退回劳务派遣单位,劳务派遣单位依照本法有关规定,可以与劳动者解除劳动合同。

第六十六条　劳动合同用工是我国的企业基本用工形式。劳务派遣用工是补充形式,只能在临时性、辅助性或者替代性的工作岗位上实施。

前款规定的临时性工作岗位是指存续时间不超过六个月的岗位;辅助性工作岗位是指为主营业务岗位提供服务的非主营业务岗位;替代性工作岗位是指用工单位的劳动者因脱产学习、休假等原因无法工作的一定期间内,可以由其他劳动者替代工作的岗位。

用工单位应当严格控制劳务派遣用工数量,不得超过其用工总量的一定比例,具体比例由国务院劳动行政部门规定。

第六十七条　用人单位不得设立劳务派遣单位向本单位或者所属单位派遣劳动者。

第三节　非全日制用工

第六十八条　非全日制用工,是指以小时计酬为主,劳动者在同一用人单位一般平均每日工作时间不超过四小时,每周工作时间累计不超过二十四小时的用工形式。

第六十九条　非全日制用工双方当事人可以订立口头协议。

从事非全日制用工的劳动者可以与一个或者一个以上用人单位订立劳动合同;但是,后订立的劳动合同不得影响先订立的劳动合同的履行。

第七十条　非全日制用工双方当事人不得约定试用期。

第七十一条　非全日制用工双方当事人任何一方都可以随时通知对方终止用工。终止用工,用人单位不向劳动者支付经济补偿。

第七十二条　非全日制用工小时计酬标准不得低于用人单位所在地人民政府规定的最低小时工资标准。

非全日制用工劳动报酬结算支付周期最长不得超过十五日。

第六章　监督检查

第七十三条　国务院劳动行政部门负责全国劳动合同制度实施的监督管理。

县级以上地方人民政府劳动行政部门负责本行政区域内劳动合同制度实施的监督管理。

县级以上各级人民政府劳动行政部门在劳动合同制度实施的监督管理工作中,应当听取工会、企业方面代表以及有关行业主管部门的意见。

第七十四条　县级以上地方人民政府劳动行政部门依法对下列实施劳动合同制度的情况进行监督检查:

(一)用人单位制定直接涉及劳动者切身利益的规章制度及其执行的情况;
(二)用人单位与劳动者订立和解除劳动合同的情况;
(三)劳务派遣单位和用工单位遵守劳务派遣有关规定的情况;
(四)用人单位遵守国家关于劳动者工作时间和休息休假规定的情况;
(五)用人单位支付劳动合同约定的劳动报酬和执行最低工资标准的情况;
(六)用人单位参加各项社会保险和缴纳社会保险费的情况;
(七)法律、法规规定的其他劳动监察事项。

第七十五条　县级以上地方人民政府劳动行政部门实施监督检查时,有权查阅与劳动合同、集体合同有关的材料,有权对劳动场所进行实地检查,用人单位和劳动者都应当如实提供有关情况和材料。

劳动行政部门的工作人员进行监督检查,应当出示证件,依法行使职权,文明执法。

第七十六条　县级以上人民政府建设、卫生、安全生产监督管理等有关主管部门在各自职责范围内,对用人单位执行劳动合同制度的情况进行监督管理。

第七十七条　劳动者合法权益受到侵害的,有权要求有关部门依法处理,或者依法申请仲裁、提起诉讼。

第七十八条　工会依法维护劳动者的合法权益,对用人单位履行劳动合同、集体合同的情况进行监督。用人单位违反劳动法律、法规和劳动合同、集体合同的,工会有权提出意见或者要求纠正;劳动者申请仲裁、提起诉讼的,工会依法给予支持和帮助。

第七十九条　任何组织或者个人对违反本法的行为都有权举报,县级以上人民政府劳动行政部门应当及时核实、处理,并对举报有功人员给予奖励。

第七章　法律责任

第八十条　用人单位直接涉及劳动者切身利益的规章制度违反法律、法规规定的,由劳动行政部门责令改正,给予警告;给劳动者造成损害的,应当承担赔偿责任。

第八十一条　用人单位提供的劳动合同文本未载明本法规定的劳动合同必备条款或者用人单位未将劳动合同文本交付劳动者的,由劳动行政部门责令改正;给劳动者造成损害的,应当承担赔偿责任。

第八十二条　用人单位自用工之日起超过一个月不满一年未与劳动者订立书面劳动合同的,应当向劳动者每月支付二倍的工资。

用人单位违反本法规定不与劳动者订立无固定期限劳动合同的,自应当订立无固定期限劳动合同之日起向劳动者每月支付二倍的工资。

第八十三条　用人单位违反本法规定与劳动者约定试用期的,由劳动行政部门责令改正;违法约定的试用期已经履行的,由用人单位以劳动者试用期满月工资为标准,按已经履行的超过法定试用期的期间向劳动者支付赔偿金。

第八十四条　用人单位违反本法规定,扣押劳动者居民身份证等证件的,由劳动行政部门责令限期退还劳动者本人,并依照有关法律规定给予处罚。

用人单位违反本法规定,以担保或者其他名义向劳动者收取财物的,由劳动行政部门责令限期退还劳动者本人,并以每人五百元以上二千元以下的标准处以罚款;给劳动者造成损害的,应当承担赔偿责任。

劳动者依法解除或者终止劳动合同,用人单位扣押劳动者档案或者其他物品的,依照前款规定处罚。

第八十五条　用人单位有下列情形之一的,由劳动行政部门责令限期支付劳动报酬、加班费或者经济补偿;劳动报酬低于当地最低工资标准的,应当支付其差额部分;逾期不支付的,责令用人单位按应付金额百分之五十以上百分之一百以下的标准向劳动者加付赔偿金:

(一)未按照劳动合同的约定或者国家规定及时足额支付劳动者劳动报酬的;

(二)低于当地最低工资标准支付劳动者工资的;

(三)安排加班不支付加班费的;

(四)解除或者终止劳动合同,未依照本法规定向劳动者支付经济补偿的。

第八十六条　劳动合同依照本法第二十六条规定被确认无效,给对方造成损害的,有过错的一方应当承担赔偿责任。

第八十七条　用人单位违反本法规定解除或者终止劳动合同的,应当依照本法第四十七条规定的经济补偿标准的二倍向劳动者支付赔偿金。

第八十八条　用人单位有下列情形之一的,依法给予行政处罚;构成犯罪的,依法追究刑事责任;给

劳动者造成损害的,应当承担赔偿责任:

（一）以暴力、威胁或者非法限制人身自由的手段强迫劳动的;

（二）违章指挥或者强令冒险作业危及劳动者人身安全的;

（三）侮辱、体罚、殴打、非法搜查或者拘禁劳动者的;

（四）劳动条件恶劣、环境污染严重,给劳动者身心健康造成严重损害的。

第八十九条　用人单位违反本法规定未向劳动者出具解除或者终止劳动合同的书面证明,由劳动行政部门责令改正;给劳动者造成损害的,应当承担赔偿责任。

第九十条　劳动者违反本法规定解除劳动合同,或者违反劳动合同中约定的保密义务或者竞业限制,给用人单位造成损失的,应当承担赔偿责任。

第九十一条　用人单位招用与其他用人单位尚未解除或者终止劳动合同的劳动者,给其他用人单位造成损失的,应当承担连带赔偿责任。

第九十二条　违反本法规定,未经许可,擅自经营劳务派遣业务的,由劳动行政部门责令停止违法行为,没收违法所得,并处违法所得一倍以上五倍以下的罚款;没有违法所得的,可以处五万元以下的罚款。

劳务派遣单位、用工单位违反本法有关劳务派遣规定的,由劳动行政部门责令限期改正;逾期不改正的,以每人五千元以上一万元以下的标准处以罚款,对劳务派遣单位,吊销其劳务派遣业务经营许可证。用工单位给被派遣劳动者造成损害的,劳务派遣单位与用工单位承担连带赔偿责任。

第九十三条　对不具备合法经营资格的用人单位的违法犯罪行为,依法追究法律责任;劳动者已经付出劳动的,该单位或者其出资人应当依照本法有关规定向劳动者支付劳动报酬、经济补偿、赔偿金;给劳动者造成损害的,应当承担赔偿责任。

第九十四条　个人承包经营违反本法规定招用劳动者,给劳动者造成损害的,发包的组织与个人承包经营者承担连带赔偿责任。

第九十五条　劳动行政部门和其他有关主管部门及其工作人员玩忽职守、不履行法定职责,或者违法行使职权,给劳动者或者用人单位造成损害的,应当承担赔偿责任;对直接负责的主管人员和其他直接责任人员,依法给予行政处分;构成犯罪的,依法追究刑事责任。

第八章　附则

第九十六条　事业单位与实行聘用制的工作人员订立、履行、变更、解除或者终止劳动合同,法律、行政法规或者国务院另有规定的,依照其规定;未作规定的,依照本法有关规定执行。

第九十七条　本法施行前已依法订立且在本法施行之日存续的劳动合同,继续履行;本法第十四条第二款第三项规定连续订立固定期限劳动合同的次数,自本法施行后续订固定期限劳动合同时开始计算。

本法施行前已建立劳动关系,尚未订立书面劳动合同的,应当自本法施行之日起一个月内订立。

本法施行之日存续的劳动合同在本法施行后解除或者终止,依照本法第四十六条规定应当支付经济补偿的,经济补偿年限自本法施行之日起计算;本法施行前按照当时有关规定,用人单位应当向劳动者支付经济补偿的,按照当时有关规定执行。

第九十八条　本法自 2008 年 1 月 1 日起施行。

中华人民共和国劳动争议调解仲裁法

(2007年12月29日第十届全国人民代表大会常务委员会
第三十一次会议通过)

目录

第一章　总　则
第二章　调　解
第三章　仲　裁
　　第一节　一般规定
　　第二节　申请和受理
　　第三节　开庭和裁决
第四章　附　则

第一章　总则

第一条　为了公正及时解决劳动争议，保护当事人合法权益，促进劳动关系和谐稳定，制定本法。
第二条　中华人民共和国境内的用人单位与劳动者发生的下列劳动争议，适用本法：
（一）因确认劳动关系发生的争议；
（二）因订立、履行、变更、解除和终止劳动合同发生的争议；
（三）因除名、辞退和辞职、离职发生的争议；
（四）因工作时间、休息休假、社会保险、福利、培训以及劳动保护发生的争议；
（五）因劳动报酬、工伤医疗费、经济补偿或者赔偿金等发生的争议；
（六）法律、法规规定的其他劳动争议。
第三条　解决劳动争议，应当根据事实，遵循合法、公正、及时、着重调解的原则，依法保护当事人的合法权益。
第四条　发生劳动争议，劳动者可以与用人单位协商，也可以请工会或者第三方共同与用人单位协商，达成和解协议。
第五条　发生劳动争议，当事人不愿协商、协商不成或者达成和解协议后不履行的，可以向调解组织申请调解；不愿调解、调解不成或者达成调解协议后不履行的，可以向劳动争议仲裁委员会申请仲裁；对仲裁裁决不服的，除本法另有规定的外，可以向人民法院提起诉讼。
第六条　发生劳动争议，当事人对自己提出的主张，有责任提供证据。与争议事项有关的证据属于用人单位掌握管理的，用人单位应当提供；用人单位不提供的，应当承担不利后果。
第七条　发生劳动争议的劳动者一方在十人以上，并有共同请求的，可以推举代表参加调解、仲裁或者诉讼活动。
第八条　县级以上人民政府劳动行政部门会同工会和企业方面代表建立协调劳动关系三方机制，共同研究解决劳动争议的重大问题。
第九条　用人单位违反国家规定，拖欠或者未足额支付劳动报酬，或者拖欠工伤医疗费、经济补偿或者赔偿金的，劳动者可以向劳动行政部门投诉，劳动行政部门应当依法处理。

第二章 调解

第十条 发生劳动争议,当事人可以到下列调解组织申请调解:
(一)企业劳动争议调解委员会;
(二)依法设立的基层人民调解组织;
(三)在乡镇、街道设立的具有劳动争议调解职能的组织。
企业劳动争议调解委员会由职工代表和企业代表组成。职工代表由工会成员担任或者由全体职工推举产生,企业代表由企业负责人指定。企业劳动争议调解委员会主任由工会成员或者双方推举的人员担任。

第十一条 劳动争议调解组织的调解员应当由公道正派、联系群众、热心调解工作,并具有一定法律知识、政策水平和文化水平的成年公民担任。

第十二条 当事人申请劳动争议调解可以书面申请,也可以口头申请。口头申请的,调解组织应当当场记录申请人基本情况、申请调解的争议事项、理由和时间。

第十三条 调解劳动争议,应当充分听取双方当事人对事实和理由的陈述,耐心疏导,帮助其达成协议。

第十四条 经调解达成协议的,应当制作调解协议书。
调解协议书由双方当事人签名或者盖章,经调解员签名并加盖调解组织印章后生效,对双方当事人具有约束力,当事人应当履行。
自劳动争议调解组织收到调解申请之日起十五日内未达成调解协议的,当事人可以依法申请仲裁。

第十五条 达成调解协议后,一方当事人在协议约定期限内不履行调解协议的,另一方当事人可以依法申请仲裁。

第十六条 因支付拖欠劳动报酬、工伤医疗费、经济补偿或者赔偿金事项达成调解协议,用人单位在协议约定期限内不履行的,劳动者可以持调解协议书依法向人民法院申请支付令。人民法院应当依法发出支付令。

第三章 仲裁

第一节 一般规定

第十七条 劳动争议仲裁委员会按照统筹规划、合理布局和适应实际需要的原则设立。省、自治区人民政府可以决定在市、县设立;直辖市人民政府可以决定在区、县设立。直辖市、设区的市也可以设立一个或者若干个劳动争议仲裁委员会。劳动争议仲裁委员会不按行政区划层层设立。

第十八条 国务院劳动行政部门依照本法有关规定制定仲裁规则。省、自治区、直辖市人民政府劳动行政部门对本行政区域的劳动争议仲裁工作进行指导。

第十九条 劳动争议仲裁委员会由劳动行政部门代表、工会代表和企业方面代表组成。劳动争议仲裁委员会组成人员应当是单数。
劳动争议仲裁委员会依法履行下列职责:
(一)聘任、解聘专职或者兼职仲裁员;
(二)受理劳动争议案件;
(三)讨论重大或者疑难的劳动争议案件;
(四)对仲裁活动进行监督。
劳动争议仲裁委员会下设办事机构,负责办理劳动争议仲裁委员会的日常工作。

第二十条　劳动争议仲裁委员会应当设仲裁员名册。
仲裁员应当公道正派并符合下列条件之一：
（一）曾任审判员的；
（二）从事法律研究、教学工作并具有中级以上职称的；
（三）具有法律知识、从事人力资源管理或者工会等专业工作满五年的；
（四）律师执业满三年的。

第二十一条　劳动争议仲裁委员会负责管辖本区域内发生的劳动争议。

劳动争议由劳动合同履行地或者用人单位所在地的劳动争议仲裁委员会管辖。双方当事人分别向劳动合同履行地和用人单位所在地的劳动争议仲裁委员会申请仲裁的，由劳动合同履行地的劳动争议仲裁委员会管辖。

第二十二条　发生劳动争议的劳动者和用人单位为劳动争议仲裁案件的双方当事人。

劳务派遣单位或者用工单位与劳动者发生劳动争议的，劳务派遣单位和用工单位为共同当事人。

第二十三条　与劳动争议案件的处理结果有利害关系的第三人，可以申请参加仲裁活动或者由劳动争议仲裁委员会通知其参加仲裁活动。

第二十四条　当事人可以委托代理人参加仲裁活动。委托他人参加仲裁活动，应当向劳动争议仲裁委员会提交有委托人签名或者盖章的委托书，委托书应当载明委托事项和权限。

第二十五条　丧失或者部分丧失民事行为能力的劳动者，由其法定代理人代为参加仲裁活动；无法定代理人的，由劳动争议仲裁委员会为其指定代理人。劳动者死亡的，由其近亲属或者代理人参加仲裁活动。

第二十六条　劳动争议仲裁公开进行，但当事人协议不公开进行或者涉及国家秘密、商业秘密和个人隐私的除外。

第二节　申请和受理

第二十七条　劳动争议申请仲裁的时效期间为一年。仲裁时效期间从当事人知道或者应当知道其权利被侵害之日起计算。

前款规定的仲裁时效，因当事人一方向对方当事人主张权利，或者向有关部门请求权利救济，或者对方当事人同意履行义务而中断。从中断时起，仲裁时效期间重新计算。

因不可抗力或者有其他正当理由，当事人不能在本条第一款规定的仲裁时效期间申请仲裁的，仲裁时效中止。从中止时效的原因消除之日起，仲裁时效期间继续计算。

劳动关系存续期间因拖欠劳动报酬发生争议的，劳动者申请仲裁不受本条第一款规定的仲裁时效期间的限制；但是，劳动关系终止的，应当自劳动关系终止之日起一年内提出。

第二十八条　申请人申请仲裁应当提交书面仲裁申请，并按照被申请人人数提交副本。

仲裁申请书应当载明下列事项：
（一）劳动者的姓名、性别、年龄、职业、工作单位和住所，用人单位的名称、住所和法定代表人或者主要负责人的姓名、职务；
（二）仲裁请求和所根据的事实、理由；
（三）证据和证据来源、证人姓名和住所。

书写仲裁申请确有困难的，可以口头申请，由劳动争议仲裁委员会记入笔录，并告知对方当事人。

第二十九条　劳动争议仲裁委员会收到仲裁申请之日起五日内，认为符合受理条件的，应当受理，并通知申请人；认为不符合受理条件的，应当书面通知申请人不予受理，并说明理由。对劳动争议仲裁委员会不予受理或者逾期未作出决定的，申请人可以就该劳动争议事项向人民法院提起诉讼。

第三十条　劳动争议仲裁委员会受理仲裁申请后，应当在五日内将仲裁申请书副本送达被申请人。

被申请人收到仲裁申请书副本后，应当在十日内向劳动争议仲裁委员会提交答辩书。劳动争议仲裁委员会收到答辩书后，应当在五日内将答辩书副本送达申请人。被申请人未提交答辩书的，不影响仲裁程序的进行。

第三节　开庭和裁决

第三十一条　劳动争议仲裁委员会裁决劳动争议案件实行仲裁庭制。仲裁庭由三名仲裁员组成，设首席仲裁员。简单劳动争议案件可以由一名仲裁员独任仲裁。

第三十二条　劳动争议仲裁委员会应当在受理仲裁申请之日起五日内将仲裁庭的组成情况书面通知当事人。

第三十三条　仲裁员有下列情形之一，应当回避，当事人也有权以口头或者书面方式提出回避申请：

（一）是本案当事人或者当事人、代理人的近亲属的；

（二）与本案有利害关系的；

（三）与本案当事人、代理人有其他关系，可能影响公正裁决的；

（四）私自会见当事人、代理人，或者接受当事人、代理人的请客送礼的。

劳动争议仲裁委员会对回避申请应当及时作出决定，并以口头或者书面方式通知当事人。

第三十四条　仲裁员有本法第三十三条第四项规定情形，或者有索贿受贿、徇私舞弊、枉法裁决行为的，应当依法承担法律责任。劳动争议仲裁委员会应当将其解聘。

第三十五条　仲裁庭应当在开庭五日前，将开庭日期、地点书面通知双方当事人。当事人有正当理由的，可以在开庭三日前请求延期开庭。是否延期，由劳动争议仲裁委员会决定。

第三十六条　申请人收到书面通知，无正当理由拒不到庭或者未经仲裁庭同意中途退庭的，可以视为撤回仲裁申请。

被申请人收到书面通知，无正当理由拒不到庭或者未经仲裁庭同意中途退庭的，可以缺席裁决。

第三十七条　仲裁庭对专门性问题认为需要鉴定的，可以交由当事人约定的鉴定机构鉴定；当事人没有约定或者无法达成约定的，由仲裁庭指定的鉴定机构鉴定。

根据当事人的请求或者仲裁庭的要求，鉴定机构应当派鉴定人参加开庭。当事人经仲裁庭许可，可以向鉴定人提问。

第三十八条　当事人在仲裁过程中有权进行质证和辩论。质证和辩论终结时，首席仲裁员或者独任仲裁员应当征询当事人的最后意见。

第三十九条　当事人提供的证据经查证属实的，仲裁庭应当将其作为认定事实的根据。

劳动者无法提供由用人单位掌握管理的与仲裁请求有关的证据，仲裁庭可以要求用人单位在指定期限内提供。用人单位在指定期限内不提供的，应当承担不利后果。

第四十条　仲裁庭应当将开庭情况记入笔录。当事人和其他仲裁参加人认为对自己陈述的记录有遗漏或者差错的，有权申请补正。如果不予补正，应当记录该申请。

笔录由仲裁员、记录人员、当事人和其他仲裁参加人签名或者盖章。

第四十一条　当事人申请劳动争议仲裁后，可以自行和解。达成和解协议的，可以撤回仲裁申请。

第四十二条　仲裁庭在作出裁决前，应当先行调解。

调解达成协议的，仲裁庭应当制作调解书。

调解书应当写明仲裁请求和当事人协议的结果。调解书由仲裁员签名，加盖劳动争议仲裁委员会印章，送达双方当事人。调解书经双方当事人签收后，发生法律效力。

调解不成或者调解书送达前，一方当事人反悔的，仲裁庭应当及时作出裁决。

第四十三条　仲裁庭裁决劳动争议案件，应当自劳动争议仲裁委员会受理仲裁申请之日起四十五日内结束。案情复杂需要延期的，经劳动争议仲裁委员会主任批准，可以延期并书面通知当事人，但是延长期限不得超过十五日。逾期未作出仲裁裁决的，当事人可以就该劳动争议事项向人民法院提起诉讼。

仲裁庭裁决劳动争议案件时，其中一部分事实已经清楚，可以就该部分先行裁决。

第四十四条　仲裁庭对追索劳动报酬、工伤医疗费、经济补偿或者赔偿金的案件，根据当事人的申请，可以裁决先予执行，移送人民法院执行。

仲裁庭裁决先予执行的，应当符合下列条件：

（一）当事人之间权利义务关系明确的；

（二）不先予执行将严重影响申请人的生活。

劳动者申请先予执行的，可以不提供担保。

第四十五条　裁决应当按照多数仲裁员的意见作出，少数仲裁员的不同意见应当记入笔录。仲裁庭不能形成多数意见时，裁决应当按照首席仲裁员的意见作出。

第四十六条　裁决书应当载明仲裁请求、争议事实、裁决理由、裁决结果和裁决日期。裁决书由仲裁员签名，加盖劳动争议仲裁委员会印章。对裁决持不同意见的仲裁员，可以签名，也可以不签名。

第四十七条　下列劳动争议，除本法另有规定的外，仲裁裁决为终局裁决，裁决书自作出之日起发生法律效力：

（一）追索劳动报酬、工伤医疗费、经济补偿或者赔偿金，不超过当地月最低工资标准十二个月金额的争议；

（二）因执行国家的劳动标准在工作时间、休息休假、社会保险等方面发生的争议。

第四十八条　劳动者对本法第四十七条规定的仲裁裁决不服的，可以自收到仲裁裁决书之日起十五日内向人民法院提起诉讼。

第四十九条　用人单位有证据证明本法第四十七条规定的仲裁裁决有下列情形之一的，可以自收到仲裁裁决书之日起三十日内向劳动争议仲裁委员会所在地的中级人民法院申请撤销裁决：

（一）适用法律、法规确有错误的；

（二）劳动争议仲裁委员会无管辖权的；

（三）违反法定程序的；

（四）裁决所根据的证据是伪造的；

（五）对方当事人隐瞒了足以影响公正裁决的证据的；

（六）仲裁员在仲裁该案时有索贿受贿、徇私舞弊、枉法裁决行为的。

人民法院经组成合议庭审查核实裁决有前款规定情形之一的，应当裁定撤销。

仲裁裁决被人民法院裁定撤销的，当事人可以自收到裁定书之日起十五日内就该劳动争议事项向人民法院提起诉讼。

第五十条　当事人对本法第四十七条规定以外的其他劳动争议案件的仲裁裁决不服的，可以自收到仲裁裁决书之日起十五日内向人民法院提起诉讼；期满不起诉的，裁决书发生法律效力。

第五十一条　当事人对发生法律效力的调解书、裁决书，应当依照规定的期限履行。一方当事人逾期不履行的，另一方当事人可以依照民事诉讼法的有关规定向人民法院申请执行。受理申请的人民法院应当依法执行。

第四章　附则

第五十二条　事业单位实行聘用制的工作人员与本单位发生劳动争议的，依照本法执行；法律、行政法规或者国务院另有规定的，依照其规定。

第五十三条　劳动争议仲裁不收费。劳动争议仲裁委员会的经费由财政予以保障。

第五十四条　本法自 2008 年 5 月 1 日起施行。

主要参考书目和相关网站

主要参考书目：

1. 史尚宽：《劳动法原论》，世界书局 1934 年版。
2. ［德］W.杜茨：《劳动法》，法律出版社 2005 年版。
3. 黎建飞编：《劳动法和社会保障法》(第三版)，中国人民大学出版社 2013 年版。
4. ［英］凯瑟琳·巴纳德：《欧盟劳动法》(第二版)，中国法制出版社 2005 年版。
5. 北京市劳动和社会保障法学会编：《劳动法与社会保险法前沿问题研究》，法律出版社 2011 年版。
6. 郑尚元：《劳动法与社会法理论探索》，中国政法大学出版社 2008 年版。
7. 董保华主编：《名案背后的劳动法思考》，法律出版社 2012 年版。
8. 杨遂全：《劳动法与社会保障法新论》，四川大学出版社 2015 年版。
9. 梁甜甜、梁玉莲：《劳动法新论》，北京理工大学出版社 2016 年版。
10. 邱妮斐、宋秉宏：《劳动法与社会保障法》，电子科技大学出版社 2017 年版。
11. 王全兴：《劳动法》(第四版)，法律出版社 2017 年版。
12. 法规应用研究中心：《劳动法一本通》，中国法制出版社 2019 年版。

相关网站：

1. 经济法网 http://www.cel.cn。
2. 中国劳动法律网 http://www.laborlawbox.com。
3. 中国劳动保障科学研究网 http://www.calss.net.cn。
4. 中华人民共和国人力资源和社会保障部网 http://www.mohrss.gov.cn。
5. 中国劳动和社会保障法律网 http://www.clsslaw.cn。

图书在版编目(CIP)数据

劳动法学/张志京主编. —5 版. —上海：复旦大学出版社，2020.8
政法院校应用型法学系列教材
ISBN 978-7-309-15174-9

Ⅰ.①劳… Ⅱ.①张… Ⅲ.①劳动法-法学-中国-高等学校-教材 Ⅳ.①D922.501

中国版本图书馆 CIP 数据核字(2020)第 122998 号

劳动法学(第 5 版)
张志京　主编
责任编辑/张　炼

复旦大学出版社有限公司出版发行
上海市国权路 579 号　邮编：200433
网址：fupnet@fudanpress.com　http://www.fudanpress.com
门市零售：86-21-65102580　团体订购：86-21-65104505
外埠邮购：86-21-65642846　出版部电话：86-21-65642845
上海崇明裕安印刷厂

开本 787×1092　1/16　印张 17.25　字数 409 千
2020 年 8 月第 5 版第 1 次印刷

ISBN 978-7-309-15174-9/D·1042
定价：48.00 元

如有印装质量问题，请向复旦大学出版社有限公司出版部调换。
版权所有　侵权必究